本集刊由
（青松觀）香港道教學院
北京大學道家研究中心
合辦

道家文化研究

第三十五輯

陳鼓應 主編

中華書局

圖書在版編目(CIP)數據

道家文化研究.第三十五輯/陳鼓應主編.—北京:中華書局,2023.8
ISBN 978-7-101-16294-3

Ⅰ.道…　Ⅱ.陳…　Ⅲ.道家-文化研究　Ⅳ.B223.05

中國國家版本館 CIP 數據核字(2023)第 136661 號

書　　名　道家文化研究(第三十五輯)
主　　編　陳鼓應
責任編輯　劉浜江
責任印製　陳麗娜
出版發行　中華書局
　　　　　(北京市豐臺區太平橋西里 38 號　100073)
　　　　　http://www.zhbc.com.cn
　　　　　E-mail:zhbc@zhbc.com.cn
印　　刷　三河市博文印刷有限公司
版　　次　2023 年 8 月第 1 版
　　　　　2023 年 8 月第 1 次印刷
規　　格　開本/850×1168 毫米　1/32
　　　　　印張 16½　插頁 2　字數 340 千字
國際書號　ISBN 978-7-101-16294-3
定　　價　78.00 元

《道家文化研究》編委會

編者的話

道家的哲思世界與道教的信仰生活是道家文化中各擅勝場且不可或缺的組成部分。《道家文化研究》自創刊以來,一直十分重視道教研究的新視角、新方法與新問題,並將之推薦給學界高賢。呈現給讀者的這一輯以“道教義理的當代視角”爲專題形成組稿,主題橫跨道教研究的各個領域,也涵蓋了早期漢學中關於道教信仰的奠基性研究,形成了橫向跨越中外、縱向跨越學科形成史的研究圖景。在展現道教義理研究廣度的同時,凸顯道教義理研究的前沿問題和理論關切。不妨説,作爲一個獨立學術研究領域的道教,其使命從來就是以學術性的詮釋和建構充分激發道教信仰的當代文化價值。期待這樣的學術性專題可以進一步提示道教研究在道家文化傳承和當代發展中的重要地位,同時凸顯道教義理研究的潛力與方法論空間。

此外,本輯還匯聚了許多最新的學術研究成果,其主題覆蓋了從早期道家文獻的文本研究到儒道互動的巨大跨度,這也充分説明了道家不僅是由一組思想經典及其詮釋構成的單一的思想線索,還是一個可以運用多種方法、多元視角展開的思想和文化視野,更可以是一個聯結不同思想元素和歷史語境的核心線索。人文學術研究的進步原不在問題的解決,而是反思帶來的、不斷生發的理論挑戰。正是秉持這一態度,《道家文化研究》將視野、方法與論點作爲學術研究價值的核心元素,以專號、專題和專論的多種形式來不斷拓寬學術空間,以道家之名爲中國哲學與思想研究提供源源不絶的活力。

本輯的主題及組稿方向得到了陳鼓應先生始終如一的支持和鼓勵。與此同時,本輯的編輯工作不僅得到了全體作者和譯者的熱情幫助,也得到了編委會的悉心指導,更凝聚了出版社和本刊編輯部各位同仁的細緻工作。

目　録

一、道教義理的當代視角

二、儒道思想研究

三、書評

一、道教義理的當代視角

《史記·封禪書》導論*

[法]Édouard Chavannes(沙畹)

張　粲、吕鵬志　譯

内容提要: 法國漢學大師沙畹1890年出版的《司馬遷〈史記·封禪書〉譯注》是他的成名之作,也是其扛鼎巨著《〈史記〉譯注》(1895—1905,5卷)的前奏,前書的譯注部分後來經過修訂收入後書。本文是沙畹爲前書撰寫的導論。導論首先簡要分析説明了《封禪書》的真僞和作者身份,認爲其出自司馬遷之手無疑。司馬遷所任太史令實際上是負責占星的宗教官職,但從《封禪書》的叙述可以看出司馬遷既是漢武帝時代國家宗教活動的參與者或局内人,又是一個冷静的觀察者或局外人,會不時諷刺帝王的迷信或方士的欺騙手段。導論接著分析了《封禪書》勾勒的早期中國宗教歷史發展階段,認爲秦(舊秦和秦朝)以前的記載很不可靠,只能從中看到漢代文人以古釋今的解經

---

* 譯自 Édouard Chavannes, *Le Traité sur les sacrifices Fong et Chan de Se Ma T'sien*, traduit en français par Édouard Chavannes, Péking, Typographie du Pei-T'ang, 1890, Introduction, pp. III-XXXI. 本文係國家社會科學基金項目"道教典籍在法國的譯介與傳播研究"(16CZJ019)階段性研究成果。

方式。有關秦漢宗教的記載史實確鑿,國家祭祀場地的發展演變反映出宗教地理與政治地理構成對應關係。導論最後深入分析了《封禪書》所見國家宗教祭祀活動背後的主要信仰,揭示了早期中國宗教的一些主要特徵。

司馬遷《史記》卷二十八是《封禪書》,《封禪書》在《史記》八書中是第六書。八書因主題太泛,不能放在特定編年史事中充分敘述。《封禪書》勾勒了上古至司馬遷撰著《史記》時中國宗教的數個發展階段,這些發展階段如果不將它們從複雜的事實中分離出來,它們會隱而不顯,就像被那些事實掩藏起來一樣。《封禪書》的寫作宗旨就是揭示中國宗教的發展階段。

《史記·封禪書》作爲《史記》諸篇之一,真實可靠,不可置疑。説實在話,作者司馬遷去世之後,《史記》便已殘缺頗多。元(西元前 48—西元前 32 年)、成(西元前 32—西元前 6 年)間名士褚少孫做了續補,但是我們容易注意到哪些是增補內容。根據所有中國評論家的證明,《封禪書》不在增補之列。此外,褚少孫本人給我們提供了證明,《封禪書》由司馬遷撰寫。事實上,《史記》缺失的《孝武本紀》就是根據《封禪書》撰寫的。《孝武本紀》幾乎原封不動地抄録了《封禪書》後半部分。如此蹩脚的重複表明,原文確鑿無疑出自很值得被稱作"中國歷史之父"(le père de l'histoire en Chine)的人。

在談論中國宗教方面,司馬遷享有非同尋常的權威。實際上,他曾任宫廷的太史令(負責占星的高官)①,其父司馬談在他之前也曾擔任這一職位,並已準備和撰寫了部分《史記》。然而,占星活動與所有的宗教崇拜活動混而不分,關係密切。確定君主舉行祭祀吉日的是太史令,閲讀禮書而規定禮儀細節("讀

---

①迄今爲止,"太史令"一詞多被譯爲法文 grand historiographe(大史官)。這種譯法符合大多數中國學者的解釋。但我們認爲這並不準確,原因有三:一、主掌占卜和占星屬於司馬談和司馬遷的職權範圍:1. 司馬遷在《報任安書》(《漢書·司馬遷傳》)中談及太史令的職責時有言:"僕之先人……文史星曆,近乎卜祝之間,固主上所戲弄,倡優畜之";2.《封禪書》兩次提到司馬談(見譯文第 57、72 頁),他出現的場合均爲宗教儀式;3. 我們知道,司馬遷參加了改太初曆一事(見譯文第 87 頁,注 4)。二、可以證實,司馬談和司馬遷之後,太史令僅主掌占卜和占星:1.《後漢書·百官志二》對"太史令"職能界定如下:"太史令一人,六百石。本注曰:掌天時、星曆。凡歲將終,奏新年曆。凡國祭祀、喪、娶之事,掌奏良日及時節禁忌。凡國有瑞應灾異,掌記之。"2. 王莽新朝(西元 9—23 年)期間,史官之職轉而歸屬柱下五史;東漢時,先歸蘭臺令,後歸東觀令。但這些史官與一直存在的太史令之間毫無共通之處。3. 承認司馬談、司馬遷爲宫廷史官的中國評論家亦可證明,"太史令"的職責在後來限於占卜和占星,如劉知幾(西元 8 世紀初)在其史評著作《史通·外篇·史官建置》中言:"於是(作者案:宣帝西元前 73—前 48 年以後)太史之署非復記言之司,故張衡、單颺、王立、高堂隆等,其當官見稱,唯知占候而已。"三、鑒於太史令的職責在漢宣帝以後的朝代僅限於星曆和占卜,而另一方面司馬談、司馬遷却能正式地負責占卜和天文,那麼是否可以説,"太史令"一職僅在司馬父子的時期還兼具史官之職呢?這種設想爲大多中國評論家所接受。如劉知幾(《史通·外篇·史官建置》)曾明言:"尋自古太史之職,雖以著述爲宗,而兼掌曆象、日月、陰陽。"然而:1. 這種説法並無任何確鑿的文獻依據。劉知幾《史通·外篇》如此評論:"前漢百官表不載史職,而有太史公書可據。"可見,劉知幾僅是通過太史公書的存在來判定漢朝設有正式的史官。但這個結論是建立在一種循環論證的基礎之上,因爲我們所要瞭解的,確切地説,正是太史公書出自一位正式的史官之手,還是此書是作者自願如此題名?劉知幾的奇特結論没有任何證據,僅就這一點而言即可摒棄。2. 司馬遷在《史記》中曾極力嘲諷漢武帝,可見他不大可能是漢武帝的官方史官。3. 最後,陳繼儒(明末評論家,《史記評林序》末頁引其言)説過相同的話:"蓋司馬之私史,非漢之國史也,班固乃强而入之正史之中。"以上理由或可證明,與迄今爲止佔據上風的觀點相反,司馬談、司馬遷均不是官方史官,僅是大占星官。

禮書而協事")①的亦是太史令。太史令受命編製曆法,甚至由此確定天地、人神之間的關係,其職能與卜祝相似。因此,當天子欲祠后土時②,司馬談應召參與了商議;同樣,他亦是主張在甘泉宮設立太畤壇祭祀太一神的人員之一③。司馬遷則一如其父,亦出席了重要的宗教典禮,在上演的一幕幕鬧劇中,他既是表演者,又是觀察者。

司馬遷雖然擔任這一角色,但是並不上當受騙。他慣於看透事情的內幕和實質,可以完全不被表演誘惑。他雖是宫廷的占星官太史令,却幾乎不相信超自然的神靈,正如古羅馬的大祭司一樣,一面在衆目睽睽之下鄭重其事地祭祀神靈,一面又否認神靈的存在。如果説司馬遷曾在壽宫聞得神語("入壽宫侍祠神語")④,他却又狡黠地指出人們只能在夜間感知神靈的到來("時晝言,然常以夜")⑤;同樣,陳寶神亦多在夜間降臨陳倉("來也常以夜")⑥。神君之言被天子奉爲信條,實際上却是人盡皆知的陳詞濫調("世俗之所知也,無絶殊者")⑦。方士們極力吹嘘自己能與神相通,又鼓吹海上仙山之奇幻,却從未帶回任何實據("齊人之上疏言神怪奇方者以萬數,然無驗者""而方士

①見畢歐(Biot)所譯《周禮》(*Tchéou li*),卷2,第108頁。
②見《封禪書》譯文第57頁,注3。
③見《封禪書》譯文第72頁,注1。
④見《封禪書》譯文第93頁。
⑤見《封禪書》譯文第55頁。
⑥見《封禪書》譯文第11頁。
⑦見《封禪書》譯文第55頁。

之候祠神人,入海求蓬萊,終無有驗")①。被這些人牽著鼻子走是純粹的迷信。漢武帝成了這幫騙子的玩偶,明顯受到愚弄。如此,司馬遷向我們展現了漢武帝這位殘忍暴君可笑而荒唐的一面,他曾一怒之下將司馬遷處以宫刑,這是衆刑之中的奇耻大辱。

然而,司馬遷並不滿足於僅僅勾畫他那個時代的宗教圖景。他企圖追溯宗教祭祀儀禮最古老的源頭。《封禪書》中所記漢代以前的宗教包含兩個部分:一是夏商周的宗教,二是舊秦和秦朝的宗教。前一部分的歷史價值不大。這部分引用《尚書·舜典》作爲開篇,但司馬遷却偏離了這段引文的真實含義:他意欲尋找其中關於封禪的記載,然而其中並没有提示。由此我們可以看到漢代文人在古代經典中爲新的禮儀尋求依據而採用的解經方式②。在這段引文之後,司馬遷簡短地概括了某些主要的超自然現象,它們發生在半蒙昧傳説時代的不同時期。周朝歷史的結局是周王室日漸衰微,諸侯恣意蠶食天子特權。於是,西元前 7 世紀下半葉,齊桓公欲行本爲天子特權的封禪之事,但受到齊相管仲的諫阻。司馬遷藉由管仲之口發表了一段議論,如果它不純粹是無稽之談,則可視爲有關中國上古時期的珍貴材料:"管仲曰:古者封泰山禪梁父者七十二家,而夷吾所記者十有二焉。"但這些曾行封禪的帝王大多只存在於民間的想象之

---

①見《封禪書》譯文第 77、93 頁。

②司馬遷告訴我們(見《封禪書》譯文第 75 頁),當時的公卿諸生在封禪禮儀中採用了古代經典中記載的其他祭祀禮儀("封禪用希曠絶,莫知其儀禮,而群儒採封禪《尚書》《周官》《王制》之望祀射牛事")。

中,古代的經典亦未曾提及,且人們引以爲據的各種傳説故事之間相互牴牾,這表明它們只是神話。關於封禪,秦朝以前没有任何信史記載。可見,我們在此讀到的依然是宗教人士編造的故事,因爲他們渴望使其信仰受到更多人的崇奉。因此,司馬遷《封禪書》的開頭部分大多依據或被歪曲解讀,或是人爲虚構的材料,所提供的遠古中國宗教信息少之又少。這個結論亦是著名作家文中子的看法:

> 按文中子曰:封禪非古也,其秦漢之侈心乎。而太史公作《封禪書》,則以爲古受命帝王未嘗不封禪,且引管仲答齊桓公之語,以爲古封禪七十二家,自無懷氏至三代俱有之。蓋出於齊魯陋儒之説,《詩》《書》所不載,非事實也。①

從秦朝開始,我們開始接觸到清晰而確鑿的史實。司馬遷得以汲取的材料日漸豐富,日益純粹,這是因爲秦始皇下令焚書時,秦國史書不在焚毁之列;另一方面,秦始皇通過將幾乎一直處於獨立地位的諸侯國置於他的鐵腕統治之下,統一了原本分散的各國制度。於是,地方性的禮儀整合爲統一的國家祭祀儀典,其中的典章制度有著明文規定,利於史學家司馬遷進行記録。司馬遷爲我們保留了秦始皇詔令祭祀的所有聖地的名

---

①此段文字出自馬端臨《文獻通考》卷八十四。文中子乃西元6世紀末的著名作家,卒於唐初。相傳文中子作有《中説》,但英國漢學家艾約瑟(Dr Edkins)(《中國評論》(*China Review*),1885年5—6月,第407頁)認爲《中説》非爲文中子所作。

録①。這種宗教地理(géographie religieuse)與當時的政治地理(géographie politique)構成了一種奇特的對應關係:由於秦朝的政治中心在咸陽,故而最受尊崇的神靈被集中在咸陽或附近地區進行祭祀;而在偏遠的邊陲,天子的權威影響甚微,因此當地的神祠不由天子的祝官管理,而由當地民衆"各自奉祠"②。因此,實際上,正是伴隨著秦朝的建立,中國纔確立了一種國家宗教;在漢代,又由於統治者所致力建構的中央集權,這種國家宗教愈加統一,並隨著中央朝廷征服新的地區而向外擴展。正因如此,就在司馬遷的時代,越國的地方祠祀首次歸入國家官方祭祀③。

雖然,由這樣的方式構成的漢代宗教是多種信仰活動融合的結果,我們仍注意到它的某些統一性特徵。不論人們祭祀哪位神靈,人們的動機和以期打動神靈的方式是幾乎相同的。司馬遷《封禪書》中的所有祭祀活動只有一個目的:向神祈福,或感恩神靈賜福。其中,絲毫沒有其他民族的强烈贖罪觀念,也沒有某些民族毫無功利色彩的神靈崇拜。人們可以使神靈利於民;人們一如對待公卿大人一樣尊崇神靈:"(天子祭天下名山大川,)五嶽視三公,四瀆視諸侯。"④人們向神靈進獻新穀("嘗禾"),因爲豐收乃是神靈的餽贈;人們祭祀神靈,以感謝其恩德;人神之間的關係是"投我以桃,報之以李",相互贈答,禮尚

①見《封禪書》譯文第29頁及以下。

②見《封禪書》譯文第35頁。

③見《封禪書》譯文第83、84頁。

④見《封禪書》譯文第8頁。

往來,人類獻給神靈的本就是屬於神靈的東西。因此,宗教之於中國人,正如宗教之於羅馬人一樣,乃是人公正對待神靈的行爲。

這種看待事物的方式決定了祭祀活動首先是下級向上級敬獻祭品。祭祀中,敬意重於祭品,禮儀重於犧牲。因此,人們認爲並無必要行百牲大祭,更無須人祭。誠然,在秦代,人們會在君主的墓前殺死他的后妃和僕從作爲殉葬,但這是因爲人們認爲那位死去的君主將與殉葬的妃嬪和僕從在冥界相聚;嚴格地說,這種習俗並不屬於祭祀。但另一方面,在中國古代的宗教中,人殉並非聞所未聞;秦穆公便曾在俘虜晉惠公後説"吾將以晉君祠上帝"①。然而,這些野蠻的做法在漢代已經廢棄,故而《封禪書》對此没有任何記述。

西元前 2 世紀,中國人不僅不再使用人牲,而且還在豐富儀禮的同時盡力減少祭品的數量,降低祭品的等級。如漢武帝即曾詔令"以木禺馬代駒"②。這種以模擬物象替代實物祭品進行祭祀的做法在各種早期宗教中並不罕見;它標誌著人類對於神靈萌生了更爲高級的觀念,即不再視神靈爲可以通過祭品進行籠絡收買的對象,而認爲應該通過向神靈表示敬重將其感動。

如果説神靈對於人賦予它們的尊榮容易動心的話,那麽很明顯,告禱神靈的人身份愈是尊貴,其祈求便愈是謙卑恭維,其

①見《史記・秦本紀》第 10 頁正面。雷維爾先生(M. Réville)在他的優秀著作《中國的宗教》(*La religion chinoise*)第 200—213 頁中已經指出,古代的中國人曾施行人殉。本文所引的"吾將以晉君祠上帝"可支撑雷氏的觀點。

②見《封禪書》譯文第 90 頁。

願望也愈加容易實現。於是,皇帝由於其舉世無雙的地位,便成爲國家的大祭司,他是溝通人民和上天的中介。皇帝舉行的祭祀規模最爲隆盛,亦最有成效,因此司馬遷以《封禪書》來爲其宗教篇章命名。確實,天子親自舉行的“封”“禪”兩種儀式乃是祭祀活動中最爲神聖崇高的儀禮。封禪時,天子親至東方——因爲東方乃是日出之地和萬物生發之源;他登上很高的泰山,以便接近天神①;爲了進一步接近天神,他在山頂封土爲壇,告禱神靈庇佑百姓,此爲“封”。隨後,天子下至鄰近的一處小山上除地,以禱祀地神,此爲“禪”。

“封禪”禮儀的舉行特别隆重。二者同時進行,一朝一代僅舉行一次。這是萬民之主祈求神靈承認其合法統治權的關鍵步驟。

然而,由於皇帝的祝禱纔有效驗,這便使皇帝容易濫用權力。於是,他首先祈求的是己身之福,而非子民之福。這就可以解釋封禪儀式中的某些神秘活動。其中尤其是“封”禮似乎最常秘密進行:秦始皇便曾密行“封”禮②,漢武帝亦然——至少一次如此③。有學者評論,這些活動之所以秘密進行,乃因皇帝不

①馬端臨《文獻通考》卷八十四引司馬彪(240—305)言:“夫東方者,萬物之所始;山嶽者,靈氣之宅。故求之物本必於其始,取其所通必於所宅。”這句引文明顯表明,在山上舉行的祭祀並無崇拜自然之意,山嶽本身亦無任何神聖的屬性;但因它的高度而使其與天接近,故而神靈常至。

②見《封禪書》譯文第22頁。[譯者補注]“其禮頗採太祝之祀雍上帝所用,而封藏皆秘之,世不得而記也。”

③見《封禪書》譯文第79頁。[譯者補注]“封廣丈二尺,高九尺,其下則有玉牒書,書秘。禮畢,天子獨與侍中奉車子侯上泰山,亦有封。其事皆禁。”

敢承認他的告禱非爲臣民之利,而是爲一己私利①;對於這一己私利,他並不懼於示神,但却羞於示人。

這種説法由於符合當時的一種奇特制度而更加合理。司馬遷有云:"祝官有秘祝,即有灾祥,輒祝祠移過於下。"②這樣,通過運用許多宗教承認的替身能力,皇帝享有將自身灾禍轉移到他人身上的權力得到承認;誰將成爲犧牲者並不重要;只要灾禍可以轉移,皇帝並不關心誰會抵罪。然而,這種有點過於司法式的責任觀只會激起許多正直人士的反感;一種更爲純粹的道德觀念在很多人的頭腦中初見端倪;人們仰慕那些拒絶施行這種贖罪方式的君主。如吕不韋《吕氏春秋》有云:

> 宋景公之時,熒惑在心,公懼,召子韋而聞焉,曰:"熒惑在心,何也?"子韋曰:"熒惑者,天罰也;心者,宋之分野也。禍當於君。雖然,可移於宰相。"公曰:"宰相,所與治國家也,而移死焉,不祥。"子韋曰:"可移於民。"公曰:"民死,寡人將誰爲君乎? 寧獨死!"子韋曰:"可移於歲。"公曰:"歲害則民飢,民飢必死。爲人君而殺其民以自活也,其誰以我爲君乎? 是寡人之命,固盡已,子無復言矣。"子

①馬端臨《文獻通考》卷八十四對比了古代帝王和秦皇漢武二帝的行爲:"古帝王之事,則省方問俗,賞善罰惡,凡以爲民,其意出於公也。秦漢二主之事,則誇誦功德,希求福壽,凡以爲己,其意出於私也。"漢武帝正是由於不敢承認他的私願,故而將刻有禱詞的玉牒書進行秘藏(見《封禪書》譯文第79頁)。對此,馬端臨有云:"玉檢秘文人不得見,是必祈求永年。"

②見《封禪書》譯文第35頁。

韋還走,北面載拜曰:"臣敢賀君。天之處高而聽卑。君有至德之言三,天必三賞君。"①

這個或許是從古代遺留下來的傳統引起了人們對於"秘祝移過"的反對,並使它趨於消失。在司馬遷的時代,"秘祝移過"已不復存在——西元前167年,漢文帝將其取消:"今秘祝移過於下,朕甚不取。自今除之。"②

然而,如果説宗教崇拜的形式獨特而短暫,由此可以改變,那麽,生發宗教崇拜的情感則是持續存在的。無論人類對於幸福的渴求通過何種方式體現出來,它總是産生宗教的深刻源泉;因此,應該在人的内心中找尋他認爲住滿天上的神靈的起源。何以有苦難?何以有悲傷?尤其是,何以有死亡?這激發了人們追求永恒而純粹的至福極樂,但人們所瞭解的生活却無法滿足這種渴求。那麽,在那些不爲人知的地方,是否存在一種不受時間限制、免受苦難的生活呢?人們的渴望如此强烈,以至於他們相信這樣的生活確實存在,並傾向於相信存在一個超自然的世界,因爲人們希望如此。於是人們嚮往一種達到至善不死的極樂狀態。這種永恒的人——神理想,我們在中國人的心靈中

①吕不韋(見 Mayers, *The Chinese Reader's Manual*, N° 465),卒於西元前237年,留下一部記載歷史軼事的著作——《吕氏春秋》。我們引録的文字出自《吕氏春秋·季夏紀》。據司馬遷《史記·表》記載,"熒在守心"之事發生在宋景公三十七年,而宋景公元年對應於周敬王四年,即西元前515年。因此,吕不韋《吕氏春秋》所言之事當記載於西元前478年。

②見《封禪書》譯文第39頁。

再次發現;這正是中國人熱烈追求和不斷渴望的目標所在。

受命入海求蓬萊、方丈、瀛洲的方士稱他們在航行中看到了三座神山;當船只距離神山很遠時,遠遠望去,神山仿若白雲;當船只快要靠近神山時,他們眼前出現幻象,似乎看見金鑄宮闕和巍峨高山,以爲發現了比凡人更爲高大漂亮的神仙。有時,又一個幻象令整個仙境倒映在水下。再進一步靠近時,眼看即將到達,則風向驟轉,吹走這些冒險的船員。這些神奇的故事在大海這個産生傳説的摇籃中誕生,於西元前 2 世紀的中國贏得了不少民衆的信任①。有人説,距山東海岸不遠之處有三座仙島,是神仙的居處;島上居住著獲得不死之道的聖人;他們心滿意足,再無返回陸地之念;但如果有志訪尋,或可遇見仙人並得授不死藥。於是秦始皇便遣人入海求仙山,他本人則登上船只出巡海上,冀遇海中神山。漢武帝亦然。但這些嘗試總無效驗,令人失望至極。

如果不能到達仙人的居所,那麽,是否存在能够令仙人離開其住所而來至人間的咒語呢？有方士稱知曉這樣的方法和咒語。他們指著地面上的巨大足跡,稱它們是仙人的脚印,又稱他們可以與這些仙人進行溝通。但是爲了讓這些神仙向慕道者現身,必須付出持久且耐心的努力。於是人們在高山或高臺上等候神人降臨,因爲這些空中神仙喜歡光臨高處。司馬遷並不相信這些方士們吹嘘的奇跡,他生動地描繪了一群不知廉耻的江湖騙子——他們利用了皇帝的輕信,將其玩弄於股掌之間,直至

①見《封禪書》譯文第 26 頁。

有一天,他們的騙人伎倆終被戳穿,他們也因爲往日的欺騙把戲而丟了性命。

然而,一些更加聰明的人琢磨出了更爲精緻的方法——即一種"科學的方法",以求至福長生不死。科學的曙光令它的第一批信衆歡欣雀躍;他們認爲這種前科學賦予他們認識自然的力量,這種力量無窮無盡、無所不能,因而他們從一開始便意欲發現獲得財富和永生的秘訣。他們中的某些人認爲,那些因火的作用而産生的神奇的變化現象正是這個秘訣的玄機所在。於是,早在歐洲出現煉金術之前,中國的煉金術便發展起來;紅色的硃砂粉末——也即一種天然的硫化汞,在火的作用下轉化爲一種金屬;有人想象,只要處理得當,這種金屬終能煉爲黄金。用這些方法精心煉製的黄金具有奇效,若用來製作飲食器皿,人使用後則可延年益壽,見到海中三神山的仙人。在向皇帝許下這些宏大的願景之後,李少君便全身心爲漢武帝燒煉令人獲得財富和福樂的法寶——黄金①。

也有一些方士爲數字的神奇能力所吸引,醉心於推演純粹而空泛的數理。據一則古老的神話稱,黄帝即因精於推算曆法而"仙登於天"。這則寓言故事如同藴含著宇宙起源學的古希臘神話一樣,隱藏著深刻的涵義:天地緊密地互相依存;星辰的永恒運行似乎是決定季節更替的最高法則;像中國人這樣的農耕民族在日常耕作中定會注意到這些關聯性;天體與生機勃勃的大自然的關係,正是通過曆法神秘地體現出來;曆法自身的重

①見《封禪書》譯文第49頁。

要性使得它具有神奇的特點;曆法中的數字周期性地出現,正如宇宙生命有規律地脈動。如此,世界上的數學定律之間的永恒和諧似乎成爲所有完美事物的最終條件。當人類意識到這一點時,正處於一個黄金時代,而首先對此有明確觀念的則是一位神。黄帝因此成爲君主應當效仿的理想楷模;如果哪位君主能像黄帝那樣推算出精準的曆法而實現這種和諧,那麽,他也能不死成仙。或許,在黄帝之後,人們已經遺忘了曾被託付而不受重視的科學,但仍有幾分希望找回;另外,西元前 5 世紀末興起的一種哲學思想令人相信漢朝被認定要收回曾經失去的天堂;據鄒衍所創的五行學説①,世界上的任何事物均由五種物質構成:土、木、金、火、水;這五種物質雖然同時共存,但却按照固定的次序依次輪流佔據主導地位。然而事實上,黄帝得土德,夏得木德,殷得金德,周得火德,秦得水德。既然已經完成一次循環,難道没有充分理由相信新的循環將重新開始,並且,土德將在漢朝再次佔據主導、再創黄帝時的太平盛世嗎?如此,正如斯多葛主義的“大歲年”那樣,這個循環周期應當重新回到起點②。由於漢武帝飽受這些思想的浸淫濡染,故而施行了一系列重大的改曆措施;司馬遷本人則作爲太史令參與其中。其後雖改元太初,但這並未給漢武帝帶來期望的效果。

五行學説在漢代宗教信仰的形成過程中發揮了重要的作用。在最重要的祭祀之一——天子祭祀上帝的活動中,五行學

---

①見《封禪書》譯文第 26 頁。

②見《封禪書》譯文第 66 頁及以下。

説再次介入並發揮了影響。古代先王死後被神化尊爲“上帝”;歷史記載的第一位“上帝”①乃是秦國在西方所祠的白帝;這位白帝正是黄帝之子和繼任者少皞。與此相似的其它地方性祭祀可能在秦朝時融合爲一,或許正因爲此,纔有了在雍畤統一祭祀四帝的活動。但這四帝從數量上看,不符合五行學説主張的五個循環階段;於是漢朝的創立者漢高祖稱自己是備受企盼的第五位上帝②,從而解决了這個難題。從此以後,便有了以五種顔色命名的五帝,與五行對應:黄帝居中,青帝居東,赤帝居南,白帝居西,黑帝居北。

然而,同樣强大的五行多元説並不能滿足人類心智的需要。爲了理解事物,人們將多樣性置於統一性之下;根據“亞里士多德法則”,世界應當僅有一個唯一的主宰。於是,在司馬遷的時代,中國第一次出現了帶有强烈思辨色彩的統一要求。一位叫謬忌的人暗示天子:有一位更爲尊貴的天神,五帝僅是他的配角③;這位陌生的天神有一個較爲模糊的稱號——“太一”,意爲“大統一”。事實上,確有一顆星體名爲“太一”,但該星似乎僅是太一神的居所或體現,而非太一神本身。在這個合理的“太一神”實體中——漢武帝同意首次向其祭祀——我們可以發現

---

①見《封禪書》譯文第9、10頁。

②見《封禪書》譯文第36頁。[譯者補注]“二年,東擊項籍而還入關,問:‘故秦時上帝祠何帝也?’對曰:‘四帝,有白、青、黄、赤帝之祠。’高祖曰:‘吾聞天有五帝,而有四,何也?’莫知其説。於是高祖曰:‘吾知之矣,乃待我而具五也。’”

③見《封禪書》譯文第50頁。[譯者補注]“亳人謬忌奏祠太一方,曰:‘天神貴者太一,太一佐曰五帝。’”

中國哲學的一次創新。推理思維因其固有的需求而努力地調和著多種超自然的神靈——它們僅因人的宗教情感而産生,於是,形而上學就在這種努力中應運而生了。

同樣,對於后土的莊嚴祭祀亦應歸諸這種純粹的思辨活動。在規範了祭祀五帝及太一神的儀禮之後,漢武帝意識到,如果説他已盡職盡責地向天神履行了祭祀的義務,他却忽略了祭祀地祇。於是,漢武帝以最高規格的禮儀祭祀后土。傳説稱這位后土神乃是共工氏之子①,因能疏通河道、改善土質而聞名;在他死後,民衆感念其善行而尊其爲司掌土地之神。但到了漢朝,人們已經淡忘了這些宗教活動的歷史淵源;在祭祀后土的活動中——正如漢武帝所做的那樣,人們已不再明確告禱共工氏之子,而是告禱大地本身,此時,在天與地的雙重結構中,大地被視

①見《封禪書》譯文第5頁,注釋7;譯文第57頁,注釋2。[譯者補注]譯文第5頁,注釋7:此段(譯者按:"其後三世,湯伐桀,欲遷夏社,不可,作《夏社》。")較爲晦澀,可據《漢書·郊祀志》闡明。《前漢書·郊祀志》云:"自共工氏(顔師古注曰'共工氏在太昊、炎帝之間')霸九州,其子曰句龍,能平水土,死爲社祠。有烈山氏王天下,其子曰柱,能殖百穀,死爲稷祠。"可知"夏社"正是共工氏之子。若干文句之後,《前漢書·郊祀志》複述了《史記·封禪書》所記"湯伐桀,欲遷夏社,不可,作《夏社》",並稱"乃遷烈山子柱,而以周棄代爲稷祠"。顔師古注曰"夏社,尚書篇名,今則序在而書亡逸"。[譯者補注]譯文第57頁,注釋2:后土似等同於社神,此乃人們對於共工氏之子句龍的敬稱之一(見譯文第5頁,注釋7)。《禮記·祭法》篇末載:"共工氏之霸九州也,其子曰后土,能平九州,故祀以爲社"(見Legge,*Li ki*, tome II, p. 208)。但人們逐漸忘記祭祀后土的歷史淵源,后土終被視爲被神化的大地本身;因此,《書經·武成》曰"底商之罪告於皇天后土"(見Legge, *Chinese Classics* III, p. 312),而這段記載表明《書經·武成》篇或許不是古文《尚書》,因爲在整個《書經》中僅有此篇提到"后土"。如今,當今皇帝光緒帝仍在北京北面的地壇祭祀后土神(見Edkins, *La Religion en Chine*, trad. fr. *Annales du musée Guimet* IV, p. 97)。

爲上天的對應者。於是,只不過是由遠古神人充當的早期原始神靈逐漸被自然神靈取而代之。

總而言之,司馬遷《封禪書》雖然簡短,但可以幫助我們揭示早期中國宗教的某些主要特徵。早期中國宗教產生的深刻根源是先民渴望幸福的宗教情感,這種幸福最完美的體現便是長生不死;如果説是由於中國人的懼怕心理而導致了神靈的產生,這是錯誤的;如果説中國人的祭祀活動是人這個意識到自身弱點的被創造物向全知全能且比人强大的神靈表示崇敬,亦是不準確的;中國人的神靈既不十分可怖,亦不十分威嚴;總之他們就是他們自身,就是某些能够通過良好德行而達到衆人追求的至樂理想的凡人;對於他們中的大多數而言,人們可以在遠古的傳統中找到原型;“凡人神話論”(évhémérisme)可以解釋何以中國人崇拜多種神靈。然而,在漢武帝一朝,中國的宗教因爲某些哲學思想的作用而發生了巨大的轉變和發展:上帝五帝逐漸成爲僅僅象徵自然界五種基本力量的代表,並且從屬於“太一”神;雖然此“太一”神在人的想象和情感中十分空洞,却仍對人的理解力頗有助益;最後,所有這些神靈日漸失去自身的特徵,最終合而爲一,成爲“天”;同樣,早前的多位地祇在大地面前逐漸消褪,一種天地二元的哲學體系取代了上古的宗教信仰。司馬遷《封禪書》清晰地論述了早期中國的宗教觀念,有助於我們確定中國宗教的歷史,這正是《封禪書》的重要價值之所在。

注意:本人翻譯《封禪書》使用的《史記》版本爲明萬曆二十

四年(西元 1596 年)南京國子監刊印本。

由於《漢書·郊祀志》的記載至漢武帝駕崩時幾乎全部照抄司馬遷的《封禪書》,故而我比勘二文,使用了《漢書》注。

同時,對於所有涉及漢武帝的記載,我亦參考了《史記·孝武本紀》的注釋,因爲該篇幾乎原封不動地抄録了《封禪書》的後半部分。

最後,我部分參考了馬端臨《文獻通考》卷八十四。

我稱引的注家如下:

韋昭(見 Mayers, *The Chinese Reader's Manual*, N° 833),生活年代爲西元 3 世紀。

徐廣(見 Mayers, *The Chinese Reader's Manual*, N° 644), 352—425,作《史記音義》。

裴駰(見 Mayers, *The Chinese Reader's Manual*, N° 565),生活年代約爲西元 430 年,作《史記集解》。

顔師古(見 Mayers, *The Chinese Reader's Manual*, N° 912),生活年代爲西元 7 世紀,作《漢書注》。

司馬貞(見 Mayers, *The Chinese Reader's Manual*, N° 653),生活年代約爲西元 720 年,作《史記索隱》。

張守節,生活年代約爲西元 737 年,作《史記正義》。

至於漢字讀音,我採用的是意大利漢學家晁德蒞(P. Zottoli)在《中國文學教程》(*Cursus litteraturœ sinicœ*)中採用的注音系統。

作者簡介：Édouard Chavannes（沙畹，1865—1918），已故法國漢學大師，“歐洲漢學泰斗”。主要研究中國歷史與中國宗教，著作包括五卷本《〈史記〉譯注》（*Les Mémoires historiques de Se-ma Ts´ien, traduit et annoté*, 1895—1905）、《華北考古記》（*Mission archéologique dans la Chine septentrionale*, 1909）、《泰山：中國的一種宗教崇拜專論》（*Le T'ai-chan : Essai de monographie d'un culte chinois*, 1910）、《投龍》（*Le jet des Dragons*, 1919）等。

譯者簡介：張粲，哲學博士，西南交通大學外國語學院副教授，研究領域爲法國漢學道教研究。

吕鵬志，哲學博士，西南交通大學人文學院教授、博士生導師，西南交通大學中國宗教研究中心主任，主要研究領域爲道教史（特别是道教儀式史）、道教文獻、道教思想和中國宗教。著有《道教哲學》《唐前道教儀式史綱》，先後在國内外學術書刊發表論文及譯文共八十餘篇。

《列仙傳·赤松子》校釋*

［法］Max Kaltenmark（康德謨）

張　粲、吕鵬志　譯

内容提要：今本《列仙傳》將作者歸諸西漢劉向，對此古今都有學者辨僞，證明它是東漢時期的一部道書。根據東漢應劭注《漢書》和王逸注《楚辭》皆徵引《列仙傳》的事實，可知此書至遲在東漢前半葉已經出現。《列仙傳》是現存最早的神仙傳記，簡略地記載了早期道教的神仙信仰和實踐活動，是研究漢代道教的重要文獻資料。法國漢學家康德謨早在20世紀50年代就出版了法文《列仙傳譯注》，此書校注之精，迻譯之確，迄今爲止仍是《列仙傳》最好的整理本。在此翻譯該書首則傳記《赤松子傳》，以便中文學術界初步瞭解康氏名著的内容和水準。

---

* 譯自 Max Kaltenmark, *Le Lie-sien Tchouan* 列仙傳（*Biographies légendaires des Immortels taoïstes de l'antiquité*）, traduit et annoté par Max Kaltenmark, Réimpression de l'Édition de 1953, Avec corrigenda et nouvel index, 1987, Paris: Collège de France, Institut des Hautes Études Chinoises, pp. 35–42. 本文係國家社會科學基金項目“道教典籍在法國的譯介與傳播研究”（16CZJ019）階段性研究成果。

一、校勘①

赤松子

赤松子者,神農時雨師也。服水玉(A)以教神農。能入火自燒(B)。往往(C)至昆侖山上,常止西王母石室中,隨風雨上下。炎帝少女追之,亦得仙俱去。至高辛時,復爲雨師。今之雨師本是焉。

(A)《初學記》②23.5b、《搜神記》③1.1a"玉"下多"散"字。

(B)《太平御覽》④38.5b、805.7a、《搜神記》、《三洞群仙録》⑤1.3b作"不燒"。《三才圖會》⑥"壬午"10、《古今圖書集成》"神異典"222.24b引《列仙傳》:"能入水不濡,入火不燒"(《三才圖會》作"焚")。《消摇墟經》⑦1.6a作"……煉神服氣,能入水不濡,入火不焚"(《藝文類聚》⑧78.3b引《楚辭·遠遊》洪興祖補注作"自燒",與《道藏》本同)。

(C)大部分《列仙傳》引文皆無"往往"二字,惟《南嶽小録》⑨

---

①[譯者補注]原書參考文獻(Référence)首先列出《列仙傳》校勘使用的版本——《道藏》本、《古今逸史》本、《琳琅秘室叢書》本、《列仙傳校正》本、《指海》本,然後羅列出現《列仙傳》異文的文獻。本書的校勘以《道藏》本爲底本,參校文獻隨文出注。

②《初學記》(8世紀),古香齋本。

③(晉)干寶《搜神記》,《津逮秘書》本。[譯者補注]原文誤作"6世紀"。

④《太平御覽》(19世紀末),鮑崇城本,1818年。

⑤(宋)陳葆光《三洞群仙録》,《道藏》,涵芬樓影印本,992—995。

⑥(明)王圻(主要生活在16世紀)《三才圖會》,1609年版(萬曆己酉)。

⑦(佚名作者,明代)《消摇墟經》,《道藏》,涵芬樓影印本,1081年。

⑧《藝文類聚》(8世紀),1587年版(萬曆丁亥)。

⑨(唐)李冲昭《南嶽小録》,《道藏》,涵芬樓影印本,201。

14a 引赤松子傳作"數往昆侖山中"。

二、譯注

赤松子是神農時代的雨師[a]。他服食水玉[b],將此服食法教給神[c]。他能進入火中,自我燃燒[d]。赤松子常到昆侖山上,停留在西王母石室中。他追隨風雨,可上可下[e]。炎帝的小女兒[f]追隨赤松子,也得以成仙,與之一同飛仙而去。至高辛的時代,赤松子再次成爲雨師。當今雨師源出於此[g]。

(a)通禮之士使雨師成爲帝國官方信仰的星神畢宿。風師或風伯的遭遇與之相同,風師或風伯與雨師組成配對之神。

在許多文獻中,雨師就是萍翳或屏翳(不過某些文獻將萍翳變成雲師或風師)。"萍"指水生植物睡蓮或浮萍。這種植物的果實"赤如日",似是楚國王權的象徵。童謡顯示萍實是吉祥物,代表商羊①。商羊乃一足飛鳥,大雨之兆。根據年代洵晚的《搜神記大全》②,商羊即雨師,能吸乾大海,其身量時大時小(該

①《説苑》18. 18a,《四部叢刊》本。[譯者補注]《説苑》卷十八:"楚昭王渡江,有物大如斗,直觸王舟,止於舟中。昭王大怪之,使聘問孔子。孔子曰:'此名萍實,令剖而食之。惟霸王者能獲之,此吉祥也。'其後齊有飛鳥,一足,來下,止於殿前,舒翅而跳。齊侯大怪之,又使聘問孔子。孔子曰:'此名商羊,急告民,趣治溝渠,天將大雨。'於是如之,天果大雨。諸國皆水,齊獨以安。孔子歸,弟子請問。孔子曰:'異哉!小兒謡曰:"楚王渡江,得萍實。大如拳,赤如日。剖而食之,美如蜜。"此楚之應也。兒又有兩兩相牽,屈一足而跳,曰:"天將大雨,商羊起舞。"今齊獲之,亦其應也。'夫謡之後,未嘗不有應隨者也。故聖人非獨守道而已也,睹物記也,即得其應矣。"(西漢)劉向撰、向宗魯校證:《説苑校證》,北京:中華書局,1987年,第465頁。

②《搜神記大全》1. 34a。[譯者補注]《新刻出像增補搜神記大全》(富春堂刊本)卷一"雨師"條:"商羊是也。商羊,神鳥,一足,能大能小,吸則溟渤可枯。"

商羊似袋子、羊皮袋或風箱)。

另一雨師爲玄冥①。此神又叫禺彊,統北地,人面鳥身,兩耳各懸一條青蛇,脚踏兩條赤蛇②。發生大火時,人們會向玄冥和回祿祈禱禳灾③。雨師妾(按郭璞注,蓋爲屏翳之妾)兩手各操一蛇,左耳懸一青蛇,右耳懸一赤蛇④。玄冥與雨師妾的姿態與巫咸相同,後者右手操青蛇,左手操赤蛇。巫咸居於一山,巫師們經此山昇降;其不遠處爲扶桑樹,是十個太陽昇降的地方⑤。這些神話爲我們展示了先民對於雨神和雨巫的想像。

還應當指出,雨師又名"檉",它近水而生,樹皮呈紅色,似松樹⑥。

---

①《風俗通義》8,《北平中法漢學研究所通檢叢刊》本,北平,1943 年,頁 61。[譯者補注]《風俗通義》卷八:"鄭大夫子産禳於玄冥。[玄冥],雨師也。"(漢)應劭撰、王利器校注:《風俗通義校注》,北京:中華書局,1981 年,第 365 頁。

②(清)郝懿行《山海經箋疏》8. 6a,17. 4a。[譯者補注]《山海經箋疏》卷八:"珥兩青蛇,踐兩青蛇。"卷十七:"珥兩青蛇,踐兩赤蛇。"(清)郝懿行疏、沈海波校點:《山海經箋疏》,上海:上海古籍出版社,2019 年,第 215、300 頁。

③《左傳·昭公十八年》,Couvreur(顧賽芬),*Tso-tchouan*, III, p. 288。[譯者補注]《左傳》卷十七:"郊人助祝史,除於國北,禳火於玄冥、回祿,祈於四鄘。"(清)洪亮吉撰、李解民點校:《春秋左傳詁》,北京:中華書局,1987 年,第 732 頁。

④(清)郝懿行《山海經箋疏》9. 4b。[譯者補注]《山海經箋疏》卷九:"雨師妾(國)在其北,其爲人黑,兩手各操一蛇,左耳有青蛇,右耳有赤蛇。"(清)郝懿行疏、沈海波校點:《山海經箋疏》,上海:上海古籍出版社,2019 年,第 221 頁。

⑤(清)郝懿行《山海經箋疏》4. 13a。[譯者補注]《山海經箋疏》卷四:"下有湯谷,湯谷上有扶桑,十日所浴,在黑齒北,居水中。"(清)郝懿行疏、沈海波校點:《山海經箋疏》,上海:上海古籍出版社,2019 年,第 220 頁。

⑥《爾雅》疏 9. 17b,《十三經注疏校勘記》本。[譯者補注]《爾雅注疏》卷九:"陸璣《疏》云:'生水旁,皮正赤如絳。一名雨師,枝葉似松。'"(晉)郭璞注、(宋)邢昺疏:《爾雅注疏》,阮元校刻《十三經注疏》影印本,北京:中華書局,1982 年,第 2636 頁。

《老子中經》云“雨師號曰樹德”①。又,相傳樫的果實具有神力,因而成爲煉製長生藥的配料。

(b)異文:“……水玉散”。“水玉”或“水玉散”皆可。郭璞謂“水玉”爲“水精”或“水晶”②。他提到赤松子,並言赤松子所服水玉見於《列仙傳》③。然而,《抱朴子内篇》卷十一記載了赤松子化玉爲水的方法:“赤松子以玄蟲血漬玉爲水而服之,故能乘煙”(“玄蟲”:《歷世真仙體道通鑑》3. 1a 引《抱朴子内篇》作“玄蠱”,蓋因緊隨其後的“血”字而致誤,但此誤更可能由蠱血尤具腐蝕性的觀念造成)。用來服食的玉可爲玉屑,或玉泉、玉漿、玉液④;古時君王在齋戒時當服食玉屑,因命人製作銅仙人,以銅仙人所執的玉杯採集甘露,君王乃和玉屑而服⑤。

---

①《老子中經》,載(宋)張君房《雲笈七籤》(約編於 1025 年)18. 11b,《四部叢刊》本。[譯者補注]《老子中經》:“雨師神名馮修,號曰樹德。”

②(清)郝懿行《山海經箋疏》1. 2a;李善注《文選》8《上林賦》,《四部叢刊》本。[譯者補注]《山海經箋疏》卷一:“又東三百里,曰堂庭之山,多棪木,多白猿,多水玉,多黄金。”(清)郝懿行疏、沈海波校點:《山海經箋疏》,上海:上海古籍出版社,2019 年,第 2—3 頁;李善注《文選》卷八《上林賦》:“相如《上林賦》曰:‘蛟龍赤螭。’碧玉,謂水玉也。”

③[譯者補注]郭璞注《山海經》:“赤松子所服見《列仙傳》。”(晉)郭璞注、(清)畢沅校:《山海經》,上海:上海古籍出版社,1989 年,第 11 頁。

④《本草綱目》8;《抱朴子内篇》11,《平津館叢書》本。[譯者補注]《本草綱目》(《四庫全書》本)卷八:“普曰:玉泉,一名玉屑。弘景曰:此當是玉之精華,白者質色明澈,可消之爲水,故名玉泉。”《抱朴子内篇》卷十一:“若服玉屑者,宜十日輒一服雄黄、丹砂各一刀圭,散髮洗沐寒水,迎風而行,則不發熱也。”(晉)葛洪撰、王明校釋:《抱朴子内篇校釋》,北京:中華書局,1985 年,第 204 頁。參見 Pelliot(伯希和),*T. P.*, vol. XIX, p. 381, note 266。

⑤亦見《漢武帝故事》。[譯者補注]《漢武帝故事》亦名《漢武故事》。《漢武故事》:“上於未央宫以銅作承露盤,仙人掌擎玉杯,以取雲表之露,擬和玉屑,服以求仙。”魯迅:《古小説鈎沉》,濟南:齊魯書社,1997 年,第 219 頁。

《抱朴子内篇》卷十一云,可用水玉和其他配料融化雲母,雲母乃可食①。

(c)神農在本書下文稱爲"炎帝"。

(d)異文:"……能入火不燒"(《搜神記》)。其餘異文見於晚出的引文,作"能入水不溺,入火不燒"。這些異文來自道家經典的陳詞濫調,聲稱神人不懼水火②。這些異文能被廣泛接受(至少《搜神記》中的異文如此),更何況原文"能入火自燒"似乎是指一種隨心所欲的反覆行爲。而下文《甯封子傳》(《列仙傳》傳二)中的"自燒"行爲是道教徒最後飛昇成仙的準備,不能發生多次。不過,目前看來,將本文理解爲入火自我燃燒似更可取。確實,赤松子在這裏是一位主雨的神,或者,既是巫又是神。然而,在各種祈雨的方法中,利用高温或火的方法似乎最爲靈驗:人們以火燒山③,暴焚女尪④。某些地方官(他們同古代

---

①《抱朴子内篇》11,《平津館叢書》本。[譯者補注]《抱朴子内篇》卷十一:"服五雲之法,或以桂葱水玉化之以爲水,或以露於鐵器中,以玄水熬之爲水,或以硝石合於筒中埋之爲水,或以蜜搜爲酪,或以秋露漬之百日,韋囊挻以爲粉,或以無巔草樗血合餌之,服之一年,則百病除,三年久服,老公反成童子,五年不闕,可役使鬼神,入火不燒,入水不濡,踐棘而不傷膚,與仙人相見。"(晉)葛洪撰、王明校釋:《抱朴子内篇校釋》,北京:中華書局,1985年,第203頁。

②參見Granet(葛蘭言), *La Pensée chinoise*, p. 508。

③《搜神記》13. 1b,《津逮秘書》本;(宋)樂史(930—1007)《太平寰宇記》19. 11a,金陵書局本(1869)。[譯者補注]《搜神記》卷十三:"樊東之口,有樊山。若天旱,以火燒山,即至大雨。今往有驗。"(晉)干寶撰、汪紹楹校注:《搜神記》,北京:中華書局,1985年,第160頁。《太平寰宇記》卷十九:"殷時有道士在縣隱,野火四發,道士祈天,即時降雨。今人遇旱,燒山乞雨,多驗。"(宋)樂史撰、王文楚等點校:《太平寰宇記》,北京:中華書局,2007年,第384頁。

④參見Granet(葛蘭言), *Danses et Légendes*, p. 455。

的巫師一樣,對惡劣天氣承擔責任)乃於柴薪之上自焚,以求天降大雨,結束乾旱天氣①;有時,僅須備好柴薪,便果降大雨(《搜神記》11.40b 記載,一位叫諒輔的官員發誓,若到中午還不降雨便會自焚,結果天果降大雨;而在此之前,該郡太守已暴曬於中庭②)。在殷代銘文中,有兩三個字描繪了一個被置於火焰之上的人(其中一個是頭戴裝飾的女子),表明這是以祈雨爲目的的獻祭。陳夢家先生由此認爲"赤"字具有多個原型,"赤"今義爲"紅色",但也有"乾旱"之義(如"赤地")。這些銘文似乎證明,無論如何,早在殷商時期就已經存在暴曬或焚燒巫師(他們是造成旱灾的鬼怪"魃"的化身)作爲獻祭的風俗,但就目前的資

①《後漢書》111"戴封傳",百衲本;《太平寰宇記》2.5b、10.10a、11.6b、11.7a、67.13b,金陵書局本(1869)。[譯者補注]《後漢書》戴封傳:"其年大旱,封禱請無獲,乃積薪坐其上以自焚。火起而大雨暴至,於是遠近嘆服。"(南朝宋)范曄撰、(唐)李賢等注:《後漢書》,北京:中華書局,1973 年,第 2683 頁。《太平寰宇記》卷二:"昔濟北戴封,字平仲,爲令,苦旱,積薪自焚,火起雨澍。"卷十:"濟北戴封,字平仲,爲西華令,遇天大旱,慨理政無感,乃積柴坐其上以自焚,火起而大雨暴至,遠近嘆服。"卷十一:"熹仕漢爲平輿令,天久旱,熹躬爲請雨,因焚身而雨澍,後人感德而廟存。""後漢戴封爲西平令,時旱,禱祀無應,封積薪坐其上以自焚,火起而雨降,遠近稱服。"卷六十七:"按《圖經》:'趙褒,漢武帝時爲文安縣令,好神仙,值文安大旱,乃自焚,土人感慕,乃立祠焉。'"(宋)樂史撰、王文楚等點校:《太平寰宇記》,北京:中華書局,2007 年,第 29、191、202、203、1367 頁。

②《搜神記》11.40b,《津逮秘書》本。[譯者補注]《搜神記》卷十一:"後漢諒輔,字漢儒,廣漢新都人。少給佐吏,漿水不交。爲從事,大小畢舉,郡縣斂手。時夏枯旱,太守自曝中庭,而雨不降。輔以五官掾,出禱山川,自誓曰:'輔爲郡股肱,不能進諫納忠,薦賢退惡,和調百姓,至令天地否隔,萬物枯焦,百姓喁喁,無所控訴,咎盡在輔。今郡太守内省責己,自曝中庭,使輔謝罪,爲民祈福,精誠懇到,未有感徹。輔今敢自誓,若至日中無雨,請以身塞無狀。'乃積薪柴,將自焚焉。至日中時,山氣轉黑起,雷雨大作,一郡沾潤。世以此稱其至誠。"(晉)干寶撰、汪紹楹校注:《搜神記》,北京:中華書局,1985 年,第 131—132 頁。

料來看,這種風俗僅僅自春秋以來方得到證實[1]。在赤松子的傳記中,多個主題相互關聯、相互交織,如雨神獻身、巫師犧牲、術士具有能入火而毫髮無損的魔力以及道士的火解。火解是尸解的一種古老方式,我們在以後還將發現火解的案例[2]。異文"能入火不燒"的語氣較之原文稍弱,但主題不變。在一種情况下,神靈或巫師本身變成了煙、雲、雨;在另一種情况下,火焰與煙則構成了一個管道或工具,使其得以昇至雲端,並從那裏降下雨來。

聞一多[3]將道士在火中成仙的道教主題[4]與羌人的葬俗相聯繫。羌族乃是中國西部的古藏族,他們對死者進行火葬。這種近似值得注意:在羌人的火葬以及道教的飛昇主題中,體現了一個共同的觀念,即死者的靈魂得到解脱,被猜測是乘煙霧上天(在火葬中,若煙霧未徑直昇空,藏人則會十分悲哀[5])。《墨子》云:"秦之西有儀渠之國者。其親戚死,聚柴薪而焚之。燻

①陳夢家《商代神話與巫術》,《燕京學報》第 20 期,頁 564。

②關於尸解,參見 H. Maspero(馬伯樂), *Les procédés de nourrir le principe vital*, p. 178 et s., *J. A*, CXXIX.

③《神仙考》,載《聞一多全集》(第一卷),第 159 頁。

④《列仙傳》傳一《赤松子傳》、傳二《甯封子傳》、傳十三《嘯父傳》、傳十四《師門傳》。

⑤《太平御覽》556. 4b—5a,鮑崇城本(1818);Eberhard(艾伯華), *Lokalkulturen*, I, p. 310。[譯者補注]《太平御覽》卷五百五十六:"《永昌郡傳》曰:建寧郡葬夷,置之積薪之上,以火燔之,煙氣正上,則大殺牛羊,共相勞賀作樂。若遇風煙,氣旁邪爾,乃悲哭也。"(北宋)李昉等編撰:《太平御覽》,上海涵芬樓影印宋本,北京:中華書局,1960 年,4b—5a。

上謂之登遐。"①在"登遐"一詞中,"遐"意爲"遠",而其異文"霞"指日落時的紅雲:"登遐"或"昇霞"指帝王之死和仙人的飛昇。聞一多推測,《墨子》中的"遐"或"霞"當讀爲"煆",指火焰②。他認爲仙人的飛昇與火化原初是同一回事③。但靈魂能在火與煙中飛昇這種觀念並非一定是由西羌人的火葬行爲啓發而産生的,因爲當時的日常獻祭活動已經基於一種觀念,即用作獻祭的犧牲和祭品在柴薪上燃燒後,其精華會由火與煙帶到天神那裏。特别是對於雨師的獻祭正是如此④。我們將發現,隨後的《甯封子傳》(聞一多以甯封子爲火葬的典型案例⑤)尤其表現了古代鑄工(或許也包括古代陶工)在自身(獻身爐竈)或他人身上完成的人祭。至於《墨子》中的片段,我認爲這段文字是在表明古代中國人已經將火葬習俗(這是他們原本排斥的)和某些他們熟知的活動及信仰進行了關聯。

(e)從邏輯上講,"隨風雨上下"應在"能入火自燒"之後。

---

①《墨子·節葬下》15a,《四部叢刊》本;此段文字又見於《列子》5.5a。[譯者補注]《列子》卷五:"秦之西有儀渠之國者,其親戚死,聚柴積而焚之。燻則煙上,謂之登遐,然後成爲孝子。"楊伯峻:《列子集釋》,北京:中華書局,1979年,第167—168頁。

②[譯者補注]《聞一多全集》頁159:"據此,則'遐'當讀爲'煆',本訓火焰,因日旁赤光,或赤雲之似火者謂之霞,故又或借霞爲之。"

③[譯者補注]《聞一多全集》頁159:"登霞的本意是火化時靈魂乘火上昇於天,這名詞傳到中國後有兩種用法。一是帝王死謂之登霞,二是仙人飛昇謂之登霞。"

④《周禮》18,Biot(畢歐),*Tcheou-li*, I, p. 420。[譯者補注]《周禮注疏》卷十八:"以禋祀祀昊天上帝,以實柴祀日、月、星、辰,以槱燎祀司中、司命、飌師、雨師。"槱燎,即以牲體置柴堆上焚之,揚其光炎上達於天,以祀天神。(漢)鄭玄注、(唐)賈公彦疏:《周禮注疏》,上海:上海古籍出版社,2010年,第646頁。

⑤[譯者補注]《聞一多全集》頁160:"至於甯封子的傳説,則幾乎明白承認是火葬了。"

如《甯封子傳》中便是如此。蓋因《列仙傳》經過輾轉傳抄,導致該句的位置發生變動。然而,應注意到,即使保持原有順序,原文亦可理解,尤其是刪除"往往"二字之後更是如此,因爲這二字似乎是後人所加。如此一來,赤松子"至昆侖山"便明顯成爲其自焚的結果。然而,上昆侖山即等同於昇天;道教徒常將一些洞窟視爲"天空"(即"洞天"),並隱居其中,爲最後的飛昇成仙做準備。西王母的石室或許就是"洞天"之一。根據有關的描述可知,這些洞窟都有洞口,光線可由此照入洞内,在道教徒飛昇時成爲其遊魂上天的道路——至少,在道教成爲組織性宗教的時期是如此。然而,在更早的時期,先民的住所内或許有著更早的洞穴,由這個洞穴經過的有竈煙、雨水、死者的亡靈(參考在屋頂上舉行的招魂儀式),或許還有薩滿行遊太空時的靈魂。對此,古老的文獻記載和史前考古的發現均證明,在遠古時代,先民已在山洞内、或在地下鑿出的洞穴裏修建住所,住所上方由墳頭遮蓋,而墳的頂端則留有洞隙①。

(f)自後漢起(亦或自前漢),炎帝被等同於神農②,他死後成爲竈神③。《山海經》3. 19b—20a 記載,炎帝之女女娃在東海遊玩時溺水,變爲精衛鳥,其頭部有花紋,白色的喙,紅色的脚

---

①參見龍飛了《穴居雜考》,載《中國營造學社彙刊》第 1 卷;亦參見本書(指康德謨《列仙傳譯注》)傳二《甯封子傳》,注 7。

②《漢書》19 上 1b、20. 6a,百衲本。[譯者補注]《漢書》卷十九:"神農火師火名。"卷二十:"炎帝神農氏。""張晏曰:'以火德王,故號曰炎帝。作耒耜,故曰神農。'"(東漢)班固撰、(唐)顔師古注:《漢書》,北京:中華書局,1964 年,第 721、866 頁。

③《淮南子》13. 20b,《四部叢刊》本;《論衡》25. 15b,《四部叢刊》本。[譯者補注]《淮南子》卷十三:"故炎帝於火死而爲竈。"《論衡》卷二十五:"炎帝作火,死而爲竈。"

(異説:頭白嘴紅),不斷地從西山銜來石子和樹枝,以填東海[①]。與《山海經》相反,《歷世真仙體道通鑑》1. 20a[②] 及《廣黄帝本行記》10b[③] 則言精衛乃黄帝之女。

另一關於炎帝之女的傳説見於唐人戴孚的《廣異記》[④]。該書雖成書較晚,却很值得注意:"炎帝女學道得仙,居高陽崿山桑樹上,正月一日銜柴作巢[⑤],或作白鵲,或作女人。赤帝見之,悲慟誘之,不得。以火焚之,女即昇天,因名帝女桑。今天至十五日,焚鵲巢,作灰汁,浴蠶子,本此。故鵲一名神女也。"暫不論這個故事與蠶的關係,我們認爲"道士/鳥"焚於巢的主題值得研究。這個主題在若干故事中得到體現,其中尤其是趙惠宗的故事:此人自焚於柴薪之上,於火中化爲仙鶴,飛昇而去[⑥]。

①(清)郝懿行《山海經箋疏》3. 19b—20a。[譯者補注]《山海經箋疏》卷三:"有鳥焉,其狀如烏,文首白喙赤足,名曰精衛,其鳴自詨。是炎帝之少女,名曰女娃。女娃遊於東海,溺而不返,故爲精衛。常銜西山之木石以堙於東海。"(清)郝懿行疏、沈海波校點:《山海經箋疏》,上海:上海古籍出版社,2019年,第94頁。

②(元)趙道一《歷世真仙體道通鑑》1. 20a,《道藏》139—148。[譯者補注]《歷世真仙體道通鑑》卷一:"黄帝之女溺於東海,化爲鳥,名精衛,常銜西山之木石以堙東海。"

③(唐)王瓘《廣黄帝本行記》10b,《道藏》本。[譯者補注]《廣黄帝本行記》卷十:"(黄)帝之女,溺於東海,化爲鳥,名曰精衛,常銜西山木石以堙東海焉。"

④《古今圖書集成》"禽蟲典"21"鵲部外編"徵引。

⑤《太平御覽》(19世紀末)921. 4ab,鮑崇城本(1818)引《廣異記》增"至十五成"。"十五"即元宵之日。

⑥《歷世真仙體道通鑑》41. 16b,《道藏》139—148;(宋)陳葆光《三洞群仙録》2. 3b,《道藏》992—995。[譯者補注]《歷世真仙體道通鑑》卷四十一:"唐明皇天寶末,還硤,忽於郡之東北積薪自焚,僚庶悉往觀之,惠宗怡然坐火中,誦《度人經》,斯須化爲瑞雲仙鶴而去。火既燼,其下草猶緑。"《三洞群仙録》卷二:"又趙惠宗,天寶末忽於郡之東積薪自焚,僚庶往觀,惠宗怡然坐火中,誦《度人經》,斯須化爲瑞雲仙鶴。而火盡,其下草猶緑。"

由此可發現,鵲巢與柴薪相似;此外,在牛郎織女的傳説中,正是鵲鳥搭成鵲橋,讓這兩位傳説中的戀人得以每年渡過銀河相會一次;最後,我們還將發現,鳥類,尤其是鵲("鵲"舊體作"舄",指一種木屐)與那些神奇的鞋履亦有關係。

(g)赤松子的傳説在兩漢及六朝流傳甚廣,然其名與王子喬一道已見於《戰國策》①。在文獻中,這兩位仙人總是連袂出現。《楚辭·遠遊》也提到了赤松子②。西漢初期,張良一心辭官修道,聲稱決意遵循赤松子的教導③。赤松子在漢代享有如此名望,很大一部分原因是由於這位傳奇人物披上了"紅"與"火"的色彩,並被方士用於讖緯,以抬高並宣揚漢王朝的榮耀,而漢朝恰好尚赤。《搜神記》即記載了這樣一則讖緯。在這個讖緯故事中,有一位叫做"赤松"的牧人,名時喬,字受紀,居於楚國西北的范氏村("范"乃劉氏先祖的一支)。正是通過這位赤松,孔子方從一頭麒麟處得到了預言赤劉當起、赤氣將興的神圖④。

---

①《戰國策》5. 15a,黄丕烈本。[譯者補注]《戰國策》卷五:"君何不以此時歸相印,讓賢者授之? 必有伯夷之廉;長爲應候,世世稱孤,而有喬、松之壽。"(西漢)劉向集録:《戰國策》,上海:上海古籍出版社,1978 年,第 216 頁。

②[譯者補注]《楚辭·遠遊》(《四部叢刊》本):"聞赤松之清塵兮,願承風乎遺則。"

③《史記》55,百衲本;《前漢書》40,百衲本。[譯者補注]《史記》卷五十五:"願棄人間事,欲從赤松子遊耳。"(西漢)司馬遷撰、(南朝宋)裴駰集解、(唐)司馬貞索隱、張守節正義:《史記》,北京:中華書局,1963 年,第 2048 頁。《漢書》卷四十:"願棄人間事,欲從赤松子遊耳。"(東漢)班固撰、(唐)顔師古注:《漢書》,北京:中華書局,1964 年,第 2037 頁。

④干寶(6 世紀)《搜神記》8,1b—2a,《津逮秘書》本。[譯者補注]《搜神記》卷八:"魯哀公十四年,孔子夜夢三槐之間,豐、沛之邦,有赤氤氣起,乃呼顔回、子夏同往觀之。驅車到楚西北范氏街,見芻兒打麟,傷其左前足,束薪而覆之。(轉下頁)

《道藏》中收録的某些道經,如《赤松子章曆》《赤松子中戒經》《黄帝陰符經集解》,傳爲赤松子所作(《抱朴子内篇》6.4b提及一部言説報應之事的《赤松子經》①)。相傳某些藥方和丹方亦爲赤松子所作,如《雲笈七籤》75.7a"赤松子服雲母方"、75.21a"赤松子見授雲母神散方"、74.16b"南嶽真人赤松子枸杞煎丸"、66.11a"赤松子玄記"。此外,赤松子還與甯封子、彭祖、王子喬一道被尊爲道教導引術的祖師②。至於赤松子的雨神身份和他自燒時所用的柴薪,則未見於《列仙傳》以前的任何文獻。但《淮南子》説他能上達雲端③,並且,我們知道,人們認爲樹木——尤其是那些有著紅色樹皮的樹木(見前文注釋1"樫")具有降雨的神力。

很早便有傳説將赤松子與浙江金華山(或"長山")相聯繫,

(接上頁)孔子曰:'兒來! 汝姓爲誰?'兒曰:'吾姓爲赤松,名時喬,字受紀。'孔子曰:'汝豈有所見乎?'兒曰:'吾所見一禽,如麇,羊頭,頭上有角,其末有肉。方以是西走。'孔子曰:'天下已有主也,爲赤劉。陳、項爲輔。五星入井,從歲星。'兒發薪下麟,示孔子。孔子趨而往,麟向孔子,蒙其耳,吐三卷圖,廣三寸,長八寸,每卷二十四字。其言赤劉當起,曰:'周亡,赤氣起,火耀興,玄丘制命,帝卯金。'"(晉)干寶撰,汪紹楹校注:《搜神記》,北京:中華書局,1985年,第111頁。

①《抱朴子内篇》6.4b,《平津館叢書》本。[譯者補注]《抱朴子内篇》卷六:"按《易内戒》及《赤松子經》及《河圖記命符》皆云:'天地有司過之神,隨人所犯輕重,以奪其算,算減則人貧耗疾病,屢逢憂患,算盡則人死,諸應奪算者有數百事,不可具論。'"(晉)葛洪撰、王明校釋:《抱朴子内篇校釋》,北京:中華書局,1985年,第125頁。

②《太清導引養生經》,《道藏》568;(宋)張君房《雲笈七籤》(約1025),《四部叢刊》本34.1a;亦參見Maspero(馬伯樂), op. cit., p.415。

③[譯者補注]《淮南子》卷十一(《四部叢刊》本):"今夫王喬、赤誦子,吹嘔呼吸,吐故納新,遺形去智,抱素反真,以遊玄眇,上通雲天。"

但《越絶書》2. 5a① 記載，在吴國都城不遠處有一座穹窿山，赤松子曾在此採集赤石脂。由於金華山之石呈紅色，故金華山由此得名，意爲“金花”或“金華”②。赤松子曾於此山採藥，後於山下水際羽化而去③，亦可能於此山中自燒④。在赤松子得道之處長出龍鬚草，但人們不能像平常那樣用來製作草席⑤，僅能用來製作火炬⑥。金華山上有赤松祠若干，其中尤其是赤松石室洞與赤松子和皇初平、皇初起弟兄聯繫緊密。兄弟二人俱是神仙，其傳記見於葛洪《神仙傳》卷二。二人均由赤松子引而入道，其中皇初平亦稱赤松子。初平能隨心所欲地變羊爲石，又能叱石成羊。這個故事亦在華山⑦和山東鄆州的須城等地流行，

①《越絶書》2，《古今逸史》本。［譯者補注］《越絶書》卷二：“由鍾穹隆山者，古赤松子所取赤石脂也，去縣二十里。”（漢）袁康：《越絶書》（叢書集成初編），北京：中華書局，1985 年，第 10 頁。

②《太平寰宇記》112. 6a，金陵書局本（1869）。［譯者補注］《太平寰宇記》卷一百一十二：“金華山，在縣東南五十里。其山土石紅赤，因名。”（宋）樂史撰、王文楚等點校：《太平寰宇記》，北京：中華書局，2007 年，第 2278 頁。

③酈道元（6 世紀初）《水經注》40. 5b、6b，《四部叢刊》本。［譯者補注］《水經注》卷四十：“城居山之陽，或謂之長仙縣也，言赤松採藥此山，因而居之，故以爲名。”“溪水又東逕長山縣北，北對高山。山下水際，是赤松羽化之處也。炎帝少女追之，亦俱仙矣。”

④《太平寰宇記》97. 9a，金陵書局本（1869）。［譯者補注］《太平寰宇記》卷九十七：“赤松子遊金華山，以火自燒而化，故山上有赤松之祠。”（宋）樂史撰、王文楚等點校：《太平寰宇記》，北京：中華書局，2007 年，第 1950 頁。

⑤参見本書（指康德謨《列仙傳譯注》）傳五《黄帝傳》，注 8。

⑥《元和郡縣志》26. 4a，《岱南閣叢書》本。［譯者補注］《元和郡縣志》（《四庫全書》本）卷二十六“金華縣”：“金華山在縣北二十里，赤松子得道處，出龍鬚草。”

⑦《西嶽華山志》8b—9a，《道藏》160。［譯者補注］《西嶽華山志》：“石羊城，在張超谷之西，迺黄初平、黄初起弟兄二人得仙之地，山谷故名仙谷。黄初平者，丹溪人也，年少時，家使牧羊，久而不歸。其兄初起尋覓近四十年矣。後聞市中（轉下頁）

至今，人們尚能指出須城中被皇初平變爲石頭的羊群①。不過，《路史・餘論二》認爲赤松祠並不在金華山，而稱赤松子住過的石室在湖北襄陽②，但在湖南雲陽山和四川峨眉山亦另有赤松祠。

傳爲葛洪所作的《枕中書》7b③ 和《歷世真仙體道通鑑》引《丹臺録》④稱赤松子"爲昆林仙伯，轄牿南嶽山"(《南嶽小録》14. a 以附録"真君傳"的形式收録本赤松子傳，傳後有一段對於西王母的簡短描述⑤——這説明，或許在更早的《列仙傳》中曾有西王母的傳記)。目前，"昆林仙伯"這一名號尚屬難解，但它似乎與南方地區的地名和民族有關⑥。

(接上頁)有一道士，言人休咎，其驗如神，初起乃問之。道士曰：'太華山中有一牧羊兒，姓黄名初平，是卿之弟耶。'初起拜謝，即隨道士入此谷中。見弟悲喜，語畢，問弟：'羊今何在?'初平曰：'僅在山東耳。'兄初起往視之，但石而還。與弟曰：'弟兄俱往。'初平乃叱石曰：'羊起。'於是白石盡變爲羊，數萬頭。兄初起叩頭曰：'弟獨得仙，吾可學乎?'初平曰：'若有志，可得也。'初起便棄妻子，拜弟爲師，後乃俱成列仙矣。叱石處，四面寬廣，有似城壘，今人稱爲石羊城。"

①《太平寰宇記》13. 5a，金陵書局本(1869)。[譯者補注]《太平寰宇記》卷十三："黄初平叱石成羊之所，今石猶存。"(宋)樂史撰、王文楚等點校：《太平寰宇記》，北京：中華書局，2007 年，第 250 頁。

②(宋)羅泌(12 世紀)《路史・餘論二》，《四部備要》本。[譯者補注]《路史・餘論二》(《四庫全書》本)："赤松子者，炎帝之諸侯也，既耄，移老襄城，家於石室。"

③《龍威秘書》本。

④《歷代小史》21. 7a 引《龍城録》稱此書作者是晉哀帝。

⑤[譯者補注]《南嶽小録》"真君傳"："赤松子者，神農時雨師也。服水玉以教神農，能入火自燒。數往昆侖山中，常止西王母石室中，隨風雨上下。炎帝少女追之，亦得俱去。至高辛時，復爲雨師焉。王母者，神人之面，蓬髮戴勝，虎爪善嘯，巖居，名王母，在昆侖之墟焉。贊曰：渺渺赤松，飄飄少女。接手翻飛，泠然雙舉。縱身長風，俄翼玄圃。妙達坎巽，作範司雨。"(唐)李冲昭：《南嶽小録》，北京：中華書局，1985 年，第 11 頁。

⑥參見 R. Stein(石泰安)，le*Lin-yi*，p. 218 et s.

在某些時期，人們似乎認爲赤松子與二皇君能治療眼疾。在金華山上供奉赤松子的寶積觀裏①有一塊遇仙石，相傳有個患眼疾的人曾在此抵石而憩，遇見兩位仙人，仙人以草拭其目將其治癒②。以下爲與此相關的另兩則軼事：

（一）八月的某日，有人於黎明時分上華山採藥，遇一童子。童子手執一個五顔六色、狀如蓮花的囊袋，囊内有一藍鳥，裝滿柏樹葉，樹葉上滿是露珠。此人問童子，童子答曰："赤松先生取以明目。"③於是，在六朝和唐代，八月初一採集露珠盛於"眼明囊"和"絲囊"用以明目的風俗便十分盛行④。

（二）在鍾火之山（甯封子於此山尋得洞冥草），有鳳葵⑤草，呈丹紅色，赤松子食之三年，能騎黄蛇入水，並得到黄蛇的金

---

①《金華赤松山志》10a，《道藏》331。［譯者補注］《金華赤松山志》卷十："寶積觀即赤松宫。"

②（宋）方鳳《金華遊録》，載《古今圖書集成》"神異典"279"道觀部"1. 2a。［譯者補注］《金華遊録》："二真初起、初平兄弟也，松下有遇仙石，坐其上，相傳往年。唐公李度有目眚，寓觀中，嘗憩兹石，遇二仙，問故，採草拂其目，遂明。"（南宋）倪守約：《金華赤松山志》（叢書集成初編），北京：中華書局，1985 年，第 1 頁。

③《續齊諧記》6b，《古今逸史》本。［譯者補注］《續齊諧記》："弘農鄧紹，嘗八月旦入華山採藥。見一童子，執五彩囊，承柏葉上露，皆如珠，滿囊。紹問曰：'用此何爲？'答曰：'赤松先生取以明目。'言終便失所在。今世人八月旦作眼明袋，此遺象也。"（南朝）吴均：《續齊諧記》（叢書集成初編），北京：中華書局，1985 年，第 5 頁。

④朱亦棟《群書劄記》，14. 8b—9a。［譯者補注］《群書劄記》（《續修四庫全書》本）卷十四"絲囊"："王楙《野客叢書》云：'按《華山記》，宏農鄧紹八月曉入華山，見童子執五彩囊，盛柏葉露食之。'又觀梁簡文帝《眼明囊賦》序曰：'俗之婦人，八月旦多以錦翠珠寶爲眼明囊，因凌晨拭目。'唐人千秋節，以絲囊盛露，亦襲其舊，正八月初故事。"

⑤［譯者補注］"葵"，康德謨原文誤作"蔡"，據下條注釋改。

珠一枚,遂能治病①。

作者簡介:康德謨(Max Kaltenmark,1910—2002),已故法國著名道教學者,法國高等研究學院(EPHE)教授。

譯者簡介:張粲,哲學博士,西南交通大學外國語學院副教授,研究方向爲法國漢學道教研究。

吕鵬志,哲學博士,西南交通大學人文學院教授、博士生導師,西南交通大學中國宗教研究中心主任,主要研究方向爲道教史(特别是道教儀式史)、道教文獻、道教思想和中國宗教。著有《道教哲學》《唐前道教儀式史綱》,先後在國内外學術書刊發表論文及譯文共八十餘篇。

①《洞冥記》3. 1b,《古今逸史》本。[譯者補注]《漢武帝别國洞冥記》:"有鳳葵草,色丹,葉長四寸,味甘,久食令人身輕肌滑。赤松子餌之三歲,乘黄蛇入水,得黄珠一枚,色如真金。或言是黄蛇之卵,故名蛇珠,亦名銷疾珠。"(漢)郭憲:《漢武帝别國洞冥記》(叢書集成初編),北京:中華書局,1985 年,第 11 頁。

《紫陽真人内傳》解題*

[法] Isabelle Robinet(賀碧來)

吕鵬志、張　粲　譯

内容提要: 法國漢學家 Isabelle Robinet(賀碧來)著《道教史上的上清降經》(*La révélation du Shangqing dans l'histoire du taoïsme*)是道教研究領域的扛鼎巨著,該書第2册對140多部上清經做了分類解題。賀書解題目録第三類第九種(用C.9標示)分析的是收入明《道藏》的《紫陽真人内傳》(HY303, Dz. 152, 19p.),該篇解題也論及内容相合但篇幅較短的《雲笈七籤》卷106"紫陽真人周君内傳"條(YJQQ106., p. 8a-15b)。作者經過考證判定,《道藏》本《紫陽真人内傳》較原本有增補,《雲笈七籤》本則有删節。作者還分析了該傳包含的五項内容——本傳、附注、紫陽真人所受經目、周裴二真詩、周裴二真叙,揭示了它與上清經系的關係及其在上清派中的地位。

---

* 譯自 Isabelle Robinet, *La révélation du Shangqing dans l'histoire du taoïsme*, tome II, Paris: École Française d'Extrême-Orient, 1984, pp. 385-388. 本文係國家社會科學基金項目"道教典籍在法國的譯介與傳播研究"(16CZJ019)階段性研究成果。

一、概述

紫陽真人周義山,字季通,蘇林之弟子,《蘇君傳》出自其手。周義山是向楊羲降顯的諸仙真之一。據《紫陽真人内傳》(HY 303)14b① 的記載,他出生於公元前一世紀(公元前 80 年生),大約在公元前 65 年遇見蘇林。

《周君傳》現存有二,一是《紫陽真人内傳》(HY 303),二是與《紫陽真人内傳》相合但篇幅較短的《雲笈七籤》引文②。因爲滿晰博(M. Porkert)已經翻譯過《紫陽真人内傳》③,在此就不分析内容,只考訂該傳的真僞及其在上清派中的地位。

二、《紫陽真人内傳》版本真僞考

根據《真誥》陶弘景注(12. 13b4④,14. 14a⑤,20. 14a6⑥),存

①[譯者補注]《紫陽真人内傳》:"又注云:周君後漢元鳳元年太歲辛丑七月五日己卯生,到元康元年太歲丙辰師蘇君,受三一。"

②二本文字内容又見於《歷世真仙體道通鑑》(HY 296)14. 1a-8b,此書是時代更晚的仙道傳記彙編。

③M. Porkert, *Biographie d´un taoïste légendaire*,參見筆者的書評,*T'oung-Pao* 67 (1981)。

④[譯者補注]《真誥》卷十二:"清虚王君、紫陽周君,各自有傳。"

⑤[譯者補注]《真誥》卷十四:"今有華撰《周君傳》,記季主事殊略,未見别真手書傳,依此語則爲非也。此前似有按語,今闕失一行。"

⑥[譯者補注]《真誥》卷二十:"今世中《周紫陽傳》,即是僑所造,故與《真誥》爲相連也。"

在一部華僑撰寫的《紫陽真人傳》(陶弘景懷疑《紫陽真人傳》不是仙真降授之作)。華僑與許家聯姻,先於楊羲得受降誥。造訪華僑的天上仙真主要是裴君和紫陽真人。但因他漏洩冥旨,被判决不值得收到降示,仙真於是改爲降授楊羲①。因此這位首次接受上清降誥的華僑應當就是《紫陽真人傳》的作者②。

《紫陽真人傳》罕有引用:《太平御覽》有幾則引文,文字内容與本傳一致;另有一條引文見《華陽陶隱居内傳》(HY 300)(即《陶弘景傳》,2. 15b③),文字内容亦與本傳相合。

《紫陽真人内傳》(HY 303)有序,與《真誥》所述華僑之事

---

①見《真誥》1. 5a5, 7. 6a2—7, 19. 3b6—8, 20. 13b7—14a6,又參 M. Strickmann, *Etude sur le taoïsme du Mao chan*, pp. 126-127。[譯者補注]《真誥》卷一:“此即應是説初降華僑事。”卷七:“茅小君去五月中失日有言:華僑漏泄天文,妄説虚無,乃今華家父子被考於水官。華僑之失道,由華騎之佞亂,破壞其志。念華團、華西姑者,三官囚之以試觀,試遂不過,僑於是得有死罪,故名簡早削奪,尋輸頭皮於水官也。可密尋彼家有此人不? 是誰者?”卷十九:“又按衆真未降楊之前,已令華僑通傳音意於長史,華既漏妄被黜,故復使楊令授,而華時文跡都不出世。”卷二十:“華僑者,晉陵冠族,世事俗禱。僑初頗通神鬼,常夢共同饗醊,每爾輒静寐不覺,醒則醉吐狼藉,俗神恒使其舉才用人,前後十數,若有稽違,便坐之爲謫。僑忿患,遂入道,於鬼事得息,漸漸真仙來遊,始亦止是夢,積年乃夜半形見,裴清靈、周紫陽至,皆使通傳旨意於長史,而僑性輕躁,多漏説冥旨,被責,仍以楊君代之。”

②滿晰博指出華僑“似乎確信無疑”不是《紫陽真人傳》的作者,理由是除了《真誥·叙録》和該傳序言所説,我們對華僑其人一無所知。只要參考筆者上面指出的《真誥》資料,就可以知道恰恰相反,華僑洵爲該傳作者,他在確立上清派教義的過程中確實起了作用。

③[譯者補注]《華陽陶隱居内傳》卷中:“《紫陽周君傳》云:君常於市中遇黄泰者,見其眸子正方,乃知是仙人,因求乞長生之術,乃自云是玄洲上卿蘇君也。或云眸子方,壽萬歲。”

相合。該傳末尾有題跋(頁 14b①),抄録年代爲 399 年,這可以是該傳成立年代的下限。題跋根據《貞白(陶弘景)條例》指出,《紫陽真人傳》本有 3488 字,與陶弘景所見本(即 HY303《紫陽真人内傳》,有 3489 字)和《雲笈七籤》本字數都不相符②。由此可見,《紫陽真人内傳》(HY 303)有增補,《雲笈七籤》本則有删節(《雲笈七籤》引録道書有時會做删節,儘管大多數情況下仍是足够忠實引録原書)。

由此説來,現存兩個版本的紫陽真人傳記皆非原本。

《紫陽真人内傳》(HY 303)分爲以下幾個部分——

(1)本傳(滿晰博稱爲第一部分),從開頭一直到頁 12a10。本傳與《雲笈七籤》本相合,但較後者增加了一長段文字(滿晰博在中文校録本中用括號標示)。

(2)附注,其中某些段落明顯使人想到《蘇君傳》(頁 14a8—9③;《雲笈七籤》104. 3b4—5a④)。這一部分可能晚出,始於 12b1,止於 14b9。

(3)紫陽真人所受經目,其中部分經目也被本書開頭部分出現的上清經目著録。這份經目在傳中的位置是 14b10—

①[譯者補注]《紫陽真人内傳》:"摹召法主本,本是晉隆安三年太歲己亥正月七日甲子書畢。"

②參見滿晰博的詳細計算,見上引書,第 19 頁。

③[譯者補注]《紫陽真人内傳》:"玄丹者泥丸也,其義出《太上素靈經》。守三一得爲地仙,守洞房得爲真人,守玄丹昇太微宫也。"

④[譯者補注]《雲笈七籤》卷一百四"玄洲上卿蘇君傳"條曰:"夫玄丹者,泥丸之神也,其法出《太上素靈訣》。守三一爲地真,守洞房爲真人,守玄丹爲太微官也。"

16b10①。

(4)周、裴二真詩②。滿晰博將這些詩的年代斷於宋代,但

①[譯者補注]《紫陽真人内傳》:"周君所受道真書目録:《金闕帝君守三元真一法》,東海小童傳涓子,涓子傳蘇子,蘇子傳周子;尋欒先生《龍蹻經》,於蒙山大洞黄庭之中遇衍門子,受《龍蹻經》並《三皇内文》(在黄庭之中);趙他子《芝圖》十六首、《五行秘符》(在王屋洞門丹室中);王先生《黄素神方》《五帝六甲》《左右靈飛》之書及二十四訣(在王屋山中);上魏君太素傳《左乙混洞東蒙之籙》《右庚素文攝殺之律》(在嶓冢山中);太和玉女《大有妙經》《太上素靈經》(在丹城銅之内);沙野帛先生《泰清上經》(在白雲山中);寧先生《大丹隱書》八稟十訣(在峨嵋山金匱府中);陰先生《九赤斑符》(在岷山中);臧延甫《憂樂曲素訣辭》(在岐山中);淮南子成《天關三圖》(在梁山中);張子房《泰清真經》(在牛首山中);李氏《幽神經》(在九嶷山中);高丘子《金全方》二十七首(在鍾山中);陽安君《金液丹經》《九鼎神圖》(在鶴鳴山中);青精先生《八表黄素傳》(在猛山中);李子耳《隱地八術》(在陸渾山潛入伊川洞室中);趙伯玄《三九素語》(在峨嵋山中);幼陽君《丹字紫書》《三五順行》(在陽洛山中);司命君《經命青圖》《上皇籍》(在大霍山中);墨翟子受《紫度炎光内視中方》(在鳥鼠山中);太帝候夜神童《金根之經》(在曜冥山中);司馬季主《石精金光藏景化形法》(在委羽山中);劉子先《七變神法》(在大庭山中);谷希子《黄氣之法》《泰空之術》《陽精三道之要》(在都廣建木山中);王子喬《素奏丹符》(在桐柏山中);南嶽赤松子《上元真書》(在太華山中);九老仙都君《黄水月華四真法》(在太冥山中);皇人《八素真經》《太上隱書》(在合梨山中);萬先生《九真中經》(在景山黄臺中);玉童子十人、九氣丈人得《白羽紫蓋黄水月華》(在玄壟羽野);青真小童君《金書祕宇》(在扶廣山中);龔仲陽《仙忌真記》(在朱火丹陸之室);中央黄老君《人洞真經》三十九篇(在常山中受)。右周君所受諸經書目。"

②[譯者補注]《紫陽真人内傳》:"二真人作詩曰:策駕玄中漠,庇素扶晞林。妙微混沌遘,長翻朱煙岑。八景停玉輪,清軒覽明真。左攝飛行遊,右顧凌八天。洞豁辨協晨,仰感發皇人。至暢理自會,靈妙體豈珍?/西玄鬱絶根,高耀拂輝明。眇眇流遐澄,育光拔皓清。房素重離裹,安妙寄蘭生。命駕飛八景,迅集迴南傾。凌厲陽羽野,結嘯八極城。萬里誰云遐,我超不稽靈。誘會有素娱,端駕講所精。至道方朗豁,知來温新齡。/晨應載景陽,攀暉德所鍾。徘徊重玄巔,翻焉降飛龍。参騰八紘外,翺翔閶闔方。藥風生丹室,雲合窈寥中。迭域谷希子,值素潛太空。長錦中有景,永煙被山容。空絶廣寒宅,混洞道沌同。積靜八朗豁,素阿蒙長通。我汎陽寥景,虚煙動清風。/嗽嘈太微觀,崚嶒九玄所。中有執寂賓,洞嘯靜寒處。西有六領師,尋輝與曉語。來非皇人賓,去非飛仙旅。我超騰羽蓋,徘徊(轉下頁)

未説明理由。二真詩又見《無上秘要》(6 世紀末),注明節録自《太上真人八素陽歌》①。二真詩的風格和用語與《真誥》中的詩歌完全相同。

(5)周裴二真叙。滿晰博翻譯過(見上引書,第 22—23 頁),其内容與《真誥》20. 13b—14a 所述完全相同。周裴二真叙文講述華僑與民間俗信巫鬼糾纏不清的故事,華僑後來改變信仰歸依道教,仙真(確切地説就是周、裴二真)遂來向他降誥②。

(接上頁)清泠渚。豁虚八極上,清煙凌飄舉。/命駕出三玄,流鈴飛漢賓。皇皇太和庭,鬱儀清虚觀。結磷絶煙際,尋輝七靈焕。素遨凌紫天,洞遊無名館。龍旂迴瓊輪,四眼應景散。聊且期時通,温之至道旦。"

①《無上秘要》20. 6a5—9, 8a2—8, 7b3—8, 5b8—6a1, 7a5—9。[譯者補注]《無上秘要》卷二十:"策駕玄中漠,轡素抉希林。妙微混沌遘,長扇迴五煙。八景停玉輪,清軒覽明真。左躡飛行遊,右顧凌八天。洞豁登協晨,仰攜皇中人。至暢玄理會,靈妙體神珍。/西玄鬱絶根,高暉拂耀明。眇眇流霞澄,育光披浩清。房素重離裹,安妙寄蘭生。命駕飛八景,扇集迴南傾。凌厲陽明上,虎嘯八極城。萬里何云遐,暫超不稽靈。高會有妙娱,端駕講所精。至道深朗豁,智來温慧經。/晨宴景陽宫,攀暉德所鍾。徘徊重玄巔,翩翩降飛龍。齊驤八落外,高步閶闔房。散風生丹室,雲合窈窕中。逸域研標子,鍊素潛太空。長綿中有景,龍煙帶山容。空絶廣寒宅,至靈道妙同。積靜玄八豁,素阿蒙長通。我登陽寥内,虚飆駕神風。/嗷嘈太微觀,崚嶒九玄所。中有執寂賢,洞簫靜冥處。西有六領師,尋暉與曉語。來非皇人賓,去非飛仙侣。我超騰羽蓋,徘徊清泠渚。豁虚八極上,高煙凌景舉。/命駕出三玄,流零飛雲漢。賓皇大和庭,鬱儀清虚觀。結璘絶煙際,尋暉七虚焕。素敖凌紫天,洞遊無名館。龍旂迴瓊輪,四朗應景散。聊且期時通,温之至道旦。"

②滿晰博很驚訝"裴某"的名字與"紫陽真人"的名字聯繫在一起(第 15 頁)。他説在兩個版本的《紫陽真人傳》和《裴君傳》之間存在"風格和内容上的根本差異",據此曲解裴氏姓名,認定裴氏是另外一個人。事實上,正如我們下文將要指出的,周、裴二真傳記之間存在共同點。既然這兩位仙真曾向華僑降顯,也向楊羲降顯,那麽很自然兩人的姓名可以聯繫在一起。

總之,現存紫陽真人傳的兩個版本都非原本。《雲笈七籤》本很可能是古本《紫陽真人傳》的節鈔本,《紫陽真人内傳》(HY 303)則很可能是古本《紫陽真人傳》的增補本。

《紫陽真人内傳》(HY 303)所附詩歌的年代至遲不晚於6世紀末。實際上,這些詩歌與上清經相似,它們屬於上清降經。根據《真誥》陶弘景注(20. 3b①),這些詩歌極有可能是年青的許掾抄寫的《八素陰陽歌》。

三、《紫陽真人内傳》在上清派中的地位

紫陽真人傳記有多處與上清經系有聯繫,也與上清經系中某幾部具體的經有聯繫。

《紫陽真人傳》大體上是通過某些仙人名字與上清經系關聯起來的,這些仙人在周義山的學仙歷程中教導過他。事實上,其中某些仙人除《真誥》之外不見於其他文獻,如臧延甫(頁9b3②;《真誥》14. 16b③)、張子房(頁9b4—5④;《真誥》5. 7a—b⑤ 和

①[譯者補注]《真誥》卷二十:"掾書《太素五神》《二十四神》,並《迴元隱道經》一卷,及《八素陰陽歌》一卷,並東陽章靈民先出都遇得之。"

②[譯者補注]《紫陽真人内傳》:"退登岐山,遇臧延甫,受《憂樂曲素訣辭》。"

③[譯者補注]《真誥》卷十四:"服金丹而告終者,臧延甫、張子房、墨狄子是也。"

④[譯者補注]賀氏誤作頁8b4—5,今據明《道藏》本改之。《紫陽真人内傳》:"乃退登牛首山,遇張子房,受《太清真經》。"

⑤[譯者補注]《真誥》卷五:"昔漢初有四五小兒路上畫地戲,一兒歌曰:著青裙,入天門,揖金母,拜木公,到復是隱言也。時人莫知之,唯張子房知之,乃往拜之,此乃東王公之玉童也。"

14. 16b9—10)、高丘子(頁 9b6①;《真誥》5. 9b②,14. 16a③;也見 HY 304《茅山志》5. 8b2④ 茅君傳)、趙伯玄(頁 9b10⑤;《真誥》14. 16b⑥)。某些仙人只見於上清派文獻,如幼陽君(頁 10a1⑦,HY 1344《上清高上滅魔玉帝神慧玉清隱書高玄真經》42b⑧;HY 33《上清黄氣陽經三道順行經》29a⑨)和龔仲陽(頁 10b6—7⑩;HY 1305《洞真上清太微帝君步天綱飛地紀金簡玉字上經》18a⑪)。

---

①[譯者補注]《紫陽真人内傳》:"遇高丘子,受《金丹方》二十七首。"

②[譯者補注]《真誥》卷五:"君曰:昔高丘子,殷人也,亦好道,入六景山,積五百二十餘歲,但讀黄素道經,服餌术,後合鴻丹以得陸仙,遊行五嶽二百餘年,後得金液以昇太清也,今爲中嶽真人。(此説與《劍經序》亦略同。)"

③[譯者補注]《真誥》卷十四:"吞琅玕之華而方營丘墓者,衍門子、高丘子、洪涯先生是也。衍門子墓在漁陽潞縣(幽州漁陽有潞縣,今[上]黨亦有潞縣。衍門即羨門也)。高丘子墓在中山聞喜縣(中山有安喜縣,聞喜乃屬河東)。洪涯先生墓在武威姑臧縣(《凉州記》作姑臧縣)。"據趙益點校本《真誥》(北京:中華書局,2011年)補"上"字。

④[譯者補注]《茅山志》卷五:"我昔受之於高丘先生,今以相傳耳。"

⑤[譯者補注]《紫陽真人内傳》:"遇趙伯玄,受《三九素語》。"

⑥[譯者補注]《真誥》卷十四:"漱龍胎而死訣,飲瓊精而叩棺者,先師王西城及趙伯玄、劉子先是也。"

⑦[譯者補注]《紫陽真人内傳》:"乃登陽洛山,遇幼陽君,受《青要紫書》《三五順行》。"

⑧[譯者補注]《上清太上玉清隱書滅魔神慧高玄真經》:"授幼陽君,陽君道成昇虚,以文封於九嶷洞室,七百年當授合真通玄之人。"

⑨[譯者補注]賀氏誤作頁 29b,今據明《道藏》本改之。《上清黄氣陽經三道順行經》:"如蘇子林、谷希子、幼陽君、王喬、赤松、皇人、青真之徒,始學便修三道之要,黄氣陽精丹書紫字之法,便得超凌三清,登青華之宫,更受上品妙經,詣金闕受號,位登玉清上真四極之任,如此豈不異於有志乎?"

⑩[譯者補注]《紫陽真人内傳》:"乃退,南行朱火,登丹陵山,遇龔仲陽,受《仙忌真記》。"

⑪[譯者補注]賀氏誤作頁 16a,今據明《道藏》本改之。《洞真上清太微帝君步天綱飛地紀金簡玉字上經》:"龔仲陽受嵩高小童步六絶之法,行其要訣。"

紫陽真人所受經目與《南嶽魏夫人内傳》提到的經名相近（見本書開頭部分的上清經目表）。

此外，《紫陽真人傳》也與《裴君傳》有聯繫，這不僅表現在該傳有“周裴二真叙”，而且裴君似爲周義山之師（頁 2a—b）。

《紫陽真人傳》另外與《蘇林傳》和《素靈經》（《洞真太上素靈洞元大有妙經》之簡稱）教義體系也保持特别密切的關係。我們可以在《紫陽真人傳》中見到仇先生、琴高和涓子；該傳也提到“洞房”“三一”之法，也確立了與《蘇林傳》同樣的仙階（見本書 C. 6《玄州上卿蘇君傳》解題）。

《紫陽真人傳》兩次稱述《素靈經》，此經與《大洞真經》《大有妙經》構成一套三組合經典（事實上《大有妙經》是《素靈經》的一部分，但它也指《太丹隱書》）。該三組合經典就是上清“三奇”。在《紫陽真人傳》中，《素靈經》描述的“三元真一”之法被誇讚，“五斗三一”之法被概括介紹（頁 6b①）②（參見本書 B. 2《洞真太上素靈洞元大有妙經》解題，第三部分和附録 I）。

但在此我們也注意到，《紫陽真人傳》與上清派有不一致的地方：傳中稱述的不少經典不見於其他上清經目，某些仙人名字陌生。

---

①［譯者補注］《紫陽真人内傳》：“上元用立春，從東斗來還。中元用立夏，從南斗來還。下元用立冬，從北斗來還。三氣上昇，身亦存之，日之四節，一之往反也。其法鮮矣，其用浩矣，其事近矣，其生長矣。苟得其道，亦變形萬端，身出水火，收束虎豹，役使鬼神也。子亦復宜知此道，以漸升進耳。今以守三一之法、靈妙小有之書二百事傳子，石菌、朱柯、若乾芝與子服之，吾道畢矣。”

②滿晰博不知道“五斗三一法”，他在翻譯暗指“五斗三一法”的那段話時也受到影響，見前引書頁 59。不是氣循環往復，而是修煉之士“存思”往來“於北斗”。

四、結論

《紫陽真人傳》毫無疑問屬於上清經系,這不僅表現在傳記提到的人名、書名,也表現在它提到的修仙方法,這些方法常用確切的術語指稱。

不過我們可以注意到,此傳與蘇林、存思三一法和存思洞房法聯繫甚密,故而也與《素靈經》相關聯。我們不止一次提到《素靈經》的特點是處於上清經的邊緣。《紫陽真人内傳》的某些段落表明,它似屬於可將其歸入一組古代僞經的"三奇"(參見本書第一册,頁 76—80)。《紫陽真人内傳》於晉隆安三年(399)抄畢,故"三奇"説與《素靈經》進入上清經系的時間至遲不晚於 399 年。

【附録:《紫陽真人内傳》校勘】

(譯者説明:德國漢學家滿晰博(M. Porkert)曾師從法國漢學家康德謨(K. Kaltenmark)攻讀道教博士,1979 年出版的博士論文 *Biographie d´un taoïste légendaire* 對《紫陽真人内傳》做了校勘、譯注和研究。譯者在此譯出此書的校勘部分,附於賀氏解題之後,以便讀者全面深入地理解《紫陽真人内傳》。)

一、版本

我們根據以下三個版本整理出一個定本,並在此基礎上翻譯《紫陽真人内傳》。

(1)《紫陽真人(周義山)内傳》,TT. fasc. 152(《道藏》涵芬樓本第 152 册),下稱 A 本。

(2)《紫陽真人周君内傳》,《雲笈七籤》106. 8a—15b,下稱 B 本。

(3)《歷世真仙體道通鑑・周義山》,下稱 C 本。

另外,各種他書徵引該傳若有異文者,亦在校記中注明。

A 本明顯可以劃分爲三個部分,即——

(1)本傳。下稱 a 部分。

(2)注文,包含周義山及其師傅的語録。下稱 b 部分。

(3)附録,宋代修訂時所補。下稱 c 部分。

最後的附録包括——

(1)周紫陽所受經目。本書未轉録此目,可以參見吉岡義豐《道教經典史論》(東京,1955 年),第 73—74 頁。

(2)周、裴二真詩五首,作於宋代,本書不録。

(3)周、裴二真叙,本書將其移置於本傳之前。

二、録文

(譯者説明:本録文由西南交通大學人文學院博士研究生張晨坤整理,個别地方修正了滿氏的錯誤。)

周裴二真叙[1)]

江乘令晉陵華僑世奉俗神,忽夢見群鬼神與之遊行飲食。群鬼所與僑共飲酒,僑亦至醉,還家輒吐所飲噉之物。數年,諸鬼遂課限僑舉才,僑不得已,先後所舉十餘人,皆至死亡。鬼以僑所舉得才,有知人之識,限課轉多。若小稽違,便彈治之。僑自懼必爲諸鬼所困,於是背俗入道,詣祭酒丹陽許治,受奉道之法。群鬼各便消散,不復來往。奉道數年,忽夢見二人年可五十,容儀衣服非常。後遂二人見,或一月三十日時時往來僑家靖室中,唯僑得見。一人姓周,一人姓裴。裴雅重才理,非僑所申,周似不如此。二人先後教授僑經書,書皆與五千文相參,多説道家誡行養性事,亦有讖緯。所受二人經書,皆隱祕不宣。周自作傳,裴作未成。裴所作樂序及周傳如别。

紫陽真人[1]内傳

紫陽真人,本[2]姓周,諱[3]義山,字季通,汝陰人也,漢丞相勃七世之孫。以冠族播流,世居貴官[4]。祖父玄,漢昭帝[5]元鳳元年爲青州刺史。父祕,爲范陽令,時君始生焉。父後積秩累遷,官至陳留刺[6]史。君時年十六,隨從在郡,始讀孝經、論語、周易。爲人沈重,少於[7]言笑,喜怒不形於色。好獨坐静處,不結名好。然精思微密,所存必感。常以平旦之後,日出之前[8],正東向立,漱口嚥[9]液,服氣百數,向日再拜。旦旦如此,爲之經年。父怪而問之:所行何等事[10]?君長跪對曰:義山中心好此[11]日光長景之暉,是以拜之耳[12]。至月朔旦之日,輒遊行[13]市及閭閻陋巷之中,見貧[14]乏饑餓之人[15],解衣與之[16]。時時登陟[17]名山,喟然悲嘆。或入石室之[18]中,歡然獨笑。時陳留大儒[19]名士,聞君盛德,體性沈美,咸往[20]詣焉。君輒稱疾,不見賓客。漢侍中蔡咸,陳留高士,亦頗知道。聞君德行,數往詣君,每[21]辭[22]疾,不欲見之。父乃大怪,怒責之,督切使出。逼[23]不得已,遂出相見。咸大發請問[24],及論神仙之道,變化之事。君乃凝默内閉,斂神虚静,頷而和之,一不答也。

是歲大旱,[陳留大荒[25)]],斗米千錢,路多飢民[26)]。君乃傾財竭家,以濟其困。陰[而][25)]行之,人亦不知是君之慈施也。對萬物如臨赤子,斯[27)]積善[28)]德仁愛[29)]之施矣。[又[30)]有黄泰者,寓在陳留,婦兒無有,單身隻立,了無親戚,人亦不知其所從來。常著故敗皮袴角皮褶,恒賣芒履在陳留市中。君常潛行經過市中,見泰衣束殊弊。君每曾聞仙方説云:仙人目瞳子正方。而黄泰雖復外形帶索,目方面光,密而奇之,中心猶喜。還歸,數使人買芒履,因以金銀錢帛著其物中,陰以與之。數數行之,如此非一。黄泰遂詣君,君見迎而拜之,將入静室,乃是中嶽仙人。泰]曰:聞君好道,陰德流行,用思微妙,誠[31)]感於我,是以相詣。吾是中嶽仙人蘇[32)]林,字子玄也。本衛人,靈公末年生。少好道德,受學於琴先生。[琴[33)]先生[34)]]見授錬[35)]身消灾之道[36)]術。後又遇[37)]仇[38)]公,仇[39)]公乃見教以服氣之法、還神守魂之事。吾行之甚驗,大得其益。[[40)]仇公見告云:術識盡此,不能使子白日升天,上爲真官也。致吾於涓子。涓子者,中仙人也。守之彌年,見教守三一之法,曰:三一者,太微之玄真,上清之元圖,一曰洞真,二曰妙經,三曰素靈。東海小童君藏之於靈景之城、琳霄之室,非有仙籍者不授矣。此書淵祕,非賢勿宣,汝有至心,故以相付。八節存之,一則消除萬害,一則形軀不敗。能守之,致雲車羽蓋,坐造風雨,激電砰磕矣。乃地仙之美術,長生之真法。吾因受之,得以遊翔名山,往來方諸之館,寢息丹陵之丘,看望八表,得意而栖,從容以來,數百年中良爲樂足,樂足而思此居。泰而不復否,非順天行化,與時消息之謂也。故以投身臭濁,觀化囂藹,賣履弊作,唯下是居,自謂庸庸,不能甄識朱碧於凡壤之中矣,而子猶有察真之鑒,數獲惠遺,非所悟也。欣子有尚,故來相詣。君再拜頓首數十,悲喜自搏,膝行而進。自陳少好長生,唯願登仙度世。夙夜靜思,願與真人相遇,沐浴素流,秉受奇訣。今靈啓神降,得接聖顔,千秋志願,慶莫大焉。乃復頓頭,請乞奇要。仙人曰:子坐,吾將告子。[41)]子少知還陽,精髓不泄。又知導引服[42)]氣,呑景嚥[43)]漿,不復須陰丹内術補胎之益也。然猶三蟲未壞,三尸未死,故導引服氣不得其理。可先服制蟲細丸,以殺穀蟲。蟲有三名,一名青古,二名白姑,三名血尸,謂之三蟲。在内,令[44)]心煩滿,意志不開,所思不固,失食則飢,悲愁感動,精志不至,仍以飲食不節斷[45)]也。雖復斷穀[46)],人體重滯,奄奄[47)]淡悶,所夢非真,顛倒翻[48)]錯,邪俗不除,皆由於[49)]蟲在其[50)]内,摇[51)]動五臟[52)]故也。殺蟲之方如後[53)]:附子五兩,麻子七升,地黄六兩,术[54)]七兩,茱萸根大者七寸,桂四兩,雲芝英五兩,凡七種。先取菖蒲根煮釀[60)]作酒,使清醇[55)]重美,一斗半,以七種藥㕮咀,内器中漬之,亦可不用㕮咀。三宿乃出,曝[56)]之令[57)]燥。又取前酒汁漬之,三宿又出曝[56)]之。須酒盡乃[58)]止。曝[56)]令燥,内鐵臼中擣之,下[59)]細簁令成粉。取白蜜和之,令可丸。以平旦東向,初服二丸如小豆,漸益一丸,乃可至十餘丸也。治腹内痃[61)]實上氣,心胸結塞,益肌膚,令體輕有華光[62)]。盡一劑,則蟲[63)]死,蟲死則三尸枯,三尸[64)]枯則自然落矣。亦可數作,不限一劑也。然後合四填[65)]丸,加曾青、黄精各一兩,以斷穀。畢,若[66]導引服氣，不得其理。可先服食衆草藥[67]，巨[68]勝、茯苓、朮、桂、天門冬、黄連、地黄、大黄、桃糉及皮任擇焉。雖服此藥以得其力[69]，不得九轉神丹金液之道，不能飛仙矣[70]。[71]爲可[72]延年益壽，不[73]辟其死也。君按次爲之，服食朮五年，身生光澤，徹視内見五臟[74]，乃就仙求飛仙要訣。仙人曰：藥有數種，仙有數品，有乘雲駕龍，白日昇[75]天，與太極真人爲友，拜爲仙宫[76]之主，其位可司[77]真公、定元公、太[78]生公及中黄大夫、九氣丈人、仙都公，此位[79]皆上仙也。或爲仙卿，［或[80]爲仙］大夫，上仙之次也。遊行五嶽，或造太清，役使鬼神，中仙也。或受封一山，總領鬼神，或遊翔小有，群集清虚之宫，中仙之次也。若食穀不死，日中無影，下仙也。或白日尸解，過死太陰，然後乃[81]下仙之次也。我受涓子祕要，［善[82]守三一之道，役使鬼神，受太極帝君真印，封掌名山，以得不死，亦是金闕帝君真書之首，衆妙之大訣。但吾所學少，成帝仙人也。子名上金書於方諸之宫，命登青録爲字，所謂金閣玉名，已定於天曹矣，必能乘雲駕龍，上造以紫陽太清，佩金真玉光龍衣虎帶，拜爲真人。我之道術，可教陸仙尸解之人耳，非子真人所可學也。但[83]我］是中仙耳[84]，不足以爲子師。然守一鍊神雖非上真之道，亦是中真地仙之好事，亦能朝千山之神，攝三澤之精，吐故於七華之下，納新於三宫之上，禮乎赤子，謁乎真人，恭乎嬰兒。三真者乃身宅之帝君，混二十四氣，分入太微，又分號二十四真。能善斯道於三寸之間，則三宫真人可見。見則雲車羽蓋，千乘萬騎可見而得乘御也，列名元[又84]圖，飛行上清。上元用立春，從東斗來還。中元用立夏，從南斗來還。下元用立冬,從北斗來還。三氣上昇,身亦存之,日之四節,一之往反也。其法鮮矣,其用浩矣,其事近矣,其生長矣。苟得其道,亦變形萬端,身出水火,收束虎豹,役使鬼神也。子亦復宜知此道,以漸升進耳。今以守三一之法、靈妙小有之書二百事傳子,石菌、朱柯、若乾芝與子服之,吾道畢矣。[[85]不爲試子也,吾行當被玄州召去三十日,近比者之頃,當時相詣,以啓子之未悟爾。自行哉,][86]可遠索師也。[[85]必欲該道真妙,窮微極素,當艱苦嶮試,浮遊五嶽,雖遇真人,未即授子真道也。不百餘年,雲車羽蓋、龍虎之袍未可得也。]君再拜授教,退[[85]齋,沐浴五香。七日七夜不寐,但危坐接手,存念至道。乃以平旦燒香,北向再拜,][87]服此[88]神芝。五年之[89]間,視[90]千里[91]外。[身[92]輕,能超十丈,]日步[93]行五百里。[[92]能隱能彰,坐在立亡。]遂[94]巡行名山,尋索仙人。聞(有[95]欒先生者,得道在蒙山),能讀龍蹻經,[乃[92]追尋之。入蒙山大洞黄庭之中,遇羨[96]門子乘白鹿[97],執羽蓋,杖[98]青旄[101]之節,侍從十餘玉女,遇於黄庭。君乃再拜頓[99]頭,乞長生要訣。羨[100]門子曰:子名在丹臺[102]之中,何憂不仙乎?王屋清虚洞宫大多仙人,子始學,宜登此山。乃越江河,登此何索?君對曰:聞有欒先生得道此山,能讀龍蹻經,故來,欲見而受之耳。[羨]門子曰:欒先生,仙之下耳,子乃真人也。以真問仙,不亦煩乎?子遇真人,乃子之師也。中仙已下,非子所學。乃出龍驕經以授之,三皇内文以召神靈,以劾百鬼。乃退齋少室山三月,乃遊[103]]登王屋山,[[104]發洞門,入丹室,大遇仙人,皆披素讀經,見君皆起立。]有趙他[105]子授[106]君芝圖十六首及[107]五行祕符而退齋。[復登王屋山[108],]遇黄先生,受黄素神方、五帝六甲、左右靈飛之書四十四訣。乃退[109]登皤[110]冢山,遇上魏[111]君,受太素傳左乙[112]混洞東蒙之籙[113]、右庚素文[114]攝殺之律。乃[115]退齋三月,登嵩高山,入洞門,遇中央黄老君游觀丹城,潛行洞庭,合會仙人在嵩高山太室洞門之内,以紫雲爲蓋,柔玉爲床,鳳衣神冠,佩真執節,左帶流金之鈴,右帶八光之策,神虎俠洞門,靈狩衛太室,左侍者清真小童,右侍者太和玉女,各百餘人,捧神醴之琬,詠大洞真經三十九章,誦大有妙經二十四章,修太上素靈二十一曲。其中庭有青腰玉女,執玄玉南震之燈,散花燒香,衛黄老君。黄老君巾三華九陽之巾,手彈流徵雲珠素琴,被服金光,天姿嚴峻,眼有電精,口含玉膏。君既至,頓頭[116]再[117]拜,乞長生度世。[118]黄[119]老君曰:子存洞房之内,見白元君耶[120]?君對曰:實存洞房,嘗見白元君。黄老君曰:子道未足矣[121],未[122]見無英君也,且復遊行,受諸要訣,當以上真道經授子矣[123]。[君[124]再拜受教,復頓頭,乞得侍接龍車,爲遊走之使。黄老君曰:洞房之内,至精之中,有大神不可名,安出紫房,遊戲丹田,上通太微,乃下洞玄。小有爲白元君,大有爲無英君。]見白元君,下仙之事也[125],可壽三千年。若見無英君,乃爲真也,可壽一萬年矣[126]。可精更存之,不試子也。君再拜,受教而退。遊行天下名山大澤。西登白空山,遇沙野帛先生,受太[127]清上經。退登峨嵋山,入[128]空洞金府,遇甯先生,受[129]太丹隱書八稟十訣。退登岷山,遇陰先生,受[129]九赤斑[131]符。退登岐山,遇臧延甫,受[129]憂樂曲素訣辭。

乃[130]登梁山,遇淮南子成,受[129]天關三圖。乃[130]退登牛首山,遇張子房,受[129]太清真經。乃[130]退登九嶷山,遇李伯陽,受[129]李氏幽經。乃[130]遊登鍾山,遇高丘子,受[129]金丹方二十七首。乃[130]登鶴鳴山,遇陽安君,受[129]金液丹經、九鼎神丹圖。乃[130]登猛山,遇青精先生,受[129]黄素傳。乃[130]登陸渾山,潛入伊水洞室,遇李子耳,受[129]隱地八術。乃[130]登戎山,遇趙伯玄,受[129]三九[132]素語。乃[130]登陽洛山,遇幼陽君,受[129]青要紫書、三五順行。乃[130]登霍山,遇司命君,受[129]經命青圖、上皇民[133]籍[134]。乃[130]登鳥鼠山,遇墨翟子,受[129]紫度炎光内視圖中經。乃[130]登曜名山,遇太[135]帝候夜神童,受[129]金根之經。乃[130]登委羽山,遇司馬季主,受[129]石精金光藏景化形[經][136]。乃[130]登大庭[137]山,遇劉子先,受[129]七變神法。乃[130]登都廣建木,遇谷希子,受[129]黄氣之法、太空之術、陽精三道之要。乃[130]登桐柏[138]山,遇王喬,受[129]素奏丹符。乃[130]登太華山,遇南嶽赤松子,受[129]上元真君[139]書。乃[130]登太冥山,遇九老仙都君,受[129]黄水月華四真法。乃[130]至[140]合黎[141]山,遇皇人,受[129]八素真[142]經、太上隱書。乃[130]登景山,遇黄臺萬畢先生,受九真中經。乃[130]登玄壟羽野[143],遇玉童十人、九氣丈人,得白羽紫蓋,服黄水月華法。乃[130]到桑林[144],登扶廣山,遇青真小童君,受[129]金書祕字。乃[130]退[130]南行朱火,登丹陵山,遇龔仲陽,受[129]仙忌真記。乃[130]西遊登空山,見無英君,視[145]西[146]眼[147]洞房中,無英君處其左,白元君處其右,黄老君處其中。無英君被[148]服金精之[149]錦,朱碧玉綾之袍,光赤朝霞,流景曜[150]天,腰[151]太上靈氣之章，佩九帝袪[152]邪之策，戴[153]翠上紫靈[154]之冠，蓋太玄丹靈上元赤子之祖父也。左連[155]青宫之氣，氣冠[156]萬神，乃未有天地，先自虚空而生矣。白元君被[157]服丹玉之錦、雲羅重袍、白光内朱，流景參天，垂暉映神，玄黄徹虚，腰[158]太上靈精之章，佩玄元攝魔之策，戴[159]招龍造[160]冠，蓋玉房雲庭上元赤子之父。右夾[161]皓清[162]之室，朝運生者也。中央黄老君是太極四真王之師老矣。上攝九天，中遊崑崙，黄闕來其外，紫户在其内。下與二君入[163]洞房，圓[164]三寸，威儀具焉。夫至思神見，得爲真人。若見白元[165]，得爲下真，壽三千[166]。若見無英[167]，得爲中真，壽萬年[168]。若見黄老，與天相傾，上爲真人，列名金臺。君既詣[169]之，乃再拜頓首，乞丐[170]上真要訣。黄老君曰[171]：可還視子洞房中。君乃瞑[172]目内視良久，果見洞房之中有二大[173]神[174]，無英、白元君也，被服狀如在空山中者。黄老君笑而[175]言曰[176]：微乎深哉！子用意思之精也。此白日昇[177]天之道，子還登常山，授子上真之道。君乃還登常山石室中，齋戒念道，復積九十餘年，白[178]元君、無英君、黄老君遂使[179]授[180]之大洞真經三十九篇。有玉童二十一人、玉女二十一人，皆侍直[181]燒香，晝夜習之，積十一年，遂乘雲駕龍，白日昇天，上詣太微宫，受書爲紫陽真人，佩黄旄之節、八威之策，帶流金之鈴，服自然之衣，食玉醴之飴[182]，飲金液之漿，治葛衍山金庭銅城，所謂紫陽宫也。紫陽有八真人，君處其右，一月[183]三登崑崙，一朝太微帝君。以嶓[185]冢山[184]爲紫陽别宫，所謂洞庭潛宫也。嶓[185]冢山有洞穴，潛行通王屋清虚小有天，亦潛通閬風也。[186]

真人曰:天無謂之空,山無謂之洞,人無謂之房也。山腹中空虛,是爲洞庭。人頭中空虛,是爲洞房。是以真人處天、處山、處人,入無間,以黍米容蓬萊山,包括六合,天地不能載焉。唯精思存真,守三宫,朝一神,勤苦念之,必見無英、白元、黄老在洞房焉。雲車羽蓋既來,便成真人。先守三一,乃可遊遨名山,尋西眼洞房也。此要言矣。

真人周君曰:諸應得仙道,皆先百過小試之。皆過,仙人所保舉者,乃勑三官乞除罪名。下太山除死籍,度名仙府。仙府乃十二大試,太極真人下臨之。上過爲上仙,中過爲地仙,下過白日尸解。都不過者,不失尸解也。尸解,土下主者耳,不得稱仙也。

蘇子玄後亦被玄洲召爲真命上卿,一旦於陳留乘雲車,驂龍虎,侍者羽蓋而昇天也。同時多有見者,冉冉西北昇,良久,雲氣覆之,遂絶。教周君守三一法,靈妙之言,近二百事。涓子即子玄之師。涓子似齋人,少好餌术,接食其精,精思感天。後釣於河澤,見東海小童語之曰:釣得鯉者剖之。後果得而剖魚腹,獲金闕帝君守三元真一之法,於是遂隱於橐山,能致風雨。學道在世二千七百年,一旦告人云:被太微召補仙公,遂去而不知所終矣。語子玄曰:斗中三一,宜以節日祀之,爲二十年,三一見矣,見則長生成仙。家有三一,長生不滅。能存三一,名上玉札。能存洞房,與天相望。能存三元,上爲真仙。皇天上清金闕帝君所以乘雲迅龍,周行九天者,寔洞房三元真一之事也。吾食术精三百年,服氣五百年,精思六百年,守三一三百年,守洞房六百年,守玄丹五百年,周遊名山,看望八海,徊遊五嶽,休息洞室,樂林草之垂條,忻鳥獸之相嗷,川瀆吐精,丘陵蓊鬱,百物之秀,寒暑之節,弋釣長流,遨遊玄瀨,靜心山岫,念真養氣,呼召六丁玉女見衛,展轉六合,無所不逮,守形思仙二千七百餘歲,實樂中仙,不營當世。今卒被召,請從此別。云涓子是臨去之時,著書與子玄别。玄丹者,泥丸也,其義出太上素靈經。守三一得爲地仙,守洞房得爲真人,守玄丹升太微宫也。勤而行之,自得此書。此言信矣。非賢,慎泄之。[泄]真人之言,不得見太平。有志道而隱者,可示此書耳。子其慎之,寧勿宣。

摹召法主本,本是晉隆安三年太歲己亥正月七日甲子書畢。

又注云:周君後漢元鳳元年太歲辛丑七月五日己卯生,到元康元年太歲丙辰師蘇君受三一。貞白條例云有三千四百八十八字,今數有三千四百八十九字,不知何字是長,不容輒試。

三、校記

1)"周裴二真叙"僅見於A本末尾附録(c部分)。

又1)B本"紫陽真人"下多"周君"二字。

2)惟A本有"本"字。

3)C本作"名"。

4)B、C本作"宦"。

5)A、B本無前三字。

6)A本無"剌"字。

7)B、C本無"於"字。

8)此處從B、C本異文作"前",A本作"初"。

9）B、C 本作“咽”。

10）“事”字據 C 本補。

11）B、C 本脱“此”字。

12）B、C 本作“爾”。

13）B、C 本删“行”字。

14）B、C 本作“窮”。

15）此處 A 本多“輒”字。

16）“與之”，C 本作“給食”。

17）“登陟”，A 本作“登上”，B 本作“上登”。

18）B、C 本删“之”字。

19）A 本作“多”。

20）A、B 本作“修”。

21）A、B 本作“輒”。

22）“辭”（A 本），B 本作“解”，C 本作“稱”。

23）“逼”，B、C 本作“見之，既”。

24）“請問”，B、C 本作“清談”。

25）括號中文字僅見於 A 本。

26）“民”（A 本），B、C 本作“荸”。

27）A 本多“陰”字。

28）C 本删“善”字。

29）A 本作“逮”，蓋於“愛”字音近而致誤。

30）下面一段話（用中括號標示）僅見於 A 本。B、C 本作“後遇陳留黄泰，告君……”

31）“誠”字 A 本無。

32）B、C 本作“須”，顯係誤字。

33）“琴”，A、B、C 本均作“岑”，兹據《列仙傳・琴高》改。

34）B、C 本無“琴先生”三字。

35）C 本作“煉”。

36）A 本誤作“近”。

37）A 本作“傅”。

38）C 本字形作“仇”。

39）B 本無“仇”字，C 本删“仇公乃”三字。

40）下面一長段文字（用中括號標示）僅見於 A 本。

41）括號後文字又見 B、C 本。

42）C 本作“伏”。

43）B、C 本作“咽”。

44）B、C 本“令”與“心”之間多“人”字。

45）C 本“也”上多“故”字。

46）“斷穀”，A 本作“穀斷”。

47）C 本作“淹淹”。

48）C 本作“反”。

49）“於”，B、C 本作“此”。

50）B、C 本删“其”字。

51）A 本作“搌”。

52）A、B 本作“藏”，無偏旁“月”。

53）“殺蟲之方如後”，A 本作“殺之方用”，C 本作“其方用”。兹從 B 本。

54) A 本“术”上有“茱萸”二字。

55) B、C 本作“淳”。

56) A、C 本作“暴”,無偏旁“日”。

57)“令”,C 本作“之”,係手民之誤。

58) C 本無“乃”字。

59)“下”,C 本作“極”。

60) B、C 本作“濃”。

61) A 本“痃”字殘損,B 本作“絃”,C 本作“弦”。

62)“光華”,A 本作“華光”。

63) A 本“蟲”字上多“穀”字。

64) A 本“三屍”二字不重。

65) B、C 本作“鎮”。

66) A 本作“可”。

67) A、C 本無“藥”字。

68) C 本作“苣”。

69) C 本“力”下多“然”字。

70)“矣”,C 本作“也”。

71) C 本此處多“但”字。

72)“爲可”,C 本作“可爲”。

73)“不”,B 本作“亦”;C 本“不”作“爾”,並删“爾”下四字。

74) A 本作“藏”。

75）B 本作“升”。

76）A 本作“官”。

77）C 本作“同”。

78）C 本作“大”。

79）B、C 本删“位”字。

80）B、C 本無括號内三字。

81）B、C 本於“乃”“下”間多“仙”字。

82）括號後文字僅見於 A 本。

83）原文簡寫作“旦”。

84）括號内長段文字僅見於 A 本。B、C 本作“子名上金書，當爲真人。我之道非子，（非）真人所學也。”（C 本删第二個“非”字。）

又 84）原文作“九圖”，必誤。兹據上文第（7）段改。《金闕帝君三元真一經》始終作“元圖”，可證。

85）以下括號内文字僅見於 A 本。

86）此處 B、C 本多“子”字。

87）B、C 本多關聯詞“而”字。

88）B、C 本删“此”字。

89）“之門”，B、C 本僅作“目”，顯須另外斷句。

90）A 本此處多“見”字。

91）A 本此處多“之”字。

92）中括號内文字僅見於 A 本。

93）B、C 本無“步”字。

94）A 本無“遂”字。似誤“遂”爲“能”字，茲删。

95）小括號内十個字 B、C 本作“蒙山欒先生”。

96）A 本作“衍”（= 衍）。茲據《淵鑑類函·道教》（頁 96）改。

97）《歷世真仙體道通鑑》4/186 作“鶴”。

98）《淵鑑類函》（同上）與《歷世真仙體道通鑑》（同上）删“杖”字。

99）《歷世真仙體道通鑑》（同上）作“叩頭”。

100）“羡”字 A 本脱，茲據《歷世真仙體道通鑑》（同上）補。

101）A 本作“毛”，茲據《雲笈七籤》105/176 改。

102）《淵鑑類函·道教》（同上）引文於此處多“玉室”二字。

103）上段文字僅見於 A 本，B、C 本作“遂往尋之，遇衍門子，於是授（以）龍蹻經及三皇内文（退）”。C 本删小括號中二字。

104）一如既往括號中文字僅見於 A 本。

105）B 本作“佗”，C 本作“陀”。

106）B 本作“受”，删“君”字。C 本仍作“授”，但亦删“君”，非是。

107）“及”，A 本作“受”。

108）括號中文字 B、C 本無，此處以“又”字連結。

109）“退”，B、C 本删。C 本亦删下一個“退”字。

110）B 本作“礵”。

111）B、C 本作"衛"。

112）《佩文韻府》37382 中異文似乎字有離析。

113）B、C 本作"録"。《佩文韻府》37382 引文作"文"。

114）《佩文韻府》37382 作"昭"。

115）C 本删"乃退齋三月"，B 本則保留"退"字。

116）A、B 本作"頭"。

117）"再"字 C 本無。

118）A 本於此多"願上佑仙官"五字。

119）C 本無"黄"字。

120）C 本作"邪"。

121）C 本删"矣"字。

122）A 本無"未見無英君也"六字。兹據 B、C 本補。

123）此處 A 本作"也"。

124）注意括號中文字僅見於 A 本。不過我們删除 A 本"君"字前"復見白雲君。未見無英君，且復行也"十四字。

125）B、C 本删"也"字。

126）A 本無"矣"字。

127）A 本作"泰"。

128）A 本於此多"中"字。

129）列舉紫陽真人所受經目時，"受"字 C 本始終作"授"。

130）C 本删"乃"字。

131）B 本作"班"。

132）"三儿素語"，C 本作"三儿素女術"。

133）A 本作“氏”，無疑字有離析。

134）A 本“籍”上多“紀”字。

135）C 本作“大”。

136）“經”字三本皆脱。

137）C 本作“度”。

138）C 本字形作“柏”。

139）該字 A、C 本無。

140）C 本作“登”。

141）A 本作“梨”。

142）A 本於此補“人”字。

143）此處 B、C 本作“山”。

144）此處 C 本作“木”，無疑係手民之誤。

145）該字 A、B 本無。

146）“西眼”，B 本作“而退”。

147）C 本作“眼”。

148）B、C 本删該字。

149）B、C 本删“之錦”。

150）B 本字形作“耀”。

151）“腰”字 C 本作“要”，無偏旁“月”。

152）C 本作“驅”。

153）A 本作“著”。

154）A 本作“龍”，蓋涉下文“龍”字而誤改。

155）A 本誤作“運”。

156）A、B 本作“灌”（與“冠”字同音）。

157）B、C 本删“被”字。

158）B、C 本作“要”，無偏旁“月”。

159）A 本作“著”。

160）B、C 本作“皂”。

161）C 本作“英”，恐係手民之誤。

162）B、C 本作“青”，字有離析。

163）A 本於此處多“人”字。

164）A 本字形作“員”。

165）B、C 本增“君”字。

166）B、C 本於此增“歲”字。

167）C 本於此增“君”字。

168）“年”，B、C 本作“歲”。

169）“詣”，A 本作“見”。

170）B、C 本作“與”。

171）A 本無“曰”字。

172）B 本作“冥”，無偏旁“目”。

173）B、C 本删“大”字。

174）B、C 本於此多“人”字。

175）B、C 本删“而”字。

176）A 本無“曰”字。

177）B 本作“升”，無偏旁“日”。

178）文有缺損：A 本無“白元君”三字，而易之以“中”字。B、C

本“中”字堅持置於“白元君”前。可能古本僅有“中央黄老君”。

179）A 本作“便”。

180）B 本作“受”。

181）C 本作“真”。

182）A、B 本字形作“粭”。

183）B、C 本作“日”。

184）B、C 本無“山”字。

185）B 本作“磻”。

186）a 部分止於此。以下文字僅見於 A 本。

作者簡介：賀碧來（Isabelle Robinet，1932—2000），歐洲道教學者，主要研究方向爲上清派研究。法國高等研究學院博士學位，師從著名漢學家康得謨（Maxime Kaltenmark，1910—2002）。曾任法國艾克斯—普羅旺斯大學教授。著有《道教史上的上清降授》《七世紀爲止的〈道德經〉注疏》《十四世紀之前的道教史》《道教的存思》等。

譯者簡介：吕鵬志，哲學博士，西南交通大學人文學院教授、博士生導師，西南交通大學中國宗教研究中心主任，主要研究方向爲道教史（特别是道教儀式史）、道教文獻、道教思想和中國宗教。著有《道教哲學》《唐前道教儀式史綱》，先後在國内外學術書刊發表論文及譯文共八十餘篇。

張粲，哲學博士，西南交通大學外國語學院副教授，研究方向爲法國漢學道教研究。

源流貫通的道教核心教義論綱

盧國龍

内容提要：本文以"自然"爲核心概念，探索道家與道教内在的思想關聯。認爲《老子》發聲先唱，以"自然"解釋"道"之内涵。《莊子》"自然"首先要思議天下之"公是"亦即公理問題。"公是"既不可預設，也不可由一家之言述而廣之，所以是"自然"，天下人自言其然，自行其然。信己而行的"自然"要避免自是而相非，就需要思辨何爲主體性之"自"，還需要思辨自我與他者關聯中的然與不然，從而擺脱文明的求同悖論，走向天下"玄同"。道教宗本老莊，將"自然"的理念貫穿於信仰、戒律、儀式諸方面，從而形成道教的核心教義。

各種宗教的教義，大概都有各自的核心概念，既是教義體系的綱領性表述，也是其體系内具有思想理路意義的邏輯樞紐，觀念上念兹在兹，運思時動應環中，從而形成體系性的邏輯自洽。如佛教的"緣起性空"，基督教的"三位一體"，伊斯蘭教的"真主唯一”,都不僅僅可以理解爲一個教義條目,同時也可以甚至更應該理解爲推闡其教義體系的邏輯樞紐,相應的教義體系圍繞此邏輯樞紐展開,並因此成爲各自教義體系的綱領性表述。這些核心概念以邏輯樞紐的運轉方式自我展開,一方面證成了不同教派的信仰,另一方面甚至可能塑造出相應的信仰群體的社會性格和文化性格。

在邏輯樞紐的意義上,儒家的核心概念也許不是政治理想上的“大中至正”之“王道”,也不是倫理設計上的仁義禮智信之五常,而是具有實現王道、推行倫常之路徑意義的“人文化成”。唯其“人文化成”,王道與倫常始可得而言、可推而行,否則王道就只是堯舜三代的歷史經驗,而倫常則在人性善惡之間交爭。

與儒家“人文化成”形成結構性的思想對應,道家思想的邏輯樞紐應該是“道法自然”,而“清静無爲”“道生德畜”同於大通等等,都是合乎“道法自然”之思想邏輯的自我展開。這種“人文化成”與“道法自然”的對應,在思想文化的表現形態上也常見被表述爲儒家人文主義、道家自然主義,從而構成中華文化自我發展的張力,道家與儒家最本質的區别,也因此凸顯出來。

僅就道教與上述宗教或思想文化傳統的可比較性而言,道教必然也有自身教義的核心概念,並且以其核心概念爲邏輯樞紐從而形成自身的教義體系,否則道教不可能成爲這樣一門相對獨立而且統一的宗教,不僅與其他宗教或思想文化傳統並立,而且源遠流長。但是,道教教義的核心概念究竟是什麽,却可能是一個容易引發認知差異的有趣問題。之所以有趣,是因爲道教教義的核心概念及其體系已經歷史地形成，而對於道教的觀察和理解却始終霧裏看花。觀察的層面，道教推行教化，與儒家的“人文化成”依稀仿佛；理解的層面，道教用來推行教化的精神實質是“道”而不是“文”，與道家的親緣關係十分清晰。角度不同，著眼的層面不同，見仁見智也就在所難免。在本文看來，教化是道教的社會存在方式，而“道”是道教存在並推行教化的依據和理由，自非苟活於世，則存在的理由比存在本身更重要，所以我們更願意探討貫通源流的道教核心教義，並且認爲老莊所闡發的“自然”，就是道教教義的核心概念，“道法自然”就是道教教義體系的邏輯樞紐，因爲從道教的信仰、修持、儀式等各方面所共持的教理依據來看，唯有“道法自然”可以貫通，可以概括其基本觀念。如信仰層面的“一氣化三清”，教理依據是《老子》的“道生一”等自然道化；修持以“與天地造化同途”爲原則，依據自然造化的理路十分清晰；儀式具有與儒家“人文化成”相近的文化氣質，但參與儀式者内在的宗教體驗，却是精氣神與自然造化的契合、感應。所以宏觀地看道教的教義，“道法自然”是一條可以貫穿各個方面的主線，發揮著邏輯樞紐的作用，使信仰、修持、儀式等相互關聯，呈現出道教教義的體系性。

老莊之“自然”，不必然具有宗教的意義，但由於上古以來“神道設教”的宗教形態中，本來就有自然造化“四時不忒”的義理（詳後文），所以“自然”的思想也不必然與宗教相衝突，至少在中國傳統的宗教形態中是可以相容的。這種可相容性，是道教繼承發展老莊“自然”的基礎，而如何繼承發展，則是道教的創造。

梗概説來,漢以後道教繼承、發展老莊之"自然",有概念詮釋和概念應用兩種形態。概念詮釋主要集中在歷朝歷代各家各派的《老子》《莊子》注疏中,是學術史性質的;概念應用則泛見於道教的各類文獻,綜合地反映出將"自然"作爲思想工具,探討道教信仰、修持、儀式等各方面教義的歷史積澱。這兩種形態當然有關聯,注疏中的概念詮釋,伴隨學術史傳統,可以維持概念含義的穩定性。雖然各家注疏的立説角度不盡相同,但大旨終歸要圍繞經典原本,所以各家對於"自然"的解釋,雖不盡同亦不大異,由此形成關於"自然"含義的基本共識,發揮著引導、規範概念應用的作用。

如果將概念詮釋類比於"我注六經",那麼相應地,概念應用就是"六經注我",是用"自然"這個概念來表達不同作者對於道教教義的理解和主張,所以道教教義的主體性更凸顯,不同於注疏要繞著古人脚跟轉。有鑑於此,我們專就概念應用的形態展開一些探討,概念詮釋則可以參考相關的學術史專著,如劉固盛的《道教老學史》等。

在道教的經書中,"自然"是一個隨處可見的常用語,但並非所有的用法都可以按照常識來理解,其中的一些别出新意之處,流露出道教教義對於道家思想的因承轉合,尤其是一些表面上看起來道教與道家矛盾相向的地方,道教的教義闡釋往往出人意表。我們選擇幾個涉及道教教義問題的例子做些探討。

第一個問題是,道教領户化民、行教布化,採取的是經教、法教方式。經教即三洞四輔諸道書,法教包括符籙法術、經科戒律等。而由經書傳授、法籙傳承,還形成了作爲社會實體的教團,教化的必要性不僅僅在理念上受到强調,而且轉化爲模式化的社會行爲。這與《老子》所提倡的"不言之教,無爲之益",旨趣上的差異顯而易見。

對於這層差異,盤旋於符咒方術的人可能意識不到,即使意識到了也可能採取無視的態度,而對於關注道教教義的人來説,却是不可回避的。於是,我們從《道藏》中讀到道教版本的"五教"説:

自然之教者,元氣之前,淳樸未散,杳冥寂爾,浩曠空洞,無師説法,無資受傳,無終無始,無義無言。元氣得之而變化,神明得之而造作,天地得之而覆載,日月得之而照臨,上古之君得而無爲,無教之化也。

神明之教者,樸散爲神明。夫器莫大於天地,權莫大於神明,混元氣而周運,葉至道而裁成,整圓清而立大,制方濁而爲地,溥靈通而化世界,軼和氣而成人倫。陰陽莫測其興亡,鬼神不知其變化。

正真之教者,無上虚皇爲師,元始天尊傳受。洎乎玄粹,秘於九天,正化敷於代聖。天上則天尊於三清衆天,大弘真乘,開導仙階;人間則伏羲受圖,軒轅受符,高辛受天經,夏禹受洛書,四聖稟其神明,五老現於河渚,故有三墳五典常道之教。

返俗之教者，玄元大聖，帝舜時理國理家，靈文真訣大布人間，金簡玉章廣弘天上，切欲令天上天下，還淳返樸，復契皇風。

訓世之教者，夫子傷道德喪，闡仁義之教，化乎時俗，將禮智而救亂原，淳厚之風遠矣，華薄之風行矣。

噫，教出聖人救世愍物之心，物心悟教則同聖心，聖心則權實雙亡，言詮俱泯，此際方契不言之教，意象固無存焉。①

這段文獻又見於宋初張君房編《雲笈七籤》卷三，題《道教序》，可信原作者周固樸是宋以前人。張君房摭録其文而改其篇題爲《道教序》，是將其論説理解爲對於道教的一般界定。按照周固樸的論説，教分五派，存在的狀態以及立教、行教的内涵各不相同，差異不僅存在，而且是區分五派或五教的依據。但另一方面，五教又屬於同一個歷史系列，前後之間存在著相互因承的關係。

自然之教是造化之本，没有施教者，也没有受教者，但却是一切教化之所以可能發生的根源。而且，自然之教不行教化而造化生生不息，又是一切教化的最高境界。

神明之教概括了最原始自然的秩序合理性，契合於道，從而化育出天地以及萬物萬類，即所謂"葉至道而裁成""溥靈通而

①《大道論・垂教章》，《道藏》，北京：文物出版社；上海：上海書店；天津：天津古籍出版社，1988年版，第二十二册，第899頁。

化世界”,其中也包括人類人倫。

正真之教也就是傳世的道教,有言有教、有傳有受,形態與自然之教、神明之教不同,但却是二者的接續。正真之教的傳授,分天上和人間兩條路線,傳於天上的多隱語秘訣,傳於人間的大多是治國理身的教誡。前者是個人修道的終極指南,能“開導仙階”,後者啓迪了人類文明,包括“三墳五典”等。

返俗之教即老子所開創的道家,引導世俗“還淳返樸”。這裏的“返俗”,可以理解爲由俗返真。

訓世之教是孔子所開創的儒家。在教化世俗的意義上,儒家與道家大旨相同,差别在於儒家專主仁義禮樂以拯救世俗,教化方略的内涵很大,有各種教化的條目以應對“華薄之風”,相應地,外延就很小。道家的“還淳返樸”,則不僅僅是世俗之所謂倫理道德層面的,而是涵蓋制度模式、意識形態在内的全部文明,外延比儒家的方略大很多,但没有儒家的仁義禮樂等繁富的内涵。

五教具有歷時性,從開天造物到錯綜複雜的人類社會,所以教化的形態各有其時代的合理性。自然之教及神明之教,不言而藴含無限啓示的造化之理;正真之教亦即道教,綜羅百代;返俗之教亦即道家,言簡旨深;訓世之教亦即儒家,以典言訓世。因爲差異是時代性的,都符合“隨方設教”的原則,所以上引《大道論》斷言,“具斯五教,啓自一真”,教化與世界相因互動的根源及宗旨是一致的,差異並不意味著相互矛盾。若僅就道家與道教而言,在《大道論》的叙述中其實是道教涵蓋道家,或者説道家是正真之教在三代之後應對時代喪亂的反應。至於《老子》所説的“不言之教”，其實是教化的最終理想，如説：“教出聖人救世愍物之心，物心悟教則同聖心，聖心則權實雙亡，言詮俱泯，此際方契不言之教，意象固無存焉。”《老子》當然也是以“不言之教”爲終極理想的，但本身並非不言之教，而是五千言之教。

第二個問題是，“道法自然”作爲一項教義原則，能否貫徹到道教修持的理論和實踐中，諸如煉養、戒律、善惡因果等等。或者换個角度説，在道教修持中，對於“自然”的概念應用呈現出什麽樣的教義理解？

先説煉養。南宋曾慥《道樞》卷六引北宋初楊谷的訪道問答（楊谷事見馬端臨《文獻通考》卷二二五《授道志》條，《道樞》所引即出《授道志》），有云：

> 世之學者，以道爲强名者也，號之虚無，以爲自然無爲，更不修煉，斯何如耶？奇士曰：斯言過矣，不知天地要用之機，陰陽變化之道。夫無爲者，非不修煉者也。不因修煉，其何以離於生死乎？所謂無爲者，無所不爲也。身外之物謂之有爲可也，悟道修真非有爲也。夫道者，性之本也；性者，心之源也。心性同體，應化無邊，是乃所謂自然者也。知乎此而能虚心實腹，抱一而還，則可以仙矣。①

①《道樞》，《道藏》，北京：文物出版社；上海：上海書店；天津：天津古籍出版社，1988年版，第二十册，第638頁。

所謂“世之學者”云云，是常俗對“自然”概念的口語化應用和理解，將“自然”當成外無所干預，内無所選擇的狀態。正是這種對於“自然”概念的口語化應用和理解，導致道教與道家相抵觸，從而産生煉養是否符合“道法自然”之核心教義的疑惑。因爲按照口語化的應用和理解，“自然”是無爲無事的，而煉養却是運用特殊的方法、甚至要依賴特殊的材料，做一件相對於常俗來説很特殊的事情，所以從觀念到行爲，二者都表現得勢難相容，更遑論教義上内在的邏輯關聯。找不到内在的邏輯關聯，則道教“雜而多端”，教義不成體系。如馬端臨説“道家之術，雜而多端，先儒之論備矣。蓋清淨一説也，煉養一説也，服食又一説也，符籙又一説也，經典科教又一説也”①。清淨是老莊道家的主張，與煉養被看做混雜在一起的兩端，道家的一端是“自然”的，道教的一端就不“自然”了。

文中“奇士”的解釋，代表了道教對於“自然”的理解和立場。站在道教的立場上看，所謂“自然無爲”，不是要將人禁錮起來，什麼事都不能做，而是合乎大道之行，無所不爲。因爲大道造化，盡天地萬物之所能，造就了耳聞目見已知未知的一切，並且歸於天地萬物之“自然”，而大道只是無爲，所以修道者只要不以己意鼓搗“身外之物”，在一己之内“悟道修真”，就是無爲的。這樣的修道，以自己的心性契合天地萬物之道體，“心性同體，應化無邊”，才是“自然”的本來含義。從思想旨趣上説，所謂“心性同體，應化無邊”，與《莊子·天下》所叙議的莊子之

①《文獻通考》卷二二五，北京：中華書局，1986年影印本下册，第1810頁。

學,“其應於化而解於物也,其理不竭,其來不蜕,芒乎昧乎,未之盡者”,可説是異代同聲。

因爲煉養是證成神仙信仰的步驟、途徑,所以煉養背後的教義基礎究竟是什麽,對於道教來説是涉及信仰神聖性、合理性、真實性的根本問題,如果信仰缺乏合理性或者説可理解性,那麽其神聖性和真實性就都會受到質疑。但是,煉養又歷來有而且必然有道和術兩個層面,道是形而上的,非實效的,術是形而下的,可以操作,可以感受,所以在“世之學者”中,術的神秘魅力很廣泛地遮蔽了道的本來面目,因爲對於這些學者來説,道教的術可以幫助解决一些健康、養生問題,至於道,則還是周孔聖人所教導的世俗生活之道更親切些。但在道教内部,術有内丹外丹、服氣吐納等各家各派之不同,而以自然造化爲本質内涵的道,既貫穿歷史,也貫通各家各派。尤其是自東漢魏伯陽作《周易參同契》之後,“修丹與天地造化同途”的思想觀念,就越來越明確地成爲引導、支撑道教煉養的基本教義。闡發這一教義的,不僅有數十種《周易參同契》注解,難以統計的各類引申發揮,在各家各派申論煉養的著述中,援引這條教義的例子更隨處可見。而“修丹與天地造化同途”,無疑是“道法自然”在煉養領域的專項表達。

術有分歧而道則一致,是古往今來道教煉養的基本狀態。我們舉兩個例子。一個例子力主外丹:

> 天下有自然之道,萬物有自然之理。不得於理,物且不

通，而况於道乎？神仙之道，至矣妙矣，由積行累功所致也。人生百歲，七十者少。縱勤功行，積累幾何？是以欲學仙者，必求長生，以積功累行，故有外丹點化之説。（中略）奈何後世不探古人之意，不達自然之理，得一旁門小法，便謂内丹可成，神仙可致。殊不知自古神仙，何不只修内丹，又不必煉外丹乎？（中略）皆不通理者也。①

另一個例子力主内丹：

世人不達天機，罔測玄理，真仙上聖，以人心所愛者無病長生，將金石煉大丹，以人心所好者黄金白銀，將鉛汞成至寶，本意欲世人悟其大理。無情之金石，火候無差，抽添有數，尚可延年益壽，若以己身有情之正陽之氣，真一之水，知交合之時，明採取之法，積日累月，氣中有氣，煉氣成神，以得超脱，莫不爲今古難得之事。（中略）世人又且不悟，欺己罔人，以失先師之本意，將砂取汞，以汞點鉛，䣛鉛乾汞，用汞變銅，不顧身命，狂求財物，互相推舉，以好道爲名，其實好利，而志在黄白之術。先聖上仙，不得已而隨緣設化，對物教人，而有鉛汞之説，比喻於内事。且鉛汞自出金石，金石無情之物，尚有造化而成寶，若以有情自己所出之物，如鉛汞之作用，莫不亦有造化。既有造化，莫不勝彼黄

①《指歸集》，《道藏》，北京：文物出版社；上海：上海書店；天津：天津古籍出版社，1988年版，第十九册，第281頁。

白之物也。奉道之士,當以深究之,而勿執在外丹與丹灶之術。①

如果單純從術的層面看,煉丹三要素中,内丹與外丹有兩大要素是針鋒相對的。煉丹的原材料——藥物,外丹用鉛汞,内丹用自身精氣;煉丹的工具,外丹用金屬及“六一泥”等混合土製成的器皿,内丹用人體。按照現代學科來劃分,内丹屬生理學和心理學,外丹屬化學,二者不僅技術迥異,理論也各行其道。一旦技術交叉,就衍生出另外一個學科——生物化學。内丹與外丹之間所發生的,不是技術交叉,而是理論共用,所以二者雖然在技術上相互指責,但理論上却維護著自然造化的共同教義。爭執的焦點,在於究竟哪邊更符合自然造化之理,更符合“道法自然”“修丹與天地造化同途”的教義。遵循自然造化之理,巧奪自然造化之功,是二者的共同目標,而造化之理通過陰陽消長的次序呈現出來,所以内丹與外丹的“火候”,儘管實際操作完全是兩碼事,但理論框架或者説解釋模式,却是一模一樣的,即用五行配十二消息卦等,揭示一定時間範圍内陰陽消長的有序性。撇開對於内丹外丹神秘之術的好奇,單就雙方都依據其教義來證明其方術的正當性的表現看,這種自持爲教義正統的爭執,應該説都是對“道法自然”之教義的維護,只不過雙方都以爲自己的維護最恰當。

①《修真十書》卷十五録《鍾吕傳道集》,《道藏》,北京:文物出版社;上海:上海書店;天津:天津古籍出版社,1988年版,第四册,第670頁。

其次説戒律。《道藏》三洞十二部類,每洞各有一部類爲"戒律"。這些戒律出於長期的歷史積累,包括不同歷史時期不同宗派的戒律實踐或設計,所以加上"本文"類道經中的戒律内容,總體上就疊加成海量的戒條。如果單看這些戒條之繁複,會讓人很懷疑道教與道家大異其趣。《老子》説"天下多忌諱,而民彌貧",莊子則變化洞達而放逸,顯然都不是戒行如儀的形象代言人。而道教戒條積累越多,則道家的精神韻味越寡淡,至於繁複的戒律如何契合"道法自然"的教義,更因此讓人疑竇重重。

要有效梳理道教戒律與"道法自然"之教義的關係,大概需要首先梳理建立戒律的合理性依據及其尺度。就表述形式而言,道教戒律主要有兩種類型,一是由道派宗師訂立的團契公約式的清規,二是元始天尊、太上老君等神明所傳授的誡命。戒律的合理性依據及尺度,可以按照這兩種表述形式來探討。

訂立團契公約式的清規,直接的目的無疑是維護教團生活的公共秩序,合理性就在這個目的之中。那麽尺度要如何確定呢?元代全真宗師王志謹的《盤山語録》,有一段議論可以很好的解答這個問題:

凡住叢林,雲集方來,豈得人人一等,個個同條?喻如泰山,萬物畢備,有不材者,有成材者,有特立者,有依附者,有靈苗瑞草也,有荒榛荆棘。種種不同,隨性任運,自有次第。山體巍然,元無揀擇,一一含攝,流水種石,茂林豐草,獸走禽鳴,盡如神仙妙用。彼各相資,如蓬如麻,不扶自直,天地長久,各得成就。若欲絶長補短,變青作黄,豈惟各不得安,抑亦失其本性也。①

這段表述的内容,並不直接就是制訂宫觀清規,而是制訂宫觀清規的思路。全真道的叢林制宫觀,應該説是道教中清規戒律最爲謹嚴的,通過清規將宫觀的常住道士訓練得"人人一等,個個同條",或許也是一種很誘人的景象。但宫觀畢竟不是軍營,常住道士從五湖四海走到一起來的目的,也不是要以統一的意志、統一的行動去打仗,而是學道修仙。所以從王志謹敘議的清規思路來看,全真清規所營造的叢林制宫觀内道士的集體生活,其實是一個兼收並蓄的寬容環境,即所謂"隨性任運,自有次第"。隨性是隨順各人的本性,任運是自由發揮,自有次第也就是自然形成公共規矩或秩序。清規的尺度之寬容,由此可以清晰地看出來。但是,叢林制宫觀的道士既然來自五湖四海,人各一面,千差萬别,不應該制訂一套精密謹嚴的規矩,來維護宗教場所的神聖性、維護集體生活的有序性嗎?何以能如此自由隨性地寬容?同樣從這段口述的文字記録來看,這段表述並非隨口隨意地説説,而是辭旨有出處,思想有淵源的。如果將這段文字與《莊子·則陽》的"丘里之言"相比較,我們可以明白無誤地發現,二者舉例是相同的,都是泰山上萬物並茂的景象;立意

①《修真十書·盤山語録》,《道藏》,北京:文物出版社;上海:上海書店;天津:天津古籍出版社,1988年版,第四册,第823頁。

是相同的,主張“百材皆度”或“一一含攝”,反對“絶長補短”;甚至連修辭也是相似的,如“觀乎大山,木石同壇”“山體巍然,元無揀擇,一一含攝”等等。通過比較可以斷言,王志謹制訂清規的思路,淵源於《莊子》的“丘里之言”。“丘里之言”講一個區域自治性的小社會,而王志謹的清規思路,則是要建構一個以信仰爲核心的宗教自治團體。爲這種團體制訂清規的原則,是避免“各不得安”以至“失其本性”。無需深辨,不失個體本性的各得自安,意即老莊之“自然”,是對老莊“自然”的理解和解釋。

如果説清規的目標是維護團體,那麽戒律的目標就是針對個人,確切地説是針對個人所沾染的社會習氣,以戒律的形式修復自然。如《西山群仙會真記》説“法本無法,理歸自然,心因境亂,法本心生。立法之意,救補已失而防於未萌”①。這裏所説的法也就是戒律。“法本無法”,意味著戒律不是從來就有的,戒律出現以及存在的合理性,也不是自在自爲、自因自果的。“心因境亂,法本心生”,是説人的心思隨著環境發生混亂,所以需要針對性的戒律。立法之意是訂立戒律的出發點,同時也是目的,一方面要補救已經發生的過失,另一方面要防患於未然。而戒律的根本原則是“理歸自然”,“自然”既是鑒别心因境亂與否的尺度,也是通過戒律修復人心的尺度,本質上説,也就是戒律的尺度。戒律使人止惡向善,而善的基準,就是不矯不拂、不收不放其自然。

---

①《道藏》,北京:文物出版社;上海:上海書店;天津:天津古籍出版社,1988年版,第四册,第423頁。

與此大旨相同的戒律論述,道書中有很多。再舉一例,宋代路時中《無上玄元三天玉堂大法》説:“上古無戒,修道成真。中古無律,悟真證道。後世人心爲物欲所汨,天性爲妄念障遮,由是戒律所由出也。(中略)夫不見可欲,使心不亂,則猶待於戒也。及夫雖見可欲,心亦不亂,則又何戒之有哉?”①戒律有一個從無到有的發生過程,而之所以發生的緣由,既是針對人的物欲、妄念,那就説明戒律是以人爲中心、爲目的的,並非神明意志的展現。神明以誡命立戒律,並非要維護其所創造的世界秩序,以至戒律像世界秩序一樣永恒,而是要教導衆生超越物欲,即使面對可欲之物,内心也不滋生混亂,從而復歸自然,也獲得自由,所謂戒律,也因此是既有以興,也可以廢的。而且,就戒律針對人的物欲、妄念而言,戒律的繁複程度與人心的混亂程度是成正比的,人心越混亂,戒律就越繁複,猶如世俗社會的治亂世用重典,所以道教中那些繁複、嚴苛的戒律,大都是南北朝、金元時期出現的。

大概正由於道教戒律的終極目標是修復自然,所以儘管從字面上説,戒是行爲規範的底線,律是對越過底線的懲罰措施,但道教的戒律實際上還有另一種形態,即從《老子》等經典中衍生出的各種“行”。就目的而言,戒條和“行”都是要引導、規範其宗教生活,列成條款的方式也相同,但在宗教實踐中,戒條阻遏爲非,類似於所謂的“底線倫理”,“行”引導向善,是價值觀層

①《道藏》,北京:文物出版社;上海:上海書店;天津:天津古籍出版社,1988年版,第四册,第3頁。

面的向上一路，前者説的是不做什麽，後者説的是要做什麽，一正一反，互爲補充。如《太上老君經律》，開篇所列就是從《老子》中集合出來的“九行”，包括行無爲，行柔弱，行守雌，行無名，行清淨等，並且强調“尊卑同科”，不分傳經受戒的教階高低，所有道教徒都應當遵循①。靈寶和上清兩大經書系列中，還都有“十二可從”的戒律，諸如“見真經正法，開度一切，便發道意，心願後世得登大聖”“常行慈心，願念一切，普得見法，開度廣遠，無有障礙”“好樂經教，深遠覽達，意志堅明，開化愚闇”等等。這些“十二可從”的條款雖然與“行”一樣，與阻遏爲非的戒條並列在一起，統稱爲戒律，但在宗教實踐中，做什麽與不做什麽，當然是一體的兩面。而道經的表述分辨戒與行，不管是有意的還是無意的，對於我們理解道教戒律背後的教義都有啓示意義，其中很重要的一點，就是將道家的精神轉化爲道教的團體生活，崇尚自然的引導比按律禁止的誡命，更能反映道家不依强權的精神風貌，也更契合“道法自然”的核心教義。

又其次説善惡果報。善惡果報是戒律之“律”的重要内容，“律”作爲懲罰措施，並不像世俗的司法那樣都是現實的，其中的多數内容，是信則有不信則無的，諸如奪算（壽命）若干年，殃及七玄九祖等，通過信徒的信仰對心理發揮作用。除了針對道士的“律”之外，宋以後還有很多關於世俗中人善惡果報的故事演繹，而且日益具體，日益戲劇化，形成以“勸善書”“道化劇”等

①《道藏》，北京：文物出版社；上海：上海書店；天津：天津古籍出版社，1988 年版，第十八册，第 218 頁。

爲載體的關於善惡報應的教義叙述與傳播。那麽,善惡果報與"道法自然"的核心教義,在邏輯上究竟是什麽關係?或者説按照道教自身的教義推闡,邏輯上可能有什麽樣的關係?

《太上妙始經》説:"諸天道之法自然,是以人生之時施行善惡,而罪福自應,如影之隨形,響之應聲也。(中略)道常在人間,不去須臾,但人不知之耳。"①在民間的信仰傳播中,道教也有各路賞善罰惡的神靈,尤其是在監察個人私德方面,傳説有種種神通,如東嶽大帝、城隍神等,原本屬於國家祭祀系統的神廟進入道教後,都成爲傳播善惡報應觀念的大本營。神靈賞善罰惡,宗教學上的意義也許是對善良而且弱勢群體的心理救助,是對社會默認正義的隱喻,但並不能完整反映出道教關於善惡果報的教義。如按照《太上妙始經》所説,道雖然常在人間,"天網恢恢,疏而不漏",但並不操勞賞善罰惡的事情,而像是一個具有感應能力的場域。在這個場域裏,人各"自然",所有的善惡行爲甚至觀念之"自",都會有其相應的果報之"然",如影隨形。這意味著人要從現實中獲得救度,獲得良好的果報,主要依賴的是"自"的行爲與觀念,而不是僥倖或神靈與其他什麽人的恩寵。"自"就是一切果報的原始因、根本因。

如果就全人類或者相對獨立的社會群體如民族、國家等等而言,這樣的善惡果報似乎不難理解,因爲人類或者民族、國家注定要承受自己行爲的結果,苟且的回避是不可能的,所以同樣

①《道藏》,北京:文物出版社;上海:上海書店;天津:天津古籍出版社,1988 年版,第十一册,第 433 頁。

的人類,在不同的歷史時期有不同的命運;同樣以族群社會的方式生存,不同民族、國家的命運往往有天壤之别。然而個人的善惡行爲,如何能决定其禍福果報呢? 勸善書如《太上感應篇》等,列舉了許多報應靈驗的例子,但按照全社會的個人行爲來衡量,未獲相應果報的例子可能更多,所謂善惡報應,在邏輯上也就是或然或者偶然的,不是“自然”——有其“自”必有其“然”的,與“道法自然”的核心教義,因此存在齟齬。這裏面的問題,在於面向民間的勸善書只是鋭意勸進道德,未必體現關於道教教義的完整思考。而任何個人的社會生活,都不可能簡單地歸結爲善惡道德,還有創造力、判斷力、意志毅力等等方面的差異。而這些差異,都是“自”的題中固有之義。“自”無疑具有自身主體、自我意識、自由意志等等含義。

陸修静是南朝劉宋時的道門宗師,他所闡述的善惡果報之教義,應該更能表達道教的基本立場和本意。“吉凶利害,得失所由,無有能使之然,亦無能使之不然,是以謂之自然。”①不能使之然也不能使之不然,説明吉凶利害的果報,不受任何人或者神的意志所支配,要改變其然,規劃可能出現的果,真正有效的途徑,是讓决定其“然”的“自”發揮作用。

個體的“自”如何發揮作用,當然取决於其“自”本身,没有統一的標準或者模式,但人各有其“自”却是普遍的,只不過並非人人都有自知之明。不自知的表現,不是没有自我意識,而是

①《洞玄靈寶齋説光燭戒罰燈祝願儀》,《道藏》,北京:文物出版社;上海:上海書店;天津:天津古籍出版社,1988年版,第九册,第821頁。

自我意識中填充了太多的欲望以及協助欲望謀求實現的算計，所以本來的"自"被遮蔽了，欲望中的"我"成了主角。道教所信仰的神，不包攬世間的禍福果報，只是曉諭衆生去尋找幸福的根本，也就是本來的"自"。如《海空經》裏天尊説："一切六道四生業性，始有識神，皆悉淳善，唯一不雜，與道同體，依道而行。行住起卧，語默飲食，皆合真理。如魚在水，始生之初，便習江湖，不假教令。亦如玉質本白，黛色本青，火性本熱，水性本冷，不關習學，理本自然。一切衆生識神，亦復如是，禀乎自然，自應道性，無有差異。"①識神通常也叫做神識，是生靈所具有的產生靈明知覺的能力，尤其是鐘天地之靈秀的人類，這項能力最强，具有生發各種作用、產生各種結果的可能性，可以創造，也可以毁滅；可以良善，也可以邪惡；可以光明，也可以黑暗。由神識作用所產生的各種"然"或者説"果"，又在相互影響中環環相報，於是神識對於自身所創造的這個世界，不僅掌控不了，甚至也理解不了。然而，神識最初"禀乎自然"，自成其然地誕生，是淳善的，合真理的，怎麽又會滋生出彼此相互染習的或善或惡？"本既爲善，所習復善，云何獲種種果報？"②這種善既爲根本則惡又從何而生的問題，是許多宗教和思想體系都曾遇到過的，而《海空經》的解答是："若喻日者，是義或同。所以爾者，日不恒明，不恒正，有時薄蝕，有時昃隱。心法亦爾，遷動不定，染滯所驅，

---

①《雲笈七籤》，《道藏》，北京：文物出版社；上海：上海書店；天津：天津古籍出版社，1988 年版，第二十二册，第 648—649 頁。

②同上。

貪著利己所招爾。"①神識寂然不動的時候,是没有惡的,所以或善或惡的根源在動用。神識動用如日之迴圈,日之迴圈一明一暗,神識動用或善或惡。但是,比喻終究只是比喻,是輔助理解的修辭手段,神識與日行畢竟不同,日行是無意識無選擇的,神識是有意識有選擇的,神識爲什麽不擇善而祛惡?

教義上的事情,没有表面上看起來的那麽簡單。神識之所以掉進或善或惡的果報糾纏,問題不在於主觀意願上不擇善祛惡,剛好相反,正是由擇善祛惡造成的。《海空經》所説的"貪著利己",就是神識由擇善祛惡進而跌入或善或惡的因由。本來,自我意識是神識的第一項功能,也是神識的第一"果",所以自我意識本身是"自然"的,無所謂善,也無所謂惡。但當自我意識放任利己的本能强化其自我的時候,善惡就分化出來了,利己的、符合其自我意識的謂之爲善,不利己的、别異於其自我意識的謂之爲惡,於是就有彼此是非,人我善惡之辨。所以從發生學的意義上説,無善無惡是自然的,或善或惡是謂之而然的,是自我意識强化"我"與"非我"區别的表述方式。

以自我意識爲標準來辨别善惡,進而擇善祛惡,造成或善或惡的果報,符合人之常情,在經驗層面似乎是不可逆的。然而,不管什麽類型的感情,歸根結底都是由神識的功能生發出來的,如果没有神識的靈明知覺,首先就無感,所謂情也就成了空穴來風。由靈明知覺生發出感情,也就是從源到流,形成源與流相互

①《雲笈七籤》,《道藏》,北京:文物出版社;上海:上海書店;天津:天津古籍出版社,1988年版,第二十二册,第649頁。

對舉的關係,靈明知覺的能力是源,是與生俱來的,所以稱之爲“性”,與性相對的情則是流。如果沿流溯源,順藤摸瓜,是否可以從情復歸於性、從或善或惡復歸於無善無惡之“淳善”? 按照道教教義,回答是肯定的。如北齊劉晝《劉子》説:“夫清淨恬和,人之性也;恩寵愛惡,人之情也。凡人不能愛其性,不能惡其情,不知濁亂躁競多傷其性,悲哀離别多傷其情。故聖人云:順物者物亦順之,逆物者物亦逆之。不失物之性情,乃自然性情之道者也。(中略)人性欲平,嗜欲害之。與性相害,不可兩立,一起一廢,不可俱興。故聖人損欲而從其性也。性同者相善,情同者相成。”①雖然在口語中,性與情通常都連稱爲“性情”,但慎思明辨起來其實兩碼事,甚至是對立的。比較而言,性是清淨恬和的,情是濃郁强烈的;性是穩定如一的,情是變動不居的。强烈而易動的情,很自我,因而很容易與外物發生摩擦,結果在“我”的世界裏,外物的性情受到排斥,不被理解,不能呈現,一個狹隘的“我”也就違背了“自然性情之道”。如何做到不拂逆外物的性情呢?“性同者相善,情同者相成。”因爲人與人的靈明知覺之性是相同的,所以復歸其性,則彼此相善的人無限多;而情緒、情感相同的人,會相互鼓勵、促成其情感情緒自結其果。從“性同者相善”的意義上説,所謂善惡,其實是按普遍性認同來衡量的,被個人認可、符合個人利益的,爲個人之善;被局域社會所認同、符合局域社會利益的,爲局域社會之善;被全人類所認同、符

①《雲笈七籤》卷九十,題《連珠》,《道藏》,北京:文物出版社;上海:上海書店;天津:天津古籍出版社,1988年版,第二十二册,第626頁。

合全人類利益的,爲至善。所以在日常經驗中,做好事總喜歡大張旗鼓,做壞事只能是偷偷摸摸。

第三個問題是道教儀式方面的。由於道教儀式内容繁複,其中還夾雜了淵源於古代巫術的符咒法術,所以通常都只是被作爲一種信仰活動來對待,至於從教義上能否被理解,又如何理解,確實是一個很大的問題。總體而言,道教儀式既傳承了古代祭祀禮樂的經典傳統、文化範式,又持續融聚不同時代不同地域的民間禮俗,内容龐雜,流變繁紊,按之以教義,未必能盡通其説。但儀式對於道教又很重要,對於道教理解因此也很重要,在當代道教的内部,能够主持儀式的高功法師,是專業性最强的一門課業,而舉凡道教舉行團體活動,必伴以相應規模的儀式。所以,對於道教儀式,我們有必要本著道家秉本執要的精神,從教義的角度尋求某種源流貫通的理解。

道教儀式統稱"齋醮科儀"。稱爲"科",是因爲内部的分支很多,根據事項有不同的科目,但這些科目都從屬於齋醮,所以齋醮是道教儀式的主脈絡。齋是齋戒,醮是醮祭,都淵源於古禮,原本是儀式活動中前後相銜接的兩個階段,也就是在正式舉行祭祀活動之前,要沐浴、守禁忌等,以齋的規範戒潔身心。道教的儀式,主脈絡就是從古禮中演變出來的。《道書援神契》説,道教"醮祭鬼神則本乎《周禮·春官·宗伯》",並就道教儀式的三十四項内容,包括服飾、禮器(道教稱爲法器)、儀序等,證其出於古禮。這樣的考證,可信是持之有故、言之成理的,道教並未圍繞其信仰别出心裁地創造一套儀式,而是順理成章地繼承華夏古禮,保持著將興禮作樂視爲極神聖事業的周禮傳統。但在繼承主脈絡前提下的變革也是不容忽視的,其中很重要的一項,就是分開齋與醮。唐以前,將古禮中作爲前期準備的齋戒强化爲專項的宗教苦行,如塗炭齋等,將祭祀弱化爲齋之後的簡單醮祭謝神儀式;唐以後,隨著醮祭列位國家祭典,强化爲演繹神恩的隆重典禮,如羅天大醮等,而齋法苦行則溶化爲日常修持,全真道尤其典型。

就齋醮的呈現形態而言,是在人爲設置的場景中舉行人事活動,諸如音樂、唱誦、上章表等等,人文氣氛濃郁,相對於道家的"道法自然"而言,更符合儒家"人文化成"的一般特徵,所以道教儀式如何體現其核心教義,單純從觀感上幾乎是一個無解的問題。而試圖爲道教儀式的正當性進一解的《道書援神契》等,也更多强調道教儀式與儒家禮樂同源同質。所以要解開這個問題,還需要鑒辨源流,並由表及裹,由其禮之儀瞭解其禮之意。

以大歷史的眼目宏觀地看,道教儀式無疑淵源於古代的"神道設教"。《周易》觀卦的《彖傳》説,"觀天之神道,而四時不忒。聖人以神道設教,而天下服矣"。觀卦的叙事背景,是在宗廟觀看祭祀之禮,其中的盥禮很莊重,是觀禮的主要目標。按照王弼《周易注》的解釋,"觀之爲道,不以刑制使物,而以觀感化物者也。神則無形者也,不見天之使四時,而四時不忒;不見聖人使百姓,而百姓自服也"。觀卦之道也就是宗廟祭祀的禮之意,通過觀禮達到感化的目的,是一場教化活動。而教化之所以可能,一是儀式的莊嚴,讓人感受到天或者神的神聖性,主祭助祭者雍容雅步、至誠至敬的儀態做派,也讓人感受到人文教養的魅力;二是"四時不忒",天或神雖然從不現身,但按時節舉行的祭祀,表明四季的遞變是有序的,年復一年的季節再現是準確無誤的,能讓人感悟到自然造化的至大至信。人文至誠至敬,是人對"神道"的思慕之情;自然造化至大至信,是"神道"的實質内涵。由此來看,"神道設教"既是人文化成的,也是道法自然的,而且比儒道兩家更爲古遠,是兩家共同的思想文化淵源,儒家弘揚其文,道家淬煉其質,由此張力互動,形成華夏文明最頂端的兩大傳統。

而道教齋醮在貼近民間社會的層面繼承傳統,雖不及儒道兩家有選擇之後的發展張力,但保持著"神道設教"天人相關的合力。如齋醮壇場的設置,《靈寶玉鑒》説:"齋法中每以然燈爲首,所以法天象地。故每遇建齋,必於宿建之夕,請光分燈,以法日月星斗之懸象。令壇所内外洞明,上下交映,庶乎可以擬大浮黎土之流精玉光,洞焕太空,七寶林中之無極光明,照無極世界。凡所謂上聖高尊,妙行真人,天真大神,無極聖衆,皆傾光回駕矣。然燈造化,豈小補哉。"①壇場的設置法天象地,模擬自然造化的大環境,站在非宗教的立場上看也許只是主觀意願,但無可否認的是,這種主觀意願反映出道教的信仰不脱離自然造化的基本觀念。

再看齋醮科儀中最神秘的祭煉,也同樣貫穿著自然造化的

①《道藏》,北京:文物出版社;上海:上海書店;天津:天津古籍出版社,1988 年版,第十册,第 143 頁。

觀念。“煉度者,以我身中之陰陽造化,混合天地陰陽之造化,爲淪於幽冥者,復其一初之陰陽造化也。夫謂我身之陰陽造化者,神與氣也。神爲氣之母,神動則氣隨也。所設有形之水火者,假天之象,地之形,日精月華之真炁。又假諸符篆,以神其變化,使死魂復得真精合凝之妙,而仙化成人也。然後以我之知,覺彼之知,以我之覺,覺彼之覺。則死魂自然一真澄湛,與道合真,天上人間,無往不可,煉之而後度之,故總謂之煉度也。”①祭煉又稱煉度,是度亡儀式中被賦予溝通生死、天人意義的核心内容。但由於全部内容都發生在主持儀式的高功法師的體驗之中,觀禮的人看不見,所以本質上,只能通過共同的信仰才能够對齋主發揮心理安慰的作用,而共同信仰的基礎,文化感受的層面是儀式的禮儀節文,更深的思想層面則是自然造化的道理,如一陽來復、陰陽變化等。

承上所述,“道法自然”的核心教義,可以貫通道教的宗教形態、修持、戒律、善惡果報、儀式等等方面來理解,是道教教義之所以能够自成體系的邏輯樞紐。雖然就一般的觀感而言,這個核心教義未必會成爲所有道教信徒的自覺意識,但無論知與不知、自覺與不自覺,都在“自然”的教義之内。即如道經中所説:“天尊言:吾今於世,何以利生?爲諸天人演此妙寶。得悟之者,俾躋仙阼。學道之士,信有氣數。夫風土不同,則稟受自異,故謂之氣。智愚不同,則清濁自異,故謂之數。數繫乎命,氣

①《靈寶玉鑒》,《道藏》,北京:文物出版社;上海:上海書店;天津:天津古籍出版社,1988年版,第十册,第145頁。

繫乎天,氣數所囿,天命所梏,不得真道。愚可以智,濁可以清,惟命俾之。愚昏昏,濁冥冥,亦風土禀受之移之。天地神其機,使人不知,則曰自然。使知其不知,則亦曰自然。自然之妙,雖妙於知,而所以妙,則自乎不知。然於道,則未始有以愚之濁之。"①人與人在性格、智慧等方面的禀賦差異,與地域、環境、經歷等因素大有關聯,"風土禀受之移之"。但人們通常能看到的,只是禀賦差異的表現,而不是原因,所以將差異歸結爲"自然",不去想更深層的導致差異的所以然之故。這樣的"自然"雖然遮蔽了思考,遮蔽了意識自覺,但却是由其人的"自"所決定的,所以也是"自然"之一義,在"道法自然"的核心教義之内。而道經的教導和教門的修持,讓人意識到自己"不知",是"自然"的又一義,因爲教門也只是一種環境,接受道經的教導也只是一種經歷,在這樣的經歷和環境中,個體各不相同的"自"會成就什麼樣的"然",同樣是由各有其"自"所決定的。至於道,"則未始有以愚之濁之",既没有愚人汙人的意願,也没有愚人汙人的資源。

作者簡介: 盧國龍,1959 年 11 月生,湖北黄梅人,中國社會科學院研究員、儒教研究室主任、博士生導師。從事道教研究,主要著述有《中國重玄學》《道教哲學》《中華道藏》(合編)等,及論文多篇。

---

①《九天應元雷聲普化天尊玉樞寶經》,《道藏》,北京:文物出版社;上海:上海書店;天津:天津古籍出版社,1988 年版,第一册,第 759 頁。

論江南文脈中的元代老學思想發展的新理路[*]

——以杜道堅《道德玄經原旨》爲例

孫亦平

内容提要：元代道教思想家杜道堅作爲上清派的傳人，在江浙一帶積極傳播上清經法，使茅山道教的影響日漸擴大，通過詮釋《道德經》而力倡皇道帝德的政治理念、無爲而治的處事態度、性命交養的修道方法，在江南文脈中開拓老學思想發展的新理路，爲元初江南社會的恢復安寧做出了特殊的貢獻。

元朝建立後，爲更好地統治江南廣大地區，根據元世祖的詔命，以正一天師來統括江南符籙派的教務，使原在江南地區傳播的龍虎山天師道、茅山上清派、閣皂山靈寶派等逐漸歸併爲正一

* 本文爲國家社科基金重點項目“東方道文化與新時代人類命運共同體的構建研究”（項目批准號 19AZJ002）、國家社科基金重大項目“儒佛道三教關係視域下中國特色佛教文化的傳承與發展研究”（項目批准號 18ZDA233）階段性成果。

道。歷史悠久的茅山上清派雖列爲江南道教三大符籙派之一歸宗龍虎山，但所延續的上清文化傳統依然吸引著南來北往的文人道士。元代道教思想家杜道堅作爲上清派的傳人，通過詮釋《道德經》而力倡"皇道帝德""無爲而治""心先身後"等思想，並在江浙一帶積極傳播上清經法，使茅山道教的影響日漸擴大，爲推進元初江南社會的恢復安寧做出了特殊的貢獻。本文以杜道堅《道德玄經原旨》爲例，來探討其老學思想在江南文脈中發展的新理路。

一、皇道帝德的政治理念

杜道堅生活於宋元交替之時，所撰《道德玄經原旨》以"原老聖之意，諄諄以皇道帝德，爲當世告者正"①，是因爲他看到《道德經》言約義豐，但不同時代的注釋者在進行闡釋時，形成了不同的思想傾向和時代烙印，各爲其説時却並未能準確把握到《老子》的本意："漢人注者爲漢《老子》，晉人注者爲晉《老子》，唐人、宋人注者爲唐《老子》、宋《老子》。言清虛無爲者有之，言吐納導引者有之，言性命禍福、兵刑權術者有之，紛紛説鈴，家自爲法，曾不知《道德》本旨，内聖外王之爲要。由是不能相發，而返以相戾，惜哉。"②杜道堅從自己的成長經歷和社會實

①《玄經原旨發揮》卷下，《道藏》，北京：文物出版社；上海：上海書店；天津：天津古籍出版社，1988年版，第十二册，第772頁。

②《玄經原旨發揮》卷下，《道藏》，北京：文物出版社；上海：上海書店；天津：天津古籍出版社，1988年版，第十二册，第773頁。

踐需要出發,力圖撥開"紛紛説鈴"而提出將"皇道帝德"作爲理解《道德》本旨的一把鑰匙,以期爲新建的元王朝提出一種他所期望社會政治理念,不僅通過重釋"内聖外王"而賦予老子思想以時代新義,而且使《道德玄經原旨》成爲一部講述社會治理的資政書。

杜道堅(1237~1318),字處逸,號南谷子,當涂采石(今安徽當涂)人,西晉名士杜預之後。杜道堅少年時即有超凡脱俗之志,"生而神異,幼而超邁。年十四得異書於異人,决意爲方外遊,乃辭母去俗,著道士服,師石山耿先生"①。年十七辭母寄跡郡之天慶觀,師蒙庵葛師中。蒙庵師虚白陳元實是陸修静裔孫。杜道堅繼而再入茅山昇元觀披閲《道藏》:"繼入茅山,披閲《道藏》,依中峰岩木,葺巢以居。玉海蔣宗師異之,授以大洞經法、回風合景之道。"②上清派第38代宗師蔣宗瑛見杜道堅認真閲讀《道藏》,乃授以上清經籙。杜道堅拜入蔣宗瑛門下,加入"静一劉真人道門傳派",成爲茅山上清派的嫡傳弟子。笪蟾光《茅山全志》記載的"静一劉真人道門傳派"的派字爲:

> 混靖希景,守汝玄志,宗道大天,得性自尊。克崇祖德,光紹真應,師寶友詞,永仁世昌。公存以敬,有子必承,能思繼本,端供一成。③

---

①(元)趙孟頫:《松雪齋文集》卷九《隆道冲真崇正真人杜公碑》,李修生主編:《全元文》第十九册,南京:江蘇古籍出版社,2000年版,第277頁。

②同上。

③(清)笪蟾光編審:《茅山全志·序》,胡道静等主編:《藏外道書》第十九册,成都:巴蜀書社,1992—1994年版,第755頁。

按此派字,杜道堅之師蔣宗瑛爲"宗"字輩,杜道堅則爲"道"字輩①。杜道堅學道不局限於茅山上清派,而是雲遊東南,廣學道法,既學正一,也學全真。當時,丹陽謝道士玄風遠播,法海傍沾,杜道堅"曳杖玄門,問道靖室",不辭辛苦前去問道,受益匪淺。杜道堅學綜多門,其師承如下:

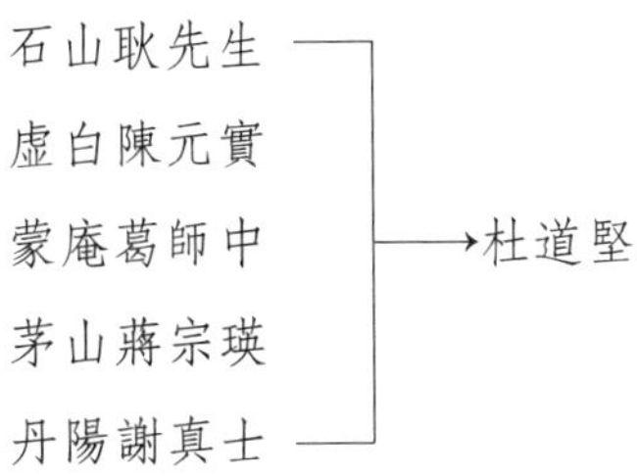

杜道堅之後又拂袖遠遊,廣交名士,"薊丘李衎,吴興趙孟頫,金華胡常孺,實與之游,執弟子禮"②。還曾"納交名釋,載參辟歷之禪"③。杜道堅正是在這樣的環境中,學宗三教,立足道教。

從杜道堅所傳承及宗主者看,"如果杜道堅確得全真之傳,後來傳承其道之謝德模、莫月鼎之輩,已頓失全真本來之風,可

①曾召南:《明清茅山宗尋蹤》,《宗教學研究》1997 年第 4 期。

②(元)任士林:《松鄉集》卷一《杭州路純真觀記》,臺北:臺灣商務印書館,1969 年版,第 36—38 頁。

③(元)趙孟頫:《松雪齋文集》卷九《隆道沖真崇正真人杜公碑》,李修生主編:《全元文》第十九冊,南京:江蘇古籍出版社,2000 年版,第 277 頁。

知杜道堅'所宗主者'還是正一一脈"①。南宋末年,年富力强的杜道堅"興玄學,飭軌範",積極從正一道的角度傳播上清派道法,使百廢俱舉,徒衆悦服,聲名日顯。咸淳(1265~1274)年間,杜道堅遊至江蘇宜興後,隱居張公洞三載,過風溪,結知達官楊氏之王孫。承宣使入内都知鄧惟善捨宅建立宗陽宫、純真觀,又請他作主持②,並將他引薦給宋度宗。宋度宗賜號"輔教大師"並賜紫衣。杜道堅因楊氏禮請而入住吴興計籌山升玄報德觀。

杜道堅生活於宋衰元興之際,親眼目睹朝代更轉,元兵南下,百姓罹難,故懷抱救助天下的慈悲之心而積極弘道。至元十三年(1276),元兵南渡長江,屯兵建康,在戰爭一觸即發之時,杜道堅不顧個人安危,冒矢石而叩開軍門,謁見太傅淮安忠武王伯顔,披膽陳辭,爲民請命,以不殺無辜百姓相請。伯顔久聞其名,交談甚歡,接受了杜道堅提出的"王誠不殺,則民歸有賴"的建議,馬上下令"禁將士下未附者,毋劫掠",制止將士在城中隨意掠奪,使當地百姓免於塗炭。

元兵南渡後,伯顔又偕杜道堅去上都入覲元世祖。據説,杜道堅一見元世祖忽必烈,便"布武升階,高談王道",所提出的各種王道之法正合元世祖之意。孫克寬評價説:"南方道教入元後最重要的形態是與政治結緣。雖然是玄教宗師們大顯身手,但開始這樣使命的却是一位茅山道士杜道堅。"③此後杜道堅又

①吴亞魁:《江南全真道教》,上海:上海古籍出版社,2012年版,第59頁。

②(元)任士林:《松鄉集》卷一《杭州路純真觀記》,臺北:臺灣商務印書館,1969年版,第36—38頁。

③孫克寬:《寒原道論》,臺北:聯經出版事業公司,1977年版,第271頁。

多次詔對便殿，詳陳治國安邦之策，有的被採納並運用於新王朝的社會治理之中。

江南平定後，元朝皇室對龍虎山正一派更加尊寵禮遇，上清派茅山宗發展受到影響，"與非常活躍的正一教相反。在唐代和北宋時代道教史上引人注目的上清派在南宋和元代却消沉下來"①。元世祖欲委杜道堅重職，但他堅辭不就。至元十七年(1280)杜道堅被璽書東還，奉詔護持杭州宗陽宫、湖州計籌山之升玄報德觀，其中的宗陽宫因杜道堅主持在杭城名聲興起，"宗陽宫是宋元兩代杭州著名道觀，在元至元到延祐年間，此地一度聚集起一批文人學士，成爲杭城有名的文藝沙龍"②。杜道堅也努力使茅山上清派傳播於浙江地區。"真人既主宗陽，不忘舊館，仍領昇元觀事。先是，宗陽毁於火，真人買山種樹，以三十年爲期。至是，命工師伐材木，治荒蕪，畚瓦礫，正殿講堂、壇靖廊廡、真館丈室，以次興舉。"③另外還奉旨改建披雲庵爲通玄觀，"别立通玄觀，俾弟子薛志亨、林德芳甲乙主之"④。此處據説是道家文子的舊隱地，杜道堅在此建"覽古樓"，收藏道書萬餘卷，認真研讀，著有《通玄真經纘義》(亦稱《文子纘義》)十二卷、《道德玄經原旨》四卷、《玄經原旨發揮》二卷、《關令闡玄》三卷等。

如果説，"《文子纘義》是對道家思想《文子》銓解，其《纘

①【日】窪德忠：《道教史》，蕭坤華譯，上海：上海譯文出版社，1987年版，第244頁。

②石勖言：《元代杭州宗陽宫文人群體考述》，《民族文學研究》2017年第6期。

③(元)趙孟頫：《松雪齋文集》卷九《隆道冲真崇正真人杜公碑》，李修生主編：《全元文》第十九册，南京：江蘇古籍出版社，2000年版，第278頁。

④同上。

義》部分實際上是杜道堅本人的思想，他在元朝統一的新時期寫作此書，是有其重要的時代和現實意義"①。那麽，杜道堅撰《道德玄經原旨》，結合元初社會發展需要，既植根道教玄理，又融儒學尤其是理學入道，對《道德經》進行新闡釋，提出"老聖著《玄經》以'道德'名者，尊皇道，尚帝德也"②，認爲《道德經》的原旨在於闡述"皇道帝德"的政治理念：

> 老君之言，紀無始有始開天立極之道，太古上古皇道帝德之風，下至王之功，伯之力，見之五千餘文，囊括天人之道，上下幾千百代，歷歷可推。言聖人者三十有二而不名，殆一無古史也。可以龜鑑萬世，可以綱維人極，可以優入聖域，老聖摭古史以著《道德》、孔聖摭魯史以代《春秋》，一也。③

"皇道帝德"並非杜道堅的發明，但他把老子《道德經》與孔子的《春秋》相提並論，通過綜合儒家的經世之學和道家的自然之道，又借"老聖之意"來闡述自己的"皇道帝德"思想，"古之君天下者，太上無爲，其次有爲。是故皇以道化，帝以德教，王以功勸，伯以力率。四者之治，若四時焉。天道流行，固非人力之能

---

①楊國宜：《杜道堅〈纘義〉義蘊初探》，《古籍研究》1998年第3期。

②《玄經原旨發揮》卷上，《道藏》，北京：文物出版社；上海：上海書店；天津：天津古籍出版社，1988年版，第十二册，第759頁。

③《玄經原旨發揮》卷下，《道藏》，北京：文物出版社；上海：上海書店；天津：天津古籍出版社，1988年版，第十二册，第772頁。

强,然則時有可行,道無終否"①。杜道堅通過"皇以道化,帝以德教",來表達期望"致君澤民"的治世思想,使老學思想與儒學相交融,以適應元初江南社會重建的現實要求。

大概是受老子思想的影響,杜道堅的治世情懷中帶有濃濃的復古意識:"皇道降而爲帝德,帝德降而爲王之仁義,王之仁義降而爲伯之智力,智力降而爲戰國之詐亂,攘臂相仍,民不堪處。於是玄聖素王者出,《道德》著而理欲分,《春秋》作而名分定,辭雖不同而旨則一焉。大丈夫有志當世,致君澤民,要不拘仕隱,修辭立誠,道在其中矣。"②杜道堅的社會理想是處於儒家所宣導的三代之前,既與當時宋元之交的社會形成了鮮明的對照,也爲奉行與時俱進的政治理念和悲憫百姓的治世情懷提供了一種可資的參照。

二、無爲而治的處事態度

杜道堅在《道德玄經原旨》中,從君主統治術的角度,以"無爲而治"的處事態度作爲"皇道帝德"應遵循的治國方針。"杜道堅在闡發《道德經》思想時,雖無多少創見,只是在元初百廢待舉時,爲了國泰民安的目的,希望統治者在治理國家時應實施道家的'無爲而治'的方針。"③筆者認爲,這正表達了"道際兩朝,學探

①《通玄真經纘義序》,《道藏》,北京:文物出版社;上海:上海書店;天津:天津古籍出版社,1988 年版,第十六册,第 755 頁。

②《道德玄經原旨》卷三,《道藏》,北京:文物出版社;上海:上海書店;天津:天津古籍出版社,1988 年版,第十二册,第 741 頁。

③卿希泰:《關於杜道堅以皇道帝德論爲中心的政治思想初探》,《諸子學刊》2009 年第 1 期。

古始”①的杜道堅,面對元兵南下、民罹戰禍、百廢待舉的現實問題,收起自己的隱逸之心,來積極尋找治世之良策的良苦用心。

杜道堅認爲,有識之士要有志當世,既要努力促使身居高位、擔任著治國安邦重任的帝王要加强自身的道德修養,因爲“知修身,然後知治國。身猶國也,百骸猶衆民也,故君子不可以不修身”②,也要促使國君制定的方針政策能够有利於天下百姓。爲達到這種“致君澤民”的理想,就需要讓統治者明瞭“皇道帝德”就是要效仿玄古之君天下所實行的“無爲而治”:

> 老聖作《玄經》,所以明皇道帝德也。天下之大,事物之衆,可有於天下,不可有於我。上之人一以我之賢於人者自尚,貨之難得者自貴,心之可欲者自見,則下之人亦將以是三者爲心,必爭,必盜,必亂。惟其我之不欲,故雖賞之不竊也。是以聖人之治天下也,必先虚吾之心,不爲事窒,實吾之腹,不使邪入,弱吾之志,不與物競,强吾之骨,不以力敵。常使民無越分之知,僭上之欲。雖有智如龍伯大人,六鼇可釣,不敢有一毫越分僭上之爲,惡有所謂亂臣賊子者哉?夫玄古之君天下也,爲無所爲,故無所不治矣。③

①《玄經原旨發揮序》,《道藏》,北京:文物出版社;上海:上海書店;天津:天津古籍出版社,1988年版,第十二册,第779頁。

②《道德玄經原旨》卷一,《道藏》,北京:文物出版社;上海:上海書店;天津:天津古籍出版社,1988年版,第十二册,第730頁。

③《道德玄經原旨》卷一,《道藏》,北京:文物出版社;上海:上海書店;天津:天津古籍出版社,1988年版,第十二册,第728頁。

如果上之人平時抱著自尚、自貴、自見的態度，那麽，下之人循此三者，其心必爭、必盜、必亂，這是導致天下大亂的心理原因。杜道堅從老子思想出發，强調治世之道在於治心。聖人之治天下，必先"虚吾之心"，去"縣法設賞"等有爲之事：

太古之世，巢居穴處，無賦斂徵役之爲，無禮樂刑法之事，無典謨訓誥之言，下(不)知上之有君，上(不)知下之有民，熙熙自然，無爲而已。①

只有實行與民休息的無爲而治，百姓才可生活於"熙熙自然"之中。"當上推帝皇，思復古道，外見純素，内包淳樸，正己於上，以勸其下，借曰不能，無私無欲，庶幾少私寡欲。"②當上之人推崇帝皇，能做到外見純素，内包淳樸，那麽，下之民或許能少私寡欲，四民樂業。因此"古之聖人官天地，府萬物，藏精存誠，無形無聲，正其道而任物之自然。當是時也，朝無佞臣，野無遺逸，國無游民，干戈不起，勞役不興，四民樂業，故不待家至人曉而坐致隆平③"，從而達到平安無事的社會效果。

杜道堅認爲，這就是老子宣導的聖人抱有"無爲而治"的處

---

①《道德玄經原旨》卷一，《道藏》，北京：文物出版社；上海：上海書店；天津：天津古籍出版社，1988年版，第十二册，第732頁。

②《道德玄經原旨》卷一，《道藏》，北京：文物出版社；上海：上海書店；天津：天津古籍出版社，1988年版，第十二册，第733頁。

③《通玄真經纘義》卷二《精誠篇》，《道藏》，北京：文物出版社；上海：上海書店；天津：天津古籍出版社，1988年版，第十六册，第761頁。

事態度,“國家懷其仁誠,推其信實,罰不以怨,賞不以私,有不待縣法設賞而民將自化之”①,天下便可不治而太平。因此,“聖人因人性而設教,觀風俗以爲治,民之所好好之,民之所惡惡之,是以民心歸往而無敵於天下矣”②。作爲一個山林道士,杜道堅念念不忘治國救民之道,這種憂國憂民精神實難能可貴。

在元初江南社會環境中,杜道堅還將道家的“道德”和儒家的“仁義”有機結合起來:“道德,五常之祖,有祖而無子孫,不可也。有子孫而不知祖,可乎?”③“仁義者,道之孫,德之子。”④杜道堅認爲“道”是先天地而生的宇宙萬物的本原,具有普遍性和無限性,他通過“援儒以明之”的方式,從以“道”爲本出發,索性將儒家的仁、義、禮、智、信等“五常”解釋爲道家之“五德”:“德者,五常之總名。有德之人,五常備焉。仁則慈,義則宜,禮則敬,知則明,信則實有之,是謂五常,一曰五德。”⑤這種調和儒道的做法,爲元初統治者宣揚儒家“五常”倫理以重建社會秩序提供了更爲廣闊的哲學基礎,也獲得不少儒家學者的稱讚,如徐天祐在《序》中説:“南谷杜君之爲是學也,不以道家説訓老氏書,

①《通玄真經續義》卷二《精誠篇》,《道藏》,北京:文物出版社;上海:上海書店;天津:天津古籍出版社,1988年版,第十六册,第765頁。

②《通玄真經續義》卷八《自然篇》,《道藏》,北京:文物出版社;上海:上海書店;天津:天津古籍出版社,1988年版,第十六册,第797頁。

③《通玄真經續義》卷二《精誠篇》,《道藏》,北京:文物出版社;上海:上海書店;天津:天津古籍出版社,1988年版,第十六册,第763頁。

④《通玄真經續義》卷七《微明篇》,《道藏》,北京:文物出版社;上海:上海書店;天津:天津古籍出版社,1988年版,第十六册,第793頁。

⑤《通玄真經續義》卷五《道德篇》,《道藏》,北京:文物出版社;上海:上海書店;天津:天津古籍出版社,1988年版,第十六册,第780頁。

獨援儒以明之,章研句析,而前後相蒙,不喜爲破碎,引類比義,悉舉五三帝王、孔孟之道,傳諸其説。"①

杜道堅在注《道德玄經原旨》時,還結合元初社會發展需要,認爲老子主道德,反對詐僞,以"無爲而治"作爲皇道帝德的核心時,也肯定儒家宣導的孝慈忠信應是君主之術的重點:"親和則孝之名隱,而孝未嘗不在也;世治則忠之名晦,而忠未嘗不在也。"②杜道堅對平定江南社會提出一些具體建議,受到元世祖的讚賞。朝廷曾將《道德玄經原旨》頒行於世,儒學家黎立武、第三十八代天師張與材、隱士牟巘、徐天祐等人分别爲之作《序》加以推廣。

天師張與材在爲《道德玄經原旨》作《序》曰:"《道德》八十一章,注者三千餘家。南谷著《原旨》,首曰《玄經》之旨本爲君上告。又曰老聖作《玄經》,所以明皇道帝德也。大綱大領,開卷甚明。是經之在人間世,舒之彌六合,卷之入微塵中,固不可局一方。"③他認爲,如果能準確把握《道德玄經原旨》提出的"皇道帝德"思想,並將"無爲而治"的處事態度用到社會治理中,那麽"得之者當不止漢文之治",就能達到甚至超過"文景之治"的盛世,可見該書在元初社會生活中的影響。

①《道德玄經原旨序》,《道藏》,北京:文物出版社;上海:上海書店;天津:天津古籍出版社,1988年版,第十二册,第726頁。

②《道德玄經原旨》卷一,《道藏》,北京:文物出版社;上海:上海書店;天津:天津古籍出版社,1988年版,第十二册,第733頁。

③《道德玄經原旨序》,《道藏》,北京:文物出版社;上海:上海書店;天津:天津古籍出版社,1988年版,第十二册,第725頁。

杜道堅不僅受到元朝帝王的重視,而且江浙一帶達官貴卿也多執弟子禮。據文獻記載,杜道堅有著極爲廣泛的社會交遊,其中既有道教師友如葛師中、鄧牧、蔣宗瑛、馬臻、鄧惟善等;也有文人儒士如趙孟頫、伯顔、張伯淳、柯謙、戴表元、牟巘、胡長孺、倪瓚、顧瑛等。通過杜道堅的努力,在江南文脈中長期傳播的道教在元初受到各界人士的廣泛關注。大德七年(1303),朝廷授杜道堅杭州路道録教門高士,主持杭州四聖延祥觀,又傳弟子四十餘人,薛志亨、林德芳、姚志恭、趙嗣祺、李拱端、岳榆等在當時江南道教中頗有影響,"以弟子姚志恭爲昇元提點,師孫孫拱真爲提舉,俾世世相傳,玄玄不絶"①。在詩文交流中,杜道堅通過對老子"無爲而治"的論證,在江南社會治理中積極推廣"皇道帝德"思想,爲元代老學思想的發展開拓了新理路。

三、性命交養的修道方法

杜道堅遵循"内聖外王"的人生理想,作爲上清派的傳承者,他既關注社會治理,也關注人的生命健康,他以"皇道帝德"爲理論基礎,以"無爲而治"爲方法,通過宣揚性命交養的生命哲學來推進上清派仙學思想的更新,也從修道論的角度爲元代老學思想的發展提供了新理路。

杜道堅受陸九淵心學所倡"宇宙便是吾心,吾心即是宇宙"

---

①(元)趙孟頫:《松雪齋文集》卷九《隆道冲真崇正真人杜公碑》,李修生主編:《全元文》第十九册,南京:江蘇古籍出版社,2000年版,第279頁。

的影響而提出“心先身後”説:“吾嘗曰,未有吾身,先有天地,未有天地,先有吾心。吾心,此道也,豈惟吾哉?人莫不有是心,心莫不有是道,知此謂之知道,得此謂之得道。”①再通過邵雍的象數學,以老子先天之道統後天象數之學,將“吾心”視爲太極:“吾心太極,吾身天地之道,與造化者同流,而未嘗生、未嘗死也。蓋谷虚善應,以况吾心。神静故靈,以喻吾性。觀寂然之中,而有感通之妙,乃見不死。然神非氣不生,氣非神不靈,言神則氣在焉。神氣混融,乃見玄牝。”②太極,亦即老子所説的“谷神”:

> 谷神,太極也。太極中虚,谷神在焉。天此谷神,人此谷神。其爲谷也,玄同陰陽,包涵造化,神則妙萬物而爲言也。惟其不死,故能生化無窮,玄牝陰陽也。門則乾坤其易之門,根則萬化之所由生。綿綿若存,今古不息也。用之不勤,出乎自然也。③

既延續著上清派重視心性的傳統進路,又一步將“心性”與“谷神”相對應,將玄同陰陽的谷神作爲宇宙生化之本,人的心性之源:“谷虚善應,以况吾心。神静故靈,以喻吾性。”

杜道堅將“心”視爲有著無限的認識能力的造化之源,這種

---

①《道德玄經原旨》卷二,《道藏》,北京:文物出版社;上海:上海書店;天津:天津古籍出版社,1988年版,第十二册,第735頁。

②《道德玄經原旨》卷一,《道藏》,北京:文物出版社;上海:上海書店;天津:天津古籍出版社,1988年版,第十二册,第729頁。

③同上。

對“心”的推崇與强調,也是“皇道帝德”思想在生命修煉的具體運用,“道尊德貴,異名同出,存乎吾心,不從外得”①,據此先明己之性,而後明物之性,即可贊化育、參天地:“性與欲,固有間矣。人皆然,君惟甚。夫治物不以物以和者,先明己之性,而後明物之性。明物之性,則可以贊化育、參天地矣。”②這種從“心”出發的修道論進一步促進了上清派思想的内向性轉化:“官天地、府萬物者,心也。心者,道之樞,人莫不有是心,心莫不有是道。惟其冲虚妙用,淵静有容,故能包裹六極,不見其盈,知周萬物,不離其宗。”③

在杜道堅看來,如果學道之人不能自究本性,反而問命於人者,就是未明性命之正。由此,他又接續唐宋道教所宣導的修道即是修心的傳統,認爲“心”具有造化之力,對修身與處世都具有指導意義:

> 修身有道,處世有術。夫體道之人,守其天常,安其命義,食止充虚,衣止禦寒,不苟所得,不棄所有,禍不倖免,福不妄就,達不自驕,窮不易操,樂乎天真,與道同久。④

①《通玄真經纘義》卷二《精誠篇》,《道藏》,北京:文物出版社;上海:上海書店;天津:天津古籍出版社,1988 年版,第十六册,第 762 頁。

②《通玄真經纘義》卷九《下德篇》,《道藏》,北京:文物出版社;上海:上海書店;天津:天津古籍出版社,1988 年版,第十六册,第 802 頁。

③《道德玄經原旨》卷一,《道藏》,北京:文物出版社;上海:上海書店;天津:天津古籍出版社,1988 年版,第十二册,第 728 頁。

④《通玄真經纘義》卷九《下德篇》,《道藏》,北京:文物出版社;上海:上海書店;天津:天津古籍出版社,1988 年版,第十六册,第 801 頁。

在這種“心爲身本”思想指導下,杜道堅在修持方法上遵循著“人能觀天道而修人道,未有不入聖人之域者也”①的思路,將上清派一貫宣揚的主靜説發展爲“習静”爲契道之階、升仙之徑。

在身與心的關係上,杜道堅突出“心”的妙用,並通過無心、忘心、正心誠意、心空、心死一步步地將道儒佛三教思想排列起來,以説明修道就是在順自然,既不執著於外物,也不執著於内心,才能進入“心死契道,是爲得道”的虚無境界。通過對“反者道之動”的闡述,杜道堅指出修道徑路在於“各正性命”:“天下萬物生於有,有生於無。有也,無也,是何物也耶? 虚化神,神化氣,氣化形,凡具形氣者皆物,物必有壞,壞則復歸於無。有一不壞者存,是何物也耶? 觀其生物者氣,則知生氣者神,生神者道矣。夫神,性也,氣,命也,合曰道。聖人立教,使人修道,各正性命,蓋本諸此。”②以性命所形成的身心關係應是:“身具天地,心具造化,道在我矣。”③

杜道堅受儒家心學的影響,在生命哲學中雖然突出了心性修煉的重要性,但在實際的修道過程中,却根據老子“有無相生”之説,建構了一套性命交相養、内外兼相得而不相害的修持

①《道德玄經原旨》卷一,《道藏》,北京:文物出版社;上海:上海書店;天津:天津古籍出版社,1988 年版,第十二册,第 727 頁。

②《道德玄經原旨》卷三,《道藏》,北京:文物出版社;上海:上海書店;天津:天津古籍出版社,1988 年版,第十二册,第 741—742 頁。

③《道德玄經原旨》卷一,《道藏》,北京:文物出版社;上海:上海書店;天津:天津古籍出版社,1988 年版,第十二册,第 727 頁。

理論。“神依形生,精依氣盈,交相養而不失其和者,養生之主也。”①這是因爲人的生命由形神相合而成,性與命是相輔相成的,故在注釋老子“反者道之動”時曰:“老氏言復命而不言性,此言有生於無,性其在矣。嘗論性者,吾所固有,命者,天之所賦,生之始也。性不得命,吾無以生。命不得性,天無以賦。性與命交相養,而後盡有生之道也。生之終也,形亡命復,惟性不亡,與道同久修,此謂之修道,得此謂之得道。”②

道教創立之初,在把“保性命之真”的神仙作爲自己宗教信仰的核心時,就力圖從哲學上對“得道成仙”的内外根據進行理論上和實踐上的探索,隨著唐代道教對心性論的重視,道士們又開始轉向從傳統的内修術中尋找長生成仙的新理路。從上清派道士吴筠對“神”的重視、司馬承禎倡主静説,再到唐末五代時鍾吕内丹道的興起,促進了道教哲學由本體論、重玄學轉向對心性論的探討,以“修道即修心”來溝通人與道的關係,並主張衆生皆有道性,人人皆可成仙,這就在邏輯上促使道士們開始轉向從傳統的内修術中尋找長生成仙的新理路③,從而推動了道教仙學由肉體飛仙向性命雙修的轉化。到元代時,杜道堅雖爲正一派道士,但並不以符法咒術見稱,而是從上清派宣導的“修道即修心”出發,一方面沿著“心爲身本”的思路突出養神貴於養

①《通玄真經纘義》卷三《九守篇》,《道藏》,北京:文物出版社;上海:上海書店;天津:天津古籍出版社,1988年版,第十六册,第772頁。

②《道德玄經原旨》卷三,《道藏》,北京:文物出版社;上海:上海書店;天津:天津古籍出版社,1988年版,第十二册,第742頁。

③孫亦平:《唐宋道教的轉型》,北京:中華書局,2018年版,第6頁。

形,但另一方面,又從人的生命由身心相合而成,仍堅持形神兼顧的性命交養論,這從他爲李道純的《中和集》所作序中可見一斑。

李道純因得到南宗五祖白玉蟾弟子王金蟾的傳授而精於南宗内丹學,又融合内丹道南北二宗,以“守中”爲要訣,成爲内丹學“中派”的創立者,被稱爲“玄門宗匠”。《中和集》是一部典型的融通三教、圖文並茂的内丹學著作。蔡志頤將其師李道純撰《中和集》六卷編成後,交給時在錢塘玄元真館的杜道堅爲之作序:

> 維揚損庵蔡君志頤,瑩蟾子李清庵之門人也。勘破凡塵,篤修仙道,得清庵之殘膏賸馥,編次成書,題曰《中和集》,蓋取師之静室名也。大德丙午秋,謁余印可,欲壽諸梓,開悟後人。余未啓帙,先已知群妄掃空,一真呈露。謂如天付之而爲命,人受之而爲性,至於先天太極,自然金丹,光照太虚,不假修煉者,漏泄無餘矣。可以窮神知變而深根寧極,可以脱胎神化而復歸無極也。①

杜道堅很讚賞李道純的内丹學據“天付之而爲命,人受之而爲性,至於先天太極”而宣導“形神俱妙,與道合真”,這與他所説的性命交養的修道論相互契合,故後人評價“此序言可云

①《中和集叙》,《道藏》,北京:文物出版社;上海:上海書店;天津:天津古籍出版社,1988年版,第四册,第482頁。

已得《中和集》之要"①。

作爲元代江南道教的代表人物,杜道堅博學高行,深諳玄理,跟隨唐宋道教仙學轉型後重視心性論的潮流,接續著江南文脈中重人事的文化傳統,從政治理念、處事態度和生命哲學上開拓元代老學思想發展的新理路,使元代道教在新的歷史時期既能適應江南社會發展,又契合人的生命需求而得以持續發展。

作者簡介:孫亦平,南京大學哲學碩士,歷史學博士。現任南京大學哲學系、宗教學系教授,博士生導師。主要研究方向爲中國道教和佛教。

---

①潘雨廷:《論李道純及其著作(附:杜道堅、王玠)》,《中國道教》1994年第2期。

道教南宗“隱修觀”考論

蓋建民

内容提要: 白玉蟾所創立的金丹派南宗,既不同於早期隱於山林從事外丹黄白燒煉的丹鼎派,也與遠離市井熱衷個人閉關採氣吐納的純粹内丹修煉派有别,是集山林道教與城市道教於一身的特殊道教宗派,有其獨特的“隱山觀”。其著《隱山文》乃是一篇總結南宗修行觀的經典文獻,明確提出:“聖人所隱,不在乎山之隱,而隱其心。”在白玉蟾看來,隱於山還是隱於市,只是隱居的形式不同而已,關鍵在於“識道”“煉心”,做到“對境無心,對心無境”。

道教自創立以來,其宗教組織形態就有所謂“山林道教”與“都市道教”之分别。都市道教是相對於鄉村道教(或稱山林道教)而言,特指在都市環境中存在和發展的一種道教形態。在道教歷史發展過程中,道教最初是在鄉村發展起來的,鄉村道教一直是道教存在的主要樣態。早期在巴蜀地區張陵、張魯所創立的道教宗派被稱之爲“五斗米道”,就從一個側面反映出早期道教的“鄉村”特色。但是,隨著道教修行教義思想的轉變、道教組織戒律的完善及宫觀制度的確立,特别是道教與社會上層統治者關係的日益密切,道教日趨“上層化”,伴隨中國城鎮市井的逐步發展和興盛,都市里的道教也發展起來了。早在東晉葛洪時代,就有“大隱隱於市”之説,所謂“上士得道於三軍,中士修道於城市,下士修道於山林”。可見歷史上的城市道教很早就已存在,它與孤修於山林、遠離市井的鄉村道教同樣都屬於傳統道教發展的基本形態。

白玉蟾一生融通三教,和光混俗,交遊頗廣。“能吟、能畫、能琴、能酒者,能丹灶、能内煉、能知兵、能符水、能醫卜者,是皆四方之所交。彼不傲乎林邱則隱乎朝市。”①白玉蟾所創立的金丹派南宗既不同於早期隱於山林從事外丹黄白燒煉的丹鼎派,也與遠離市井熱衷個人閉關採氣吐納的純粹内丹修煉派有别,是集山林道教與城市道教於一身的特殊道教宗派,有其獨特的“隱山觀”。本文以白玉蟾所撰《隱山文》爲中心,就此問題展開初步的討論。

一

白玉蟾所撰《隱山文》現存《海瓊問道集》②,篇題《海瓊君

①《海瓊白真人全集》卷二,蕭天石主編:《道藏精華》,新北:臺灣自由出版社,1956年版,第十集之二(上),第275頁。

②今《道藏》本《海瓊問道集》原本當爲《鶴林紫元問道集》,因明代正統年間編輯《正統道藏》時,由於編輯者水準不高,而將留元長所寫的“紫元問道集序”誤作“海瓊問道集序”。

隱山文》,篇幅頗長,開篇略云:

> 玉蟾翁與世絶交而高卧於葛山之巔,客或問:“隱山之旨何樂乎?”曰:“善隱山者,不知其隱山之樂。知隱山之樂者,鳥必擇木,魚必擇水也。夫山中之人,其所樂者,不在乎山之樂。蓋其心之樂而樂乎山者,心境一如也。對境無心,對心無境,斯則隱山之善樂者歟?”問曰:“隱山之旨固如是,山中之隱者豈不知山中之味乎?”曰:“山中之味,山中之樂也。隱山者知味乎道而不知味乎山也。吾將以耳聞目見者爲子談之。”客曰:“唯唯。”曰:“隱山者不可以山之樂而移其心,不可以心之樂而殢其山。”①

白玉蟾的《隱山文》通過與客一問一答的形式,首先提出“隱山之樂”的問題,白玉蟾指出,隱山之樂不在於山而在於心,“蓋其心之樂而樂乎山者,心境一如也。對境無心,對心無境,斯則隱山之善樂者歟”,從隱山之樂的設問道出了“隱山之旨”。

既然隱山之旨在乎心而不在乎山,那麽,“山中之隱者非曰必林巒而爲山,非林巒而不爲山。然其人人自有所隱之山也。其清虚寂静、高爽深幽者,此人之山者,山其心也。其是非寵辱、貧富貴賤者,此人之市者,市其心也。今人以爲大隱居鄽,小隱

①《海瓊問道集》,《道藏》,北京:文物出版社;上海:上海書店;天津:天津古籍出版社,1988年版,第二十二册,第143—144頁。

居山者,不無意也"①。白玉蟾的《隱山文》進而引出了道教修行的重要命題,即修行是"隱於山"還是"隱於市"。

衆所周知,道士修行涉及到法、財、侣、地四大要素,其中修行之地的選擇歷來是道士必須認真面對的首要問題。在道教歷史上,早期道士多喜選擇遠離市井的洞天福地居山修煉,由此形成"山林道教",而另外一些道士則居於塵世的市井之地,居家修行,和光混俗,由此形成"城市道教"。由於修行之地的差異,在道教史上就有了"都市道教"與"山林道教"之分别。

在現代漢語中,都市一般指大城市。但是在古漢語裏,"都"乃是與祖宗廟宇有密切關係的一個地域名詞,與古代人們的宗教信仰生活聯繫緊密。我們只要考察一下"都"的詞源,就可清楚地看到這一點。

漢代許慎《説文解字》云:"都,有先君之舊宗廟曰都。從邑,者聲。《周禮》:距國五百里爲都。"《左傳・莊公二十八年》云:"凡邑有宗廟先君之主曰都,無曰邑。"也就是説,城邑裏凡是建有先君宗廟的稱爲都,否則只能稱之爲邑。古代許多典籍中都有這樣的説法,如《淮南子・時則》:"是月,可以築城郭,建都邑。"高誘注:"國有先君之宗廟曰都。"

中國古代宗教信仰是以敬天法祖爲基本特徵的,祖先崇拜是中國傳統宗教信仰的一個重要特徵和主要内容,對古代社會生活的影響巨大。古人將城郭中是否建有先君之宗廟,來作爲

---

①《海瓊問道集》,《道藏》,北京:文物出版社;上海:上海書店;天津:天津古籍出版社,1988年版,第三十三册,第144頁。

衡量都與邑的區別的一個重要標誌，其背後藴含的意義十分深遠。我們不但可以體會到祖先崇拜的信仰力量，也可以從中窺見中國古代城市發展與宗教信仰之密切關係。

在古漢語裹，“都”的另外一個涵義是指地域廣大的大邑。《六書故・工事二》云：“都，邑之大者曰都。”《史記・五帝本紀》云：“一年而所居成聚，二年成邑，三年成都。”

“市”，《説文解字》云：“市，買賣所之也。市有垣，從冂，從乁。”市是集中進行交易的場所，四周有圍墻，有門可以出入。《易・繫辭下》：“日中爲市，致天下之民，聚天下之貨。”《太平經》中説：“市者，天下所以共致聚人處也；行此書者，言國民大興云云，比若都市中人也。”①因此，在古人眼裹，都市不但要建有祖先的宗廟，而且地域和人口還要有一定的規模，還必須具有一定的經濟功能，如貨物交易等。

《太平經》的作者還告戒人們必須遵守道戒，“不者罰謫賣菜都市”②，這也説明在中國古代，宗教信仰很早就影響人們的社會生活的生態形式，滲透到城市生活之中，城市的形成與發展與宗教信仰生活密不可分。葛洪在《抱朴子内篇》卷十《明本》中有一名言：“上士得道於三軍，中士得道於都市，下士得道於山林。”③值得注意的是，這位道教神仙理論的集大成者還特別强調“初學道當止於三軍都市之中而得也”④。歷史上的道教，

---

①王明：《太平經合校》，北京：中華書局，1960年版，第68頁。

②王明：《太平經合校》，北京：中華書局，1960年版，第570頁。

③王明：《抱朴子内篇校釋》，北京：中華書局，1985年版，第187頁。

④同上。

由於其修仙養命延年的需要,雖然多以絶跡幽隱“山林道教”的面目出現,如魏晉南北朝時期的陶弘景,十五歲時便傾慕隱逸生活,三十六歲時上表辭官,掛朝服於神武門,退隱於江蘇茅山華陽洞長達四十五年之久,自號華陽隱居,其著有《華陽陶隱居集》等多種,爲道教茅山宗的創始人。但也存在某種形式的“都市道教”。

什麽是“都市道教”? 簡而言之,即在城市中存在和發展的道教。“都市道教”與“山林道教”的提出,是從宗教社會學的視域,以道教宗教組織和宗教場所的社會樣態爲標準,根據道教徒修行活動與社會生活聯繫的疏鬆緊密程度進行分野的。山林道教與中國由來已久的“隱士”“遯世”傳統密切相關,葛洪的《抱朴子外篇》首篇名爲《嘉遯》,第二篇名爲《逸民》也凸現了這一思想傾向。“嘉遯”語出《周易·遯卦第三十三》“九五,嘉遯,貞吉”。遯卦下艮上乾,象徵“退避”。據陸德明《釋文》:“遯……又作遁,隱退也,匿跡避時,奉身退隱之謂也。”孔穎達《正義》:“嘉,美也。”道教認爲修道養生首先要做到“不害生”“傷身”,故葛洪在《抱朴子外篇》開篇首先讚美隱遯,其宗旨是認爲這樣可以避害,所謂“士可以嘉遁而無憂”①。在第二篇《逸民》中,“抱朴子曰:余昔遊乎雲台之山而造逸民……”②,逸民乃避世之人,“世務不拘,故木食山棲,外物遺累者,古之清高,今之逋逃也”③“潛退之士,得意山澤,不荷世貴,蕩然縱肆,不爲時用”④。

---

①楊明照:《抱朴子外篇校箋》,北京:中華書局,1991年版,第312頁。
②楊明照:《抱朴子外篇校箋》,北京:中華書局,1991年版,第64頁。
③同上。
④楊明照:《抱朴子外篇校箋》,北京:中華書局,1991年版,第90頁。

從某種意義上説,山林道教是中國隱士傳統在道教的延續與發揚。

葛洪認爲在山林修道有其特殊的意義,“肆之山林,則能陶冶童蒙,闡弘禮教”①。雖然如此,但不管是修道於山林還是修道於朝市,都是殊途同歸。“在朝者陳力以秉庶事,山林者修德以厲貪濁,殊途同歸,俱人臣也。王者無外,天下爲家,日月所照,雨露所及,皆其境也。安得懸虚空,餐咀流霞,而使之不居乎地,不食乎穀哉?”②因此,葛洪認爲不能將二者對立起來,否則就有失偏頗。

筆者以爲,都市道教與山林道教並存有其道教神學理論基礎,主要有:

首先,道教“出世而不離世”的宗教教義思想是都市道教孕育並與山林道教並存的理論根據。都市道教的存在及其修道於都市的思想反映了道教出世與入世並重的特點。修道於都市同修道於山林並行不悖,是道教濟世利人、服務社會之“真精神”的集中體現,也折射出道教適應社會、順應社會發展與時俱進的時代要求。

出世與入世是一切宗教之踐行活動所必須面對和回答的基本問題。湯一介先生認爲:“雖然佛教和道教作爲宗教都是以所謂‘救世’爲目標,但在‘出世’和‘入世’(治世)關係的問題上却存在著顯著的不同,這個問題也反映了兩種不同傳統文化

①楊明照:《抱朴子外篇校箋》,北京:中華書局,1991年版,第82頁。
②楊明照:《抱朴子外篇校箋》,北京:中華書局,1991年版,第100頁。

的差異。中國傳統思想大都是把積極入世看成是最高的政治和道德的準則,道教在這方面深深地打上了這一積極入世思想的烙印。"①道教出世而不離世的教義思想,其宗旨是訴求在人間建立仙境。如同葛洪《抱朴子内篇》卷八《釋滯》所説"内寶養生之道,外則和光於世,治身而身長修,治國而國太平":

> 内寶養生之道,外則和光於世,治身而身長修,治國而國太平。以六經訓俗士,以方術授知音,欲少留則且止而佐時,欲昇騰則凌霄而輕舉者,上士也。自持才力,不能並成,則棄置人間,專修道德者,亦其次也。昔黄帝荷四海之任,不妨鼎湖之舉;彭祖爲大夫八百年,然後西適流沙;伯陽爲柱史,甯封爲陶正,方回爲閭士,吕望爲太師,仇生仕於殷,馬丹官於晉,范公霸越而泛海,琴高執笏於宋康,常生降志於執鞭,莊公藏器於小吏,古人多得道而匡世,修之於朝隱,蓋有餘力故也。何必修於山林,盡廢生民之事,然後乃成乎?②

葛洪視外煉金丹大藥爲修道致仙的最高手段和正途,修煉外丹黄白術必須遵守一定的煉丹禁忌,"合丹當於名山之中,無人之地,結伴不過三人,先齋百日,沐浴五香……勿近穢污,及與

①湯一介:《早期道教史》,北京:昆侖出版社,2006年版,第372頁。
②王明:《抱朴子内篇校釋》,北京:中華書局,1985年版,第148頁。

俗人往來”①。古代道士合作神藥,必入名山,絶人事,遐棲幽遁,乃“山林養性之家,遺俗得意之徒”②,與那些熱衷於餐霞飲露、導引辟穀的隱修之士一樣,當屬山林道教無疑。這樣也給人們造成一個印象,作爲金丹大藥的力倡者,葛洪也傾向於修道於山林,是山林道教的熱衷者。其實不然,葛洪在《抱朴子内篇》卷十《明本》中對此有明確的辨析,甚至有“山林之中非有道也”的極端説法:

> 山林之中非有道也,而爲道者必入山林,誠欲遠彼腥膻,而即此清靜也。夫入九室以精思,存真一以招神者,既不喜喧嘩而合污穢,而合金丹之大藥,煉八石之飛精者,尤忌利口之愚人,凡俗之聞見,明靈爲之不降,仙藥爲之不成,非小禁也。③

既然山林之中並非有道的存在,那麽爲什麽修道的人必須入名山大川呢?這是因爲修道有禁忌。道人修行,一方面要尋找一個清靜遠離穢汙的環境,避免不通道的俗人口舌誹謗;另一方面在道教看來,名山大川乃洞天福地,有正神存在,可以護佑煉丹道士,保證合丹成功。“凡小山皆無正神爲主,多是木石之精,千歲老物,血食之鬼,此輩皆邪炁,不念爲人作福,但能作

①王明:《抱朴子内篇校釋》,北京:中華書局,1985年版,第74頁。
②王明:《抱朴子内篇校釋》,北京:中華書局,1985年版,第111頁。
③王明:《抱朴子内篇校釋》,北京:中華書局,1985年版,第187頁。

禍。”①所以皆不可以於其中作金液神丹。

當然無論是修道於都市還是山林，葛洪都特别推崇金丹大藥在修道致仙中的特殊作用。他認爲，之所以上士可以得道於三軍，中士可以得道於都市，而下士只能得道於山林，與是否有金丹大藥在手有關。不論是在山林或者都市修道，都離不開金丹大藥的護持："此皆爲仙藥已成，未欲昇天，雖在三軍，而鋒刃不能傷，雖在都市，而人禍不能加，而下士未及於此，故止山林耳。"②也就是説，有了金丹大藥，道士在都市修道就可避免都市人禍的侵害，最終可以得道於都市。否則没有金丹大藥的加持，就難以抵禦世間紛繁人事的干擾，唯有遁隱孤修於山林了。

由此可見，道教理論家葛洪並不是像有些人所認爲的那樣，是一個山林道教的熱衷者。事實上，葛洪作爲内道外儒的道教學者，他甚至反對盡廢人事隱修山林。

山林道教與都市道教的分野主要是在修行方式上。歷史上，修道於山林和修行於都市，乃是道教多樣化修行方式中的兩個主要類别。老子《道德經》第四章"和其光，同其塵"思想，對道教修行方式有深刻影響。丹經《龍虎精微論》認爲，根據修煉服食的功效，可以任意選擇山林或者城市，並認爲城市修煉爲上。

> 初時須服餌以助之，陰德以扶之，淡默以養之，同道一二以借之。復不拘山林與城市，而皆可居之也。……或依

①王明：《抱朴子内篇校釋》，北京：中華書局，1985年版，第85頁。
②王明：《抱朴子内篇校釋》，北京：中華書局，1985年版，第187頁。

水靠林,得爲中。若城樊廛世,即其上耳。①

小隱居巖,大隱居市。這種修道思想在歷代南宗道教典籍中多有闡發。例如,在《悟真篇》中有張伯端一首七言絶句:"夫煉還丹莫入山,山中内外盡非鉛。此般至寶家家有,自是愚人識不全。"清人董得寧注云:"修煉之道,要鬧中習静,和光同塵,使人不識其行藏,以成百煉之真金。及至丹成功就,命宗已圓,方投深山僻處,乃抱元守一,養其真性,以全性命雙修之妙。故曰'未煉還丹莫入山'也。夫真鉛藥物,具在自己,不用他尋,而山中之凡鉛,乃非其所用,故謂'山中内外盡非鉛'也。家家者,即人人也。以對山而言,故稱之爲家。言此真鉛之寶,人人具足,各各完全。但愚者不識,乃當面磋過,以輕棄之耳。"②

薛道光撰《還丹復命篇》有二首五言絶句:

廛市通人處,明明與往還,悟來惟一物,昧處隔千山。神水丹田下,華池水火間,一元能造化,返老作童顔。③

歸根復命復元真,氣入四肢精養神,神氣若還俱不散,

①《龍虎精微論》,作者不詳,疑出宋代,張繼禹主編:《中華道藏》,北京:華夏出版社,2004 年版,第十九册,第 207 頁。

②《悟真篇正義》卷下,蕭天石主編:《道藏精華》,新北:臺灣自由出版社,1956 年版,第一集之四,第 21 頁。

③《還丹復命篇》,《道藏》,北京:文物出版社;上海:上海書店;天津:天津古籍出版社,1988 年版,第二十四册,第 192 頁。

混同塵市一閑人。①

張伯端《悟真篇》云:"修行混俗且和光,圓即圓兮方即方。顯晦逆從人莫測,教人爭得見行藏。"②清代會稽元真子董德寧注:"修身立行之人,最宜韜光晦跡。故混俗者,是不廢其倫常也。和光者,乃不露其主角也。圓即圓兮方即方者,此非同流合污之謂。"③董注可謂得其精髓。張伯端又進一步指出"須知大隱居塵世,何必深山守靜孤"④,大隱指身居鬧市而過隱居生活的人。《文選》晉王康琚《反招隱詩》:"小隱隱陵藪,大隱隱朝市。"張伯端指出:"志士若能修煉,何妨在市居朝。"⑤"未煉還丹莫入山,山中内外盡非鉛。此般至寶家家有,自是愚人識不全。"⑥南宗後學夏宗禹對此隱修觀進行了分析解說:

首先,夏宗禹指出,修煉金丹的要訣在於精情修煉,並無身份職業的區隔:

蓋金丹神聖之道,不過鉛汞二物。一能調和火候,則片

①《還丹復命篇》,《道藏》,北京:文物出版社;上海:上海書店;天津:天津古籍出版社,1988年版,第二十四册,第193頁。

②王沐:《悟真篇淺解》,北京:中華書局,1990年版,第130頁。

③《悟真篇正義》卷下,蕭天石主編:《道藏精華》,新北:臺灣自由出版社,1956年版,第一集之四,第46頁。

④王沐:《悟真篇淺解》,北京:中華書局,1990年版,第8頁。

⑤王沐:《悟真篇淺解》,北京:中華書局,1990年版,第139頁。

⑥王沐:《悟真篇淺解》,北京:中華書局,1990年版,第41頁。

餉之間玄珠形兆。有志之士,若能精勤修煉,初無貴賤之別。在朝不妨爲治國平天下之事,在市不失爲士農工商之業。①

其次,夏宗禹分析了“大隱居市”與“小隱在山”對修煉者心性磨煉的不同境界:

大隱居廛,小隱居山,何也?廛者,市井之地,修真者居之,一念不動,純誠無雜,酒色財氣所不能入,富貴功名所不能變,玆其所以爲大隱也。若夫山者,僻靜林麓之野,隱者固無異念也。逮出遇紛華,一見可欲,則凡情莫遏,嗜欲如初,玆其所以爲小隱也。②

修煉者若能在朝居市,做到一念不動,純誠無雜,酒色財氣所不能入,富貴功名所不能變,在廛煉心,這才是大隱的境界。因此,夏宗禹説:“平叔謂修行者必混於俗,不爲立異之行;和其光,同其塵,隨圓逐方,無可無不可。或顯或晦,或逆或從,如雲出入無礙,人莫能測。”③

復次,夏宗禹從修煉金丹必須具備的財物要件説明居市煉

①《紫陽真人悟真篇講義》卷六,《道藏》,北京:文物出版社;上海:上海書店;天津:天津古籍出版社,1988年版,第三册,第57頁。

②《紫陽真人悟真篇講義》卷六,《道藏》,北京:文物出版社;上海:上海書店;天津:天津古籍出版社,1988年版,第三册,第56頁。

③同上。

丹的優越之處:

大隱居廛,小隱在山。蓋廛者,十目所視,十手所指,乃城市闤闠之所,萬寶百物之所聚,隱者居之,則丹事易辦。非曰外丹也,譬如人之一身,亦有廛市之地,乃百骸、百脈之所會,七寶、六陽之所居。修真者於此用力,則可還丹矣。若夫山者,幽深遠僻,處於至陰,何足隱也?亦如人之修丹,不求至陽,乃求至陰,如雲房先生謂涕唾精津氣血液,元來七者皆屬陰,豈非山中内外盡非鉛乎?平叔謂人欲還丹,當修真陽,不當修至陰。真陽之寶,有生咸具,無貴無賤,無小無大,無僧無道,無凡無仙,如吾儒謂有物有則,秉彝具存,即是至寶家家有之説。①

從事丹道修煉,需要有許多外物護持,法財侶地不可少。居於城市街道之中,容易獲得器物支持,故丹事易辦。且城池之中爲陽地,山中爲陰地。修煉内丹爲消盡身中之陰轉而爲陽,故隱於城市之中易於内煉至陽之體。

今人王沐先生也從修煉功效的角度作了類似的箋云:"煉丹環境要和光同塵,鬧中習静,所以大隱在朝,以磨煉修煉者之定力。"②

①《紫陽真人悟真篇講義》卷三,《道藏》,北京:文物出版社;上海:上海書店;天津:天津古籍出版社,1988年版,第三册,第43—44頁。

②王沐:《悟真篇淺解》,北京:中華書局,1990年版,第42頁。

二

白玉蟾所做的《隱山文》,乃是一篇總結南宗修行觀的經典文獻,明確提出:“聖人所隱,不在乎山之隱,而隱其心”①“欲隱山者,善隱心也,無事治心謂之隱……心心虛寂,何城市之可喧?何山澤之可靜?山靜而心常喧者,莫市之若也;市喧而心常靜者,莫山之若也”②。因此,在白玉蟾看來,隱於山還是隱於市,只是隱居的形式不同而已,並不重要,關鍵在於“識道”“煉心”,做到“對境無心,對心無境”。《隱山文》最後總結道:

> 不可以朝野拘其心,不可以身世穽其志,以此修之謂之隱,以此隱之謂之山。其爲山非世間之所謂山,其爲人非世間之所謂人。人與山俱化,山與人俱忘。人也者,心也。山也者,心也。③

南宗隱山之旨趣,即真正之“隱”不在於“隱山”而在於“隱心”。白玉蟾《心遠堂記》亦云:“居山林雖則推靜,處市井未常

---

①《海瓊問道集》,《道藏》,北京:文物出版社;上海:上海書店;天津:天津古籍出版社,1988年版,第三十三册,第144頁。

②同上。

③《海瓊問道集》,《道藏》,北京:文物出版社;上海:上海書店;天津:天津古籍出版社,1988年版,第三十三册,第145頁。

稍喧,所謂在俗元無俗,居塵不染塵者也。”①在此隱修觀的指導下,白玉蟾本人也是“時又蓬髮赤足,以入塵市;時又青巾野服,以游宮觀,浮湛俗間,人莫識也”②。不管是隱於山還是隱於市,白玉蟾都保持著一種超然快活的心態,如同其著名的《快活歌》所描寫的:

快活快活真快活,被我一時都掉脱。
撒手浩歌歸去來,生薑胡椒辣是辣。
如今快活大快活,有時放顛或放劣。
……
蓬頭垢衣天下行,三千功滿歸蓬島。
或居朝市或居山,或時呵呵自絶倒。
雲滿千山何處尋,我在市里誰識我。③

白玉蟾雲遊天下,交遊甚廣,從其詩歌唱和的對象來看,社會各階層人士都有。既有朝廷命官、士大夫、將軍,也有進士、秀才、琴士(師),還有生活於社會底層的的相士、鐘頭、販夫走卒乃至妓女。

《送郭進士》云:

①《修真十書·玉隆集》卷三十一《心遠堂記》,《道藏》,北京:文物出版社;上海:上海書店;天津:天津古籍出版社,1988年版,第四册,第753頁。

②《海瓊問道集序》,《道藏》,北京:文物出版社;上海:上海書店;天津:天津古籍出版社,1988年版,第三十三册,第140頁。

③朱逸輝主編:《白玉蟾全集校注本》卷四,海口:海南出版社,2004年,第414—419頁。

避暑白雲鄉，茶甘齒頰香。
海城悲暮角，煙樹淡斜陽。①

《次韻宋秀才》云：

晝弄朱曦夜弄蟾，知他何處地行仙。
殿前昔奏三千字，腰下曾纏十萬錢。
得句直疑無李白，草書真個過張顛。
有時興發臨風舞，飲似長鯨吸百川。②

《集句贈三秀才》云：

富貴必從勤苦得，名位豈肯卑微休。
勸君更盡一杯酒，與爾同銷萬古愁。③

《贈藍琴士》三首：

江湖見説老藍公，今日相逢在玉隆。
竹樣精神梅樣骨，况君梅竹在胸中。

---

①朱逸輝主編：《白玉蟾全集校注本》卷二，海口：海南出版社，2004年，第168頁。
②朱逸輝主編：《白玉蟾全集校注本》卷二，海口：海南出版社，2004年，第268頁。
③朱逸輝主編：《白玉蟾全集校注本》卷五，海口：海南出版社，2004年，第577頁。

逍遥閣下暮煙生，相對無言坐復行。
彈盡胡笳十八拍，床頭劍吼月三更。

夜來莫説西山冷，見説廬山夏有冰。
直恐與君相别後，錯聽猿嘯作琴聲。①

據白玉蟾另一首詩《藍琴士贈梅竹酬以詩》，可知這位姓藍的琴士技藝高超，與白玉蟾交往不淺。詩云：

手補天工筆法奇，笑將造化作兒嬉。
胸中夜雨澆龍畦，紙上春風舞玉蕤。
雲水一生無别好，琴心三聲有誰知。
今宵松殿相期會，彈到西山月落時。②

白玉蟾還與趙琴士、陶琴師、琴客陸元章有唱和，其《贈陶琴師》云：

一雨濯旱秋滴滴，西風吹破蒼苔色。
松壇月冷夜三更，烏鵲無聲露華白。
鼇宫飲散酒杯空，萬籟蕭搔天變黑。
惠然爲我鼓長琴，聲裏胡笳十八拍。

①朱逸輝主編：《白玉蟾全集校注本》卷三，海口：海南出版社，2004年，第317—318頁。
②朱逸輝主編：《白玉蟾全集校注本》卷二，海口：海南出版社，2004年，第269頁。

……

我生飄泊如雲萍,故國關山萬里程。
君將三疊入吾耳,調中話出吾平生。
曲罷空歌舞笙鶴,直欲騰身歸碧落。①

《贈琴客陸元章》:

手持一支寒水晶,十指擊尤如玉鳴。
曲彈白雲陽春調,調有高山流水聲。
松梢鶴唳恰夜半,爐煙寂寂風泠泠。
紙衾瓦枕冷如水,展轉無夢睡不成。
起來搔手撫一闋,吟罷滿山秋月明。②

《聽趙琴士鳴弦》:

我尋屏跡到猿啼,雲滿山前花滿溪。
高峰壁立七十二,風生雨腋大可梯。
煉師兩鬢東風黑,紺天不流月光白。
簷牙咬雨昨已晴,松幄張空夜琴瑟。
興濃抱石弦以輕,得意七弦橫玉繩。
膝頭指弄響玲玲,燦然奪目三十星。

①朱逸輝主編:《白玉蟾全集校注本》卷二,海口:海南出版社,2004年,第235—236頁。
②朱逸輝主編:《白玉蟾全集校注本》卷二,海口:海南出版社,2004年,第227頁。

……①

《贈相士徐碧眼》：

碧眼何須青白爲，冰醉雹雨不吾欺。
君看衮衮腰金者，曾見騷壇大將誰。②

《曾相士岳鬼眼》：

眉峰肩井額陂陀，此相會經鬼眼過。
知有命存聊爾耳，謂無天定盍如何。
十常九事未如意，一滿三停屬甚科。
佛説我身周法界，恐君莫是煉迦羅。③

白玉蟾不僅與豪門傑士交往，也與道官、廟宇裏職位低下的鐘頭都有交往。其詩《贈徐鐘頭》云：

樓上疏鐘撞月明，五雲影裏一聲聲。
九天星宿皆朝門，人世曉雞渾未鳴。④

①朱逸輝主編:《白玉蟾全集校注本》卷二，海口:海南出版社，2004年，第197頁。
②朱逸輝主編:《白玉蟾全集校注本》卷三，海口:海南出版社，2004年，第339頁。
③朱逸輝主編:《白玉蟾全集校注本》卷三，海口:海南出版社，2004年，第287頁。
④朱逸輝主編:《白玉蟾全集校注本》卷三，海口:海南出版社，2004年，第346頁。

白玉蟾南宗在修道思想上還秉承道教和光混俗思想，强調入世與出世並重，甚至在塵世中修煉，塵中煉心。白玉蟾有一首描寫永州歌妓生活的《永州花月樓》，頗能説明其混跡世俗生活的思想特點：

春風夜飛招月檄，檄月司花月供職。
月落千嬌百媚叢，諸花爲月妍爲容。
樓東月照樓西皎，樓西月向樓東笑。
月與花戲天中流，花與月浴江中浮。
月皆不管春風怒，花爲月歌爲月舞。
舞者媚緑歌嬌紅，爭憐妒寵驚春風。
出有入無多變異，花竟不曉月之意。
江花惱天天花愁，東樓月掩西樓羞。
花亦自睡花自醉，月倦欲歸歸未至。
却緣曉鐘呼月歸，月回花醒花不知。①

《琵琶行》也描繪了洛陽城外的妓女何婷婷花落色衰，獨守孤舟的淒涼生活：

長江浩浩送千古，江流不斷魚龍舞。
蘆花荻花愁暮雲，天風吹我客溢浦。
……

①朱逸輝主編：《白玉蟾全集校注本》卷二，海口：海南出版社，2004年，第205頁。

那堪送客聞琵琶，况對怨女不傷感。
洛陽城外蝦蟆陵，下有甲妓何婷婷。
花落色衰婚舶客，獨守孤舟伴月明。
手撫琵琶意嗚咽，挑攏撚抹緩復急。
大弦哀哀小弦悲，孤舟嫠婦豈不泣。
……①

白玉蟾居塵修行、和光混俗的修道思想在他的詩詞中有很多的流露，我們還可以舉出很多例證，如云：

有一修行法，不用問師傅，教君只是饑來喫飯困來眠。何必移精運氣，也莫行功打坐，但去淨心田。終日無思慮，便是活神仙。　不憨癡，不狡詐，不風顛。隨緣飲啄，算來命也付天然。萬事不由計較，造物主張得好，凡百任天然。世味只如此，棄做幾千年。②

不識看經不坐禪，饑來喫飯困來眠。
玉皇若不開青眼，却是凡夫骨未仙。③

①《白玉蟾全集》卷四，蕭天石主編：《道藏精華》，新北：臺灣自由出版社，1956 年版，第十集之二，第 568 頁。

②《修真十書·上清集》卷四十一，《道藏》，北京：文物出版社；上海：上海書店；天津：天津古籍出版社，1988 年版，第四册，第 789 頁。

③《修真十書·武夷集》卷四十八，《道藏》，北京：文物出版社；上海：上海書店；天津：天津古籍出版社，1988 年版，第四册，第 811 頁。

修仙的最自然之法門就是“饑來喫飯困來眠”，不必移精運氣，也不用行功打坐。這是白玉蟾南宗和光混俗思想在修仙方法上的具體體現。落實到日常生活中就是：心不癡迷，爲人不狡詐，行爲不瘋顛。這類詩文還很多，如云：

天下雲遊客，氣味偶相投。暫時相聚，忽然雲散水空流。飽飫閩中風月，又愛浙間山水，杖履且逍遥。太上包中下，只得個無憂。　　是和非，名與利，一時休。自家惺了，不成得恁地埋頭。任是南州北郡，不問大張小李，過此便相留。且喫隨緣飯，莫作俗人愁。①

跣足蓬頭破衲衣，悶來飲酒醉吟詩。
廛中走遍無人識，我是東華大帝兒。②

有客來自瓊州，蓬髮垂頤，黧面赤足，繒草文軀，露脛半裎，横錫袒肩，氣概越塵。③

“且喫隨緣飯，莫作俗人愁。”“杖履且逍遥。”“名與利，一時

①《修真十書·上清集》卷四十一，《道藏》，北京：文物出版社；上海：上海書店；天津：天津古籍出版社，1988年版，第四册，第789頁。
②《修真十書·武夷集》卷四十一，《道藏》，北京：文物出版社；上海：上海書店；天津：天津古籍出版社，1988年版，第四册，第811頁。
③《修真十書·上清集》卷三十七，《道藏》，北京：文物出版社；上海：上海書店；天津：天津古籍出版社，1988年版，第四册，第772頁。

休。""大隱在朝市,仙人好樓居。"①一個活脱脱的、隨緣入世的散仙形象,就展現在我們面前。

宋代《太玄朗然子進道詩》云:"小隱居岩大隱廛,立身偏愛鬧中閑。"②南宗文獻《了明篇》之《和朗然子進道詩》第十一首亦云:"暗地修行隱市廛,工夫忙裏不曾閑。須資密密頻居室,何用區區走入山。"③蕭廷芝所述的《樂道歌》云:"捨妄歸真隱市廛,煉鉛烹汞結還丹。"④類似的詩文還有很多,限於篇幅,不做進一步展開。下面僅就南宗修行觀的現代意義略作發揮。

三

今人蕭天石在《玄宗心學指要》中,對儒家、道家、釋家在出世與入世問題上的異同做了一個評價:

> 儒家是入世主義者,佛家是出世主義者,隱世是避世主義者——真正道家之玄宗,則可以説是超世主義者。它是入世而又能出世,出世而又能住世,住世而又能超世,合入

---

①《白玉蟾全集》卷五,蕭天石主編:《道藏精華》,新北:臺灣自由出版社,1956 年版,第十集之二,第 763 頁。

②《太玄朗然子進道詩》,《道藏》,北京:文物出版社;上海:上海書店;天津:天津古籍出版社,1988 年版,第四册,第 919 頁。

③《了明篇》,《道藏》,北京:文物出版社;上海:上海書店;天津:天津古籍出版社,1988 年版,第四册,第 922 頁。

④《修真十書·金丹大成集》卷十二,《道藏》,北京:文物出版社;上海:上海書店;天津:天津古籍出版社,1988 年版,第四册,第 646 頁。

> 出住超爲一，混淪無朕，體用皆賅，原始返終，無跡可尋，絲毫不著“世相”，亦無人世間念的超世主義者。①

儒家是入世主義者，佛家是出世主義者，道家則是超世主義者。其特點是入世而又能出世，出世而又能住世，住世而又能超世，合入出住超爲一。蕭天石先生的這一評價從修行觀點出了儒釋道三教的特異之處，值得我們在研究南宗思想時借鑒。

道教之教義本不限於出世，而是以一種超越世俗的精神，和光同塵，隨方設教。濟世利人、服務社會人群歷來是道教中人的優良傳統。大隱隱於市的修道思想是道教出世而不離世教義思想在修行方式上的具體體現，促進了古代都市道教的孕育，無疑是都市道教形成發展一個積極的思想因素。

其次，道教身國同治的社會政治思想是歷史上都市道教發展的内在動力。務實求存，注重現世人生與自然社會的治理，這是道教出世而不離世的道教教義思想在社會政治領域裏的具體體現和發揮。已故著名道教學者王明先生曾指出：“道教的内容，雜而多端，牽涉的問題很廣。我覺得有兩方面的問題，首先值得特別注意。一是道教與政治思想的關係。……”政治是社會關係的集中體現。在中國古代，政治首先體現爲對治國方略的探究。《孟子·梁惠王上》云：“察鄰國之政，無如寡人之用心者。”《韓非子·五蠹》也有“今欲以先王之政，治當世之民”的説法。

---

①《玄宗心學指要》，蕭天石主編：《道藏精華》，新北：臺灣自由出版社，1956年版，第一集之四，第167頁。

道教典籍中藴涵有豐富的理身治國思想。從早期漢代的《太平經》到清代閔一得所輯《古書隱樓藏書》,道教治世思想從早期救世説演進爲“即身以治世”的醫世説,其所内藴的醫治社會弊病,糾治與調諧人與自然、人與社會及人之身心内外關係的理身治世道理,在中國道教思想發展史上頗具特色,其中不乏有現代價值的社會政治倫理思想①。

傳統觀念認爲,由於儒、釋、道三教各自的宗教思想特質,因此三教的社會功能就各有側重,所謂“以儒治世,以佛治心,以道治身”。這種近乎經典式的説法在學術界被接受,流傳甚廣,以致於人們在評價道教思想體系時,常常忽視了道教教義思想中藴涵的豐富治世思想。其一,道教治世思想認爲社會治理是一個系統工程,强調要天——地——人綜合治理,只有天地人共治,才能取得良好的治世效果。這是因爲道教治世理論是建構在天人一體的人天觀基礎之上的。天人同構、同源,彼此感應是道教人天觀的基本内核。從這一人天觀出發,人就不僅是以單個個體的形式孤立生存著,而是生存於相互感應、彼此依存和互相制約的天地人大系統之中。天中有地,地中有天,人中有天地。天地人這三個子系統又彼此包容、相互作用。《陰符經》所謂“天地,萬物之盜;萬物,人之盜;人,萬物之盜。三盜既宜,三才既安”。就深刻地表明了這一思想。只有認識並處理好這種相互盜取的關係,才能使天地人這一系統穩定有序,從而發揮系

①參見蓋建民《從“救世”到“醫世”——道教政治思想的社會倫理價值》,載《道教教義思想與現代社會》,上海:上海古籍出版社,2004年版。

統的正常功能。建立在這種宗教哲學基礎上的道教治世理論，其對社會的治理（治人，調整人與人的關係）就必然要重視人與天、人與地關係的協調，强調人與自然環境和諧。正因爲如此，道教治世説中有許多反對人類過份向天地盜取資源，如濫伐山林、過度開採礦石、毒殺動物的環境保護與治理思想。其環境倫理的價值值得我們珍視。其二，道教治世説將治國與治身結合起來，主張身國同治，“夫道者，内以治身，外以爲國……此蓋道之治世也”①。這就使得道教内修成仙出世與濟世利人入世的衝突矛盾問題得到圓滿解決，進而爲道教徒在現實生活中修身濟世提供了宗教神學理論依據。

復次，道教濟世度人的宗教倫理關懷爲現代都市道教的發展提供了目標與空間。道教以“道”爲核心，以理想的神仙世界爲信仰，但也十分關注現實世界的社會人群，因爲這才是道教立教的基礎。道教不僅關注天道，也關注社會人群的旨趣。爲了現實社會的和諧，人民親善，國泰民安；爲了更多的人能了達性命，修真合道，道教確立了“濟世度人”的宗旨。《度人經》説：“仙道貴生無量度人。”這充分體現了道教重社會現實、重生命倫理、重濟世利人，樂生貴生的思想義旨。道教宣導齊同慈愛的精神，要求道士以濟世度人爲己任。濟世度人不僅是施恩於人，也是積德於己，積德方能成仙。故道經説：“救治百病，愈人疾苦，亦可行仙。”全真教將修煉自己的心性與身體叫作“真功”，將濟世度人叫作“真行”，“功行雙全”才能成道。現代社會生活

---

①王明：《抱朴子内篇校釋》，北京：中華書局，1985年版，第185頁。

競爭激烈,各種矛盾衝突使得市民在日常生活普遍感到精神和物資生活的巨大壓力,精神信仰空間急需填補和慰藉,在這方面都市道教可以發揮其“醫世”的社會功能,同時也爲現代化進程中的都市道教發展,提供了目標和社會生存空間。

現代都市道教與傳統道教特别是鄉村道教有著截然不同的生態環境。人口高度密集與現代性是城市的主要特徵。在現代城市,資訊高度發達,交通便利,人口密集且流動性大,市民生活的快節奏,城市功能輻射作用增强,都爲都市道教提供了前所未有的外部環境,也迫使道教必須做出適應現代化大都市發展的調整和回應。現代大都市以市民社會爲主體,社區成爲市民生活的基本環境。市民與中國傳統的農民有著不同的生活理念,市民最大的特點是以追求個人利益爲生活目標,以都市爲主體的市場經濟則是市民實現個人利益的主要制度。都市既是燈紅酒緑的繁華之地,又是社會問題聚積之所。衆多的人口,狹小擁擠的生活空間,錯綜複雜的人際關係,多變的生活節奏,希望與失望,無盡的欲望,構成都市市民生活的千姿百態。都市裏的社區道觀在這樣的生態環境中,無疑面臨許多過去鄉村道教所未有過的挑戰和機遇,這也爲道教的現代發展提供了一個平臺。只不過在中國傳統的農業社會中,都市商業經濟不佔主導地位,市井發展的水準和規模有限,城市人口密集程度很小,以農爲本的傳統社會結構模式使得都市道教隱而不顯。加之近代以來道教向下層發展,許多散居在民間的由正一派道士管理的宫廟,由於種種原因,同民間宫廟難以嚴格區分,都市道教這一道教存在樣態長期被遮蔽了。然而,近代以來,特别是隨著中國現代化進程的高速發展,城鎮的改造和擴充,現代大都市、中心城市的形成,城市居民人口劇增,不少原屬於鄉村的區域也轉型成爲城鎮或隸屬於中心大城市的一部分,特别是福建等沿海地區都市社區裏的道觀數量日益增多,道教的信徒的身份也發生了相應的變化,由過去多爲農民的宗教向市民道教演變,信徒人員結構和素質都發生很大變化,都市道教的影響和地位凸顯。因此對都市道教形態的研究就十分有必要,這對於研究新世紀道教的現代性問題,探討傳統道教與現代道教的轉型,道教教義思想的現代詮釋及其現代意義等均具有重要學術價值。

作者簡介:蓋建民,哲學博士,四川大學道教與宗教文化研究所教授,長江學者特聘教授。

内外之間與古今之際

——信仰的義理建構與道教的文化價值

程樂松

内容提要:在内外中西之間、古舊今時之際,道教在現代社會的知識體系、觀念結構與精神生活中似乎是缺乏活力的。從道教信仰與現代生活之間的巨大張力和差異出發,道教信仰似乎從其自身特點和傳統内涵就缺失了適應並融入現代社會與精神生活的能力,更遑論以信仰實踐和精神生活的方式爲現代社會的心靈世界提供觀念與行動資源。我們嘗試换一個視角理解道教信仰與當代社會這種看似"漸行漸遠"的表像背後的觀念性偏差和實踐性衝突,説明道教可以通過重塑面向當代社會和精神生活的、具有公共性特徵的義理體系來重光道教作爲本土性宗教的文化價值。從本土性的内涵分析説明本土性與傳統性之間的概念轉换機制,並强調在現代化過程中不斷被獨特歷史觀製造的"傳統性"在内涵上的空洞和謬誤。以此爲基礎,分析道教信仰與當代社會在知識形態和精神生活模式上的差異。從這個意義上講,道教面向當代知識形態的公共性義理的重塑不僅可能,而且是必要的。

當代中國的信仰圖景由不同類型的信仰體系構成,形成了複雜的、由不同信仰元素組成的文化光譜。在這一體系中,道教的最鮮明特徵就是本土性,這也是宗教研究學界的共識,中國文化研究中的常識。"土生土長",成爲道教信仰與本土文化之間血脉聯繫的最形象描述。然而,我們却不得不承認,本土性又成爲道教在當代面臨的巨大的"包袱"和"挑戰"。本土性既是一個對道教的描述,也是一個對道教文化價值的前置性判斷:一方面,面對中國文化傳統的豐富性以及歷史變遷的複雜性,我們無法精確地描述何謂"本土性",或者説,道教的本土性爲何?易言之,我們説"道教是本土宗教"時,到底在意謂什麽?土生與土長之間有何種平衡?這是首先需要澄清的問題。另一方面,在統攝了中國近代文化走向的"古今中西"雙重框架之中,道教的本土性成爲"古"與"中"的典型代表,不可避免地被塑造成與現代"對立"的過時乃至愚昧的文化遺存。近代以來,在這樣的雙重二元框架之中,道教的信仰實踐和文化形象被刻意地塑造爲"非現代的",被認爲與現代知識體系及其塑造的生活世界,乃至精神生活都漸行漸遠①。在這一解釋框架中,以傳統社會

①儘管施舟人(Kristofer M. Schipper)認爲道教傳統仍是鮮活的,但其在日常生活中的影響力和活躍度却在不斷地衰減。Cf. Vincent Goossaert, David A. Palmer, *The Religious Question in Modern China*, Chicago: University Of Chicago Press, 2012, pp. 7-10.

結構和習俗生活爲土壤的道教信仰在當代社會裂變和重構中漸漸失去活力似乎是順理成章的,與此同時,道教信仰的觀念基礎及其精神内涵與公衆的知識日漸隔膜,這種疏離進一步拉開了道教信仰與當代生活之間的距離。

不妨説,在内外中西之間、古舊今時之際,道教在現代社會的知識體系、觀念結構與精神生活中似乎是缺乏活力的。簡言之,從道教信仰與現代生活之間的巨大張力和差異出發,道教信仰似乎從其自身特點和傳統内涵就缺失了適應並融入現代社會與精神生活的能力,更遑論以信仰實踐和精神生活的方式爲現代社會的心靈世界提供觀念與行動資源。本文嘗試换一個視角理解道教信仰與當代社會這種看似"漸行漸遠"的表像背後的觀念性偏差和實踐性衝突,説明道教可以通過重塑面向當代社會和精神生活的、具有公共性特徵的義理體系來重光道教作爲本土性宗教的文化價值。

我們嘗試從如下三個方面逐次説明:首先,從本土性的内涵分析説明本土性與傳統性之間的概念轉换機制,並强調在現代化過程中不斷被獨特歷史觀製造的"傳統性"在内涵上的空洞和謬誤,强調道教的本土性恰是始終具有活力的當下性與包容性。其次,從道教信仰的入道與成教兩個層面説明其何以形成了封閉實踐與融入生活的一體兩面,進而形成了信仰知識的封閉性以及信仰實踐的高度個體性。以此爲基礎,分析道教信仰與當代社會在知識形態和精神生活模式上的差異。從這個意義上講,道教面向當代知識形態的公共性義理的重塑不僅可能,而且是必要的。因爲,面向當下本土的義理重塑就是本土性的最好體現,也是向道教信仰及其文化土壤的互動方式的回歸。再次,道教信仰面向當代知識形態的義理重塑如果是必要且可能的,那麽是否存在著可行的某種進路,或是否需要某種可能的理論態度?我們將引入信仰觀念與實踐的圈層框架來説明近道與入道之間的差異,嘗試説明以道教信仰的義理建構培育本土信仰的文化與社會土壤的必要性。

我們嘗試説明,作爲本土信仰的道教,成爲面向當下精神生活的源頭活水和觀念資源,塑造面向時代的文化價值,需要首先從本土性的精準定義和道教信仰特質的重新梳理入手。

一、鮮活的本土:傳統的兩個向度

近現代關於道教的學術研究和文化定位都是從本土性出發的。如果本土性對於理解道教如此重要,甚至爲道教的文化形象及其理解框架奠定了基礎,那麽對於何謂"本土性"的澄清就顯得尤爲迫切。對於中國而言,道教是始終生於斯、長於斯的信仰傳統,道教不僅生成自中國的文化土壤和社會體系,也以獨特的方式成爲中國文化的底色①。正是在這樣的共識基礎上,在中國人的信仰體系中並稱儒道隱含著主次之别、精英與庶民的分殊;與之相對,兼論佛道則是要强化本土與外來的差異。然

①參見卿希泰、詹石窗主編:《中國道教通史》(第一卷),北京:人民出版社,2019年,第3—5頁。

而,我們需要進一步追問的是,對於道教而言,“本土性”的内涵是什麽?“本土”意味著什麽?可以將上述兩個問題進一步細化:其一,從信仰歷史的視角看,“本土性”對於道教而言是一個源起性的歷史事件還是一個綿延性的歷史過程?與此相對,從信仰觀念的内涵出發,“本土”意味著一種封閉的邊界、排他的偏狹,還是一個敞開的可能、活躍的融匯?

一般而言,道教信仰的歷史性叙述以人物和宗派爲綫索保持與政治社會史的並行結構,由此,道教信仰的發生需要被塑造爲一個歷史性的啓示事件。具體而言,有組織的道團和成規模的教義與實踐體系是以張道陵及其創立的天師道教團爲起點的,鶴鳴山的啓示事件成爲道教歷史叙述的關鍵節點。在此基礎上,歷史性的啓示事件成爲道教信仰本土性的基石,即道教信仰從中國本土生發出來。同時,暗示這一發生的過程以及作爲其標志的啓示性歷史事件没有受到任何外來或異質信仰傳統和文化體系的影響,從而保持了本土的“純粹性”——與佛教信仰形成明確的區隔。顯然,這一叙述模式爲道教的本土性完成了最有力的論證,同時也確證了道教信仰與民間信仰的分離。當然,以歷史事件爲基石的“純粹性”在一定程度上也削弱了“本土性”的豐富内涵,似乎爲了保持純粹的本土性,道教信仰的觀念内容與信仰實踐形態就需要被定格在這一歷史事件的當下。從這個意義上講,純粹的“本土”被片面地理解爲發生學意義上的歷史當下。然而,在嘗試理解道教信仰的複雜性時,我們會使用一個與“純粹性”截然相反的語詞,即“雜而多端”,來形容道教信仰觀念及其實踐信仰的豐富和多元。純粹的本土性與繁雜的多元性提示了從歷史事件過渡到歷史過程的必要性。當我們强調道教的本土性時,已經預設了一種歷史性的觀念,即道教信仰是源自完全屬中國的信仰傳統的。這一傳統性是由獨特的歷史事件奠基,並指向觀念體系與生活事件的持續變遷構成的歷時性。易言之,傳統在這個意義上是由兩個面相構成的:在源起意義上的奠基性歷史事件,以及在存續意義上不斷變化的文化土壤和社會生活環境帶來的信仰需求和觀念資源的嬗變過程。

因此,"本土"不僅僅是某一個歷史時點,而是一個持續變化的過程。在道教史的叙述中,政治、經濟、文化乃至觀念的不斷變化給道教信仰帶來的挑戰,以及道教對持續變化的環境的回應方式成爲主軸,貫穿以斷代史爲基本結構、以宗派和人物爲叙述要點的信仰史叙述。易言之,在前現代時期,本土性蘊含著綿延的變化,道教信仰也始終保持著與本土同節奏的變化和自我更新,不斷拓展信仰觀念的内涵及實踐體系:一方面指向生命超越的信仰旨趣,另一方面保持與社會生活和日常習俗的活躍互動①。這一時期,佛教信仰觀念的融入、儒家思想的變化,社會結構與區域禮俗的變遷都是鮮活的本土,道教自身信仰的持續創生和豐富就是通過反復回應並融入鮮活的本土。道教以獨特的方式與不同區域、不同時代的社會生活及日常禮俗融合,以地方性神祇廟宇爲支點,以地方性的節日系統和廟會祭祀活動

---

①參見陳耀庭:《道教禮儀》,北京:宗教文化出版社,2003 年,第 7 頁。

主導了地方社會的生活節奏與祭祀實踐①。與此同時,用在民間流傳的靈驗故事形成的文化記憶展開倫理價值的灌輸,進而成爲地方文化與道德教化的重要載體。不妨説,在前現代的時期,道教就是以融入本土的方式保證了自身的持續更新和豐富,同時又以融入本土生活的方式持續製造鮮活的生活世界和文化土壤。

對於道教而言,當下活躍的生活世界、觀念内容乃至社會政治環境就是本土,它是敞開的。道教對於這些觀念和實踐形態的基本態度是吸收、整合和規制,從信仰到教化,道教强調對祭祀活動的規範化和道德教化的體系化,這種具有高度規制性的實踐却不是以排斥異質信仰元素爲基本方式的。劃定信仰觀念的邊界,以判斷正誤的方式排斥"非本土"的觀念内容,從而保持某種純粹性,最終導致信仰的封閉。與此相對,道教採取的進路是吸收及整合,生活世界中活躍的各種信仰觀念和資源都具有本土性,都可以成爲信仰整合的素材。將看似不相容的信仰元素及實踐方式都吸收進來,圍繞著生命煉養和道德教化進行整合,落實在人神互動的儀式實踐中。以現代性的眼光和民族性的視角看,道教信仰吸收和整合外來信仰的形態是一種觀念能力的欠缺,或者説是一種神學體系化與理論化程度的欠缺,更可能被認爲是缺失了對信仰真理的堅定態度。然而,對於前現

①參見勞格文:《道教於中國宗教與文化之所爲與無爲》,收入黎志添編《十九世紀以來中國地方道教變遷》,香港:香港三聯書店,2013 年,第 468—470 頁;另見施舟人:《中國文化基因庫》,北京:北京大學出版社,2002 年,第 79 頁。

代時期的道教而言，長生不死的探求和導民向善的教化都是開放的：朝向超越世界的探求是個體生命的冒險，超越有限的生命是可望而不可及的神秘境界，任何探求的方式和實踐的技術都是值得嘗試的。作爲一種自力救贖的信仰傳統，道教以高度實踐化的方式保持著對各種異質信仰元素的開放。另一方面，導民向善的教化並不是以禁止性的方式規訓民衆，而是以開放的方式順應並引導民衆接受最基本的道德準則和社會良序。從歷史的視角看，作爲本土信仰的道教從不具備强制性的社會權力，也没有從教義上要求信仰的純粹性和排他性，因此，道教對於民衆信仰觀念的態度只能是開放和包容的。在一個禮儀性的社會環境中，道教以標準化的祭祀實踐和禮儀結構平衡了信仰觀念的開放與禮儀體系的穩定之間的張力。道教從不嘗試將本土當作邊界和排他性的標準，而是將本土視爲開放的資源。不斷變化和豐富的本土生活與觀念内容，讓道教始終在吸收和整合來自佛教、儒家，乃至其他各種思想和信仰傳統的資源①。對於異質傳統的吸收，同時不斷融入不同地域的獨特文化與社會環境，形成了道教在時間和空間上的雙重包容性：歷時性角度形成了不同信仰的整合和觀念的融匯，空間上則是積極參與和融入不同地域的地方信仰和習俗實踐。對於道教而言，這種良性的互動模式才是“本土”的意味。只有從這一點出發，我們才可能理解道教“純粹的本土性”與“雜而多端的豐富性”的並立與共存。

在道教歷史的叙述中，“本土性”的決定性斷裂來自傳統與

---

①參見盧國龍：《道教哲學》，北京：華夏出版社，1997年，第43—47頁。

現代的區隔。前現代的意義上持續和活躍的本土成爲道教信仰自我更新和擴充的土壤,然而,這一持續的過程被"現代化"中斷了。傳統與現代的斷裂似乎終結了道教信仰與本土性的良性互動。面對來自西方文明的壓力和現代化的挑戰時,中國文化形成了一種新的歷史觀,重新定義了"傳統性",並且將傳統與本土混淆起來。中國與西方的對舉被混淆爲傳統與現代的對立,中國代表傳統,西方代表現代①。在評價自身文化和社會時預設了傳統與現代的二元對立,中西古今的叙述框架成爲理解"本土性"的底色。從歷史叙述的角度,中國社會和文化的歷史進程在第一次直面西方文明壓力時就不可避免地中斷了,在此之前的歷史與文化都是僵化且缺乏更新價值的。從這個意義上説,中國的現代化與其説是擁抱肇始於西方的文化體系和社會運行模式,不如説是與非西方的"中國傳統"的决裂和告別。在這一次决定性的斷裂之後,任何被定義爲傳統的中國文化都需要接受現代性的審查,並且自證仍有與現代社會接軌和融合的可能性,否則就不得不面對"棄如敝履"的命運。我們定義中國的現代化的基本標準是雙重鏡像性的:一方面,以西方的現代化及其現狀爲參照,對比我們在何種程度上、以何種方式達致了現代化;另一方面,以被製造出來的、置於現代化對立面的傳統爲鏡像,考校我們在多大程度上實現了與傳統的决裂,並且拉開了與傳統的距離。"傳統"的内涵始終是變化的,其决定性因素並

---

①學界諸多前賢都就此發表過論述,其中尤以李澤厚先生關於救亡與啓蒙的變奏爲精當。

不是"傳統"本身,而是我們需要在什麽程度上以何種方式保持與"傳統"的距離。

由於作爲本土的文化土壤和生活世界都經歷了一次重生式的斷裂,道教信仰的本土性也就成爲需要被質疑的、與現代化過程格格不入的傳統性。换言之,當下仍然鮮活的本土文化和社會生活,是經過了現代化洗禮和自新了的,不能被視爲道教信仰的"本土"。道教信仰的"本土"已經被現代化過程終結了,正如中國文化的"傳統性"被現代化的叙述製造出來一樣。這種"製造"傳統的思想傾向始終統攝著我們對道教的理解,道教信仰的本土只是前現代,即傳統的。然而,我們應該意識到的是,過度强調現代化所帶來的斷裂性效應將直接威脅文化傳統的連續性,甚至損害以文化連續性和整體性爲基礎的文化認同。如果現代化的本質是文明傳統的斷裂,乃至文明系統的决裂,那麽何以確證我們的現代生活仍具有"中國性"的底色?我們到底以什麽方式保持了文化的連續性?同樣的,將本土信仰視爲前現代的,拒斥這一信仰重新融入當下文化生活和精神世界的可能性,是爲了保護本土性,還是爲了維持虚幻的——以告别"傳統"爲底色的進步感?

重新討論本土的内涵,一方面是爲了給道教信仰找到融入當下、重回本土的進路,另一方面則是爲了以此維護中國文化的連續性和整體性。以斷裂乃至决裂爲代價的進步,是歷史叙述的一個面相,不應該成爲文化理解的全部。對於道教信仰而言,當下的中國社會與觀念環境,一如佛教教理濫觴的中古時代,新觀念的匯入和生活方式的改變不是斷裂,而是改變,是可以重新融匯的、鮮活的本土。我們需要進一步考察的是,當下鮮活的本土所承載的觀念體系和知識形態對道教信仰的真正挑戰何在,而不是直接將兩者對立起來,拒絕思考本土信仰的當代文化價值。

在我們看來,道教信仰需要審視和理解當代社會的公共性特徵及知識形態、觀念標準,在自身信仰特色的基礎上建立符合當代特性的自我敘述和觀念形象,用可理解的方式進入當下的精神和文化生活。從道教自身體系出發,這一過程的關竅在於重構信仰的"内外之别"。

二、入道與成教:道教信仰的内外之間

作爲本土信仰傳統的道教,與民間社會或道教實踐團體之外的信仰傳統之間保持著雙重的内外之防:

一方面,道教一直以整合和規範祭祀體系與道德教化爲己任,"道之教"是以天地之道、自然之道、生命之道爲根基的、導民向善、輔國助化的化民之文教①。因此,道教始終嘗試在日用不知、習焉不察的情況下,以實踐和習俗的方式展開對民衆的潛移默化的引導和教化。以道爲教、善導民衆的道士們並不嘗試讓參與祭祀實踐的民衆理解科儀與道法中的知識與原理,更不會將其背後的神譜體系與自然圖景展現給民衆。因此,民衆是

①參見王卡:《道家與道教思想簡史》,鄭州:中州古籍出版社,2018 年,第 4 頁。

他們生活中十分活躍的道教主導的祭祀活動的、未知真相的“旁觀者”。民衆只需要在代際傳遞的傳統習俗及道德教化的靈驗記憶這兩個層面上接受“道之教”就可以了。

另一方面,以長生不死爲目標的、超越生命有限性的信仰實踐則是高度知識化、技術化和體驗化的。這些實踐可能來自仙真的啓示,也可能在仙真的指導下展開。然而,具體道法的原理却是以道教獨特的自然觀和生命觀爲基礎的,超越有限的生命的前提就是理解生命何以是有限的,其與綿長無際的自然過程之間的關係是什麼?只有在這樣的知識圖景中,才能準確理解什麼樣的實踐才能達致生命的超越。無論是提供啓示的仙真還是傳授道法口訣的師父,都必須遵守這些規則和背後的機制。他們是自然和生命機制的正確的理解者和運用者,並不是掌控者。高度的知識化和技術化在爲生命的超越提供可能性的同時,也需要建立嚴苛的規則——要獲得這些知識和實踐技術,就必須在先天的資質和後天的德行上符合要求①。不符合這些要求的人展開長生修持的實踐,既不可能達成長生不死的境界,更會遭到生命與自然機制的反噬。那些“所傳非人”的道法不會産生效力,而傳授這些道法的仙真或師父也會受到貶謫乃至遭遇灾殃。此外,依照道教的信仰原則,師徒之間在道法傳承和修行實踐的意義上是“命運共同體”,徒弟的背德或叛道行爲會讓將道法傳授給他的師父遭遇灾殃和譴責。更爲重要的是,仙真

---

①Kristofer Schipper, Karen C. Duval (trans.), *The Taoist Body*, Oakland: University of California Press, 1993, pp. 82-85.

和道士在傳授道法時會根據不同的受道者的資質而採取不同的方式。換言之,同一種道法的傳授從具體内容上來説可能是因人而異的,這不是一種模糊性,恰恰體現了道教理解的法與質始終匹配的精確性和嚴謹性。

道教以中國傳統的生命觀、宇宙觀和歷史觀爲信仰體系的觀念基礎,以入道長生的超越性目標與衍教萬民的教化性爲信仰目標的一體兩面,形成了與中國文化傳統及社會生活之間的交融和匯通狀態。與此同時,在豐富的信仰觀念體系基礎上,形成十分獨特且相對封閉的信仰實踐特徵。師徒之間的口耳相傳造成的隱秘性,以及生命煉養的高度個體化特徵,輔之以道教與中國傳統思想共享的基本觀念體系,使得道教信仰成爲中國文化中既“平淡無奇”又“隱秘晦暗”的部分。由於基本觀念的一致,道教對於宇宙、生命乃至社會道德的理解都是在中國文化的觀念體系和實踐環境構成的框架之中的,由此顯得十分平淡無奇。與此同時,以長生和教化爲目標、口耳相傳各自體驗的信仰實踐又以高度的封閉性呈現出某種神秘色彩。此外,我們還應該看到的是,對於傳統中國的民衆與道士而言,上述的“神秘色彩”並不是與日常秩序和知識的背離,而是常識的一部分。衆所周知,對於傳統中國的民衆而言,神靈與鬼怪這種超自然力量是被納入集體記憶和常識性觀念的,即超自然力量的存在和與生活的不期而遇是被當作“常識”的。與之相對,它們恰是日常生活的一部分,同時具有强大的解釋力,不僅可以爲疾病提供病理學的解釋,還能够處理自然與倫理秩序的危機。長生技術和實踐體驗的獨佔,以及道教信仰内容對民衆的封閉,成爲道士能够合理地展開儀式服務並承擔人神溝通角色的根本原因——簡言之,他們掌握了常人不能也無法掌握的獨特知識。道教信仰的内外兩個面相之間並不存在一種基於現代知識標準的衝突,而是相互配合地讓道士和民衆在日常生活的超自然面相中承擔各自的角色並且保證生活秩序的穩定、信仰觀念的代際傳遞。

進一步看,横亘在内外之間的"神秘感"或者"悖謬性"來自現代知識體系的評價標準和"祛魅"運動之後對超自然世界存在的預設性否定。現代知識體系的評價標準有兩個基本特徵:一方面拒絶任何基於個體體驗和個人特質的知識形態和真理肯認,因爲所有的知識都必須是以跨主體的公共性和去個體化的通用性爲前提。個體體驗或私人知識是不被承認的①;另一方面,合格的知識指向的現象和經驗必須是在相同的外部條件下可精確重複的,具有個體性的、不能重複的經驗和現象都不能被認作知識。由此,當我們談論道教信仰的神秘性或神秘色彩時,是在强調其與上述的知識標準之間的張力和矛盾,而不是在生活經驗和習俗生活中與民衆常識之間的隔閡。此外,在上述的知識標準統攝之下,超自然世界存在與否的問題不是被懸置了,而是被預設性地否定了。面向超自然世界的經驗或對其存在的肯認,顯然不能被納入到現代知識的標準體系之中,它具有高度的個體性和體驗性。不妨説,並不是我們用既有的知識和準確

---

①參見約翰・洛西(John Losee):《科學哲學的歷史導論》,張卜天譯,北京:商務印書館,2017年,第239—247頁。

的真理否證了超自然世界的存在，而是超自然世界的存在不符合被物理性統攝了的知識標準[①]。我們是否可以這樣認爲，在日常生活的經驗世界中，尚有一些獨特的個體體驗、不能用現有科學知識解釋的現象。存在這些現象的事實如果不能被否認，那麽何以能够否認對這些事實展開解釋的、不同的觀念體系和知識結構呢？當然，我們並不是嘗試以此否證科學或現代知識標準，而是試圖説明被某種單一知識標準統攝並展開對於所有事實的審判，是可以進一步討論和反思的。簡言之，内外之别引起的神秘性——與大多數信仰觀念一樣——背後最爲重要的力量可能不是信仰本身的"荒謬"，而是某種知識標準的統攝。

道士和民衆都十分清楚且完整地接納了這種内外之别：道士們不會試圖讓民衆得到他們在信仰實踐中的體驗，也不會分享那些基於個體差異的神秘知識；與此相對，民衆也認同道士是擁有並且能够運用某種知識和技能，以調節人神之間秩序的方式保障生活秩序的穩定。更爲重要的是，道士和民衆都確信，這種具有内外之别的技術和體驗都是由某種更爲根本的天地之道保障的。民衆與道士在體驗和知識上的差異本身就是基於天地之道的個體差異的體現，不同的個體只是在天地之道保障的秩序運行中承擔不同的功能。這一秩序的真正載體是面向日常生活和民衆的教化體系。道教科儀主導的日常習俗，以及基於道

①關於科學實在論的討論，參見約翰·洛西(John Losee)：《科學哲學的歷史導論》，張卜天譯，北京：商務印書館，2017年，第255—267頁。

教信仰觀念而傳遞的、與人神關係及道德規範相關的叙事和文化記憶，都是這種教化的組成部分。入道與成教成爲道教信仰在内外之間的一體兩面。

對於道士而言，入道是一個“自然”的選擇，基於個體資質和獨特際遇，也是以個體的實踐展開“近道”的試探①。持續且謹慎地展開信仰實踐、嚴格遵循戒律並保持對長生的堅定信念，成爲個體信仰實踐的基石。然而，入道並不意味著具有確定性的知識或者經驗積累，按部就班地得到預期的結果。恰恰相反，對於修道者而言，入道之後的修煉和實踐仍是在可能性中摸索和試探，最終的結果並不遵循“物理實驗”的標準程序。修行實踐就是對信仰態度的反復試煉，其中最爲重要的部分就是通過具體的信仰實踐弘揚符合天地之道的教化。基於堅定信念的信仰實踐在朝向生命超越的同時也轉化爲教化民衆的榜樣，以及在民衆中彰顯天地之道的途徑。與此相對，民衆在日常生活中也以祭祀和習俗的方式分享著對人神關係和天地之道的肯認和理解。在這一點上，道士的信仰實踐與民衆的日常生活聯結在一起，形成了基於天地之道的互相推動。外在於信仰實踐的民衆並不因此外在於天地之道，民衆生活與道教信仰實踐的内外之别是基於個體資質和信念差異的區分。

簡言之，以天地之道、宇宙圖景、生命理解爲基石的道教信仰可以被視爲由入道與成教構成的一體兩面，内外之别並没有

---

①Kristofer Schipper, Karen C. Duval (trans.), *The Taoist Body*, Oakland: University of California Press, 1993, p. 87.

讓道教成爲一種封閉的信仰或者缺乏觀念基礎的純粹神秘的信仰實踐,而是在共同的知識和觀念基礎上保證了入道與成教、内外之間的互通和聯結。回溯我們在前文中提及的“本土”的斷裂,知識與觀念基礎的“過時”以及被否定的現實,使得内外之别的兩端——入道與成教——都變得晦暗起來,且虚懸在日常生活關於傳統文化的模糊印象之中。

我們需要進一步問的問題可能是,道教信仰的内外之别從内涵到表現上的巨大變遷,内外之别從信仰和日常生活互動的模式,逐步轉變爲道教無法適應現代社會和日常生活,且缺乏適應力的“辯護”和“托辭”。内外之間的巨大差異,在現代語境中,成爲道教爲自身的“過時了的知識”和“缺乏公共性驗證的實踐”展開辯護的途徑。同時,也成爲道教與當代中國的社會和文化生活拉開具體的内在機制。一個本土信仰的觀念及其生命理解、承載的日常生活方式都缺乏“生命力”和對變化時代的“應變力”,這一狀况對於道教信仰和本土文化而言都是危機性的。以個體的經驗和信念爲基礎的入道及其信仰實踐,與以文化傳統和日常生活爲載體的成教,兩者之間的聯結需要以新的方式完成重構:一方面重新詮釋道教信仰的觀念基礎和知識結構,進而讓信仰實踐的個體性得到理解和尊重;另一方面從可理解的個體信仰實踐出發,重新激發傳統中國的生命理解與教化内容的活力。這就需要面向當下的道教信仰義理的重建和文化價值的重塑。我們必須强調的是,這種重建並不是爲信仰辯護,更不是爲了論證信仰的“正確性”,而是從觀念和文化傳統的意義上説明其來龍去脉,爲理解和尊重奠定基礎。我們嘗試説明,在道教信仰的内外之間原本存在的關聯和互動也是在古今之際的斷裂中終結了,不妨説,内外之間關聯的重塑也需要從古今之際的斷裂及其内在機制入手。

三、道教的義理學建構:文化視角下的内外與古今

正如我們在前文中提及的那樣,古今之際的斷裂一方面預設了本土的傳統性,並以此爲基礎斷言了本土與當下之間的二元對立;另一方面,上述的二元對立得到了現代知識體系的佐證,由此作爲道教信仰基礎的觀念和知識内容在價值上被預設爲荒謬且缺乏合理性的。雙重預設使得道教信仰的内外之别從關聯和互動變成了封閉與隔閡:我們知道,道教信仰的内外之别一方面符合道教信仰的特色,另一方面也讓入道與成教成爲道教信仰的一體兩面。這種一體兩面結構的基礎是,道教的信仰者和在生活中不投身於道教信仰實踐的普通民衆共享着同一個宇宙圖景和生命理解。道教信仰者如何在實踐過程中運用這些觀念和知識獲得獨特的自我體驗,並且以信念爲基礎展開面向道體和超越的持續試探,這些問題是民衆不關心却能理解的。同時,信仰者以科儀的方式加入日常生活的禮俗秩序和教化傳遞,也是一種面向超越的試探和實踐方式,而這樣的科儀性實踐却以禮俗的方式完成了民衆對教化的肯認。

這種緊密的互動從古今之際的二元預設開始就被中斷了,

其根本原因就在於我們並不是以文化和價值觀念的方式看待道教信仰的宇宙圖景和生命理解,而是將之納入了現代知識標準的審查之中。以西方自然科學爲基礎底色的現代知識建立起了基於事實預設的審查標準,可重複的經驗及可設計的驗證、精確的工具性操作,個體體驗及主體差異是需要被排除的。現代科學建立起來的世界圖景不能預設超越性,也不能預設某種外在於事實經驗的秩序與力量,簡言之,任何朝向超越和個體體驗的"知識"都需要被剔除,這可以被命名爲現代知識體系的獨特"排他性"——所有的知識都要受到其標準的審查,否則就要避免使用"知識"的名義或以"知識"的方式存在於現代生活世界之中。當然,我們並不是要對此展開批判以期爲道教信仰的觀念基礎和宇宙圖景獲得知識性的地位,恰恰相反,我們是要在這一認識的基礎上,讓道教信仰的觀念基礎避免"現代知識"標準的審查,進而避免一種針對信仰展開的"知識性辯護"①。與之相對,道教信仰的宇宙圖景、生命理解和文化觀念需要進入個體體驗與信念、文化活力與教化的框架之中,以"理解"爲目標展開重塑。

正如我們都瞭解的那樣,古今之際的斷裂很大程度上是知識範式更替的後果,將任何一種文化傳統或信仰實踐的價值等

①當然,隨著科學研究的進步,特别是對於未知世界的探究,近代科學原本堅持的很多原理和基本標準似乎都受到了挑戰。例如,主體在何種程度上以何種方式改變經驗和可被觀測的事實就越來越成爲科學哲學討論的問題。不妨説,隨著科學的發展,科學自身的標準也是在不斷變化的,因此,我們不能簡單地認爲針對信仰或者超越日常經驗的"知識性辯護"會永久地消失。

同於某種知識範式顯然是過於狹隘的。道教信仰原本與民衆共享著同一個宇宙圖景、生命理解,這一"知識體系"雖然在性質上與現代科學知識完全不同,也有著完全不同的標準,但却是在民衆生活中起到了"知識"的作用。如果這一作用不能繼續起作用,且不能得到有效的辯護,我們應該如何重新回到心靈價值和文化視角中來?顯然,就信仰本身在文化——特别是現代文化體系中的特性而言,這是一個十分顯而易見的。在一個"祛魅"的時代,世俗的日常生活保持某種自足性的時候①,任何一個信仰傳統似乎都不應該嘗試繼續佔據知識性的功能,繼續起到某種日常知識的作用。道教也不應該自外於此例。然而,有趣的是,退出知識性的領域或者避免一種現代知識性的審查,就讓道教無法找到在現代文化生活和心靈世界中的位置,這並不是合理的現象。道教需要面對的問題是從知識性功能轉向文化性價值,只有在這個基礎上,道教才能避開現代知識性審查和自我辯護的循環,以信仰的方式適應現代社會並進入當代人的精神生活和價值塑造。由此,我們嘗試提出解決方案——從文化視角出發的、道教義理學的建構。

義理學顯然不是神學,這就决定了它不是辯護性的,也不是啓示性的,更不帶任何真理性的預設和先在的信念。它不是説服性的,而是以理解爲目標的解釋和分析,梳理道教信仰的觀念性内容及其帶來的文化態度與價值認同,理解並尊重基於個體

①參見菲爾・朱克曼(Phil Zuckerman):《自足的世俗社會》,楊靖譯,南京:譯林出版社,2021年,第21頁。

信念和體驗的信仰實踐。與此同時,以文化視角展開,義理學就是要在中國文化的視角中理解和詮釋道教信仰觀念及其實踐的各個方面。這種詮釋不是從信仰者視角入手的,而是從非信仰者視角出發的。不是從古今之際的傳統性辯護立場出發的,而是以現代視角的文化認同爲基礎展開的。

當然,我們需要的一個基礎預設是,中國文化因其歷史的積澱和綿延的變遷可以被視爲邊界相對清晰、特徵相對明顯的體系——當然,這一體系性特徵顯然是來自某種反思性的抽象操作和建構性的理論歸納。在這一預設的基礎上,道教作爲内在於中國文化的信仰傳統,就得到了兩個相互關聯的詮釋性語境:道教信仰的基礎觀念及其變遷需要在中國文化的體系中得到理解;與此同時,道教信仰在中國文化體系的塑造和運作中承擔了重要的作用。如果我們認爲中國文化仍舊是有活力且需要以某種方式被延續的,那麽道教信仰的理解和它文化價值的挖掘和重塑不僅是可能的,而且是必要的。如果不以信仰者的視角展開辯護,也不以文化認同爲前提施加某種"道德性"壓力,那麽道教在當代的義理學建構可以展開的空間就是在知識辯護和認同責任之間的。一種無前設、無既定目標的義理學在這個意義上就是觀念的溯源和結構性的分析,以及對信仰及其内涵的深度描述。

從道教信仰觀念的角度看,撇開道教信仰實踐中的信念與體驗的個體性與"真實感",其觀念性内涵仍是十分明晰的。從義理建構的角度看,我們需要在實踐技術和修煉法門之下梳理和描述其觀念基礎,並凸顯這些觀念的獨特性。這一方面是爲了理解信仰實踐在觀念上的“自足性”(而非“正確性”),另一方面也是要避免信仰實踐的個體性與封閉性成爲道教面向當代精神生活的障礙。通過道教的義理學建構,我們可以建立道教信仰的基礎觀念、超越世界的圖景(從神譜到神聖地理)、修煉技術在觀念意義上的自足性,在實踐意義上的試探性,以及在結果意義上的超越性。與此同時,道教的義理學還將進一步深入到信仰實踐的觀念基礎,通過基礎觀念的溯源及其内涵的分析,爲當下的精神生活提供觀念和價值資源。如果我們將道教的義理學設想爲一個相對嚴整的觀念結構,那麼它的基本特徵就是不同層次的觀念保持著内在的一致性和貫通感,换言之,從每一個基礎觀念出發都可以直抵人類精神生活和價值建構的諸種層面,面對相應的挑戰和精神困境。正如我們所見的那樣,當下生活經驗的複雜性和精神生活的豐富性使得任何一個觀念體系都不能獨立地爲當代人提供整全的解決方案,换言之,精神生活和心靈世界的建構需要以多元和豐富的觀念爲基礎。從這個意義上講,道教的義理學建構不是爲當代的精神生活提供完善的解決方案,而是爲精神生活的各種可能性提供資源。

以道教的生命觀及其實踐形態爲例,面向長生的超越性追求本身之所以是可理解的,是因爲道教將生命與自然世界融合起來,生命的源頭來自自身與外部世界的決定性的分離,而長生的追求就是向自然世界的回歸和融入。更爲重要的是,對於道教而言,其基礎觀念是圍繞著生命的價值及其與宇宙萬物的關係展開的,逐次拓展到道教對日常生活秩序和精神世界的整體認識。换言之,以獨特的生命觀爲基礎上認識人際關係、道德規則、社會禮俗以及個體生活的價值。以生命觀爲出發點的個體價值和精神生活建構是完全開放的,因爲其基本預設就是生命本身需要達成的、面向外部世界的敞開性。從這個基礎觀念的分析,就可以嘗試理解道教信仰的實踐形態和具體技術,同時從道教的視角理解中國文化生命觀的複雜性。觀念性的視角在爲信仰實踐提供某種可理解的空間的同時,爲中國文化的觀念體系提供了道教性的視角。從這個角度看,道教的義理學最終的目的是要找到一個從道教信仰的觀念與實踐出發,面向現代精神生活和價值塑造的觀念系統和自我描述,在可理解的基礎上,達致可選擇的效果。簡言之,通過義理學的建構,道教信仰者要能够清晰地説明道教信仰的特徵和實踐形態的可理解性,也説明道教信仰的特徵;另一方面,道教的義理可以成爲塑造當下的精神與心靈生活的諸種資源之一。

從觀念性的角度看,道教義理學是由觀念性溯源、觀念間的聯結和互動、精神生活的觀念基礎等不同層次構成的:觀念性的溯源是要將道教信仰重置於中國文化的體系之中,理解其源起與變遷,建立一個可理解的歷史性叙述;不同層次的觀念可能牽涉到不同的精神生活和價值體系的層面,觀念與觀念之間的聯結可以爲不同的價值取向和精神資源提供體系性的詮釋;在上述兩個層面的基礎上,作爲信仰實踐基礎的觀念才可能成爲個體精神生活的可能資源。與此同時,義理學的建構以解釋性的視角揭示了道教信仰實踐和具體技術的觀念基礎,以及其信念和體驗性特徵,説明信仰者的實踐行爲和基礎信念並非荒謬和不可理喻的。從而讓信仰者與非信仰者之間不再基於信仰真理或信念展開非此即彼的爭論,而是相互理解意義上的尊重。

我們還需要强調的是,以觀念爲載體的義理學顯然要以更多的基礎性研究爲前提的。從經典文獻到教派譜系,從科儀戒律到修煉法門,從仙真傳説到宫觀建築,關於道教信仰的描述和分析實際上遠未臻完備。對於道教信仰的事實性描述與觀念性分析是道教義理學的兩個支點,也是相互支撑、互相推動的兩個部分。義理學是在事實性描述的基礎上的"重構"和"再述",是道教信仰面向當下的自我推動,這一推動的目標不是信仰的擴張,更不是信念的説服,而是爲道教信仰塑造一個進入大衆精神生活的入口和空間。

本文將作爲本土信仰的道教所面臨的最急迫問題設定爲融入當下的"本土"環境,並且嘗試提出自身的解決方案。然而,對於這一方案的具體内容和展開路徑,顯然還是過於簡略甚至粗糙的。對於面向當下境遇和未來挑戰的道教而言,澄清問題的源頭並提出針對性的思路甚至不能被視爲問題解决的開端,而是以正確的方式重新提出問題。從這個意義上説,本文仍然是在提出問題,這絶不是下一個階段的開端,而是找到脱離當下境遇的各種可能性的起點。

作者簡介:程樂松,1978 年 8 月生,男,北京大學哲學系教授。2006 年畢業於香港中文大學,獲哲學博士學位。出版學術著作《身體、不死與神秘主義:道教信仰的觀念史視角》《中古道教類書與道教思想》《耽玄與塵居:唐宋道教思想與社會研究》《即神即心:真人之誥與陶弘景的信仰世界》等,在國内外發表中英文學術論文數十篇。

芻議道教教義的傳承、創新之維

章偉文

内容提要:道教教義思想體系一般圍繞道德、神明、元氣、劫運、救度、經教、方術、證道等基本點來展開建構,既有其相對穩定的内核、框架,同時又呈現出一種開放的姿態。歷史上,不同時期的道教應具體時代、社會的要求,皆對自身教義做出過重大調整。當代道教承傳道教教義,仍然應該重視對《道藏》的研究,將道教教義深化爲信衆内心之信仰,重視以術證道。同時,道教可以通過回應當代社會迫切關注的重要問題,通過與世界和本土其他文化形態等進行交流、互動,來尋求道教教義的創新之維。

所謂宗教,不僅僅指其宗教組織機構、人員及活動方式,也包括體現在其組織機構及活動方式背後的文化與精神内核。這種宗教文化與精神信仰之内核的一個重要表現,即是宗教之教義。

一

道教教義思想體系一般圍繞道德、神明、元氣、劫運、救度、經教、方術、證道等基本點來展開建構。如《雲笈七籤》作爲道教的重要類書，其架構道教義理的運思理路及邏輯演進就以“道德”爲其宗本，其引唐吴筠《玄綱論・道篇》曰：

道者何也？虚無之系，造化之根，神明之本，天地之元。其大無外，其微無内，浩曠無端，杳冥無際。至幽靡察，而大明垂光；至静無心，而品物有方。混漠無形，寂寥無聲。萬象以之生，五行以之成。生者無極，成者有虧，生生成成，今古不移，此之謂道也。德者何也？天地所禀，陰陽所資，經以五行，緯以四時。牧之以君，訓之以師，幽明動植，咸暢其宜。澤流無窮，群生不知謝其功；惠加無極，百姓不知賴其力，此之謂德也。然則，通而生之謂之道，道固無名焉；畜而成之謂之德，德固無稱焉。嘗試論之，天地、人物、仙靈、鬼神，非道無以生，非德無以成。生者不知其始，成者不見其終。探奥索隱，孰窺其宗？入有之末，出無之先，莫究其朕，謂之自然。自然者，道德之常，天地之綱也。①

①(宋)張君房編，李永晟點校：《雲笈七籤・道德部》，北京：中華書局，2003年版，第10—11頁。

天地、人物、仙靈、鬼神等,非道無以生,非德無以成,道爲造化之根、神明之本,德爲天地所稟、陰陽所資。“道德”進一步邏輯展開,則有“神明”“太和”“元氣”等,如其引漢代嚴君平《老君指歸》曰:“太上之象,莫高乎道德,其次莫大乎神明,其次莫大乎太和,其次莫崇乎天地,其次莫著乎陰陽,其次莫明乎大聖。”①以道德爲宗本,相應則有展示道德之神明,神明寄體於太和之氣,太和之氣分而有天地、陰陽,人、物也由此而生成,人中之道德顯明者則爲大聖,如此,在道德的統攝之下,宇宙、天地、人物得以形成。宇宙、天地的運化萬變中,又有劫運之生。於此基礎上,《雲笈七籤》分析劫運產生之原因,從而引出道教救度之必要,由此便邏輯地匯出道教經教之建立,以及各種成仙、救度方術的存在;衆生通過修習道教經教、方術等,以證成仙道,並根據其修證工夫之等次,升入不同層級之仙境。這大致是《雲笈七籤》以道德爲宗元所建構的道教義理邏輯展開之框架、脈絡。

唐武后聖曆間道士孟安排撰《道教義樞》十卷,其所建構的道教義理架構,分成道德義第一、法身義第二、三寶義第三、位業義第四、三洞義第五、七部義第六、十二部義第七、兩半義第八、道意義第九、十善義第十、因果義第十一、五蔭義第十二、六情義第十三、三業義第十四、十惡義第十五、三一義第十六、二觀義第十七、三乘義第十八(原缺第十九、二十、二十一、二十二)、三界

①(宋)張君房編,李永晟點校:《雲笈七籤·道德部》,北京:中華書局,2003年版,第1頁。

義第二十三、五道義第二十四、混元義第二十五、理教義第二十六、境智義第二十七、自然義第二十八、道性義第二十九、福田義第三十、淨土義第三十一、三世義第三十二、五濁義第三十三、動寂義第三十四、感應義第三十五、有無義第三十六、假實義第三十七。《道教義樞》更多吸收了一些佛教名詞來建構道教的義理體系,這可能與其所處隋唐時期三教融通的大背景有關,然其所闡述的教義旨趣則仍然具有鮮明的道教特色。如果將《道教義樞》所建構的三十七品道教義理體系與《雲笈七籤》相對照,似乎其中心點也是圍繞道德、神明、元氣、劫難、救度、經教、方術、證道等基本點來展開,如其以道德義爲第一;其法身義、三寶義、位業義與神明相接近;其混元義可以明元氣之自然;其五蔭義、六情義、三業義、十惡義、三世義、五濁義等,亦可説明沉淪、劫難之成因;其三洞義、七部義、十二部義,明道教濟世度人的經教體系;其三一義、二觀義、三乘義,包含有證道之方術;其福田義、淨土義等,也有對修道之境界的説明;其動寂義、感應義、有無義、假實義,對道果及其證成之境界有所説明。

北周道教類書《無上秘要》與《道教義樞》《雲笈七籤》亦有相類似的教義建構之邏輯,如其卷之三十七授道德五千文儀品,明道德之宗本;卷之九靈官升降品、衆聖會議品,卷之十九天帝衆真儀駕品等,對神明之真有一些論述;卷之三日品、月品、星品,對陰陽氣化宇宙等有所説明;卷之六劫運品,對劫運之生做出説明;卷之七修真養生品,卷之八屍解藥石品,對救度、修仙之方有所介紹;卷之二十四三寶品、真文品、天瑞品、地應品,卷之二十六靈寶符效品,卷之二十七上清神符品,卷之二十八九天生神章品、九天瓊文品,卷之三十經文出所品、經符異名品,卷之三十一經德品、經文存廢品、遇經宿分品,卷之三十二衆聖傳經品、傳經年限品等,對道教的經教體系分門别類加以説明;卷之六十五專誠品、柔弱品、虚靖品、山居品、違俗品,卷之六十六沐浴品、入室品、明燈品、燒香品、叩齒品、咒請品,卷之七十六服五氣品、咽雲牙品、餌玄根品,卷之七十八地仙藥品、天仙藥品、太清藥品、太極藥品、上清藥品、玉清藥品等,對修仙之方術有所説明;卷之二十二三界宫府品,卷之二十三真靈治所品、正一氣治品等,對不同層次的修仙境界進行描述;卷之九十二升上清品上,卷之九十三升上清品下,卷之九十四升太空品、升紫微宫品、升紫庭品、升紫虚品,卷之九十五升紫晨品、升玉宫品,卷之九十六玉清品上,卷之九十七玉清品下,卷之九十八升九天品,卷之九十九升太清品,卷之一百升無形品、應變化品、會兼忘品、入自然品、洞冥寂品等,對不同道果及其證成之境界有所説明。

由此看來,道教傳統教義體系之建構,其主要基點當有如下幾個方面:

道德。關於"道德",道教主要承《老子》《莊子》等先秦道家之説。《道德經》對於"道",在哲學上提出兩種觀點:一種觀點是道本原論,將道看是萬物生成的源頭,如《道德經·四十二章》所説"道生一,一生二,二生三,三生萬物,萬物負陰而抱陽,冲氣以爲和",以道作爲萬物的本源與本根。另一種觀點是道本體論,即以道爲世界萬物之依據、本然,如《道德經·一章》所説:“道可道,非常道;名可名,非常名。無名天地之始,有名萬物之母。故常無欲以觀其妙,常有欲以觀其徼。此兩者,同出而異名,同謂之玄。玄之又玄,衆妙之門。”道亘古亘今,先天地而有,此爲宇宙萬物之本體,乃無名之始;物生之後,道即在物之中,而爲物之根本,故道又爲萬物之母,因其生物之功明明白白,此則爲有名。道通過無名與有名來展示自己,無名與有名皆不離道的作用,故同出而異名,然形上與形下、無名與有名皆有“道”一以貫之。人們於道之體能發見其用,於道之用能上溯其體,故道即體即用,此謂玄之又玄。正因爲如此,《道德經》認爲,宇宙間一切神妙莫測之變化皆出於道,道乃是衆妙之門。於此,《道德經》提出了道爲宇宙天地萬物之本的本體論觀點。

宇宙天地萬物之所以生成,有其原因,這就是道;萬物生成之後,各具自己的本性,這就是德。德是道的體現、是道的殊相,“尊道”“貴德”是《道德經》哲學思想的主要内容之一,所謂:“道生之,德畜之,物形之,勢(器)成之。是以萬物莫不尊道而貴德。道之尊,德之貴,夫莫之命(爵)而常自然。”(五十一章)道是萬物發生的原因,藴藏著萬物生成、收藏的本性;萬物生成、發育、成熟,包括其延續和終結,無不有道在其中發生作用。正因爲道、德作爲人和萬物所稟之天性,實質上規定了人和萬物的生存、生活之則,故要尊道貴德。《道德經》等對“道德”的論述,其意旨基本爲道教所承繼,這可以從《道教義樞》《雲笈七籤》等道教經書中得到證明。

神明。神明是道的體現,道化而有神明。如《雲笈七籤》載:

> 《太真科》云:"混洞之前,道氣未顯,於恍莽之中,有無形象天尊,謂無象可察也。後經一劫,乃有無名天尊,謂有質可覩,不可名也。又經一劫,乃生元始天尊,謂有名有質,爲萬物之初始也。極道之宗元,挺生乎自然,壽無億之數,不始不終,永存綿綿。消則爲氣,息則爲人,不無不有,非色非空。居上境爲萬天之元,居中境爲萬化之根,居下境爲萬帝之尊。無名可宗,强名曰道。"①

道的神妙莫測之功形成神明天尊。如上述引文所説的"無形象天尊""無名天尊""元始天尊",如此等等。神明以道德爲宗元,邏輯地看,神明可以有不同類别,因爲氣化的過程具有階段性、次序性,如有道氣未顯的階段,有有質可覩的階段,有有名有質的階段,有人和天地萬物化生的階段等等。在這些階段,道之神明貫徹始終,故有元始天尊等先天地而有之神明,也有天地萬物生成之後,通過修道德性命而成就的仙真,如重陽真人王嚞、紫陽真人張伯端,以及積功累行而身後被封爲神明的人,如黄帝等,這可以從道教的各種神仙傳記如《列仙傳》《神仙傳》《道教靈驗記》《墉城集仙録》《金蓮正宗記》《甘水仙源録》《歷

①(宋)張君房編,李永晟點校:《雲笈七籤·道德部》,北京:中華書局,2003年版,第19頁。

世真仙體道通鑑》等得到證明。無論先天地而有之天尊,還是天地開闢、人物生成之後通過修養道德性命、積功累行而成就的神與仙,在道教看來,皆是道之神明的顯現。

元氣。道德、神明以元氣混沌、造化生成天地自然,人、物皆從此而禀生受命。如《雲笈七籤》所説:

> 混元者,記事於混沌之前,元氣之始也。元氣未形,寂寥何有?至精感激,而真一生焉。元氣運行,而天地立焉。造化施張,而萬物用焉。混沌者,厥中惟虚,厥外惟無,浩浩蕩蕩,不可名也。①

> 道君曰:"元氣於眇莽之内,幽冥之外,生乎空洞。空洞之内,生乎太無。太無變而三氣明焉。三氣混沌,生乎太虚而立洞,因洞而立無,因無而生有,因有而立空。空無之化,虚生自然。上氣曰始,中氣曰元,下氣曰玄。玄氣所生出乎空,元氣所生出乎洞,始氣所生出乎無。故一生二,二生三,三者化生,以至九,玄從九反一,乃入道真。氣清成天,滓凝成地,中氣爲和,以成於人。三氣分判,萬化禀生,日月列照,五宿焕明。上三天生於三氣之清,處於無上之上,極乎無極也。"②

①(宋)張君房編,李永晟點校:《雲笈七籤·道德部》,北京:中華書局,2003年版,第16頁。

②(宋)張君房編,李永晟點校:《雲笈七籤·道德部》,北京:中華書局,2003年版,第17頁。

元氣運行而天地立,造化施張而萬物用。元氣生乎空洞,空洞生乎太無,太無變而有三氣;上氣爲始,中氣爲元,下氣爲玄;始氣出乎無,元氣出乎洞,玄氣出乎空;氣清成天、滓凝成地;三氣分判,萬化稟生。盧國龍先生認爲,道教的信仰體系和修持、煉養方法都建立在這種元氣生機論的原理基礎之上,即宇宙間洋溢著生生之元氣,元氣生機流轉,造化生人、生物無窮;人得天地鐘秀之氣而最靈,能體悟宇宙生機的動躍流轉,因應自然進而駕禦自然。對於元氣論在道教教義中的重要地位,盧先生認爲,唐代佛教以緣起論、性空論、佛性論等衝擊著中國傳統文化中的元氣生成論思想,而這個思想是道教信仰得以成立和道教修持得以進行的一個重要基礎,道教必須要鞏固這個基礎,以期獲得生存和發展的空間①。故元氣生成論思想就成爲道教教義思想體系建構中不可或缺的重要一環。

當然,元氣論可能引發的一個討論,就是道德與元氣究竟是何種關係。道教傾向於認爲是道生氣,如《悟真篇》絶句第十二:"道自虚無生一氣,便從一氣産陰陽。陰陽再合成三體,三體重生萬物張。"②東漢袁康的《越絶書》引范蠡之言亦謂:"道者,天地先生,不知老;曲成萬物,不名巧,故謂之道。道生氣,氣生陰,陰生陽,陽生天地。天地立,然後有寒暑、燥濕、日月、星

①盧國龍:《論唐五代道教的生機觀》,陳鼓應主編:《道家文化研究》第 11 輯,北京:三聯書店,1997 年版,第 76—120 頁。

②(宋)張伯瑞撰,王沐淺解:《悟真篇淺解》,北京:中華書局,1990 年版,第 306 頁。

辰、四時,而萬物備。”①對於道生氣的觀點,古今學者曾提出不同看法,如明末黄宗羲就認爲:“盈天地間一氣而已矣。有氣斯有數,有數斯有象,有象斯有名,有名斯有物,有物斯有性,有性斯有道,故道其後起也。而求道者,輒求之未始有氣之先,以爲道生氣,則道亦何物也,而遂能生氣乎?”②“或曰:‘虚生氣。’夫虚即氣也,何生之有? 吾遡之未始有氣之先,亦無往而非氣也。當其屈也,自無而之有,有而未始有;及其伸也,自有而之無,無而未始無也。非有非無之間,而即有即無,是謂太虚,是謂太極。”③黄宗羲發此論,不僅針對道教,也針對宋明理學,宋明理學中有關於“理氣先後”“理氣動静”等問題的討論,與道教“道氣先後”問題相類。理學中比較主流的觀點,認爲“理先氣後”,當然,也有持“氣先理後”者,或“理不先而氣不後”者。如朱熹弟子陳淳對理氣先後問題有個看法,他認爲:“理不外乎氣。若説截然在陰陽五行之先,及在陰陽五行之中,便成理與氣爲二物矣。本只是一氣,分來有陰陽,又分來有五行。二與五只管分合運行去,萬古生生不息,不止是個氣,必有主宰之者,曰理是也。理在其中爲之樞紐,故大化流行,生生未嘗止息。”④他似乎肯定理氣本是一物、非是二物,理氣不分先後、同時而有,不過理爲氣

①(東漢)袁康撰,李步嘉校釋:《越絶書校釋》,北京:中華書局,2013 年版,第 337 頁。

②(清)黄宗羲著,沈芝盈點校:《明儒學案·蕺山學案》,北京:中華書局,2008 年版,第 1522 頁。

③同上。

④(宋)陳淳著,熊國禎、高流水點校:《北溪字義·太極》,北京:中華書局,1983 年版,第 72 頁。

之主宰、樞紐,邏輯在先而已。道教中也存在類似提法,如以道爲元氣,或者認爲道即是渾淪一氣①等等。道教作爲一種宗教信仰,其以道爲至高無上、神妙莫測之宗本,認爲道生元氣、生天地萬物,或者以道即元氣,皆是站在其道德信仰的角度而立論。

劫運。氣化然後有劫難之起,如《雲笈七籤》謂:

> 天運九千九百周爲陽蝕,地轉九千三百度爲陰勃。陽蝕則氣窮於太陰,陰勃則氣極於太陽,故陰否則蝕,陽激則勃,陰陽蝕勃,則天地改易。天地改易,謂之大劫。大劫交,則天地翻覆,海湧河决,人淪山没,金玉化消,六合冥一。白屍飄於無涯,孤爽悲於洪波。大鳥掃穢於靈嶽,水母受事於九河,五龍吐氣於北元,天馬玄轡以徒魔,赤鎖伏精於辰門,歲星滅王於金羅,日月昏翳於三豪之館,五氣停暈於九嶺之巔,龍王鼓華於東井之上,河侯受對於九海之下,聖君顯駕於明霞之館,五帝科簡於善惡之籙。當此之時,萬惡絶種,鬼魔滅跡,八荒四極,萬不遺一。至於天地之會,自非高上三天所不能禳,自無青籙白簡所不能脱也。②

劫運之起,首先表現爲陰陽氣化過程中的一種極端現象。

①卿希泰先生主編《中國道教》引《元氣論》謂"道者,元氣也";又引明代陸西星《陰符經注》"太始太素之前,渾淪一氣而已,是謂無極之真,無名之始,聖人不得已而名之曰道"。北京:知識出版社,1994年版,第247頁。

②(宋)張君房編,李永晟點校:《雲笈七籤·混元混洞開闢劫運部·劫運》,北京:中華書局,2003年版,第20—21頁。

如上述引文所説,陽蝕則氣窮於太陰,陰勃則氣極於太陽,故陰否則蝕,陽激則勃,陰陽蝕勃,則天地改易,天地改易,謂之大劫。與大劫相對照,還有所謂小劫,如《雲笈七籤》謂:“天運三千六百周爲陽勃,地轉三千三百度爲陰蝕。天氣極於太陰,地氣窮於太陽。故陽激則勃,陰否則蝕,陰陽勃蝕,天地氣反,天地氣反,乃謂之小劫。”①無論大劫、小劫,都會有劫難生起。

當然,劫難之生也有人爲造成的可能,故劫難可分成天災與人禍兩大類。天地改易、天地氣反之大劫、小劫,皆由氣化之窮極而起,此可歸於天災之類。但人倫之否、情性之遷,導致奸邪起而賢良隱,人競浮僞,此則爲人禍②。若想消除由人禍所導致的劫難,人就應該接受道的教化,努力修正自己的心與行,使之與道相合。

救度。如何度過此大、小劫難,《雲笈七籤》《道教義樞》等提出非高上三天所不能禳,非青籙、白簡所不能脱,只有通過天尊流演法教,出法教化,人方能得度。故道教經法之傳授、經教之相承,其興

---

①(宋)張君房編,李永晟點校:《雲笈七籤・混元混洞開闢劫運部・劫運》,北京:中華書局,2003年版,第20頁。

②《玄綱論》曰:“道德者,天地之祖;天地者,萬物之父;帝王者,三才之主。然則道德、天地、帝王一也,而有今古澆淳之異、堯桀理亂之殊者,何哉?夫道德無興衰,人倫有否泰,古今無變易,情性有推遷。故運將泰乎,則至陽真精降而爲主,賢良輔而奸邪伏矣;時將否乎,則太陰純精升而爲主,奸邪弼而賢良隱矣。天地之道,陰陽有數,故理亂之殊也。所以古淳而今澆者,亦猶人幼愚而長慧也。嬰兒未孩,則上古之含純粹也;漸有所辯,則中古之尚仁義也;成童可學,則下古之崇禮智也;壯齒多欲,則季世之競浮僞也。變化之理,世俗之宜,故有澆淳之異也。”(宋)張君房編,李永晟點校:《雲笈七籤・道德部》,北京:中華書局,2003年版,第11—12頁。

起之因,在於救度人、物劫難之厄①。《道藏尊經歷代綱目》云:

人者氣禀陰陽之和,體具剛柔之性,心根仁義之端,一身之中,三才道備。惜乎混沌鑿而純和散,澆漓扇而巧僞滋,滅天理而窮人欲。人欲既熾,罪業生焉,罪業既深,凶荒疫癘,水火刀兵,劫運至矣。薄俗相仍,莫脱輪回之苦;天尊哀憫,大開方便之門。乃演道爲經,談玄立教,遂説《三洞真經》,洞真演大乘上法九聖之道,洞玄演中乘中法九真之道,洞神演小乘初法九仙之道,三部共一百九十三萬四千三百八十卷。秘在玉京玄都,洞天海嶽,未盡降世。《三洞真經》又分四輔,洞真則太玄輔之,洞玄則太平輔之,洞神則太清、正一輔之,凡七科,號三洞四輔。②

《道教義樞序》謂:

《靈寶經》云:“元始天尊以龍漢之年,出法度人。滅過

① “《度人本際經》云:‘元始天尊爲汝等故,權應見身,教導開度。諸未度者,爲後世緣。今當反神,還乎無爲,湛然常寂,不動之處。’又云:‘自我得道以來,經無量劫,常在世間,未曾捨離,若應度者,恒見我身,運會遷移,則不能見。此劫衆生機宜所感,當由道君而得度脱。是故我今升玄入妙,汝等肉眼不能見我真實之身,謂言滅盡,但修正觀,自當見我,與今無異。若於空相未能明審,猶憑圖像系録其心,當鑄紫金寫我真相,禮拜供養,如對真形,想念丹禱,功德齊等。貧窮之人,泥木銅彩,隨力能辦,殿堂帳座,幡花燈燭,稱力供養,如事真身,承此因緣,終歸上道。’”陳尚君輯校:《全唐文補編·孟安排·道教義樞序》,北京:中華書局,2005年版,第245頁。

② 莫伯驥著,曾貽芬整理:《五十萬卷樓藏書目録初編·子部六·道藏闕經目録上下卷》,北京:中華書局,2016年版,第721—722頁。

去後,天地破壞,無復光明,男女灰滅,淪於延康,幽幽冥冥,億劫之中。至赤明開光,天地復位,我又出世,號無名之君,出法教化,度諸天人。我過去後,一劫交周,天地又壞,復無光明。至開皇元年,我於始青天中,號元始天尊,流演法教,度諸天真。"①

其中所提及元始天尊於龍漢、延康、赤明、開皇,歷劫度化天真、人物,使天地復位、人物皆合於道。度化天真、人物,不離經教,如其所謂"赤明開圖,運度自然;元始安鎮,敷落《五篇》"②之類,於是有道教經教之立③。

經教。人因禀氣之差異,而起情、欲之敝;而宇宙天地陰陽之氣的運化,亦有窮通之數理,這些因素,决定了在現實中,人與物呈現其所具有的"道""德",亦有窮通之遇,因而現實的人與物皆有與其所禀本真之道背馳、異化的可能,而有不完善之處,這便可能産生劫、難。如此,便有了兩個世界的對峙,一是以道爲核心的價值世界,一是以人、物爲主體的事實世界,這兩個世界本來是貫通的,然因情欲之敝與陰陽氣化之窮,又導致人、物的世界與以道爲核心的價值世界的分離,乃至差異與對立。如

①陳尚君輯校:《全唐文補編·孟安排·道教義樞序》,北京:中華書局,2005年版,第245頁。

②陳尚君輯校:《全唐文補編·孟安排·道教義樞序》,北京:中華書局,2005年版,第244頁。

③"洎乎元始天尊升玄入妙,形像既著,文教大行,玄言滿於天下,奥義盈乎寶藏。"陳尚君輯校:《全唐文補編·孟安排·道教義樞序》,北京:中華書局,2005年版,第245頁。

此,則需要重新建構起形上之道與形下人事、器物世界之間的貫通,如此便有道教的産生。道教經、教的興起,乃爲濟世利人,助人、物等脱離劫難之厄而施設。

道教經教屬於道之教化的一種。《雲笈七籤》論道之教化,提出有自然之教、神明之教、正真之教、返俗之教、訓世之教,認爲此五種教化皆由道而生、啓乎一真,其謂:

> 上古無教,教自三皇五帝以來有矣。教者,告也,有言有理有義,有授有傳。言則宣,教則告。因言而悟教明理,理明則忘言。既有能教所教,必在能師所師。是有自然之教,神明之教,此二教無師資也。神明之教,義説則有,據理則無。正真之教,三皇五帝。返俗之教,訓世之教,宜分權實。且斯五教,啓乎一真。①

道的五種教化中,自然之教,無師説法、無義無言,元氣得之而變化,神明得之而造作,屬無爲之教②;神明之教,乃道之樸散而爲神明後所興起之教,其功在於"立天""爲地""化世界""真和氣""成人倫",之所以稱其爲神明之教,乃在於陰陽不能測其

①(宋)張君房編,李永晟點校:《雲笈七籤·道教本始部·道教序》,北京:中華書局,2003年版,第30頁。

②"自然教者,元氣之前,淳樸未散,杳冥寂爾,顥曠空洞,無師説法,無資受傳,無終無始,無義無言。元氣得之而變化,神明得之而造作,天地得之而覆載,日月得之而照臨,上古之君得之而無爲。無爲,教之化也。"(宋)張君房編,李永晟點校:《雲笈七籤·道教本始部·道教序》,北京:中華書局,2003年版,第30頁。

端倪、神鬼不能知其情狀①;正真之教,據《雲笈七籤》,分天上之天尊演化三清衆天、開導仙階之教,以及人間伏羲、黄帝、高辛、夏禹四聖等開啓的三墳、五典常道之教②,正真之教中所含天尊演化、大弘真乘、開導仙階之教法,已有濃厚道教色彩,伏羲、黄帝等於人間所開三墳、五典常道之教,其所云受圖、受符、受天經、受洛書,也頗有道教的特色;返俗之教,據《雲笈七籤》所云,乃玄元大聖皇帝老子理國理家之教,此尊老子爲玄元大聖皇帝,又提出老子理國理家,當屬唐代的一種普遍流行的説法,其教亦分天上、人間之不同,如謂"靈文真訣,大布人間;金簡玉章,廣弘天上",因其功在於"令天上、天下,還淳返樸",故謂之返俗之教③;訓世之教,即孔子儒家之教,闡仁義之道,化乎時俗,行禮智而救亂,故爲訓世之教④,由訓世之教,我們亦可以發現,在唐代三教合一的文化背景下,道教基於其自身立場,正努力發揮自

①"神明之教者,樸散爲神明。夫器莫大於天地,權莫大於神明。混元氣而周運,葉至道而裁成,整圓清而立天,制方濁而爲地,溥靈通而化世界,真和氣而成人倫,陰陽莫測其端倪,神鬼不知其情狀。"(宋)張君房編,李永晟點校:《雲笈七籤·道教本始部·道教序》,北京:中華書局,2003年版,第30—31頁。

②"正真之教者,無上虚皇爲師,元始天尊傳授。洎乎玄粹秘於九天,正化敷於代聖。天上則天尊演化於三清衆天,大弘真乘,開導仙階;人間則伏羲受圖,軒轅受符,高辛受天經,夏禹受洛書,四聖稟其神靈,五老現於河渚,故有三墳五典,常道之教也。"(宋)張君房編,李永晟點校:《雲笈七籤·道教本始部·道教序》,北京:中華書局,2003年版,第31頁。

③"返俗之教者,玄元大聖皇帝以理國理家。靈文真訣,大布人間;金簡玉章,廣弘天上。欲令天上天下,還淳返樸,契皇風也。"(宋)張君房編,李永晟點校:《雲笈七籤·道教本始部·道教序》,中華書局,2003年版,第31頁。

④"訓世之教者,夫子傷道德衰喪,闡仁義之道,化乎時俗,將禮智而救亂,則淳厚之風遠矣。"(宋)張君房編,李永晟點校:《雲笈七籤·道教本始部·道教序》,北京:中華書局,2003年版,第31頁。

已影響俗世的功能,其將孔子儒家之教化,納入到道之教化的範圍當中來,這也是道教融合儒家文化以入道的一個重要表現。《雲笈七籤》提出:

> 噫!立教者,聖人救世愍物之心也。悟教則同聖人心,同聖人心則權實雙忘,言詮俱泯,方契不言之理,意象固無存焉。①

於此,其提出道教經教之立,實乃出於上真、先聖救世、愍物之心,通過道之教化,令世人悟道之教,如此則能與上真、先聖同心,心同則能够契道化的不言之理。故道的經教之化,可以導引衆生契入道。

方術。道教經教之中,又包括各種修行之秘要訣法,如諸家氣法,守一之術,内視存養,行氣導引,胎息辟穀,服食按摩,誦經拜懺,符籙法咒,步罡踏斗,施食煉度,齋醮科儀,外丹黄白,内丹性命,方藥禁術,雷法禹步,清規戒律等,亦皆相應而出現;這些方術可以幫助建立天與人之間的溝通,使人與道相合。由此,則又有體道之神與仙,自利利他、濟世度人,證道而獲得超升。

證道。《易傳》謂:"形而上者謂之道,形而下者謂之器。"所謂形而下者,往往指現實世界所存在的各種物理、人事,然於現實之物理、人事中,人們又會生起對物理、人事之形上超越的追

①(宋)張君房編,李永晟點校.《雲笈七籤·道教本始部·道教序》,北京:中華書局,2003年版,第31頁。

求,由此便有所謂形而上者,此形而上者,於道教而言則表現爲至尊、至上之道。道教認爲存在著一種至真的本體,此本體即"道",道先天地而生,可以生天、生地,成人、成物,其落實到人與物,便可謂之爲"德",具體呈現此道者,從主體之角度,便謂之爲"天尊""神""仙""真人"等;從實有諸己之角度,則可謂之爲"道心""真性""金丹"等;從社會教化的角度,則可有太平道化之世;從超越之境界的角度,則有三清境、大羅天,各類洞天福地,如此等等。

因此,道教雖然在表現形式上呈現爲雜而多端,但其中内含有嚴整的教義思想之脈絡、架構。道教正是以道德、神明、元氣、劫運、救度、經教、方術、證道等爲核心,系統地建構起自己的教義思想體系。如以道德爲核心,可以有"道尊德貴"①"道生德畜"②"道法自然"③"立德明道"④等教義思想的成立。以神明爲核心,道教可以有"三代天尊""十種聖號"⑤"功德成

---

①王卡點校:《老子道德經河上公章句·老子道德經序訣》,北京:中華書局,1993年版,第313頁。

②"故道生之,德畜之,長之育之,成之孰之,養之覆之。"王卡點校:《老子道德經河上公章句·養德第五十一》,北京:中華書局,1993年版,第197頁。

③王卡點校:《老子道德經河上公章句·象元第二十五》,北京:中華書局,1993年版,第103頁。

④(晉)郭象注,(唐)成玄英疏,曹礎基、黄蘭發點校:《南華真經注疏·天地第十二》,北京:中華書局,1998年版,第236頁。

⑤"三代天尊者,過去元始天尊,見在太上玉皇天尊,未來金闕玉晨天尊。然太上即是元始天尊弟子,從上皇半劫以來,元始天尊禪位。三代天尊亦有十號:第一曰自然,二曰無極,三曰大道,四曰至真,五曰太上,六曰道君,七曰高皇,八曰天尊,九曰玉帝,十曰陛下。"(宋)張君房編,李永晟點校:《雲笈七籤·道教本始部·道教三洞宗元》,北京:中華書局,2003年版,第37頁。

神”等教義思想。以元氣爲核心,可以有“道生氣化”①“通天下一氣”②“一氣化三清”③等教義思想。以劫運爲核心,可以有“幽明之分”“生殺之氣”“窮達之期”“吉凶之證”④等教義思想。

以救度爲核心,可以有“仙道貴生,無量度人”⑤“我命在我不在天”⑥“天道無親,唯善是與”⑦,乃至“積善立功,慈心於物,恕己及人,仁逮昆蟲,樂人之吉,愍人之苦,賙人之急,救人之窮,手不傷生,口不勸禍,見人之得如己之得,見人之失如己之失,不自貴,不自譽,不嫉妬勝己,不佞諂陰賊,如此乃爲有德,受福於

①“三氣者,玄、元、始三氣也。始氣青在清微天,元氣黄在禹余天,玄氣白在大赤天,故云玄、元、始三氣也。又從玄、元、始變生陰、陽、和,又從陰、陽、和變生天、地、人。故《道德經》云:‘道生一,一生二,二生三,三生萬物。’”(宋)張君房編,李永晟點校:《雲笈七籤・道教本始部・道教三洞宗元》,北京:中華書局,2003 年版,第 35—36 頁。

②(晉)郭象注,(唐)成玄英疏,曹礎基、黄蘭發點校:《南華真經注疏・知北遊第二十二》,北京:中華書局,1998 年版,第 422 頁。

③劉澤民、李玉明主編,史景怡分册主編:《三晉石刻大全晉中市壽陽縣卷・清・重修三清廟碑記》,太原:三晉出版社,2010 年版,第 374 頁。

④《三天内解經》:“日月則有幽明之分,寒暑則有生殺之氣,雷電則有出入之期,風雨則有動静之節,人則有賢愚之質、善惡之性、剛柔之氣、壽夭之命、貴賤之位、尊卑之序、吉凶之證、窮達之期。”《道藏》,北京:文物出版社;上海:上海書店;天津:天津古籍出版社,1988 年版,第二十八册,第 413 頁。

⑤(唐)薛幽棲、陳少微等撰,萬里等校點:《南嶽佛道著作選道教編・元始無量度人上品妙經注・元始無量度人上品妙經》,長沙:岳麓書社,2012 年版,第 41 頁。

⑥“《龜甲文》曰:我命在我不在天。”(晉)葛洪著,王明校釋:《抱朴子内篇校釋・黄白》,北京:中華書局,1985 年版,第 287 頁。

⑦王明編:《太平經合校・太平金闕帝晨後聖帝君師輔歷紀歲次平氣去來兆候賢聖功行種民定法本起》,北京:中華書局,2014 年版,第 4 頁。

天,所作必成,求仙可冀”①等教義思想。相反,道教對“憎善好殺,口是心非,背向異辭,反戾直正,虐害其下,欺罔其上,叛其所事,受恩不感,弄法受賂,縱曲枉直,廢公爲私,刑加無辜,破人之家,收人之寶,害人之身,取人之位,侵克賢者,誅戮降伏,謗訕仙聖,傷殘道士,彈射飛鳥,刳胎破卵,春夏燎獵,駡詈神靈,教人爲惡,蔽人之善,危人自安,佻人自功,壞人佳事,奪人所愛,離人骨肉,辱人求勝,取人長錢,還人短陌,决放水火,以術害人,迫脅尫弱,以惡易好,强取强求,擄掠致富,不公不平,淫佚傾邪,凌孤暴寡,拾遺取施,欺紿誑詐,好説人私,持人短長,牽天援地,祝詛求直,假借不還,换貸不償,求欲無已,憎拒忠信,不順上命,不敬所師,笑人作善,敗人苗稼,損人器物,以窮人用,以不清潔飲飼他人,輕秤小斗,狹幅短度,以僞雜真,採取奸利,誘人取物,越井跨竈,晦歌朔哭”②等持反對意見,認爲上述行爲“凡有一事,輒是一罪,隨事輕重,司命奪其算紀,算盡則死”③,如此等等。

以經教爲核心,則有“三洞宗元”④“三洞尊文,七部玄

①(晉)葛洪著,王明校釋:《抱朴子内篇校釋·微旨》,北京:中華書局,1985年版,第126頁。

②同上。

③同上。

④“原夫道家由肇,起自無先。垂跡應感,生乎妙一。從乎妙一,分爲三元。又從三元,變成三氣。又從三氣,變生三才。三才既滋,萬物斯備。其三元者,第一混洞太無元,第二赤混太無元,第三冥寂玄通元。從混洞太無元化生天寶君,從赤混太無元化生靈寶君,從冥寂玄通元化生神寶君。”(宋)張君房編,李永晟點校:《雲笈七籤·道教本始部·道教三洞宗元》,北京:中華書局,2003年版,第34頁。

教”①等教義思想。以方術爲核心,有“唯滅動心,不滅照心”“但凝空心,不凝住心”②“虚心靜神,道自來也”“形神合道,飛升昆侖”③等等,這些教義思想乃行道教方術之基礎。

以證道爲核心,有“道不可見,因生以明之;生不可常,用道以守之”“生道合一,長生不死”“修道即修心”“修心即修道”④,“道

①“天寳君説十二部經,爲洞真教主;靈寳君説十二部經,爲洞玄教主;神寳君説十二部經,爲洞神教主。故三洞合成三十六部尊經。第一洞真,爲大乘;第二洞玄,爲中乘;第三洞神,爲小乘。從三洞總成七部者,洞真、洞玄、洞神,太玄、太平、太清爲輔經,太玄輔洞真,太平輔洞玄,太清輔洞神,三輔合成三十六部,正一盟威通貫,總成七部。故曰三洞尊文,七部玄教。”(宋)張君房編,李永晟點校:《雲笈七籤·道教本始部·道教三洞宗元》,北京:中華書局,2003年版,第35頁。

②“妄想分别,名曰動心。覺照祛之,故名爲滅。慧照常明無有間,故名不滅照心……不起一切心,名空心。一切無著,名之不凝住心。”(宋)張君房編,李永晟點校:《雲笈七籤·三洞經教部經·洞玄靈寳定觀經》,北京:中華書局,2003年版,第410頁。

③“内觀之道,靜神定心,亂想不起,邪妄不侵。周身及物,閉目思尋,表裏虚寂,神道微深。外觀萬境,内察一心,了然明靜,靜亂俱息。念念相系,深根寧極。湛然常住,窈冥難測,憂患永消,是非莫識。”(宋)張君房編,李永晟點校:《雲笈七籤·三洞經教部經》,北京:中華書局,2003年版,第408頁。

④“從道受生謂之命,自一稟形謂之性。所以任物謂之心,心有所憶謂之意,意之所出謂之志。事無不知謂之智,智周萬物謂之慧。動以營身謂之魂,靜以鎮形謂之魄。流行骨肉謂之血,保神養氣謂之精。氣清而駃謂之榮,氣濁而遲謂之衛。總括百骸謂之身,衆象備見謂之形,塊然有閡謂之質,狀貌可則謂之體,大小有分謂之軀,衆思不得謂之神,莫然應化謂之靈。氣來入身謂之生,神去於身謂之死,所以通生謂之道。道者,有而無形,無而有情,變化不測,通神群生。在人之身,則爲神明,所謂心也。所以教人修道,則修心也;教人修心,則修道也。道不可見,因生以明之。生不可常,用道以守之。若生亡則道廢,道廢則生亡,生道合一,則長生不死,羽化神仙。人不能保者,以其不内觀於心故也。内觀不遺,生道常存。”(宋)張君房編,李永晟點校:《雲笈七籤·三洞經教部經》,北京:中華書局,2003年版,第405—406頁。

以心得,心以道明。心明則道降,道降則心通"①"心由形有,形以道全"②"知道易,通道難。通道易,行道難。行道易,得道難。得道易,守道難。守道不失,身常存也"③等教義思想。

由此看來,道教教義思想體系既有其基本穩定的内核、框架,能够集中體現道教的信仰、精神,同時又呈現出一種開放的姿態,即凡與上述道教基本信仰、精神相適應的其他思想,皆可有效融入到道教教義思想體系中來。如前所述,由道尊德貴、道生德畜等核心教義,道教可以在當代引伸出愛護動植物、保護生態環境等具有現代意義的嶄新教義思想。因此,道教的教義思想體系並不是一個封閉、固化的知識系統,而是活潑潑的生成體。現在大家談論比較多的所謂"道教中國化",其中一個重要問題即是如何使傳統道教積極回應當代社會的現實關懷,在道教基本教義基礎上,與時俱進,開掘出與當代社會發展相應的道教新教義思想。

二

當代道教如何更好地傳承自己的核心教義信仰、精神? 要回答這個問題,我們可以回顧一下道教史。

---

①(宋)張君房編,李永晟點校:《雲笈七籤・三洞經教部經》,北京:中華書局,2003年版,第407頁。

②同上。

③(宋)張君房編,李永晟點校:《雲笈七籤・三洞經教部經》,北京:中華書局,2003年版,第408頁。

早期神仙道教將世界的根據歸之爲人格化的神,神是人和萬物的主宰。因爲宗教的一個重要的社會功能就是要爲信徒提供安身立命之處,此安身立命之處在很多宗教中都表現爲對普遍的神性的追求。普遍的神性是世間萬象的根據,世間萬象雖然紛繁複雜,但只是神性的顯現和異化。從多中求一、從亂中求同、從變中求永恒是各大宗教引導教徒尋求安身立命之處的一個共同的價值追求。道教作爲中國土生土長的宗教,同樣思考著這個重要的問題,其將普遍的神性歸結爲人格化的神。同時,人格化的神作爲普遍存在的萬事萬物的根據,又被實體化和本體化了,如《老子想爾注》認爲道"一散形爲氣,聚形爲太上老君"①,即是一個例證。太上老君作爲神明被當時的道教信衆塑造成賞善罰惡、救苦救難的至上尊神,爲苦難衆生展示了生活可能具有的美好,成爲信衆精神信仰的重要寄託。

但將人格化的神視爲本體,容易導致對這個本體之"神"進行實證的困難。歐洲中世紀神學努力對"上帝存在"進行各種證明,就充分表明了這一點。從思想史和道教史的發展角度看,受佛教中觀"有無雙遣"思想以及魏晉玄學思想的的影響,六朝後期至隋唐時期,道教中有"重玄"學派的興起。所謂"重玄"學派的"重玄",取自《老子》首章所云"玄之又玄",並以之而開宗明義。唐代道士成玄英、李榮是"重玄"學派的重要代表。成玄英《道德經開題序訣義疏》釋《老子》"玄之又玄"句云:"所言玄者,深遠之名,亦是不滯之義。言至深至遠,不滯不著,既不滯

①卿希泰主編:《中國道教》(二),上海:知識出版社,1991年版,第81頁。

有，又不滯無。豈唯不滯於滯，亦乃不滯於不滯……都無所滯，乃曰重玄。故《經》云：'玄之又玄，衆妙之門。'"①李榮《道德真經注》釋"玄之又玄"説："非有無之表定名曰玄，借玄以遣有無，有無既遣，玄亦自喪，故曰又玄。"②重玄學比玄學更進一步，玄學興起的原因在於探究現象後面的本體的需要，以求得爲現實制度和生活立法的功效，它一般是在有與無的範疇之内來討論問題的，在其虚無、逍遥的學風中有著濃烈的現實關懷的情感在其中。重玄學雖也是爲了求證最終的本體，但這個本體在確立的過程中，排斥任何的規定性，既不"貴無"，亦不"崇有"，也難説就是"獨化"，其用來論證本體的方式、方法主要是"否定"，就學術思辨的水準言，相對於魏晉玄學，重玄學有了長足的進步。

道教重玄學的興起，揚棄了對最高存在物——"神"的實體化、人格化的傾向，道本身是不滯有、無，通達無礙的。正因爲如此，道性才能成爲萬物的主宰和根據，因而才真正具有了本體的意義。重玄學使道教在探討最根本的"存在"方面有了重大的理論突破，道教的教義思想在思辨程度上有了一個大的提高。應該説，重玄學的目的主要並不在於爲現實的社會制度立法，不是爲尋求現實制度的根據而建立，它側重於引導人們去除對現實的執與滯，直接契入本體。故重玄學直接開啓了道教義學的

①《中華道藏》，北京：華夏出版社，2004 年版，第九册，第 231 頁。

②《道藏》，北京：文物出版社；上海：上海書店；天津：天津古籍出版社，1988 年版，第十四册，第 39 頁。

心性之路,這是道教在魏晉南北朝和隋唐時期儒、釋、道三教互融互攝的大的思想背景下,尋求自身發展的一個新突破,其功效性不容抹殺。

但是,在重玄學中最根本的存在既非有,也非無,不可捉摸,無法定義,在指導具體的宗教實踐時也産生了一些困難,最突出的一點就是使道教的宗教實踐没有了具體範式的指導,這將會使道教失去很大一部分的信衆。作爲中國土生土長的宗教,道教在發展中如何堅持自己的文化本位,保持自己的文化傳統和特色,來爲信衆提供安身立命之處,就是一個需要予以重點考慮的問題。儘管從思想本身的發展看,從對宇宙生成本原的考察,過渡到對現象背後的本體的考察,再到諸多對本體思考中的心性本體的凸顯,這個過程涵蓋了對於世界的形成、世界的本質、人與世界的關係等重要哲學命題的思考,呈現出人類在哲學思考理路上的進步和哲學内容的豐富和發展。但是思想反作用於現實的功效性的大小,畢竟是人們在進行思考時必須要顧及的功利性原則。

内丹道的興起,對早期神仙道教和隋唐重玄道教又有所揚棄。内丹道教致力於爲道教的宗教實踐提供具體範式的指導,這是對道教重玄學中非有非無的本體論思想的一個補充,因爲重玄學對形上層面的東西講得較多,對達成此形上的境界,即如何具體操作的方法則談得不是很清楚。如《清静經》是唐代出現的一部重要的道教經典,其中,對道教重玄學的思想有著精闢的論説,但《清静經》所述的“空”“無”“虚”“寂”“静”等原則上都是形而上的境界或者指導宗教實踐的理性原則,其中缺乏具體達成此境界、原則的方術、辦法。所以,元代内丹家陳致虚評論説:"《清静經》云:内觀其心,外觀其形,遠觀其物,惟見於空,空無所空,所空既無,無無亦無,無無既無,湛然常寂,寂無所寂。語到這裏,常人看來,豈非大休歇、大解脱時也!緣何一接欲豈能生?欲既不生,即是真静,真静方能應物。仔細看來,行到真静應物處,方是初學底事,若論修丹,尚未夢見。"①《清静經》所言及的境界,在常人看來好像是到了大休歇、大解脱的地步,但是從内丹修煉的角度來看,這才只是初學之事。因爲道教内丹學講窮理、盡性以至於命,就内丹修煉而言,《清静經》中所論及"虚""無""寂""静"等只是窮理一事,隨後如何通過具體宗教修行以盡性乃至於命,其路徑、階次如何,則都語焉不詳。因此,如果説内丹道教比重玄道教更進了一步的話,那麽,其主要表現就在於内丹道教通過明確宗教修行的路徑和階次,彌補了重玄道教的不足,一步一個脚印地去接近和體驗、實證永恒的道體。

而一旦涉及修行的路徑、階次,就不可避免地要討論道與術的關係問題。道是本體,術則是達成此本體的方法,道與術二者不可得而離,"先哲云:形以道全,命以術延。子書云:魚相忘於江湖,人相忘於道術。則知道與術二者不可得而離也。術以道爲主,道以術爲用。要知此道非泛常所言之道,乃天仙之道也。

①陳致虚:《周易參同契分章注》,胡道静等主編:《藏外道書》,成都:巴蜀書社,1992—1994年版,第九册,第230頁。

要知此術非泛常所用之術，乃長生之術也。"①人的形體和性命賴道、術而存在，道、術於人就好比是江河湖海與魚的關係，道與術二者則是體與用的關係，道是體，術是道之用，無術不能顯道，故而内丹學特别强調要"以術證道"。

内丹重視"以術證道"，這不僅是要强調道教的固有傳統，更重要的是，隨著道教的發展，對道與術的關係的處理，也逐漸上升爲一個關涉道教教義思想建設的重大的理論問題。因爲對道與術關係問題的探討，深入下去，便和道教關於道本體的屬性、證道修道的方法、道本體的體與用等諸多問題密切相關，這些問題對於道教信仰體系的建設來説是至關重要的。例如，唐宋金元時期，除内丹道教外，如重雷法的道教神霄派、清微派，以及上清、靈寶和正一各派中重齋醮科儀的一系，乃至外丹煉養派等，也都强調以術證道。不過其理論根據和内丹道教又有所不同，他們認爲"神道合一"，道即神，神即道，神仙是道的載體，道體神用，神仙有著廣大的神通，能賜福禳灾；修道證道的根本途徑是要通過符咒、科儀等法術的修煉，達到與神相通的境地，能與神相通就證明有道。這種觀點表明在對道本體的屬性的認識上，重雷法和齋醮科儀的這一系道派，還是潛在地有一種將與本體的道神化和人格化的傾向，這是在重玄道教之後存在的一種向早期道教擬人化的本體之道的復歸趨勢。當然，宋元時期道教淨明派則突出提倡"忠孝"對成就神仙之事的作用，這與當時

①陳致虚：《上陽子金丹大要》，《道藏》，北京：文物出版社；上海：上海書店；天津：天津古籍出版社，1988年版，第二十四册，第46頁。

社會所面臨的北方少數民族政權的沉重壓力有關,因爲此時强調“忠孝”,能贏得民衆和統治者兩個層面的支持,同時“忠孝神仙”的提出也受到了理學的影響,因而在對本體的神性認可方面傾向於以體現當時制度的道德理想主義和道德形上學爲自己的宗門之旨,這使得淨明道又有了和其他道教宗派不同的特色。

通過回顧道教史,我們發現道教教義會隨著時代、社會的發展而變化。應具體時代、社會的要求,不同時期的道教會對自身教義做出調整,如神仙道教對神明的崇尚,重玄道教對道體的哲思,内丹道教對性命問題的關注、對“以術證道”的追求等等,皆是如此。故不同時代的道教教義雖然皆圍繞道德、神明、元氣、劫運、經教、方術、證道等基本點來展開,但由於思考問題的側重點、角度不同,不同時期的道教圍繞上述基本問題所建構的具體教義也各自有所側重。

當然,我們也要看到,歷史上無論是神仙道教、重玄道教還是内丹道教,其教義之建構始終以道德宗元及如何實證此道德宗元爲核心。道教强調在宇宙和人類歷史發展中,始終有“道”的存在;道之外化則爲“德”,雖“德”的形式與具體内容皆有不同,但却始終要體現“道”的精神。道作爲普遍的精神與其實現形式的多變性看似構成了一對矛盾,但在道教的思想體系中,對普遍性之道的追求並不妨礙其在實現過程中的多變與多樣。因爲道的呈現不是一勞永逸的,道之狀態也不是停滯不前的,道的呈現是一個歷史性的過程,道雖同、其實現方式則各異,這就表明道教教義需要在不同時代、不同社會、針對不同問題進行創造性的轉化,在這個過程中,遵循"隨時變易以從道"的原則。因此,神仙道教、重玄道教、内丹道教等雖各各有所不同,却又皆是道的演化方式,皆可歸之爲道教。

因道可以轉化爲文化的教化體系,故《道藏》作爲道教經書的集大成者,就成爲道教教義體系的最重要載體。當代道教徒承傳道教教義,首先應該重視對《道藏》的研究、對道教教義的整理。中國道教協會先後發起《中華道藏》《中華續道藏》《老子集成》等大型道教經藏的整理、編纂,組織教内外專家對道教教義進行梳理、總結,大概也有此方面的考慮。

其次,道教教義作爲道教信仰的根基,必須要能够深入、植根於信衆的内心。道教信仰本質上應該是内在的,一個人若無内在對道的情愫,則雖行道教之教事、活動,却可能行之而實無所得;只有在内心真正生起了對道的信仰,方能於外在客觀方面如齋醮、科儀、符咒、法術、濟世、利人等,實有所行、實有所得。故道教的核心不僅僅指外在的教團組織、宫觀體系、道事活動,更是指心靈之家、文化與精神之原鄉,此即道教之教義。若道教之教義徒爲外在,而不能深化爲信衆内心之信仰,則道教可能會失去其發展的基礎,導致其難以爲繼。正因爲道教教義之真精神根植於信衆之心,故能隨感而發,於其形式的變化中,而生一種内容的真有;信衆有此内在之精神信仰,則或可以隨時、隨地感發而爲道教之道事活動,生起對道的現實崇信,這也是道教教義最重要的功能之一。

第三,道教特别重視以術證道,術爲顯道之功能,道乃行術之根基,道教教義承傳不僅要通過整理、研究《道藏》等文化教化載體的方式來進行,也要通過具體道教方術承傳的方式來進行。我們以道教内丹學爲例,内丹術與内丹學理論實爲一體,不諳術則難通内丹學之義,正如《悟真篇》所言:"饒君聰慧過顔閔,不遇真師莫强猜。只爲丹經無口訣,教君何處結靈胎。"①術以明義、術以載道,承傳其義必賴其術,内丹道教是如此,其他如道教雷法、符咒、齋醮、科儀、法術等,莫不如此。

三

當代社會,道教教義思想爲什麽要進行創新、如何去創新,這也是本文想探討的一個問題。

道教教義爲什麽要創新? 原因之一就在於,我們所處的時代和社會在不斷進步、發展,爲了解決和回應時代和社會變遷所提出的各種新問題,就必然要求道教教義及其教化方式必須不斷保持開放性和創新性。其次,在全球一體化趨勢明顯加快的今天,整個世界已然成爲了一個地球村。世界各種不同類型的文化相互交流、碰撞已成爲常態。不同文化都有各自的特點和所欲解決的重點問題,在特別關注某問題的同時,對其他問題就可能有所忽略,這也導致每一種文化皆存在某種關注的盲區。正因爲如此,不同文化之間保持交流、互動,就有可能拓展各自的文化視域,豐富、發展自己,從而導致其文化的創新。

①(宋)張伯瑞撰,王沐淺解:《悟真篇淺解》,北京:中華書局,1990年版,第124頁。

道教文化本身具有極强的包容性,這是其創新教義之所以可能的一個重要的原因。道教哲學與文化能够最大限度地消化、吸收外來文化與文明,將之與自己的本有文化相融洽、相和諧,因其堅持認爲萬物莫不尊道而貴德,其所推崇的自然、無爲原則主張世間萬事萬物皆應遵循其本有的内在理則以生以成,以此之故,道教應該更容易做到與外來文化"美美與共",並在此過程中擇善而從,保持一種對外來思想、文化高度的融合能力。與上述考察聯繫,對道教教義如何在當代社會獲得創新性發展,本文試著提出如下建議:

首先,道教可以通過回應當代社會所迫切關注的重要問題,積極探索解決這些問題的方式、方法,來創新自己的教義思想。

現代社會科技高度發達,但這並不意味著人的生命關懷、精神安頓等問題可以直接由此而得到解決。人要詩意地棲居於這個世界,不僅要靠高度的物質文明、制度文明,同樣也需要高度的精神文明與文化。物質的高度發達與技術的日益精巧、細緻,這種變化直接導致了人類物質生活的高品質,讓人們覺得日常生活非常便利。但也要看到,這種高品質和便利本身,並不一定能保證人們的心靈得到真正的自在、自由。過度的物化有可能對人的生命産生戕害,對人的心靈産生逼仄。就如大家耳熟能詳的《漁夫與金魚》的故事,這個故事中漁夫的老婆可以看作是貪得無厭的物欲的代表,在高度的外在物欲滿足之後,其生命、心靈並没有得到妥切的安頓。從這個故事中引發出的一個思考就是:若只以追求外在的物欲滿足作爲生活的唯一目的,則可能如漁夫的老婆一樣,總是處於不滿足的過程中,如此則可能導致其内心充滿焦慮、狂躁、掠奪性。

當人心膠著於外在物欲的時候,其内在的生命之光可能漆黑一團。因此,當代社會道教教義創新的一個重要發展方向,就是在現代化不斷發展過程中,有意識地增進對人的人文與價值關懷,引燃人們追求本真人生的意願,讓人在道教性命雙修的修行踐履中,能够感受到人之主體地位的確立,展示其生命的真實本質。相較於西方哲學特别關注對外在"世界"與"知識"的反思、解釋,道教哲學則重點關注如何安頓人的身心、調節人的性命、開發人的德性與智慧,以此爲中心,發展出高度的生命哲學。正因爲如此,以道教哲學爲重要代表的中國傳統哲學與文化就非常重視"心性之學",特别關注人的身心健康,以妥善安頓人們的身心生活爲己任。從這個角度言,即使是在現代社會乃至未來世界,道教文化的養生、修性之功能及作用都不容抹殺。

關心生命的成長,關心人心的安頓,這應該是道教在當代社會所應承當的重要擔待和責任。道教教義在當代社會的創新應該有這樣的發展之維,即道教之教不能僅僅只是一種思想與理智的遊戲,它應當關注人的當下生命之真實,成就生命的價值與意義,不讓人的生命顛倒錯亂、在物欲中迷失。因爲純粹關於物的追求並不代表人類生命真正的旨趣,道教要爲人的生命價值實現提供合理的發展方向、維度的引領,避免使其陷於盲動、横衝直撞。唯其如此,創新之後的道教義理之學,就應該既具有理論性、又具有實踐性。如果只是從概念、邏輯方面入手,對形上之道進行探求，雖然也可以理論地建構起終極的價值本體，然這種建構只是理論之設定，而非帶有實踐性的實現，其理論雖然可以周延，但此周延也只是就其理論與概念邏輯發展之相合而言，並不意味著現實實踐中的圓滿。與此不同，道教一般强調要於人之生命活動的實踐中確立起對本真道性的體證，如丹道的性命雙修就是一種道性的真正實現，於此實現過程中，人之身心安頓、生命與精神的終極關懷便得以真正確立。當代道教教義之創新，要將理論與實踐融爲一體，這應該是其重要的發展維度之一。

其次，道教要關注當代社會的科學、技術創新，於其中尋找發展之路，從而創新自己的教義。

應該説，以道教爲代表的中國傳統文化因歷史等原因，也存在某些不足，需要與時俱進、進行創新性的發展。歷史地看，如上世紀"五四"運動提出要在中國請進"德先生"與"賽先生"，道家如《莊》學中曾有過這樣的觀點，即認爲單純追求知識、技能屬於"成心"範圍，"成心"是消極的，只有"道心"才是積極而值得肯定的。當然，後世道教中也保留有相當多的科學、技術因素，如醫藥養生、服氣煉丹等，故道教文化之傳統也並不完全排除科學。道教因其特別關注人、關注生命哲學，要求對我們每個人的生命存在進行昇華，以充分彰顯其人生的價值，從這個角度而言，其必然對當代科學的發展、創新持歡迎態度，也因此就可能容納、吸收人類科學所創造的各類優秀成果。如當代科學中量子衛星技術背後的量子學理論等，對道教教義思想的創新、發展,可以産生一定的啓發作用。因此,通過與日新月益的科學發展對接,當代道教文化、教義的創新將可以達到一個嶄新的高度。

再次,道教可以通過與世界和本土其他文化形態進行交流、互動,來尋求教義的創新之路。

每一種文化皆有其産生的文化土壤,這導致了文化與哲學的特殊性。故中國有中國的哲學與文化,西方有西方的哲學與文化,它們之間具有差異性。當代社會,道教文化如何與包括西方哲學與文化在内的世界文化形態進行有效對話、交流,汲取其優秀成果等等,這些也都是當代道教教義創新所面臨的重要問題。例如,道教哲學探討"一"與"多",西方哲學與文化也討論"一"與"多"的問題,西方文化關於這"多相"之多,有時候指的是"類概念"之多,因其更多地是從知識與邏輯的立場來討論此問題。從哲學上看,古希臘著名的哲學家柏拉圖地討論"一"與"多"時,一般以實物爲"多",以實物所模擬的理念或"理型"爲"一";例如,現實中存在著許多桌子,但這些桌子皆是對桌子理念的分有,此即他所討論的"一"與"多"的内容之一;但在柏拉圖的哲學理論中,作爲現實存在物所模擬的理念或理型,則不是"一",而是"多"。西方的哲學形上學要講客觀的、普遍原理之存在,這個普遍原理不必只在人,而可以是科學的物理,即萬物之理,其所謂萬物,指的就是那些各個不同的具體存在之物。正因爲此,故西方的哲學、文化與科學、技術聯繫更爲緊密,此則爲其文化之一大優點。對此,道教是可以加以吸收、利用的。

當然,道教也可以通過與本土文化互動,來開拓新的研究領域。我們以中國文化發展史上的"道教易學"爲例,來説明此問題。一般地説,易學文化和道教文化是在中國遠古文化的傳統上産生出來的具有代表性的兩種文化。這兩種文化既有不同的特色,又有其内在的關聯。易學文化主要是以一套符號系統,加上神秘的卜辭,所形成的一種文化體系。而道教文化以"道與神仙的信仰""追求長生"作爲其思想文化的重要内核。

我們知道,道家與儒家兩者在學術立場上是相異的。道家在人天關係上更重天,所謂"人法地,地法天,天法道,道法自然""無以人滅天,無以故滅命"。與道家相比,儒家在天人關係中則更重人,孔子"罕言性與天道",即是如此。以人事爲本,從人和現實社會出發,是儒家的特點;而道家更多地是超出人事之外,站在天道的高度對人事進行引導。

道教直接繼承了先秦的道家思想,同時對道家思想又有所揚棄。因爲道教作爲一種宗教,它要考慮教化世人的問題,因此也就要考慮如何更好地切入現實的問題。如果説道教對先秦道家的思想有所發展的話,那麽,如何更好地切入現實是其中的一個重要方面。從教化的形式看,教化有宗教教化與現實教化等。宗教教化是確立一個宗教的理想,以宗教理想爲準則,以現實生活服從宗教理想來對信衆進行教化,立足點是宗教理想;現實教化則主要從現實出發,力圖對現實生活進行設計和改造,立足點是現實生活。儒家偏重現實教化。而道教作爲一種宗教,在其成立之初,雖然也受到儒家的影響,在教化形式上與儒家可能有相近的地方,但其教化的内容和實質,仍然是宗教教化。它因應民衆信仰的需要,以神道設教的方式,以終極的道、神來統領現實,將現實人事的根據歸到終極的神、道之中。兩者因其關注點的不同,從而理論的特質也各異,可以説源雖同但流却異。在當時的情況下,兩者是相互補充,互爲消長的。如果現實教化在現實中遇到阻力,不能持續有效地進行下去;或者人文化成不能適應變化日新的社會生活,在這種情況下,就必然會給宗教教化以更大的活動空間。在漢代後期,如何既推崇天道以確立一個高於現實生活的理想目標,這個目標可以充當引領現實的人事趨向於理想化的準則性的作用,使現實生活不因現實制度的僵化而凝固不化,同時又能有效地切入於現實生活之中,更好地發揮現實教化的功能,是時代提出的課題之一。可以説,道教教團的産生,亦與此時代的課題有關。道教既吸收了道家在人天關係上的思想,又吸收了儒家重現實教化的特點。它認爲人道應該合於天道,天道是人道歸趨的目標;同時又重人道之本身,認爲歸趨於天道的落脚點還在於人道。無論是太平道的"大方""小方",還是早期天師道的"二十四治""二十八治""靖廬""厨會""祭酒""鬼卒"等一系列政教合一的政治制度和宗教形式,都反映出道教的上述特點。

由人道及於天道爲什麽是可能的?天道之理爲何?由人道及於天道的具體路徑爲何?道教正是在對這些問題的思考過程中,引入了《易》學,從而確立了"道教易學"這種獨特的道教義理形式。因爲《周易》經、傳的義理内容和卦爻象的數理排列,如卦氣説、納甲説、卦的數理、卦序的排列、卦的取象等,對於天道的敷演是非常有效的理論形式。漢易以八卦、十二辟卦或六十四卦配一年的四時、十二月、二十四節氣;納甲法以天干、地支配卦,如此等等,在當時能非常精緻地、有效地説明天道運行的規律。那時的人們認同於《易》與天道的關係,認爲《易》之理即是天理的表現,循《易》理而行就能與天道相通,達到天與人的合一。將《易》引入道教,可以解決由人道及於天道的路徑和階次的問題。人通過法陰陽的消長,如四時、十二月、二十四氣的卦氣變化,卦象和卦理的變化,納甲的方法,修丹以合於天道。由人道及於天道的路徑和階次等問題因《易》引入道教而變得更加明晰。

同時,引《易》入道也可以解決先秦道家對道無法具體描述的困難。《老子》認爲"道可道,非常道"(一章),道作爲存在是不可知其名的,所謂"有物混成,先天地生,寂兮寥兮,獨立而不改,周行而不殆,可以爲天下母,吾不知其名,字之曰道"(二十五章);《莊子》認爲道"有情有信,無爲無形;可傳而不可受,可得而不可見"(《大宗師》)。引《易》入道,天道的内容可以通過《易》來表現。因此,東漢後期出現了道教煉丹術的不朽名作——《周易參同契》,合大易、黄老、爐火而言道教的修丹。它以《易》之乾、坤爲天地間兩種性質相對待的基本因素;因乾、坤而有坎、離,在《易》則生成六十四卦,在造化言則生成萬物;屯、蒙至既濟、未濟,一正一反,既是對事物變化過程的一個描述,也是煉丹的火候變化規律;至於十二辟卦、月相納甲等,儘管漢儒都是從對《易》的解説中創製出來的，道教則以之明天道的内容和煉丹的原理。因此，《易》引入道教後，天道不再是恍恍惚惚、不可言説、不可描述的神秘主宰者，而是有著實實在在内容、支配事物變化和發展的規律性存在。而《周易參同契》的出現，也就表明了道教易學的正式誕生。隨著歷史的推移、道教的發展，道教易學也經歷了具有不同特色的幾個發展階段。到了宋元時期，道教易學發展至極盛，形成了丹道易學、道教圖書易學和道教易老學等新的理論形式。

道教文化與易學文化是中華本土文化中較有代表性的、不同質的兩種文化，它們各有自己所關注的特殊問題，其文化形態是相異的，但存在可以相融通的文化精神，故在歷史發展過程中，它們相互碰撞、相互汲取，鑄成了一種嶄新的文化形態——道教易學。

總之，道教文化需要隨著時代、社會發展，不斷進行創造性轉化。道教教義中所强調的諸如"道""德"等普遍性觀念，皆要通過不同歷史時期具體的生命來呈現和擔當，正因爲普遍的哲學觀念要在特殊的歷史時期、特殊的生命限制中表現，故其在表現方式上必然具有歷史性、獨特性。雖然道教的核心精神可以在相當長的時間中保持穩定，如道教的"尊道貴德"等，但體現其核心精神的各種具體形式則會隨著時代與社會的變遷而發生改變，故道教教義需要與時俱進，隨著時代、社會的不斷發展，進行創造性的轉化，因此，從道教傳統文化精神中開拓出符合當代社會發展所需要的新内容，仍然是當代道教需要重點考察的問題之一。

作者簡介:章偉文,北京師範大學哲學學院教授,博士生導師。現任北京師範大學哲學學院中國哲學與文化研究所所長。主要研究領域爲周易哲學、道家道教哲學。

神者爲生主，生者動用之質：盧重玄的“神道”論

强　昱

内容提要：以老莊學的精神原則消化靈寶經的輪回説與因緣觀，是六朝至隋唐道教理論家面臨的根本挑戰。成玄英成熟完整的形上學與方法論，以及王玄覽、李榮等的理論建構，又是引導盧重玄思想成長的指南。本文通過對反映於《列子解》認識内容的具體考察，説明盛唐時期的道教哲學已經揚棄了佛教的人生學説。對生命屬性問題以及創造潛能的闡釋，即是極具代表性的範例。

對生死問題的關注，早在張湛那裏已啓其端，並且明顯從哲學的有無問題轉向爲社會化宗教的中心問題——生死解脱。是隋唐以來日趨成熟的心性論，主導著盧重玄使生命問題成爲認識探索的中樞。雖然同成玄英與李榮等前輩注釋的經典不同，但是却呈現了完全一致的精神嚮往。

一、真神無形,心智爲用。用有染淨,凡聖所以分

盧重玄是初唐聞名的文學家盧思道的玄孫,活躍於開元年間,奉玄宗之命創作的《列子解》是思想史上具有承先啓後座標作用的佳作。主要繼承發展了成玄英哲學的盧重玄,通過對宇宙的生命精神與自我的能動創造力量的揭示,極大地深化了道教的生命論。他立足於老莊道家的認識立場,不僅合理地使由佛教經典轉化而來的六朝靈寶經對生命屬性問題的認識更加符合道教的教理教義,而且爲推動内丹學的成熟作出了積極的貢獻①。

出自列子學派集體創作的《列子》的思想,包含著十分深刻的哲學觀。受到當時道教理論啓迪的張湛,把自己對文本的認識理解,熔鑄於生死超越的價值追求之中,爲盧重玄在新的歷史語境下展開的發揮發掘,開闢了堅實的道路。

> 夫生者何耶?神與形會也。死者何耶?神與形離也。形有生死,神無死生。故老子曰:"谷神不死""死而不亡者壽也"。然此之死生,但約形而説耳。②(《叙論》)

---

①本項研究是國家社科基金專案"六朝道教靈寶經的哲學觀與實踐論"(專案批准號:19BZJ045)的相關成果之一。對成玄英哲學的討論,可以參考拙作《從魏晉玄學到初唐重玄學》(上海:上海文化出版社,2002年版)與《成玄英評傳》(南京:南京大學出版社,2006年版)的分析。

②楊伯峻撰:《列子集釋》,北京:中華書局,2016年版,第295頁。斷句標點有改動,下同。

在中國的文化傳統中歷來主張形神的統一爲生,兩者的分離爲死。盧重玄明確指出生死問題的本質,實際上即是形神關係問題。滿足了"形神相會"條件的自我適時誕生於世界。而"形與神"結合之"會"的現實性,包含著"神與形離"乃是"生"的終結的主題。因此"死"與"生"的週期性,毫無遺漏地在每一個體生命的現實延續性上留下印記。通過經驗現象概括生與死的不同狀態,自然不得不區分兩類的存在者各自有别的内在屬性。

後人没有準確理解老子的"谷神不死"與"死而不亡者壽"的精神内核的紐結,以致思想的危機四伏。澄清各種似是而非的謬論,需要回到經典的相關論述中,認真思考不同問題的層次結構。圍繞"形有生死,神無死生"的認識,細緻地梳理決定生命存在的"神"的多重含義。盧重玄認爲存在著"生死"變化的是"形"的物質,而"神"没有"死生"的局限性。意思是"形"的實在之有與潛在之無的迴圈交替,是理所當然的事情。問題是以"形"爲個體性與現實性標誌的事物,不論是天地陰陽還是人倫物類等,無不以"神"的能動活力的存在,作爲分别"生死"或者"死生"的尺規。已經指出了"會"之結合與"離"之破裂的普遍性,雖然是不可抗拒的必然法則,但是"形"非主宰生命存在的主因、驅使萬物生起的動力,因此只能是"神"而不能是他者。列子深刻地領會了老子的思想關懷,進一步拓展了老子"但約形而説"的範圍,把問題直指每一個人同一的生命本質的焦點。

感性知覺視域中的生滅變化的個體存在者,此消彼長的過程與環節雖然紛繁複雜,但是決定一切事物現實存在的主宰力量的“神”的屬性,不會出現絲毫的改變,否則“形”與“神”的界限發生混亂,導致認識的錯誤。對老子的“死而不亡者壽”的認識,提出了“約形而説”的盧重玄認爲,不能簡單地將之與“谷神不死”等量齊觀。既然“形”的生死不能左右“神”的固有本質,那麽“若於神用,都無死生”①的理由,恰恰是在於“神本虚玄,契真者爲性。形本質礙,受染者爲情”②的具體内涵有别。確定“虚玄”之“神”是指“谷神”即宇宙的生命精神生生不息,而“契真”表示與“真”的完全同一。是自身的“性”的先驗屬性造就了“谷神”的生機無限,况且“虚玄”的“神”没有“形”的規定性,因此以其“虚”的無限包容性與“玄”的深刻超越性,使先驗的固有屬性與存在的狀態不爲“質礙”之“形”張弛遷移。以“無死生”的“神用”的差别性與多樣性,産生對“神”的同一性與普遍性的質疑,顯然尚未明白“受染者爲情”的底色。

不同類别的事物通過“契真”之“性”的先驗存在依據,得以與異己者相互區分。而“受染”之“情”表現爲具體事物的個體性,即“質礙”的數量規定性。陰陽的消長按照“神”的客觀準則有序變化,人類的生命無法撕破“神”的堅固帷幕。

> 至人忘情歸性,則近道。凡迷矜性殉情,則喪真。是故隳支黜聰,道者之恒性。貪生惡死,在物之常情。③(《叙

①楊伯峻撰:《列子集釋》,北京:中華書局,2016年版,第295頁。
②同上。
③同上。

論》)

能够"忘情歸性"的覺悟者以"近道"的精神自覺,擺脱了死生的糾纏。而"矜性殉情"的"凡迷"者,因爲"喪真"則不能實現生死超越的心靈憧憬。覺悟者的"近道"是指個體之"神"同起伏的"神運"的無限趨同,因此自己"死而不亡"的"壽"者的好奇心,因爲"神"漫遊了宇宙人生的各個角落而滿足。卓爾不凡的"道者之恒性",憑藉著"隳支黜聰"的對屬於"物之常情"的"貪生惡死"的生理本能的突破,瞬息"契真"而獲得生命的安頓。

把"至人"與"凡迷"的生存狀態相互對照,可以充分領教"受染"的情形的複雜。形體之"形"是陰陽氣化的凝結,因此人類之"情"被限制在流變的金木水火土五行的凝聚與分離以及比例與數量等條件性區間。自我"矜性殉情"的放縱與心理執著,使"受染"的危機日益深重。不能克服瓦解"貪生惡死"的生物性的障礙,凡聖迷覺不復存在。换言之只有"隳支黜聰"才能邁向"契真"的生命發展坦途。超越情感欲望的價值因此寄託在"忘情歸性"的自我塑造,一直保持著"神"的飽滿純潔。盧重玄同時否定了覺悟者没有正常的情感生活的見識的俗氣,認爲"忘情"而"歸性"的和諧生命,既不會貶斥厭惡"形"之肉身,又令"情"之精神意識活動處在先驗之"性"的調節控制的尺度之内。强調是"道者之恒性"維繫著"神"的創造性的有序釋放,凡聖之别不在"恒性"之有無,是"恒性"的牢固穩定程度的不同,造成了"神"的精神力量擴張的幅度與深淺的水準的巨大落差。

> 神爲生主,形報神功。神有濟物之功,形有尊崇之報。神有害物之用,報有賤陋之形。故神運無窮,形有修短。報盡則爲死,功著則别生。① (《敘論》)

由於“約形而説”没有“神”外在於“形”的意識,從未把問題偏離生命的主宰者,因此在反省“生死”之“形”的延展量時,逐步得出了“神爲生主,形報神功”的結論。

作爲“生主”的“神”一以貫之的波瀾不驚,時刻掌控著“報神功”之“形”的存在狀態。即使存在著“修短”的時間長短的“形”的個體,隨著合理性的泯滅走向消亡,但是“有濟物之功”的“神”的功能,又不能答應邁出“形”的承載者的庇護所。當“形”不能繼續表現“神”的靈敏之際,淪喪於陰陽盡頭的自我“尊崇之報”的光榮,隱退消失於大千世界。盧重玄認爲,“神”的知情意對應於“形”的手捉脚行,是人類的生命秩序的當然之則。日復一日遭遇“神有害物之用”與“報有賤陋之形”的不可違背的依存關係時,世人重視的是“賤陋之形”的外貌形象,往往忽視的是“害物之用”的“神運無窮”的内在根源。這意味著“神”之“生主”的地位遭到顛覆,把關注的視線狹隘化爲“形有修短”的肉體延續。細心追溯“神”的時間向度與空間維度所及,存在著“濟物之功”與“害物之用”的“神”的截然對立的表現,原來無時不能脱離“形”的差别。

經驗世界中的“形有尊崇之報”的帝王等等,反證的是“報

①楊伯峻撰:《列子集釋》,北京:中華書局,2016年版,第296頁。

有賤陋之形”的卑賤者的微不足道。然而個體生命的尊嚴與榮耀,不會因爲地位職業以及貧富美醜發生性質的扭曲。承認“報盡則爲死”的必然性的自我,相應會引發對“功著則别生”的問題的關切。

> 神不易而形改,至人了知其道,故有而寶真。真神無形,心智爲用。用有染淨,凡聖所以分。在染溺者則爲凡,居清淨者則爲道。道無形質,但離其情。豈求之於冥漠之中,辯之於恍惚之外耳?① (《叙論》)

自我“報”的先驗構成,是在“修短”的壽夭久暫中,出現“尊崇之報”與“賤陋”的善惡之分,發生“神不易而形改”的分裂格局。感恩的報答或者仇恨的報復,以當下的“報盡則爲死”的因果鏈條,與前生及來世建立不可切斷的聯繫。從天真爛漫的嬰兒到老態龍鍾的遲暮,高齡者“形改”的體貌巨變,不可否認的又是“真神”之“不易”的事實。具有“濟物之功”與“害物之用”的“神”的未來,人所共知的是“報盡則爲死”的凋零於世界。對“不易”之“神”是否還會有“功著則别生”的生命形態的更新,或者更高層次的發展問題猶豫不決。因此是“知其道”的覺悟者,透過形與神的複雜表裏關係,通曉了生死的奥秘。

擴大“約形而説”思路設計的盧重玄,立定“神運無窮,形有修短”的考慮脚跟,在“功著則别生”的領域反省生命問題。認

①楊伯峻撰:《列子集釋》,北京:中華書局,2016 年版,第 296 頁。

爲確定了“形有生死”的客觀性,不等於消除了對“神無死生”問題的疑惑。從“神不易而形改”的現象,上升至“知其道”的理性自覺,有待於鄭重系統地回答“無形”之“真神”的存在因緣。因此“有而實真”的覺悟者,把專注的目光聚焦在“神”的現實活動。人類的理性要求人生之“有”不可或缺的認識實踐,以“實真”作爲中樞。生命之“實”只能是“無形”的“真神”的精神焕發,而“心智爲用”的形式知情意,作爲潛在的創造力,轉化爲變革世界成就自我的現實業績。以深層的“神”的内在屬性爲依據“形”的存在狀態,剥離了包裝於“形”之上的知情意的各種妝容粉飾,自我的“真神”之“恒性”光彩照人。

二、陰陽易辯,神識難明

知情意爲“心智”的具體化,具有“染淨”之分,實際是指存在著真僞。是“恒性”的先驗性與純粹性,同“真神”的創造性與合理性的統一。個人的“心智”萌發時,受到“貪生惡死”的生理本能與“矜性殉情”的認識局限的限制。生命成熟需要付出的“淨染”的代價,是檢驗聖與凡高下的準繩。盧重玄清醒地意識到,存在“濟物之功”的“神”的常態與變態,甚至是病態,時刻投射在“心智”的流溢方面。心靈之“淨”是“濟物之功”的有序化輸出,而“染”爲“害物之用”的倒錯。生命的整體性與創造性以及複雜性與可塑性没有得到正視,對“報盡則爲死,功著則别生”的問題的解决之日將遥遥無期。

可歎可悲的世人,對“但約形以爲生,不知神者爲生主。約氣以爲死,不知神者爲氣根。繫形則有情,迷神則失道”①(《叙論》)的茫然,把自己推進了與覺悟解脱的輝煌目標背道而馳的深淵。割裂神形與生死以及道氣與性情的依存關係,没有能力處理“淨染”的“心智”的應有分寸,葬送的是明天“凡聖所以分”的希望。在心靈的自覺成爲核心討論的議題的同時,盧重玄没有否認生命延續的正當價值。把修身養性置之於覺悟解脱的熔爐之中,先期預見了未來内丹學的成長的前景。雖然《周易參同契》的思想主張,没有在《列子解》中留下具體而明確的烙印痕跡,但是對時代潮流的積極且敏鋭的回應,無疑有力地推動了認識發展轉型的進程。

依據“形有生死,神無死生”的基本論綱,在“神不易而形改”的思想基礎上逐漸又向“心智爲用”的認識深入的盧重玄,以“神運無窮,形有修短”爲軸心,對生命屬性的詠歎反復致意。由於“神”在《列子解》中具有不可替代的重要性,理清“神”的含義成爲了把握盧重玄理論傾向的關鍵環節。通過“神爲生主”的規定,可以明確“神”的主要内涵爲决定生死的能動力。人類的生命與時空環境中的形形色色的事物的變化,無不是“生”的表現。因此“生主”的神聖地位如實體現於“無死生”的永恒性,是“無窮”之“運”的存在狀態,空前地張開了“神”的人類生命力與能動創造性飛翔的雙翼。同“約氣以爲死”的總結有别的是,因爲“不知神者爲氣根”的芸芸衆生,把“形有修短”

①楊伯峻撰:《列子集釋》,北京:中華書局,2016 年版,第 296 頁。

施加於"神運無窮"之上,意見遮蔽真理的荒謬於是層出不窮。作爲"氣根"的"神者"遠離了感覺與知性以及理性判斷,能够被人類的心靈觀照,是"繫形則有情"的存在狀態與本質存在的統一。而"無形"的"真神"先驗性與内在性的玄妙,牽動著"繫形則有情"的"修短"的同心圓的大小。陰陽之氣的運動變化機制與内在原理以及存在狀態的神妙莫測,則爲"有情"的"繫形"之"神"的"修短"的數量。至於"在染溺者則爲凡,居清淨者則爲道"的迷覺,是指聖凡領會水準的深淺,不能篡改增減"神不易"的固有屬性①。

如果不具備"心智爲用"的異於他事物的能量,那麽"神者爲氣根,繫形則有情"的紛紜萬象,無從與心靈保持同一的實在性。因爲是"道無形質,但離其情"的普遍性與超驗性問題,需要訴諸生命體驗才能真切享受,因此"豈求之於冥漠之中,辯之於恍惚之外"的批評,否定了封閉於"質礙"之"形"自覺"無形"的形上之道的企圖。换言之即"恍惚"的變動不居與"冥漠"的超言絶象,同"報盡"的死亡歸途,其實是"迷神則失道"的應有下場。永恒性與實在性同歷時性與共時性一體的"氣根"的動能,以"功著"潛能轉化爲現實。而"繫形則有情"的差别性與個體性,是"别生"的諸事物的發展趨勢,不是雜亂無章的拼凑。肯定的是"神不易而形改"的週期性與規律性,被"知其道"的覺

①武周時期孟安排的《道教義樞》對"神本"問題的討論,是盧重玄認識的重要來源之一。相關研究可以參考拙作《孟安排〈道教義樞〉的"神本"生命論》的具體分析(《哲學門》,北京:北京大學出版社,2013年版)。

悟者通過心靈的内省,以人生實踐的現實化,成爲了人類可以普遍共用的精神財富。

存在於"有情"的存在狀態與"質礙"的規定性,決定了生死有期的相對性與同一性。與"無形質"的形上之道的永恒性與超驗性的距離,不能産生絲毫的模糊重疊。以"繫形"的現實性與表象之物"有情"的存在狀態,分别表達"神用無窮"的形上之道的存在依據的支配作用,還是以"知其道"的理性精神,拷問清算我們面對的是冰凉而僵化的世界的頑固不冥的荒唐。

> 夫群動之物,無不以生爲主。徒愛其生,不知生生之理。生化者有形也,生生者無象也。有形謂之物,無象謂之神。跡可用也,類乎陰陽;論其真也,陰陽所不測。故《易》曰:"陰陽不測之謂神。"豈非天地之中大靈瑞也?故曰天瑞。① (《天瑞》第一)

生命是宇宙的奇跡,當然也是無比吉祥的福兆。由"群動之物"構成的生機勃勃的圖景,背離了"無不以生爲主"的樞紐,人類將深陷於沉寂而黑暗的世界且顔面盡失。

無窮的創造性是"以生爲主"的題中應有之義,因此"群動之物"交相輝映著宇宙的莊嚴偉大。運動變化的機制與表現的微妙神奇,爲"知生生之理"布滿了陷阱。身處無限世界中"心智爲用"的個人,共同的"愛其生"的心理意識,心靈領會能力的

---

①楊伯峻撰:《列子集釋》,北京:中華書局,2016年版,第1頁。

利鈍,使對生命價值的認知高下懸殊。一般人重視的是生命的現實需要的滿足,對“生生之理”提不起求索的興趣。結果“神”的“生主”與“理”的“恒性”遭到了漠視冷落,無法觸及“生化者有形也,生生者無象也。有形謂之物,無象謂之神”的問題,並且予以深入審慎的詮釋。流變“生化”的事物“有形”的現實性與規定性,認識者“謂之物”的對相同屬性的認識,成爲度量“生化”的潛在與實在的唯一模具。繼續考察“無象”的“生生者”即決定生命變化的究竟君王,不論“生化”的形式發生了多麼巨大的改變,畢竟不能否認“生生者”存在的必然性與真實性。因此“無象謂之神”的命題,指對生殺予奪及聚散存亡的力量進行抽象化篩選。

從感性知覺上升至理性批判時,以“跡可用也,類乎陰陽;論其真也,陰陽所不測”的論述,盧重玄清醒地指出了濃縮於語言概念中的思想藍圖,同經驗事物的差別與聯繫。由於“可用”之“跡”與“陰陽”的消長盈虛相類,被穩定能指的概念符號所指的認識對象,面臨著不能消除利索經驗色彩的困境。轉向“論其真”的地帶,又集中在了“陰陽所不測”的“生生者”的超驗性。是見於《易傳》的“陰陽不測之謂神”的經典聖訓,已經明確了“陰陽”僅僅是“生化”的存在狀態或者表現形式。作爲“功著則別生”的同一構成材料的變化,方式與狀態的不同取決於“功著”的條件性,而“神”之“生主”始終不移。通過對經驗事物的生死現象不斷進行推理推敲,提煉出“不因物生,不爲物化,故能生於衆生,化於群化者矣”的盧重玄,旗幟鮮明地捍衛了道教的獨特神靈觀。

無規定性之"神"因爲不是"有形"的有限存在者,因此"神用無窮"的認識,在突出"陰陽不測"之"神"是"天地之中大靈瑞也"的無限創造力的同時,還包含著"不死"的"谷神"就是萬物的生命之源的觀念。由於需要把"神者爲氣根"之説,納入到"有形謂之物,無象謂之神"的認識中詳加甄别,才能緊密地同"生於衆生,化於群化"的認識統一,盧重玄縝密地對存在者的相對性予以了不同層次的討論。嘗試通過思想化構建,架設起可以光明磊落地窺視他者隱私的橋梁,打通横亘於"神者"與"氣根"的天塹的阻隔,驅散乾淨包裹其上的重重迷霧,爲世人傳遞兩者關係的可靠資訊。

> 夫有形之物,皆有所生,以運行之。舉其所大者,天地也。運天地者,陰陽也。陰陽,氣之所變。無質無形,天地因之以見生殺也。陰陽易辯,神識難明。① (《天瑞》第一)

逆推"生生之理"發生作用的初始緣起,直至"難明"的"神識"的底線。爲人類感性知覺的是"有形之物"的個體存在者,四季推移萬物榮枯的週期性可以視聽觸摸。運用理性能力過濾"皆有所生"的同一物質成分,豐富的生活素材固化了"以運行之"的變化消長的節點。

先知反省"有形之物"的數量規定性,將"大者"囊括在"天

①楊伯峻撰:《列子集釋》,北京:中華書局,2016年版,第6頁。

地”即星辰與地球。雖然扼要地對歷時性變化的時間限度進行了交待,但是陶醉於“陰陽”作爲“運天地”的内在動力與根源的收穫,人類的認識不足以剔抉多樣性的雜質。回顧“陰陽,氣之所變”凝聚離散的“大者”的現實性,没有取得一致的共識的原因,是“無質無形,天地因之以見生殺也”的無規定性的超驗實在被擯斥,理性的自覺精神從此變得黯淡無光。批判歷史悠久的“陰陽”觀的强勁慣性塑造形成的心理麻痹,往昔徹底淹没的“天地因之以見生殺也”的“無質無形”的光芒,才能重見天日。由“易辯”的“陰陽”與“難明”的“神識”矛盾統一的雙方,構成的“生生之理”的内核,因此必須凝神運思於對“無形無質”的超驗實在的觀照之上。拯救樂成於“陰陽”觀解釋的公認效力而不慮始的後人的努力,需要珍視爲人類未來的精神成長,貢獻了可靠磐石的“陰陽”觀的合理價值,不能草率地把“陰陽”觀積極的成果抛棄。觸動生命心弦的“難明”的“神識”進入意識的内部,困擾我們脆弱神經的“無形無質”者開始與知情意共鳴。

反對“求之於冥漠之中,辯之於恍惚之外”剖判“生生之理”的態度,已經説明“生生之理”即是“無質無形”的形上之道。而“心智爲用”呈現的“在染溺者則爲凡,居清淨者則爲道”的人類生命活動,差别是“染溺”的執著盲從與“清淨”的一塵不染,不是對語默動静“皆有所生”之“情”的否定。潛在狀態的“無形”容易瞭解,可是對“無質”的超然絶對者,不能不疑慮叢生。以“生化者有形也,生生者無象也”的認識爲參照,深思熟慮的自我以“有形謂之物,無象謂之神”的講究,爲有無“形”與“質”的存在者的功能作用之分提供了事實保障,又是“運天地者,陰陽也。陰陽,氣之所變”的思想的邏輯延伸。經驗事物“生化”的“跡可用也,類乎陰陽”的氣象萬千,無論如何不能排除“形”與“象”以及“跡”的客觀規定性。至少“跡”之所以然爲“真”的確定性,與“可用”之“跡”的變動不居非一。因此“論其真也,陰陽所不測”的是共時性之“神”的自足與純粹,清楚地標注了與處於歷時性過程中的“氣之所變”的“類乎陰陽”者的分水嶺。則“但離其情”的“無形質”的形上之道,除了不具有“形質”的規定性,又指覺悟者的“真神”是“無形”的形上之道的現實化身。如果形上之道不能爲覺悟者見證,那麽空洞的“真神”是概念的堆砌,與人類的精神生活無關。爲我們持續提純“神者爲氣根”的精華創造了條件,有助於考察王玄覽《玄珠録》之後的生命觀的發展脈絡。

事物生死存亡的“跡”的存在狀態,是潛伏於“陰陽”的瑶臺後方的“生生之理”的現實化。難以知曉的不是“生生之理”的普遍原理與宏觀準則,是“神以制形,無以生有”的結構秩序的發生機制。因此“制形”之“神”的“以運行之”的條件性,表現在“無以生有”的驅使潛在轉化爲實在的張力。突破潛在轉化爲具有“形質”的實在者,指存在著豐富規定性的每一個體事物,遵循“氣之所變爲陰陽”的客觀規律存亡是其共同的命運。可見“制形”之“神”是事物存在的生命與靈魂,而“爲氣根”的“神”無疑是存在著生機的内在屬性的不老海洋。由於“神者爲氣根”的話語易於産生以“神”爲第一推動力的嫌疑,是心靈“離其情"的淨化擺脱了"情"的實體性與經驗性附加的負擔。同"陰陽不測之謂神"的認識聯繫,斷言跨越了可以"測"的"陰陽"的閬苑,究竟狀態的"神識"使不息的宇宙的生命精神的綻放。即"不測"之"神"能够承擔"生主"的偉大使命的緣由,因爲"無形質"的局限性成爲了具有"形質"的存在者的日新月異的動力之源。絶對不能誤以爲"氣"之"變"的"陰陽"的相互離合,就是"無窮"的"神用"的理據。恰恰在於把"神"看作了偶爾"氣之所變"意外的闖入者,使"神"的先驗性與内在性失魂落魄。

與"神者爲生主"的絶對性是内在性與先驗性的統一,相映證的是"能生物化物,無物能生化之者"①的永恒性與唯一性,可以充分滿足"不因物生,不爲物化"的理性質詢。而"能生於衆生,化於群化者"是建立在"無形質"的"神"是無規定性的前提下,不會與自然"生化"活動的事物發生須臾的疏離或者脱節。盧重玄以爲過去的學人對老莊"無以生有"的猜想,割裂了有與無的依存關係。因此"言無安得有極盡耶"的嚴正辯難,强調步入惡的無限性的邪路,已經使"是以道無不遍,無之謂也,體用俱大,非虚實無有也"②的思想真諦,不可避免地遭到肢解。毫無疑問"有極盡"的"言無"的概念範疇的羅列與編造,是不能從本源上確立"神"之"真"的障礙。没有任何規定性的束縛而"無不遍"的形上之道,不受時空條件的限制存在於一切事物中,是

①楊伯峻撰:《列子集釋》,北京:中華書局,2016年版,第5頁。
②楊伯峻撰:《列子集釋》,北京:中華書局,2016年版,第156頁。

老莊道家"無"的精神旨趣與秘訣。形上之道"俱大"的"體用"因此同事物的生死有期,由於"神用"而不會出現絲毫的凝滯或者縫隙。

既然"無不遍"的形上之道由於没有"形質"的局限性,是"無"的"無不遍"的普遍性得以成立的邏輯後盾,那麽"生生之理"顯然是從必然性與規律性的角度,對"體用俱大"的形上之道的闡釋。而"體"的存在依據是"理"的客觀法則,存在狀態之"跡"或者"用"始終呈現爲永不枯竭的"谷神"的創造傳奇。作爲"制形"之"神"的决定生命存在的動脈被特别叮嚀,是因爲"神者爲氣根"的雲錦削割爲飛揚的碎片,不得不通過迂回曲折的方式,從形上之道"俱大"的"體用"的棱鏡,透視"無不遍"的形上之道與"不易"之"神"的良性互動。原來令我們煩惱的是"無以生有"的問題,由此而衍生的"難明"的"神識"一步步加劇了認識矛盾的尖鋭化程度。

> 夫神道之含萬物也,故不窮。陰陽之含天地也,故無極。天地萬物之外,我所不知以辯之,非謂都不知也。①(《湯問》第五)

無處不在的"神道"無時不存"含萬物"的普遍性,同時兼具没有起點也没有終點的"不窮"的永恒性。而"天地"的風雨晦明變化不能外在於"陰陽"的動静節拍,昭示著"無極"的整體性與無

---

①楊伯峻撰:《列子集釋》,北京:中華書局,2016年版,第157頁。

限性。提出"天地萬物之外"何爲的問題與"我所不知"的回答的盧重玄,是告誡要以理性直觀的"不知以辯之"使塵埃落地。相伴的"非謂都不知也"彰顯"陰陽易辯,神識難明"的用意在於,即使没有"天地萬物之外"的事物,然而對"知"與"不知"者不能掉以輕心。不可知論完全否認了人類理性直觀的能力,觀念論者却把精神性的概念等同於客觀存在的實體。感性知覺與理性直觀的區别聯繫,不能混淆替代。因此"辯之"不單純是對主體自我的認識形式的具體分辯,還隱含著同"神道"的普遍性與必然性以及永恒性與超越性的默契冥合的要求。

分析盧重玄的論述可以看到,從普遍歸納高度提出的"生生之理"是指"陰陽"消長的規律性與週期性。因爲"易辯"而納入到了觀念系統中,形成爲相對穩定的學科部門。由於"神用"與"神識"以及"神明"與"神道"是可以相互詮釋的概念系列,而人類領會"神道"的爲理性直觀的"神識"的潛能。不能爲心靈領會的"神道"只能是蒼白的觀念的炮製,將不具有存在的合理性。從"神之獨運,非物能使。若因情滯有,同物生化,皆非道也"的認識判斷中,業已肯定了"獨運"之"神明"的風範,不會受到具體事物存亡的干擾。是世人"因情滯有"的無聊,把"神道"的神妙無方與紛紜事物的"生化"等同,自絶於"非道"的毁滅淪喪。

三、涉有者委形也,體和者生性也

綜合檢討"體用俱大"的"無不遍"的形上之道,我們欣然地可以把“無不遍”之“無”的無規定性，視之爲“神道”的主旋律。而“非虚實無有”的核心是没有“陰陽”的存在狀態的轉化，穩定地保持著自己的同一性。

冥思内觀時空統一的宇宙，能够被人類的精神意識把握的蓬勃旺盛的無限世界，升華了對“神用”的思想大厦的成果，回報於己的是“體用俱大”的真理與智慧。而“獨運”之“神”的無窮活力永不衰竭的理由，是其“無不遍”於“生化”内部的普遍性。整體不是部分的累加，爲内在之“體”與表現之“用”交融的同義語。絲毫的錯位即是對“俱大”的“體用”的嘲諷。是“因情滯有”者的淺薄幼稚，要麽割裂了“體用”的對應關係，要麽忽略了“生殺”的鴻溝。

> 谷虚而氣居其中，形虚而神處其内。玄者妙而無體，牝者應用無方。出生入死，無不因之，故曰門也。有形之本，故曰根也。視之不見，用之無窮，故曰若存者也。①（《天瑞》第一）

運用“若存”的模擬，描寫“視之不見，用之無窮”的“谷神”的綽約不是故弄玄虚，是因爲涉及的問題的複雜。由於生命、存在與本質諸義項，無不包含於其中，因此通過不同的概念摹狀其韻味的風雅。

不爲感性知覺網羅，即“視之不見”之義。而“用之無窮”又

---

①楊伯峻撰：《列子集釋》，北京：中華書局，2016 年版，第 4 頁。

明確了具有規定性的事物的生滅不斷,任何“有形之體”無不從此“根”發育生長,没有止息的時候。意味深長地把包括天地在内的紛繁萬物之“根”的蘇醒萌芽,排比在介於渾沌之間的“氣”與“虛”内部,環繞著“門”的生的曲徑、死的陌路週期性出入。因此“出生入死”的事物“無不因之”的普遍性與永恒性,同“生化”的規律性與必然性並存。如果發生了斷裂或相互排斥的情況,那麼“天地”將無法爲“陰陽”收容存留。勉强地以“天地萬物之外”的辭彙,暗示依靠日常觀察與演繹推理,能夠描述解釋的世界的邊界。然而“無極”的“陰陽”的生機不息的運動變化,在一般意義上的吸引與排斥或者衝突與統一關係,絶非生命的原初形態,是青春永駐之“神用”的生命驅動著潛能轉化爲現實。相互並列彼此依存的“妙而無體”之“玄”與“應運無方”之“牝”的動態平衡,是突破潛在轉化爲實在的個體事物效法的普遍原理。化生的物質承擔者不能是零或者爲真空,説明“無體”者不具有“形體”的規定性瑕疵,是以“真”之實在性傲然獨立。不可思議的“玄”之“妙”同時與“牝”的“應運無方”有機協調,是自己成就自身。出現了非“陰陽”構成的存在者,只能出自意識的主觀臆斷。由於“無方”包含著不可預測與不具有規定性雙重的含義,再次從思維秩序上呼應“若存”的表達。而“應”的刺激反應的模型與“運”的醞釀陶冶的積累,不能誤解爲派生出萬物的宇宙的初始端緒。

先驗而絶對的“神道”的超越性與現實性,與歷時性過程中具體事物“出生入死”的週期性迴圈流轉,因爲“生化”的和諧解釋了時空統一的宇宙的永恒性問題。因此“谷虚而氣居其中，形虚而神處其内”的心靈樂章，肯定存在者“出生入死”的相對性，不排斥“神用”以其“虚”的存在狀態，與“形”具有先驗而内在的統一關係。因爲無物的“谷”的空曠，是“氣居其中”没有瓦解實在性，不論“形虚”還是“谷虚”者，與“神用”因此保持著固有的客觀同一性。把“神用”的“應用無方”人爲地孤懸於“氣”與“形”外的災難，違背了萬物“無不因之”的準則，形成了嚴重的認識悖論。旋轉不息的“出生入死”的事物的粉墨登場，不能影響干預“神”的無窮活力的原因，是因爲没有“形質”的有限性的不足。否定了“神用”的内在於事物的絶對性，那麽“陰陽”之“氣”的動静存亡“因之”的主宰作用流失殆盡。則由“陰陽”之氣凝聚離散曝光的事物的生死週期性，運用“玄”的概念指稱運動變化的内在機制與原理秩序的奇妙靈通。而生命之源的“牝”的生育活力因爲不受時空的約束，强化的是“門”的幽途迷徑的唯一性。通過對經驗事物的生死遷移反觀“根”的種子滋生的臨界點，由於遠離了感性知覺能够觸碰的限度，因此利用“若存”的措辭，彰顯其作爲理性直觀的對象的超越性特徵。

具有同一的凝聚離散的個體存在者的生死，存在於一定的時空中。時空作爲自我能够當下經驗的認識對象，也是存在著成毁的東西。只是成毁乃“陰陽”的消長興衰，而“陰陽”發生的是氣之性能的轉移，没有死亡終結之危。面對杞人擔心天地趨於崩潰的大劫，人類何爲的多餘憂慮，哲人以“天爲積氣，何處無氣也？地爲積塊，何處無塊也”的深思，緩解其惴惴不安的焦灼癥結。又以"塊無所隱,氣無所崩。日月,是氣中有光者"的翔實開導,治療此公"憂於崩墜"的心理錮疾。宇宙没有無質的改變也不存在量的增減,不論是"塊"者的體狀還是"氣"之積累形成"有光"的太陽與月亮,不會有"隱"與"崩"的問題。言外之意是遁形者與明亮者,其勃勃生機來自相反而相成的類型與組織的塑造。

没有絲毫"形質"妨礙的"神道"的主宰决定權威,調整著具有規定性的個體的生死迴圈。存在合理性走向滅亡之日的事物,又是另一事物同步生起之際。以"光"之有無爲量表,分解從"物"到"形質"再到"塊"與"氣"的實體性層級,内容的豐富與細化增强了自然無爲的"神道"的輻射力。

> 夫天地者,物之大者也。形體者,物之細者也。大者亦一物也,細者亦一物也。有物必壞,何用辯之哉！且人生不知死,死不知生,來去不自知,成壞不能了,近取諸己,且未能知。亦何須用心於天地,而憂辯於物外耶?①(《天瑞》第一)

不同類别的個體事物,能够通過對"物之細者"的"形體"的差别,即形態與可以數量規定的方面獲得細緻鑒定。是差别性的現實存在,使人類的認識把"物之大者"確立在了"天地"的壯闊。然而"大者"與"細者"同爲"一物"的屬性没有不同,哪怕

①楊伯峻撰:《列子集釋》,北京:中華書局,2016年版,第34頁。

消失於"天地"之間的亡靈,照舊不能使自身掙脱於"一物"的屬性束縛。問題的關鍵是領會"有物必壞"的不可抗拒的必然性,不是把精力與熱情徒勞地耗費在"辯之"於"物"的或"大"或"細"的園地。

顯然,小大之辯是先知早已解决的問題,細心琢磨就可以獲得正確的答案。令人悲哀的是"人生不知死,死不知生"的心靈麻木,連"來去"與"成壞"都喪失了深入探索的自覺性。凡夫不能"自知"的原因,在於將"近取諸己"的天賦理性能力逐步束之高閣。是"心智"的誤用與濫用,造成了比比皆是的"用心於天地,而憂辯於物外"的枉費心機。針對"近取諸己,且未能知"的芸芸衆生的失敗,盧重玄從否定的角度,把認識自我作爲人生唯一具有决定意義的事情。對不離日用的生命活動"能了"的深入把握,上升爲對與己相異的廣泛事物"自知"的明覺,有效地避免了認識實踐的虚幻。當"近取諸己"的忠告得到了貫徹,一方面是"有物必壞"的認識確立,另一方面也化解了"己且未能知"的疑惑的折磨。因此"知"的覺悟的核心是生死的根源與歸宿,是以對"來去"的時間之流的綿延過程與"成"的潛能轉化爲實在的具體狀態,及其"壞"的隱退於世界的萬物的細節真相的確認爲訴求。

在批判杞人憂天背後展現出來的宏大思想背景,是盧重玄的生命叙事的明確問題意識與自覺的方法論。强調通過對不同現象的質證比勘,提煉爲普遍有效的公理,是消除經驗論的淺薄與主觀論的幻想必須踐行的道路。嚴肅認真的思考不能與素材例證發生衝突,最終在認識實踐上服務於“自知”的人生使命。而“用心於天地”的深切知識,達到了“知死”與“知生”的有機統一的高度,符合滿足“自知”的需求。當然“辯於物外”的努力的價值,因此獲得了錘煉檢驗。是“何處無氣”與“何處無塊”的嚴正詰問,拒斥離開“氣”與“塊”的航船試圖認識自我的可能性與合理性。不論是形體大小還是生死休短,都是生死有期的存在者。人力只能順應命運安排的“必壞”的本分,不能改變對抗。領會了萬物運動變化的内在根源的覺悟者,札根心靈的自由而超越生死。

低吟淺唱“夫心識潛運,陰陽鼓作,故形體改换,天地密移,損益盈虚,誰能覺悟？所以貴夫道者,知本而不憂亡也”[①]的思想詩篇的哲人,認爲生命價值成就於“知本而不憂亡”的自我解脱。能動“潛運”的“心識”的全部能力的釋放,讀懂了萬物“陰陽鼓作”的作用機制與主從關係。不同類别事物的制約依存,表現在“形體改换,天地密移,損益盈虚”的隱顯。須臾間發生的“形體改换”的存在狀態的變身,以“形神”作爲類别與個體之分的金科玉律,那麽被主體自我的理性度量只是時間早晚的事情。而“密移”的“天地”的潛滋暗長,即使不能精密地確定“損益盈虚”的細微數量刻度,但是“陰陽鼓作”潤物無聲的運動變化的必然性與週期性以及規律性,能够爲“覺悟”的生命體驗,不是離奇的神話或者捕風捉影的杜撰。内心以“道”爲“貴”的人類依賴“知本”的精神自覺,信念堅定的“不憂亡”的心態,化

①楊伯峻撰:《列子集釋》,北京:中華書局,2016年版,第31頁。

爲向死而生的心靈解放。死亡固然是生命不可或缺的部分,但是没有被死亡的恫嚇、黑暗的降臨征服。突破蒙昧走向文明的編年史,無可辯駁地證明了"心識"的非凡創造,將收穫的"自知"的"覺悟"的果實,是宇宙補償於"貴夫道"者勞作的饋贈。

把人類與生俱來的認識能力的神聖高貴,凝聚在"知本而不憂亡"的超越精神,是對生命價值的高度肯定。雖然"有物必壞"的謝幕令人沮喪,但是笑傲死神的召唤"不憂"的自我心靈,以"知本"的"覺悟"灑脱坦然地走向生命的終結。死亡的事實能够被認識理解與從容接受,成爲了人類以不懈的"心識潛運"的拓展擴張,通過不斷能動的精神創造改善自身處境的不竭源泉。熠熠生輝的覺悟者因此一躍爲代表"知本"的典範,抵達了個體生命創造可能達到的高度、廣度與深度。宇宙萬物的運動變化的最高機密,因爲被"知本"的心靈透徹地敞開,促進了"近取諸己"的知性價值獲得升華。内心裏與"若存"的"神道"的"若"的不確定性,同"存"的確定性對飄摇的消解的隱喻聯繫,佐證的是"知本"的理性自覺的偉大。拯救大衆如同獨處於無垠的曠野的無助生存狀態,知情意圍繞著"知本"的中樞有序波動,是不可替代的靈丹妙藥。

以"神道"爲"道"的積極的一面是突出了"神"的超越性,消極的一面是對形上之道的客觀性内涵的擴大,容易把精神性的意識介入到形上之道的認識上。道教的道即是神的宗教信仰,是解開事物生死存亡的内在根據"神道"的謎團的鑰匙。盧重玄多角度全方位的思考,遊刃有餘的解決問題的能力,尤其是取得的非凡建設性成果,令人由衷地讚歎折服。

> 既不知神明之爲道也,故假天地以言之。天主神用,地主形物。涉有者委形也,體和者生性也。應用者委順也,情育者委蜕也。汝今行止食息,但知强陽之所運,而不知神明之真宰也。亦可得有夫道者邪?① (《天瑞》第一)

是認識能力存在的欠缺,真理的“神明之爲道”的福音被窒息。出於溝通的便利而“假天地以言”的權宜之計,因爲受到日常運用的“言”的概念符號的限制,心理上較易接受“天主神用,地主形物”的教條。借用“天地”加以打磨“神明之爲道”的瑰寶,克服“天主神用,地主形物”的傳統見解存在的弊端。根源在於“鼓作”的“陰陽”的發生機制與内在原理問題,没有獲得真正的闡釋使得意見廣泛流行。

代表著“陽”的剛健的“天”的概念,同象徵“陰”的安寧的“地”的概念有機統一。而“神用”與“形物”之“主”不可分割,涵蓋了“涉有”的具有規定性的一切存在者。是“委形”的萬物的規定性出現,突破了“陰陽”的平衡對稱狀態轉化爲實在。實現轉化的條件爲“體”之“和”的内在屬性各得其所,因此“性”之“生”與“鼓作”的“陰陽”的相互制衡。形形色色的事物在天地間生滅,是陰陽凝聚或者離析的客觀反映。無不“委順”的每一個體事物聽從“陰陽”的消長法則的號令變化,指“應用”於

①楊伯峻撰:《列子集釋》,北京:中華書局,2016年版,第36頁。

"陰陽"是個體存在者不可抗拒的宿命。否則不能突破潛在轉化爲實在,或者將畸化爲異類中的一員。反觀逆推到"情窮"的極限,無奈消逝"委蜕"於世界的主體自我,無法把自己的主觀意志强加於"神明之爲道"的主宰力量之上。將"心識潛運"的精神與"陰陽鼓作"的生化結合,磋商著"形體改换,天地密移,損益盈虚"各個相關問題密意的盧重玄,對"神明之爲道"的深層心聲的思考,斷言首先是傳統的慣性與文化的陳見掩蓋了"神明之爲道"的燦爛陽光。

四、以無制有,皆神之功

萬物的現實性是"强陽所運"達到一定的數量程度,該事物與他事物相互别離。認同"陰陽鼓作"是"有"的存在者必須服從而先驗同一的不二準則,那麽經驗世界中任何"體和"的個體事物,即滿足某一類别存在要求的存在者,嚴禁擅自妄爲與"生性"的固有規律秩序,越界而彼此違背相互衝突。對不論是"形體改换"還是"天地密移"的事物的拿捏,雖然"損益盈虚"的規定性各有其主,但是"體"之"和"經絡分布,同"性"之"生"的血氣流向渾然天成。兩極化頂點的"順"與"蜕"都是"委"的存在狀態的差異,不能是"生性"的改變。死亡或者消失的"蜕"的解構力,是潛存於"順"的生命整體之中的組成部分。覺悟者以"潛運"的"心識"追隨著"鼓作"的"陰陽"的交替,無私地把死亡的真相大白於天下。每一個人"行心食息"的思想與行動,是無人不知的“强陽所運”的常識,相反對於“神明之真宰”的醒悟却普遍空缺。

生命的終結與知性能力的消失,是同一問題的不同側面。自我“委”的生起與凋落,作爲“鼓作”的“陰陽”的先後階段,時刻是以“神明”爲“真宰”的變化,因此“神明”是宇宙最爲真實的存在者。取决於形與神之間的結合與分離的生死的條件成熟,没有發現“陰陽鼓作”的决定者,失去的是辯别“神明之爲道”的問題的目標。

> 神明離於形,謂之死也。歸真宅,反乎太清也。以太清爲真宅者,明此形骸而爲虚假耳。[1] (《天瑞》第一)

是“神明”内在於“陰陽”中以“真宰”的王者身份,制衡著“鼓作”的綿延過程與存在狀態,説明“死”的“神明離於形”的分裂,指的是“形骸”終究“虚假”的暫時性。伴隨著“神明”與“形骸”彼此疏離的程度的加劇,曾經具有規定性的“陰陽鼓作”的作品,在歷時性的生化中逐步走向了幽冥飄渺之境。没有覺察“歸真宅,反乎太清”的“鼓作”的“陰陽”的家園何處,難免給“太清爲真宅”的皇冠戴上醜陋的面具。或者把“神明”與“形骸”截然兩分,在認識上使“不死”的“谷神”與生機盎然的大千世界敵意仇視,或者以爲“虚假”的“形骸”可以不朽,同生死有期的經驗現象矛盾對峙。

---

①楊伯峻撰:《列子集釋》,北京:中華書局,2016年版,第21頁。

與"神明"密切相關的"太清"作爲純概念,不存在於生活世界。深化元氣屬性的"太清"因爲包含著宗教的終極解脱世界的成分,是信仰的力量鞏固了絶對不能化爲烏有的"真宰"以"太清"爲靈境的神聖性。主體自我的"神明"安息於"真宅"從而粉碎了"虚假"的暫時性與有限性的失落,成就自由解放的光明人生。保持"神識"的純潔無瑕而捕捉"神明之爲道"的玄關,務必衝破"神明"以"太清爲真宅"的壁壘,無情地消除認識"難明"的迷惘。是互爲條件的正反雙向的依存作用,使"神明之真宰"吹盡了意見的陰雲。

> 有形之始,謂之生。能生此生者,謂之形神。能形其形,能聲其聲,能色其色,能味其味者,皆神之功,以無制有。①(《天瑞》第一)

突破潛在轉化爲實在,是衡量"生"之事物的天平。此"有形之始"的存在狀態進入自我的精神活動的視域的刹那,成爲了意識追尋的獵物。而"形"爲"能生此生者"的意思是,以"能生"表示"生"的現實化,是"能生"者的自身成長,不能理解爲推動"生"的主宰。依"形"而"生"的潛能外化,則以相對穩定的數量規定分别於異己之物。豐富的"形"包含"聲"與"色"以及"味"諸相,把"神"之"能生"的終極要素剥奪抽取出去,導致莊嚴的"真宰"變成了概念的遊戲。

---

①楊伯峻撰:《列子集釋》,北京:中華書局,2016年版,第10頁。

從“陰陽鼓作”之“根”反省“神明之爲道”的絶對性，結晶爲對“以無制有”的“神之功”的肯定。是隱顯的升降轉化爲“能生此生”的現實性，否則將不會產生多樣的生動事物。簡要列舉“形”與“聲”以及“色”與“味”表示存在者之“有”的規定性，爲“神之功”的生命精神所支撑，取捨“爲道”的“神明”以其先驗固有的充沛生機的流露，裁决著“能生此生”的大千世界的毫芒運動變化。不再擁有自身的個體性而“形骸”與塵世已經永别，能量轉移的“死此生彼”作爲“必然之理”没有消歇或中斷的險情。一事物的死亡與他事物的生起滲透交織，虚假不真的“形骸”的有限性，同生生不息的無限宇宙的無限性的關係，是“必然之理”的客觀内容。把視線回到“以無制有”的“神之功”的生命王國，自我的“神之功”的知情意，指中和之“無”的精神意識的無跡可尋。能够對“形其形”與“聲其聲”以及“色其色”與“味其味”的現實之“有”的活動方式，時刻具有“制”的支配功能。因此“必然之理”相容了不可抗拒的生死週期性，及其過程中每一個人“以無制有”的“神之功”的普遍同一性的雙重規定。

當“虚假”的“形骸”不可逆地老化至生理機能衰竭，而“神明”重歸“太清”的“真宅”的門檻，都不得以個人的意志選擇拖沓的凋零。覺悟了死亡是生命没有負擔的安息的道理的覺悟者，坦然迎接每天曙光的升起，從容不迫地走向人生的盡頭。

夫生者，動用之質也，唯死乃能休息耳。亦猶太陽流

光，群物皆動。君子徇名，小人徇利，未嘗休止也。[①]（《天瑞》第一）

生生日新的宇宙是博大的生命世界，週期性代謝的萬物，絶不是簡單的重複。如同“太陽流光”照亮著“皆動”的“群物”那樣，人類的“動用之質”即生命活動賴以存在的堅實支持，就是“生”的精神意識，左右著每一個人“動用”的認識實踐活動的不斷向前。生活中“君子徇名，小人徇利”的價值選擇的歧途，自取滅亡的“徇”值得同情，然而當生命機能還没有消失，則“未嘗休止”的“神明”的力量隨時都會動出。因此“唯死乃能休息”的認識已經明確，一息尚存的自發膨脹與分化的“神明”不能出現點滴的萎靡懈怠，是萬物之靈長的人類的人生，永遠承擔的無上天職。

潛在與實在的分别，以“生”的“有形之始”是否可以衡量爲尺度。而“能生此生者”爲“形神”的深層衝動，流淌著渴望“此生”有序的現實性，同“能生”的諸多關係的暗流離析的思想。雖然“生生者”是以“無象”的内在性，無條件地作用於“無形”與“有形”的任何地方，但是絲毫不會撼動“無象”且“無方”的“神用”的功能屬性的一貫。因此“以無制有”的普遍性與絶對性，融會在“皆動”的“群物”的客觀活動，爲“神識”的能動精神共同的生命力。在價值論領域得出的“君子徇名，小人徇利”的評價，是從消極的角度訴説“未嘗休止也”的“神之功”的同一性

①楊伯峻撰：《列子集釋》，北京：中華書局，2016年版，第28頁。

與必然性,真誠呼籲知音傾聽“形有生死,神無死生”的真理的天籟。

> 夫形質者,萬物之著也。神氣者,無象之微也。運有形者,無象也。用無象者,形物也。終日用之而不知其功,終年運之而不以爲勞,知而養之者,道之主也。①(《説符》第八)

完整全面地認識“無象”的“神氣”的旨趣,是避免對“有形”之“運”的主宰成分誤判的前提。根據“形物”的現象反觀事物的潛在狀態,從“無形”發展至“有形”又回歸“無形”的個體事物消逝的過程。意味著“有生死”之“形”是指具有規定性的存在者,現實的存在狀態的週期性與合理性。因此“形”的個體性與現實性,打破了該事物與他事物的渾沌模糊。陰陽的聚散落實在“形”的有與無,奏響的是作爲萬物的基本元素的陰陽之氣的消長,與決定其“生死”變化的“神道”的作用,没有先驗屬性的改變與數量增減的複調。功能屬性始終如一的“神氣”在歷時性的“形質”變化中,折射的則是“無象”的共時性的超驗品格。是歷時性與共時性有機的融合,享有爲萬物擁戴不可言説的“道之主”的榮耀。

以“無象之微”刻畫“神氣”的情調,精微地呈現了同“萬物之著”的“形質”的關係。因爲“微”的幽冥玄妙非“無”之不存

---

①楊伯峻撰:《列子集釋》,北京:中華書局,2016年版,第272頁。

在,因此“無象”的規定突出了與“有形”之“著”的嚴格分寸。説明“有形”之“運”的潛在浮現於“形物”之“用”的實在,出現的“著”與“微”的有序轉换,不會爲人類的主觀意志改變。否認了“生死”的週期性,則是喪心病狂的臆夢。百姓“終日用之”的現實生命活動,由於“不知其功”則無力對“神氣”自覺駕馭,或者“徇名”、或者“徇利”的毁滅自在情理之中。領會了“終年運之而不以爲勞”的宇宙精神的覺悟者,能够在噪雜的塵世驕傲地以“道之主”的資格,確認“以無制有”的真實面目。通過“知而養之”的認識實踐,成爲“不死”的“谷神”的可靠證人。因此“主”的一空依傍自做主宰,還表示“死”的“休息”的順應自然,使有限的個體生命在無限的世界獲得怡悦與寧靜①。

具體事物“歸真宅,反乎太清”的同一性,接受“神明離於形”的客觀法則的律令,走向個體性與現實性消散的歸程。只是“神明之真宰”内在於“氣之所變”的“陰陽”消長的各個方面一切環節,不存在隨著“陰陽”的屬性功能的轉移,脱離於“神運”的機遇。普遍同一的“生化之理”有序地同“形質”的潛在與實在迴圈,先驗的“真宰”者“神明”具有的“不因物生,不爲物化”的傑出素質,是“神爲生主”的判斷賴以成立的觀念依託。盧重玄極大地發展了六朝以來的“神本”生命論,其理論貢獻的個性氣質表現在對普遍性與特殊性關係問題的闡釋。個體性與

①道教哲學的轉型發生於齊梁之際,代表人物爲顧歡。對顧歡哲學價值的説明,可參拙作《自然之道,以中庸爲主:顧歡哲學的再認識》一文。熊鐵基主編:《第三屆全真道與老莊學國際學術研討會論文集》,武漢:華中師範大學出版社,2017年版。

現實性以“形”的規定性爲界,在特殊性之“形”趨同於“陰陽”的普遍性之前,接近“神明離於形”的死亡。難以想像“鼓作”不已的“陰陽”之“氣”的旺盛蓬勃,會有萎靡不振的失態的疏忽。没有絲毫妥協餘地堅守著“形”之“有”與“無”的界限,保證的是“萬物之著”的“形質”的個體性與差别性的存在。在“歸真宅”之時,對不存在量的增減與質的改變的宇宙的詮釋,包含著宇宙論的認識是思維的假設的潛台詞。内在統一的“神”與“氣”是共時性與歷時性的整體,自在無礙的“神氣”不能爲空洞的概念或者僵死之物。在歷時性的“有形之始”的演變中“生”的存在,促使“神氣”趨向“氣”從屬於“神”而變化。因爲“陰陽”之“氣”不能免除“形”與“跡”的聚散,作爲“生主”的“神明”或者“神道”一如既往擁有更大的效力使之然。

不同類别事物的内在屬性“體和”的恰如其分,真切地被“體”的主體自我體驗,同“和”的知情意的冥合,構築了“以太清爲真宅”的永生。如此“體和者生性也”的“生性”在形上學領域,表示“鼓作”的“陰陽”由潛在轉化爲實在的繁榮,是“神爲生主”的現實性的確立。能够“以無制有”的個人,認識與實踐“皆神之功”且爲“生主”而不違中道。創造性潛能的源源不斷地傳遞於世界,在心靈“覺悟”的化境,成就“道者之恒性”的表裏内外貫通。回歸了先驗的“恒性”的“道者”的圓滿純粹,證實的是生命的“生性”的無窮創造力。在生命之樹與智慧之樹的清單上,書寫邁向未來起跑線的覺悟者,使人類文明以活的傳統綿延不絕而光彩日新。

值得回味的是“氣中有光”的提法，爲我們的認識留下了廣闊的聯想發揮空間。如果被所指的“日月”的表象誤導，那麽就會同盧重玄屢屢指稱的“神用”失之交臂。平凡的個人的意識之“光”併入了先知的生命領地，固有的價值並未消失，遺憾的是不能進入歷史的記録。説明“光”之“日月”是以價值評價爲導向，對永恒的精神創造者的未來定位。啓動構成事物内在屬性有别的成分與要素，是“神用”的力量的擴張彌漫，引領著秩序井然、條理分明的萬物的發展。存在著類别之分的存在者，因爲是“體和”而“生性”顯現，因此處在不同的層次結構中能够爲我們理解。包括陰陽五行在内的具有“形質”規定性的一切，内在之“神”的感應水準與對象，是决定不同個體及其所屬類型的差别性與同一性的根源。又可以從“光”的亮度上，引伸出“神”之“靈”與“明”的創造性大小深淺的序列。生物與非生物以及植物與動物乃至更加詳細的譜系，成功編織了時空一體的宇宙之網。流行的生命觀因爲是物質論與外因論的解釋，不能爲盧重玄的“神道”論堅持的精神的與内在的統一的原則認可。因此以極爲苛刻挑剔的目光辯析物質與精神的功能，發生作用的應有結構規範。

重新審視“道無不遍，無之謂也。體用俱大，非虚實無有也”的思想的前瞻性，盧重玄意識深處“俱大”的“體用”是普遍性與現實性的和諧整體，對“虚實無有”的排除，其實針對著“約形以爲説”與“約氣以爲死”的問題。而自覺之“約”的估量，暴露的是知性的相對性與有限性的不足。超越以量化生死隱顯相互依存的經驗事物爲職責的知識的心靈解放,使“虛實無有”的概念範疇的價值,被“體和”的生命體驗升華而同無限世界默契無間。容攝了宇宙萬物的“體和”的無差别的同一,成就於“無不遍”的“生性”光芒的無窮擴張。

作者簡介:强昱,北京師範大學哲學學院教授。主要研究方向爲道家道教哲學、佛教華嚴學、陸王心學。

近代城市發展中的道教變革

——以上海城隍廟爲例的討論

王　闖

内容提要：上海城隍廟在近代的變革史，是一段社會力量不斷侵入，道教不斷退縮，乃至最終拱手交出廟宇管理權的歷史。城隍廟崛起於明中期和清初上海的地方危機，並由此奠定了信仰中心的地位。明末以來，隨著東西方貿易的開展，上海的商品經濟飛速發展，社會結構變動劇烈，以商人爲代表的新興社會階層不斷壯大。清中期以後，工商業行會紛紛入駐城隍廟廟園，將其作爲辦公場所，這使得城隍廟周邊市場逐漸繁榮，並在清末民初發展爲城市商業中心。民國以後，由於城隍廟市場的重要性，各種社會力量紛紛强勢介入該廟事務，不僅將其收歸公産，更成立董事會管理，道教徹底失去了掌控權。上海城隍廟的近代變革史，提醒我們道教在變革自身以適應社會發展的同時，還應注意保持其宗教主體性。

近年來,道教在現代社會的轉型與發展問題再次引起廣泛討論,學界和教界組織"道教教義體系的現代建構"課題組,希望爲此尋找一個較爲完善的答案。其實這個問題並非當代獨有,而是自近代以來就一直困擾著道教乃至其他中國傳統宗教。如民國高道陳攖寧先生即曾感慨:"世變已亟,來日大難。强敵狼吞,群夷鴟顧。此何時耶?"①面對劇烈變動的國内外環境,他號召道教界要奮起革新:"雖志欲存古,而不背於潮流""凡關於玄門一切事項,當興者即興,當革者即革"②。經過百餘年的歷史發展,幾代教徒和學人投身其中,問題不僅没有消失,反而在當代又引起新的關注,這多少顯示出該問題超乎尋常的複雜性。正因如此,對過往歷史經驗的回顧就顯得格外重要,前人的艱辛探索,應當視爲百餘年來道教轉型發展的歷史起點,其成敗得失亦是今人思考解决之道的重要思想資源。

本文所要討論的案例是上海城隍廟的變革史。上海在近代中國社會中有著特殊的指標意義,其自身的發展歷程可以説是一部濃縮的中國近代史。十六世紀以後,隨著新航路的開闢和地理大發現,東西方之間的海上往來日益密切,晚明中國深度捲入全球化的貿易體系③,成爲重要的商品生産和輸出基地,學界

①陳攖寧:《中華全國道教會緣起》,《揚善》1936 年第 19 期。

②陳攖寧:《復興道教計劃書》,郭武編:《中國近代思想家文庫·陳攖寧卷》,北京:中國人民大學出版社,2015 年,第 563 頁。

③關於明中期以後中國對全球貿易體系的參與以及由此而帶來的社會變動,可參見樊樹志:《晚明大變局》,北京:中華書局,2015 年;【德】安德列·貢德·弗蘭克:《白銀資本——重視經濟全球化中的東方》,北京:中央編譯出版社,2000 年。

對此有所謂“早期工業化”之論①。明中後期的江南地區亦因爲海外貿易的發展而形成了大量商業市鎮,松江府(上海市的前身)的棉紡織業聞名天下,這是上海崛起的第一階段。1840 年以後,西方列强以武力敲開中國大門,一大批中國沿海城市開闢爲通商口岸,工業革命之後的西方近代文明亦由此視窗而源源不斷輸入中國,既而引發了一系列社會變動。而上海是中國最早的五個通商口岸之一,長期作爲東西方文明交融彙聚的前沿陣地,自此走上快速發展道路,這是上海崛起的第二階段。時至今日,上海依然是中國首屈一指的國際化大都市。可以説,在十六世紀到今天的這五百年歷史裏,中國不斷與西方文明接觸並參與進一個嶄新的世界體系。在這個過程中,上海無疑走在了最前端,從而成爲觀察此一歷史進程的重要樣本。

五百年歷史滄桑,東西方文明的碰撞給上海社會帶來了翻天覆地的巨變,作爲上海最重要道觀的城隍廟,在這場社會變動中亦無法置身事外,而隨之發生了顯著變革。其最爲學界津津樂道者,即爲新興商人階層對廟務的介入以及民國年間所成立的邑廟董事會,有學者認爲這是“江南地區的傳統宗教在新興大都會環境中出現了一種不可遏制的現代性”②,也有學者評價這是“中國社區宗教歷史上的一個里程碑式事件”③。這些看法

①李伯重:《江南的早期工業化:1550—1850》,北京:社會科學文獻出版社,2000 年。

②李天綱:《金澤:江南民間祭祀探源》,北京:生活·讀書·新知三聯書店,2017 年,第 145 頁。

③郁喆雋:《神明與市民:民國時期上海地區迎神賽會研究》,上海:上海三聯書店,2014 年,第 196 頁。

富有一定的啓發性,但是如果站在道教的立場審視這段歷史,其結論恐怕還值得商榷。民國年間上海城隍廟管理制度的劇變,對道教而言,究竟是現代性的生長,還是一場巨大的灾難?本文通過對較長時間段歷史事實的梳理,試圖展現以商人階層爲代表的社會新勢力,一步步介入上海城隍廟事務乃至最後完全取代道教的全過程,希望在此基礎上來作相應評價。

以往學術界對上海城隍廟的研究,除了一般性的歷史介紹外①,主要集中在民國時期的邑廟董事會和三巡會②、城隍廟社區等問題上③,尚缺乏以道教爲主體的觀察和研究。此外值得一提的是,前幾年由教界和學界合作編寫的《上海城隍廟志》出版④,該志突破了傳統志書體例,收録了大量城隍廟史料,涉及地方志、碑刻、報刊、檔案、藝文故事等,爲本文的資料收集提供了很多綫索。

一、明代及清初地方危機中的上海城隍廟

學界現有研究表明,中國的城隍信仰起源甚早,但是其作爲

①一般性的介紹有:火雪明:《上海城隍廟》,上海:青春文學社,1928年;沈善昌編:《邑廟風光》,上海:大上海出版社,1946年;上海市文獻委員會編:《上海城隍廟》,上海:上海市文獻委員會,1948年;桂國强主編:《上海城隍廟大觀》,上海:復旦大學出版社,2002年;薛理勇:《老上海邑廟城隍》,上海:上海書店出版社,2015年;鐘國發編:《上海靈光城隍廟》,北京:華夏出版社,2017年。

②郁喆雋:《神明與市民:民國時期上海地區迎神賽會研究》,上海:上海三聯書店,2014年。

③蘇智良:《廟、信仰與社區——從城隍信仰看近代上海城隍廟社區》,《社會科學》2007年第1期。

④吉宏忠主編:《上海城隍廟志》(上下册),北京:宗教文化出版社,2017年。

一種固定的天下通制推行至全國各級城市,是從明初朱元璋時代開始的①。洪武二年(1369)二月七日,朱元璋下令"封京都及天下城隍神",並制定了相應的祭祀制度,從此城隍信仰成爲明代官方祭祀制度的一部分得以在全國確立。明代的上海地區稱爲松江府,下轄華亭、青浦、上海、崇明、嘉定諸縣,按朝廷要求,府城及各縣均有城隍廟設立②。本文所要討論的物件——今天矗立在市中心繁華之地的上海城隍廟,其前身是明清時期上海縣的城隍廟。

上海置縣時間爲至元二十八年(1291),此時即有城隍廟之設,地址在縣西的淡井廟。史載:"淡井廟,縣西。元時,權作城隍祠。"③從元代至元到明洪武年間,上海縣的城隍廟爲借用别所的臨時地址,永樂年間在地方官的主導下遷往今址,此後一直延續至今。史志載道:"城隍廟,在縣西北長生橋西。永樂間,知縣張守約建。"④終明一代,因城隍廟的官方屬性,故其興建、經營、維護均由地方政府主導,我們從相關碑刻和方志文獻即能看出這一點。

天順元年(1457),城隍廟有一次較大修繕。據該年《重修

①關於明初朱元璋在全國建立城隍信仰制度的歷史過程,可參見【日】濱島敦俊著、朱海濱譯:《明清江南農村社會與民間信仰》,厦門:厦門大學出版社,2008年。

②可參見朱梅:《上海地區城隍:變遷中的民間信仰(1369—1930)》,復旦大學2009年碩士學位論文。

③(明)鄭洛書修、高企纂:《嘉靖上海縣志》卷三,吉宏忠主編:《上海城隍廟志》(下册),北京:宗教文化出版社,2017年,第211頁。

④(明)郭經修、唐錦纂:《弘治上海志》卷四,吉宏忠主編:《上海城隍廟志》(下册),北京:宗教文化出版社,2017年,第210頁。

上海城隍廟記碑》所載，當時“城隍屋宇傾□，兩廡□堂惡陋不堪”，於是對其進行重修，“廟貌輪奂，翕然輝耀”①。主其事者爲知縣李紋，方志載：“天順元年，知縣李紋重修，前建儀門，刻誥文于石。”②

嘉靖十四年(1535)前後，城隍廟管理者新建“海隅保障”牌坊一座。據時任上海知縣馮彬所作《城隍坊記》所載：“邑西北隅，有廟翼然，即城隍廟也。歲乙未秋八月，馮子至上海，例得謁諸神，新教令，喜上海之無淫祠，而獨致隆於是廟焉。月朔望，率僚吏至，則見趨者、謁者、拜者、跪而禱者，鱗次於廟下，張燈燭，焚楮幣，致虔誠，煌煌旦曙方散。謂非人心翕聚，故靈爽通著與?廟舊有門甚隘，司廟者群井市鄉落之財，建牌坊一座，黝堊焕若，以答神庥。功將就而馮子適至，因請題，馮子命之曰‘海隅保障’，昭神功也。”③按這篇記文所言，當時上海縣並無其他淫祀，全縣百姓獨對城隍廟青睞有加，以致其香火旺盛，前來致禱者絡繹不絶、通宵達旦。

萬曆三十年(1602)，新任知縣劉一爌剛到任，就親來城隍廟致祭並準備予以新修，“下車初首謁神祠，慨然語黄冠，廟宇

①《重修上海城隍廟記碑》，潘明權、柴志光編：《上海道教碑刻資料集》，上海：復旦大學出版社，2014年，第41頁。該碑今天仍立於城隍廟後殿前東側，碑文漫漶不清。

②(明)郭經修、唐錦纂：《弘治上海志》卷四，吉宏忠主編：《上海城隍廟志》(下册)，北京：宗教文化出版社，2017年，第210頁。

③(明)顔洪範修、張之象、黄炎纂：《萬曆上海縣志》卷六，吉宏忠主編：《上海城隍廟志》(下册)，北京：宗教文化出版社，2017年，第211頁。

逼仄若是,於神靈似爲不稱,其亟新之毋後”①。劉氏認爲城隍廟營建格局太小,與城隍神庇佑上海城市的功勞不相匹配,於是發願新修,他帶頭將自己的俸禄捐出作爲修建資金,當地士紳紛紛響應。“諸薦紳大夫並各輸助有差,侯復佐以俸薪,躬爲勸導,擇羽流之有志行心計者,□工集材”“都紀丁盛周,道會趙如璧,並先後克成厥功”②。

明代上海城隍廟留存史料很少,僅有的數通碑刻保存情況較差,碑面漫漶不清,難以認讀。不過從以上所引有限資料中,我們可以看出城隍廟在明代上海官紳百姓心中的崇高地位。該廟不僅香火鼎盛,且其興建、維修均由地方官憲主持,遠非一般寺廟可比。爲什麽明代上海百姓如此厚愛城隍廟呢? 我們從馮彬所題“海隅保障”四個字就能得到答案,它除了一般意義上的庇佑城市平安之外,應該還與一直困擾明代東南沿海的倭寇之亂有關。

據歷史學家的研究,由於明代開國以後曾長期奉行“海禁”政策,除官方朝貢貿易通道外,嚴禁人民私自出海和從事海上貿易,作爲此時中國主要貿易對象的日本首當其衝,受影響甚大。在此背景下,中日民間走私貿易日益猖獗,乃至由走私進而轉化爲盜賊③。這些倭寇在東南一帶爲亂既久,上海百姓亦深蒙其

①《上海縣重建城隍廟記碑》,潘明權、柴志光編:《上海道教碑刻資料集》,上海:復旦大學出版社,2014 年,第 114 頁。

②《重建上海城隍廟記碑》(第二通),潘明權、柴志光編:《上海道教碑刻資料集》,上海:復旦大學出版社,2014 年,第 111 頁。

③可參見樊樹志:《晚明大變局》,北京:中華書局,2015 年。

害,嘉靖年間倭亂最烈之時,上海數次遭遇劫掠。據地方志所載:“嘉靖戊子(1528)等年,屢屢被賊劫燒殺傷,地方鄉官、商人、居民不下百有餘家,蓋因賊自海入江,乘潮來去,劫掠城市,如取囊中,皆因無城可依之故也。”“嘉靖癸丑(1553),海寇驛騷,其肆虐於浙之東西者數矣,浸及于吴。吾邑以無城,群兇覬覦,攘臂首至,民無固心,故受禍尤酷。”①上海雖在元代即已置縣,但一直没有建築城牆,面對嘉靖年間的數次倭患,全城幾無防備,損失慘重。

倭患雖爲禍慘烈,但上海畢竟還是安然渡過此劫,事後當地官紳百姓皆以爲這是城隍神庇佑的結果。據萬曆三十年(1602)多通碑刻所載:“上海城在東隅,□波濤溟,海不百步……城之險莫上海若,而備患莫上海先。往者倭夷東南,兵燹四延,上海城幾不戒矣。”②“屢阽危而屢得解,則惟神捍禦是賴。”③上海當地百姓將倭患之平定歸功於城隍神的庇佑,所謂“城爲民設,祠爲城設,靈矣常在”④。爲了表彰和紀念此前在抵禦倭寇之亂中犧牲的官民,城隍廟旁還爲其建有專祠,“廟東偏隙地舊有祠數楹,祀先後禦夷諸國殤”。在劉知縣重修城隍廟

①(清)李文耀修、談起行、葉承纂:《乾隆上海縣志》,《中國地方志集成·善本方志輯》第一輯,南京:鳳凰出版社,2014年,第236頁。關於嘉靖年間倭寇侵犯上海的更多史實,可參見同書第十一卷“兵燹”。

②《重建上海城隍廟記碑》(第一通),潘明權、柴志光編:《上海道教碑刻資料集》,上海:復旦大學出版社,2014年,第109頁。

③《重建上海城隍廟記碑》(第二通),潘明權、柴志光編:《上海道教碑刻資料集》,上海:復旦大學出版社,2014年,第111頁。

④《重建上海城隍廟記碑》(第一通),潘明權、柴志光編:《上海道教碑刻資料集》,上海:復旦大學出版社,2014年,第109頁。

的時候，該專祠也被一併翻修。"侯按志更葺爲祠，仍顔之曰'群忠'。詎惟妥英靈，永激勸發，抒邑人□鬱之氣，即神捍禦功德照耀今昔爲益顯云。"①基於這樣的背景，我們就不難理解城隍廟在上海官紳及百姓心中獨一無二的地位。

隨著歷史的發展，城隍廟與上海城市之間密切而又神秘的聯繫仍在不斷加强。倭寇之亂平息後，在明清鼎革之際，上海遭遇新的屠城之患，而城隍廟再次於危機的解除中發揮了重要作用。據清初上海士人曹一士《城隍神頌並序》的記述：

> 順治十年秋，海寇張名振再犯縣治，蘇州總兵官王燝督戰辱師，民聚而詬。巡撫周統兵按臨，燝恐民暴其走遁失機狀，反誣合縣通賊，自南浦迄靜安寺界，欲盡屠之。時海宇新造，兵革未靖，周撫頗惑其説。邑侯閻公紹慶，偕先伯祖遂安令垂璨，連袂長跪，願以百口爲保，迄未許，將俟旦日雞鳴，令下縱戮。是夕，神降於官廨中，朱袍象簡，儼立堦下，周撫心動。至夜半，仍欲屠之，又見神直視摇首，如是者數四，東方大明，遂釋不屠。嗚呼！凡我父老子弟，保有室家，長子育孫，以迄今日，且得含哺鼓腹，親睹太平之化，非神其誰賜之？②

①《重建上海城隍廟記碑》(第二通)，潘明權、柴志光編：《上海道教碑刻資料集》，上海：復旦大學出版社，2014年，第112頁。

②(清)李文耀修、談起行、葉承纂：《乾隆上海縣志》，《中國地方志集成·善本方志輯》第一輯，南京：鳳凰出版社，2014年，第287—288頁。

明清鼎革對於以蘇、松爲代表的江南地區而言,無疑是一段慘痛的歷史記憶。江南人民誓死抵抗清軍,於是遭遇了瘋狂屠殺。入清以後,上海一帶的社會形勢依舊動盪,各種反清起義此起彼伏,明朝殘餘的武裝力量時常在此出没①。順治十年,明定西侯張名振進攻上海,蘇州總兵官王燝出師不利,躲入城中,當地百姓頗有怨言。此後巡撫周某前來督戰,王燝害怕百姓暴露其臨陣脱逃的慘狀,於是污蔑全縣百姓裏通外賊,要求屠城。後在上海知縣閻紹慶及曹一士伯祖父前遂安知府曹垂璨的跪請下,以兩家百口人性命爲保,才得以免遭屠城之禍。按曹一士的説法,周巡撫之所以放棄屠城,是因爲夜間城隍神數次於其面前顯靈,以致其打消了屠城之念。在上海百姓看來,城隍廟無疑又一次幫助他們躲過了滅頂之灾,時人感慨"其有德於此土者甚大,誠宜血食萬世,永永無極"。關於這件事,當地的地方志亦有類似記載②。

嘉靖年間的倭寇之亂、順治初年的屠城之患,這兩件事無疑是16—17世紀上海所面臨最爲嚴重的地方危機。危機的解除

①關於明末清初上海地區抗清史實,可參見唐振常主編:《上海史》,上海:上海人民出版社,1989年。

②《乾隆上海縣志》載曰:"(順治)十年,海寇張名振屢犯吴松,時提督張天禄征閩未回,蘇州總兵王燝署掌軍務,統兵駐邑小東門外。九月初六日寇進海口,王燝禦於東溝,不利,退保城中,海艘魚貫而入,旌旗蔽天。燝驚遽無措,將士逃亡者大半,闔城奔竄。初七日,賊艘至閔行,劫掠一空,滿載出海。十五日巡撫周統兵按臨,燝恐邑人揚其退保畏懾狀,因譖言城中百姓與賊通,周怒,欲屠城者再,卜於邑廟,不吉,會知縣閻紹慶亦長跪陳請,願以百口爲保,遂得免。"(清)李文耀修、談起行、葉承纂:《乾隆上海縣志》,《中國地方志集成·善本方志輯》第一輯,南京:鳳凰出版社,2014年,第508頁。

當然是多方面因素合力的結果,但是在上海百姓心中,城隍廟的庇佑無疑起了至關重要的作用。在一次次地方危機的爆發與解除中,城隍廟與上海城市之間建立起密切的聯繫,城市的存亡有賴廟宇神靈之庇佑,廟宇的香火也依靠城市居民的延續。正因如此,城隍廟成爲了上海最爲重要的信仰中心和公共事務平臺,上至地方官憲、下至黎民百姓,各種社會力量均對其青睞有加。康熙三十六年(1697)《重修邑廟記碑》爲我們生動展示了這一點,這塊碑文保留了當時重修城隍廟的捐助者名單,幾乎涉及到各個社會階層,如地方官員、洋商、各類商鋪、作坊、碼頭工人等等①。他們如此熱衷參與城隍廟事務,一方面固然是出於信仰,另一方面也是展示自身實力、獲取社會資源的重要途徑。自此以後,上海城隍廟不僅是道教自己的内部事務,而且也是各種社會力量競相角逐的公共空間,這深刻影響了其在日後的發展和變革。

二、清中期以後上海城隍廟的廟園與商業行會

明代至清初的上海,雖然發生了幾次較爲嚴重的地方危機,但是其經濟發展絲毫没有停滯,反而達到了較高水準。自隆慶元年(1567)明政府宣布開放海禁之後,原本被壓抑的海上貿易日益活躍。據歷史學界的研究,作爲新航路開闢先驅者的葡萄

①《重修邑廟記碑》,吉宏忠主編:《上海城隍廟志》(下册),北京:宗教文化出版社,2017年,第319—323頁。

牙人和西班牙人先後來到中國東南沿海及東南亞,並建立了以澳門和菲律賓馬尼拉爲中心跨越全球的貿易網。在這個貿易體系中,中國是最重要的商品生產和輸出基地,其生絲、絲織品、棉布等商品遠銷日本、美洲和歐洲,大量的白銀因此輸入中國。而以松江府爲代表的江南地區,成功捲入了這個全球貿易體系,形成了衆多商業化市鎮,它們以生產某種固定商品而聞名於世,如太湖流域的絲綢、上海所在松江府的棉布等等。入清以後,雖然政府一度奉行海禁,但很快於康熙二十三年(1684)解除。此後的上海,由於海内外的需求,商品經濟仍在快速發展。"關東豆、麥每年至上海者千餘萬石,而布、茶及南貨至山東、直隸、關東者,亦由沙船載而北行…… 上海人往關東、天津,一歲三四至""洋貨及閩廣貨物,俱在上海發客"①。可以説,清中期以後的上海,儼然成爲國内南北貿易的重要中轉口岸②。

商業經濟的繁榮,帶來了社會結構的劇烈變動。上海形成了以商人爲代表的新興社會階層,他們不滿足於一家一户式的個體經營,開始尋求行業内的聯合,紛紛成立名爲"公所"的各類工商同業團體。據學界研究,自清中期至上海開埠前成立的各類工商同業團體有二十餘個,開埠後至辛亥革命期間成立數則多達一百餘個③。這個新興社會階層除了以工商爲業外,也

①包世臣:《海運南漕議》,馬天西主編:《中國文化精華全集》第16册,北京:中國國際廣播出版社,1992年,第240頁。

②熊月之主編、陳正書著:《上海通史》(第4卷),上海:上海人民出版社,1999年,第107頁。

③張仲禮主編:《近代上海城市研究(1840—1949)》,上海:上海人民出版社,2014年。

積極參與地方公共事務,從而給上海城隍廟在清中期以後的發展帶來了新的氣象。其中最大的變化莫過於周邊兩座園林的興建及衆多工商業行會組織的入駐,一個以城隍廟爲中心的商業市場正在形成。

(一)東園與錢業行會

城隍廟的廟園依方位而有東、西之别。東園又稱“内園”,購置較早。史載“康熙四十八年(1709),邑人于廟左構東園,建亭鑿池,栽花疊石,頗稱名勝,廟基十二畝六分”“其中有臺翼然,高可十餘丈,廣僅容宴豆,而浦之東南北三面之美咸在”①。東園乃是由當地士紳出資購地興建,並作爲廟産贈送給了城隍廟。一開始,它僅是一處普通的園林景盛,迨到乾隆年間,上海當地從事銀行、金融等業務的錢業人員進駐其中,將其變爲同業集會辦公之所。據碑刻所載:“東園一名内園,廣袤不逮西園,而幽遂過之。乾隆間,錢業同人醵資購置爲南北市總公所。”②事情發生在乾隆四十一年(1776),因其時“東園失理傾倒”“經方維馨、王聚安同身議定,同業公捐修理,並□□會元銀一千兩,絶買晴雪堂房屋一所”“將晴雪堂房租永作修葺之資”③。錢業見東園年久失修,城隍廟的道士似乎也無力修繕,於是出資修

①(清)李文耀修、談起行、葉承纂:《乾隆上海縣志》,《中國地方志集成·善本方志輯》第一輯,南京:鳳凰出版社,2014年,第287—288頁。

②《重修内園記》,吉宏忠主編:《上海城隍廟志》(下册),北京:宗教文化出版社,2017年,第337頁。

③《上海縣爲錢業晴雪堂房産諭示碑》,吉宏忠主編:《上海城隍廟志》(下册),北京:宗教文化出版社,2017年,第331頁。

理,並花費白銀一千兩,將東園中的晴雪堂房產買了下來作爲南北市總公所予以出租,其租金則作爲東園修繕之資。

錢業爲什麽要在城隍廟的東園中購置房産呢?據其自言:

> 昔荀卿子始言合群,蓋言乎士,即商亦然。管子謂處士必于閑燕,處商必就市井。注謂處士閑燕,則謀議審。夫商何嘗無謀議?自商學、商戰之説興,其關係鉅且亟矣。上海濱江帶海,爲東南奥區。史公所云,綰轂海通已還,百業鱗萃乎是。錢業實樞鑰喉襟之大合群,而處之閑燕之區,而附屬之嚴敬之地,則情誼洽、信義立,先民之所圖始,甚盛事也。①

從事商業的經營,需要精準把握市場的變化,而這僅靠個人之力實難維繫,必須群策群力,商討議論,以集體的智慧應對商場的瞬息萬變。錢業認爲城隍廟的東園,處鬧市之中而享悠閒之利,且靠近神靈居所,可獲庇佑之力,是供同業人員交流資訊、聯絡感情、商討對策的好處所。於是進駐其中,“以時會集,寓樂群之雅,事涉閎旨,輒就謀議”。

從清乾隆到民國兩百餘年,無論世事如何變化,錢業一直都在東園的晴雪堂。“道光壬寅,咸豐癸丑,兩經兵燹,旋修葺,復舊觀。庚申、辛酉間,發寇披猖,外兵助剿,屯兩園逾四載,多所

①《重修内園記》,吉宏忠主編:《上海城隍廟志》(下册),北京:宗教文化出版社,2017年,第211頁。

毀傷。東園修復,仍錢業任之。……辛亥國變,復援案呈請有司,給證營業,計佔地二畝一分八厘六毫,按年納税。蓋自乾隆至今垂二百年,斯園閲世滄桑,而隸屬錢業如故。”①

(二)豫園中的各類商業行會

東園面積不大,房屋較少,僅僅只有錢業公所進駐,而豫園則吸引了更多商業組織。

豫園,又稱“西園”,顧名思義在城隍廟的西面,其作爲園林的歷史比東園要悠久得多。它是由明代上海籍高官潘允端所建,據其《豫園記》所言:

> 余舍之西偏,舊有蔬圃數畦。嘉靖己未,下第春官,稍稍聚石鑿池,構亭藝竹,垂二十年,屢作屢止,未有成績。萬曆丁丑,解蜀藩綬歸,一意充拓。地加辟者十五,池加鑿者十七。每歲耕獲,盡爲營治之資。時奉老親觴詠其間,而園漸稱勝區矣。園東面架樓數椽,以隔塵市之囂,中三楹爲門,匾曰“豫園”,取愉悦老親意也。②

豫園所在本是潘允端家宅西邊種菜的田地,嘉靖三十八年(1559)潘氏科考落第,回鄉閒居期間開始在此地修築園林,然而一直不成規模。到萬曆五年(1577),潘氏從四川布政使任上

①《重修内園記》,吉宏忠主編:《上海城隍廟志》(下册),北京:宗教文化出版社,2017年,第211頁。

②《豫園記》,陳植、張公弛選注:《中國歷代名園記選注》,合肥:安徽科學技術出版社,1983年,第113頁。

退休歸田,便開始加快了園林的建設速度,並將其命名爲“豫園”,取愉悦雙親之意。豫園建成之後,即成爲上海當地首屈一指的風景名勝,吸引了衆多文人墨客前往遊覽,王世貞、董其昌、莫是龍等當世名家俱有詩篇傳世①。

入清以後,潘氏家族衰落,後人無力經營豫園。“逮我朝乾隆年間,潘氏子姓式微,園亦漸圮”“潘氏急於謀售,衆遂以賤值得之,歸邑廟爲西園”②。乾隆二十五年(1760),上海士紳合力出資將潘氏豫園購買下來贈送給城隍廟以作娱神,並花費重金恢復園林之貌。“西園在城隍廟西北,即明潘方伯豫園故址。乾隆二十五年,邑人相與醵金購其地,仍築爲園,以仰答神庥。先廟寢之左有東園,故以西名之。歷二十餘年,所費累鉅萬。……園址約七十餘畝。”③豫園面積比東園大得多,故其中亭臺樓閣亦爲數不少,這自然也吸引了衆多商業行會組織的進駐。

豫園開始有商業行會組織入駐辦公的時間比東園稍晚,大約在道光年間。據史料所載:

> 道光間,邑廟之後園(即豫園)位址廣大,闃無人居,年久失修,荒蕪傾圮。東西房羽士不願募捐修葺,邑令乃招商

①吉宏忠主編:《上海城隍廟志》(上册),北京:宗教文化出版社,2017年,第99頁。

②(清)王韜:《瀛壖雜志》,沈雲龍主編:《近代中國史料叢刊》第39輯,香港:文海出版社,1973年,第96頁。

③《邑人喬鐘吴西園記》,(清)范廷傑修、皇甫樞纂:《乾隆上海縣志》卷七,吉宏忠主編:《上海城隍廟志》(下册),北京:宗教文化出版社,2017年,第220頁。

> 承修,諭令各業管理爲公所會議之處。豆業行商承修正廳(即三穗堂)、萃秀堂等處(後數年價買可樂軒、萬花樓址一部分)及東園門遊廊、超然亭,豆業公所自此始也。①

豫園自乾隆年間被本地紳商購買下來後,便贈送給了城隍廟。可是城隍廟的道士們覺得打理這幾十畝大的園林十分不便,迨至道光年間,因長期疏於管理,年久失修,園内破敗不堪。上海知縣不忍這一本地著名景致就此零落,便採取讓商業行會承包維修的辦法。作爲回報,他們可以進駐各自所維修的廳堂,成立行會公所。自此以後,豫園維護問題得到解決,各類商業行會也紛紛進駐辦公。這個解決辦法在當時有其合理性,一方面豫園是上海本地歷史悠久的著名景觀,雖然道教界無力管理,但是本地官憲顯然不忍其就此衰敗;另一方面豫園本就是由當地紳商購置,又靠近城隍廟這一人流如織的信仰中心,也只有這些商人有意願、有財力去參與維修。可以説,這是一個三方共赢的局面。從此時開始,作爲上海新興社會階層的商人開始紛紛進駐豫園。

據同治七年(1868)的一塊碑文顯示,當時豫園共有各類組織二十一個,其中商業行會二十個,共佔地三十六畝八分九厘二毫,各自按所佔土地多寡向政府納税。他們分别是:

---

①《上海豆業公所萃秀堂紀略》,薛理勇:《老上海會館公所》,上海:上海書店出版社,2015年,第141頁。

> 萃秀堂豆業,丈見共地壹拾畝柒分伍厘三毫;錢糧廳總房,捌畝捌厘貳毫;凝暉閣鞋業,伍分肆厘捌毫;船舫廳船廠,伍分捌厘三毫;董事廳紅班,玖分柒厘伍毫;龍船廳行口,肆分三厘;清芬堂舊花業,壹畝柒分捌厘玖毫;懷迴樓西房羽士,丈見共地三分玖厘三毫;飛丹閣帽業,柒分捌毫;映水樓酒館,捌分伍厘;得月樓布業,壹畝伍分陸厘捌毫;香雪堂肉莊,壹畝伍分玖厘肆毫;遊廊羊肉店,壹分伍毫;遊廊銅錫器業,壹分三厘三毫;遊廊銀樓,丈見共地壹分壹厘肆毫;挹爽樓鄉柴行,肆分壹厘伍毫;世春堂鐵錨業,伍分柒厘肆毫;點春堂花糖行,貳畝捌分玖厘壹毫;可樂軒沙柴業,三畝肆厘肆毫;湖心亭青藍布業,壹畝柒毫;花神樓丐頭,三分三厘陸毫。①

這些行會可謂五花八門,涉及社會經濟生活的方方面面,由此亦可見上海商業自清中期以來的繁榮景象。需要説明的是,城隍廟的道士雖然無力管理豫園,但是並没有完全撤出,園中懷迴樓就仍由西房道士管理②,這説明道教可能並不想完全放棄豫園,故仍於其中留有一個據點。

①《上海縣爲廟園基地歸各業公所各自承糧告示碑》,吉宏忠主編:《上海城隍廟志》(下册),北京:宗教文化出版社,2017年,第335頁。

②據《上海城隍廟志》所言:"城隍廟分廟繁多,地産亦富,一住持不能兼顧各處,故分作東、西二房。……以廟之正殿爲分界,廟東者歸東房管理,廟西者則屬之西房,正殿則東、西兩房輪值承管。"吉宏忠主編:《上海城隍廟志》,北京:宗教文化出版社,2017年,第82頁。

中國古代很多行業都有所謂行業神,這些神靈各不相同,而在豫園中的行會,不少却都將上海城隍神秦裕伯奉爲自己的行業神。如豆業行會道光年間在新建的神尺堂中就專門供奉城隍神,“上置樓,四簷齊高樹,中設城隍神小像,若燕寢然”“諸同人歲時饗祀”。甚至堂名的由來,也與神明有關。“取咫尺明神之義,以勉事神之勿怠,戒議事之或欺焉。”①布業行會也在得月樓供奉城隍神像,其於光緒二十年重建因戰火毁壞的得月樓,於樓下設“綺藻堂”,“堂之上供城隍神座”②。據清人的記述,當時“香雪堂、三穗堂、萃秀堂、點春園諸名勝,堂上皆懸邑神畫像”③。香雪堂是肉業所在,萃秀堂爲豆業所在,點春園乃花糖業所在,這些行業均以上海城隍作爲自己的行業神。

豫園集中了如此衆多的商業行會,它們在園中的生存狀況幾乎可以成爲上海經濟的晴雨表。比如佔地面積最廣的是豆業,接近十二畝,説明其經濟實力雄厚,行業影響較大。據豆業從業者的自述:“系維上海爲阜通貨賄之區,其最饒衍者莫如豆。由沙船運諸遼左、山東,江南、北之民倚以生活。磨之爲油,壓之爲餅,屑之爲菽乳,用宏而利溥,率取給於上海。其積貯販賣之所,名之曰行,諸同人皆良賈□業於豆者也。”④這份碑文撰

---

①《餅豆業建神尺堂碑》,吉宏忠主編:《上海城隍廟志》(下册),北京:宗教文化出版社,2017年,第332頁。

②《重建布業得月樓綺藻堂碑》,吉宏忠主編:《上海城隍廟志》(下册),北京:宗教文化出版社,2017年,第329頁。

③(清)葛元煦:《滬遊雜記》,上海:上海書店,2009年,第13頁。

④《餅豆業建神尺堂碑》,吉宏忠主編:《上海城隍廟志》(下册),北京:宗教文化出版社,2017年,第333頁。

於道光二十三年(1843),此時上海已由《南京條約》開闢爲通商口岸,商業進一步繁榮,全國日常生活需求量較大的豆類就由上海輸往南北各地。上海豆業地位重要,從業者人數衆多,其行會在豫園自然可以獨佔近三分之一土地。

布業行會則就没有這麼幸運了,據上文所引,其在豫園佔地壹畝伍分陸厘捌毫。不僅面積較小,而且隨著上海開埠,大量海外進口的洋布嚴重衝擊國内土布市場。行業的不景氣使得致使布業行會長期在豫園人丁稀少,且無力重建因戰亂而毁壞的園内建築。據光緒二十年(1894)的碑文所載:“吾邑豫園,爲前明潘恭定公别業。入國朝康熙年,園歸邑廟。廟後得月樓,屬之布業。……布業以此爲議事辦公之所,無事時有人焉,司啓閉供,灑掃而已。……咸豐三年癸丑,遭會匪之亂,一炬僅餘片石。事定後,僦居他所。……迨同治十二年甲戌,供布統歸官辦,事簡人稀,乃移而棲止於此,遷延者數載。”得月樓自從咸豐三年(1853)遭焚毁後,布業行會一直無力重建,只能遷往别處辦公,直到光緒二十年(1894),近四十年後才予以恢復。爲什麼會如此呢?“吾邑布業,近數年來稍稍疲矣。論者謂自泰西布入内地,相率爲利,故土布梗於市,而生計艱。”①原因在於國内的土布市場被洋布衝擊得十分厲害,整個行業都步入寒冬,自然也就無力經營。

綜上所述,由於清中期以後城隍廟道士無力管理廟園,各類

①《重建布業得月樓綺藻堂碑》,吉宏忠主編:《上海城隍廟志》(下册),北京:宗教文化出版社,2017年,第329頁。

經濟實力雄厚的商業行會在政府主導下紛紛介入,以維修園林爲條件入駐廟園。不過需要特别指出的是,行會雖在廟園辦公,但並不插手廟中道教事務。城隍廟香火鼎盛,遊客衆多,這些行會所佔據的樓閣和附近景致也不對遊人開放。其中東園爲錢業獨佔,只在重要節日才開門迎客,"每届令節或蘭花會,方開園扉,任人遊覽"①。西邊的豫園,"雖各具亭臺花木之雅,平時門設常關"②。儘管如此,我們從這件事中還是可以感受到上海新興商人階層勢力的快速崛起,以及他們對信仰中心城隍廟的濃厚興趣,而這直接導致了民國時期該廟管理制度的重大變革。

三、民國時期上海城隍廟管理制度的重大變革

在中國古代,寺廟除了本身所具有的信仰功能外,往往還是一個地方的公共活動中心,承擔著諸如人際交往、商品交换等社會功能,很多寺廟周邊都會興起相應的廟會或市場。上海城隍廟的廟市起於何時已較難考,但是其在清末民初得到了飛速發展。據時人記載:"園中茗肆十餘所……茶寮而外,設肆鬻物者又百餘家。"③"門外茶肆最多……並有演説評話、彈唱小説者。餘如箋扇店、畫張書攤、眼鏡、玉器及相面算命、測字起課、打拳

①(清)葛元煦:《滬遊雜記》,上海:上海書店,2009 年,第 13 頁。

②海上漱石生:《滬壖話舊録》,熊月之主編:《稀見上海史志資料叢書》第 2 册,上海:上海書店出版社,2012 年,第 67 頁。

③(清)王韜:《瀛壖雜志》,沈雲龍主編:《近代中國史料叢刊》第 39 輯,香港:文海出版社,1973 年,第 96 頁。

戲法、弄缸賣解。每日二、三點鐘起，至五、六點鐘，無日不人山人海，推背遊觀，迨夕陽西下，始漸散去。"①這些商鋪不僅遍布豫園，甚至也擠滿廟中。之所以形成如此繁榮的商業景象，一方面得益於城隍廟信仰中心的歷史地位，廟中向來遊人如織，香火鼎盛；另一方面與前文所述衆多工商行會的入駐有關，"許多公所或公會在那裏樹立了基礎，而各業的商賈也就常來會聚，更有各幫商人都來把廟裏的茶館和點心鋪作爲他們晤會應酬、談交易、探商情的場所，因此廟市更見得繁榮"②。

商業的繁榮使得城隍廟周邊發展爲城市商業中心，其在上海乃至全國商業版圖中的地位日益突出。時人評價道："以今日情勢而言，南市之有城隍廟，猶租界之有永安、先施、新新三公司，同一爲集中商品地點。而城隍廟之佳處，固又在商品之多國貨，今日之改良，此後之設法，能多著力，則此集中國貨之地點，自不難將來成爲極大之勸業場，於全國有莫大之關係。此爲曾到城隍廟觀察者之所公認者也。"③城隍廟商場的意義不僅在上海一地，更關係到國貨的進步以及國人對它的信心。正因如此，城隍廟的事務也不再僅僅是道教界内部事務，包括商人階層在内的各種社會力量對其興趣與日俱增。民國以後，不同勢力紛紛開始强勢介入城隍廟的日常事務，並對其管理制度進行了重

①卧讀生：《上海雜志》，熊月之主編：《稀見上海史志資料叢書》第 1 册，上海：上海書店出版社，2012 年，第 293 頁。

②上海市文獻委員會編：《上海城隍廟》，吉宏忠主編：《上海城隍廟志》（下册），北京：宗教文化出版社，2017 年，第 313 頁。

③火雪明：《上海城隍廟》，上海：青春文學社，1928 年，第 2 頁。

大變革,最終導致道教徹底失去了對城隍廟的控制權。

(一)城隍廟及附屬園林收歸上海公款公産經理處

上海城隍廟自明初以來,其創建、維修所需經費皆由地方官員和士紳宣導募資①。這種地方官紳信衆募資建廟的方式,其實是中國古代寺廟修建的常規模式,通常不會有人提出寺廟財産所有權的歸屬問題。然而在民國以後,由於社會對民權的重視,以及中央和地方改革財政的呼聲不斷增强,各地紛紛出台相應法規和措施,清理地方公産,以解决財政短缺的燃眉之急②。在這種新的歷史背景下,上海城隍廟及其附屬園林的歸屬權則成了大問題。

民國元年(1912),上海縣議員曹驤向縣議事會遞交《清理邑廟公産書》,言道:"豫園本爲地方公産。……方今民國共和,正宜焕發公心,化除私見。該園既爲公産,各業並非出資購買,自應辟作公園,與人同樂,不應視作私産。"曹議員認爲豫園乃由地方士紳出資興建,"歸住持執業,而由各業分管",其産權性質不應屬於寺廟私産,而是地方公産。既是公産,則應由政府收回,以往被各行會公所佔據而常年關閉的相應景致亦應開闢成

①清代縣志載道:"城隍廟,在縣西北。明永樂間,知縣張守約建。天順間,知縣李紋重修,刻誥文于石。萬曆三十四年毁,知縣李繼周重建。康熙二十二年,知縣史彩倡修,道士楊兆麟募化,建鼓亭。康熙四十八年,于廟左構東園,建亭鑿池,栽花疊石,頗稱名勝,廟基十二畝六分。乾隆元年,恩詔免科。十三年,寢宫毁,知縣王誕重建。"(清)李文耀修、談起行、葉承纂:《乾隆上海縣志》,《中國地方志集成·善本方志輯》第一輯,南京:鳳凰出版社,2014年,第287頁。

②馮兵:《國民政府時期湖北公産清理研究(1927—1949)》,北京:人民日報出版社,2014年。

公園。他具體建議道：

> 地方之公産不宜廢棄，公民之權利不宜放失。似應將豫園公産，一律派員清查，其有可以贖回者，則籌公款以贖回之，一面請民政長函請錢、豆業董事，先將内園及點春、萃秀兩園於星期日一律開啓，任人遊覽，以示大公無我、與人同樂之意。庶城内居民，亦有遊覽之園，不讓租界以獨美，而興市之道，即寓乎此。倘各該園欲酌取遊資，以包償修理之費，亦無不可。如此，則與公産之名義不背矣。①

前文提到過，城隍廟兩座園林中被各行會公所使用的樓閣景致日常並不對外開放，這一點引起了上海縣議員曹驤的不滿。他認爲廟園是由地方集資購置，屬地方公産，各行會公所並没有出資購買，只因承擔了維修義務而享有使用權。既是公産，則應由全體上海市民共用，不應由各行會獨佔，這事關公民權利。因此他建議政府將豫園予以清查，其能贖回者贖回，餘者商請園内各同業工會於每週日向市民開放，以資遊覽。

曹議員的建議在 1915 年被上海縣政府採納，當地公款公産經理處在給上海縣政府的呈文中言道：

> 遵查《上海縣志》，城隍廟爲明時潘恩宅基改建，基地十二畝六分，於清乾隆元年恩詔免科。嘉慶三年，道會葛文

①《豫園改爲公園之請議案》，《申報》，1912 年 11 月 21 日。

> 英復新大殿、兩廡。道光十六年,兩廡及戲樓毀,衆商重修……是廟宇的系地方公民所建,廟基亦系地方公衆所捐,其爲地方公産已無疑義,自應由處收管。①

前述曹議員只是認爲豫園屬於地方公産,没有談及城隍廟的産權。而上海公款公産經理處則將整個城隍廟都認作公産,建議由該處統一管理,縣政府批准了該請求。

上海縣政府之所以擴大範圍,將城隍廟也納入地方公産,一方面與民國北京政府制定的《管理寺廟條例》有關②,另一方面也可能與此時該廟道士肆意揮霍以致廟産虧空有關。據報載:

> 本邑城隍廟出息甚優,故住持道士無不揮霍如意。從前西房曹韻梅虧空鉅款,甚將星宿殿押出,涉訟責革。後改歸邱金生管理,邱將廟産一部分捐入救火會,位始穩固。其東房住持,系由曹劍華出名,囑託其徒胡墨卿經管。兹曹已於上月病故,廟園中人以胡墨卿嗜好甚深,不守規則,另舉火神廟道童羅克裕接管東房,業已由湖心亭主人毛子堅等函致縣知事給諭承充,前日已奉核准,將諭單發交轉給矣。③

從當時的公開報導來看,民國初年城隍廟東西兩房住持在個人

①《城隍廟歸入公産》,《申報》,1915 年 8 月 13 日。
②吉宏忠主編:《上海城隍廟志》(上册),北京:宗教文化出版社,2017 年,第 11 頁。
③《小道士接管廟産》,《申報》,1913 年 7 月 4 日。

修持和寺廟管理上都出了嚴重問題。西房住持私自典押房屋，以致招惹官司遭遇罷免，新任住持爲求地位穩固，無奈捐出廟產。東房住持染上鴉片癮而被判刑，“胡松林向爲邑城隍廟住持，素有煙癮，本年一月七號，即陰曆十二月初一，經巡警四區在該被告胡松林房内，搜出煙斗等器具八件，即日解送巡警局管押”。後胡氏以“吸食鴉片煙罪，處五等有期徒刑，刑期五個月”①。鑒於城隍廟在上海宗教以及商界的重要地位，政府方面顯然不能坐視道士如此揮霍廟産，故下定决心將其收歸公款公産經理處管理，以便及時止損。

需要注意的是，上海公款公産經理處雖然接管了城隍廟的産權，但似乎並不具體干預該廟的日常宗教事務，而更多是一種服務角色。從現存有限的資料來看，該處主要負責城隍廟的財産監管，若城隍廟有需要興建、維修建築，則由經理處出面募集資金。1915 年，城隍廟東房住持羅克裕、西房住持邱金生給公款公産經理處發函，請求資金援助：“邑城隍廟自前清宣統二年間，以寢宫年久失修，四處罅漏……現在歷時已久，如二門以内戲臺、二廊、大殿、寢宫等處，日見潮朽。本年七月，颶風爲災，損壞更甚。若不亟籌修葺，則日罅日朽，傾圮堪虞。爲敢奉函貴處，仍乞援案詳請縣長，發給示諭。”據道人所稱，城隍廟的寢宫年久失修，但一直缺乏資金。因此，道人發函給公款公産經理處，請求對方出面呈請縣政府予以資金支持。經理處在收函後，經過調查並給予正面之回應：“爰飭匠估計，約需修費三千餘

①《道士吸煙被詐之判决書》，《申報》，1913 年 2 月 27 日。

元,即由本處刊立捐册,加蓋圖記編號,發交該住持羅克裕、邱金生等分投勸募。准本邑五方雜處,恐有作僞冒捐等情,爲此,檢同捐册一本,援案詳請縣長察核備案,並迅予出示曉諭,以便勸募而觀厥成。”①公款公産經理處回應積極,一方面派人估算所需費用,一面印製捐册,號召社會各界捐款。類似的事件還有不少,此處就不一一贅引。從這些募捐事件,我們可以清晰看到公款公産經理處的監督、管理之責。

(二)邑廟豫園整理委員會

前文談及上海城隍廟不僅是城市宗教場所,同時也是商業中心,周邊地區人流量極大。民國以後,隨著上海城市建設速度的加快,過去被忽視的城隍廟社區治安問題,已經成爲影響城市形象和商業發展的重大隱患。爲此,上海政府和商界人士合作成立了邑廟豫園整理委員會來解决這些問題。

城隍廟周邊的一系列社會治安問題,時人多有記述和抱怨。報載:“本埠習慣,陰曆歲首,各居民婦女,多往城内邑廟燒香祈福。日來天氣放晴,遊人如織,豫園夾道,小販攤户甚夥,交通本不十分便利。日來人山人海,擁擠不堪,每有扒竊小偷,混跡其間,肆其剪摸之技。更有年輕遊手好閒之輩,故意在人叢中起哄,品足評頭,調戲婦女,流氓亦乘機肇事,殊與人心風俗大有關係。”②據時人所言,豫園附近常有小偷存在,還有不少流氓地痞,以調戲婦女爲樂。不僅如此,該地還有大量乞丐聚居,報載:

---

①《募捐修廟之文告》,《申報》,1915 年 11 月 1 日。

②《舊曆歲首之邑廟豫園觀》,《申報》,1924 年 2 月 14 日。

"男女流丐,較前猶多,日則向行人香客需索,夜間横卧於戲臺兩廊,穢氣薰蒸,哭笑不一,擾人清夢,莫此爲甚。尤慮忌者,隨地便溺,骯髒不堪,於衛生及公共安寧,大有妨害。際此炎暑時候,若輩挨擠行人,跟蹤硬討,赤膊之汗體,□人左右,聞之無不掩鼻。尤以年青女子往來,爲最難通過。想邑廟莊嚴之地,日後行人,恐視若畏途矣。……邑廟爲中外觀瞻之地,外賓參觀者無日無之,惟星期爲公共休息之日,往來行人較平日更衆,追隨行人索銅元者,觸目皆是,尤以晚間呶呶不休爲憾。"①這些乞丐屢驅不散,衛生極差,還騷擾香客,嚴重影響上海城市形象。

豫園地區的社會治安問題日趨嚴重,情況複雜且牽涉面廣,廟中道衆恐無力解決。園中各工商業公會對此均感到忍無可忍,於是聯合向上海公款公産經理處彙報了此事,並請求協助。當地政府對此極爲重視,决定成立整理邑廟豫園委員會。據報載:"整理邑廟豫園委員會,定於三十日假點春堂開成立大會,柬邀地方官、紳、商、學各界蒞臨。"②1925年8月30日,整理邑廟豫園委員會正式成立。出席這次會議的人員,大多都是上海政府官員及工商業代表,他們"組織委員會,選舉委員十五人,從事籌備整理豫園"③。讓人感覺意外的是,城隍廟中的道士並没有被納入委員會,可能因爲此事針對豫園而來,而道教界早在道光年間基本就放棄了對豫園事務的參與。

---

①《請逐邑廟群丐之公函》,《申報》,1924年7月5日。

②《整理豫園委員會籌備開成立會》,《申報》,1925年8月29日。

③《整理豫園委員會成立會紀》,《申報》,1925年8月31日。

這個邑廟豫園整理委員會,其主要負責的是豫園的景觀改造和社會治安,也不過問廟中事務。據報載:“城内邑廟豫園,自委員會成立之後,業已從事整理:現已將園内河心亭之九曲橋地方之池塘,將池水車盡,動工挖深。所有得意樓前之各項貨攤,暫時飭即停設,以維路政。嗣因園内扒竊、乞丐甚多,除派衛巡隊數名,輪流在園查察驅逐外,並由市公所及委員會,請准淞滬員警廳飭令二區一產分署,加派崗警,隨時保護照料。”①

(三)道教徹底失去控制權:邑廟董事會的成立

前文提及的上海公款公産經理處雖將城隍廟納入公産,但是一開始並没有過問廟中宗教事務,僅解决涉及財産權的修繕募捐等問題。但隨著歷史的發展,他們很快就深度介入城隍廟宗教事務,並對其管理制度予以重大調整。

1. 起因:1924 年城隍廟大火

1924 年 8 月 15 日,爲農曆七月十五,是一年一度的中元節。按照慣例,城隍廟在這一天要舉行盛大的城隍出巡活動,不料由此引發一場火灾。16 日報載:

> 昨日爲舊曆中元節,本邑城隍神循例率同四司出巡。上午十時許,各會首先後齊集邑廟,恭請神像升座點卯,排齊全副儀仗,出廟遊行城内外各處,後蒞壇施賑。不料,十一時神像出廟,只有三十分鐘光景,忽報廟中大殿上起火。月來天氣亢旱,故火光四射,到處皆火,頃刻間,大殿中紅光

①《整理邑廟豫園之進行》,《申報》,1925 年 10 月 25 日。

燭天,不可向邇。殿之兩廊各商店,殿之門前露天設攤各販户,紛紛□門,棄攤逃逸。此時,一區二分署近在咫尺,立派全班長警臨場救護。救火聯合會亦鳴鐘告警,各區火會皆驅車到場,分投汲水施救。奈時適近午,正自來水各處使用者需要時間,致救火之水力不足,火勢甚烈,竟致延燒大殿背後内宅(即兩旁陳列皂隸之處)。其内宅以北(俗稱爲私宅,即城隍像所居之地),各救火會員恐私宅波及,會集各龍皮帶,竭力保護,直燒至下午一時許,始得救熄。①

城隍廟在這次火灾中損失極爲慘重:"大殿完全被毁,殿内金山神像(即霍光將軍,俗稱坐殿城隍)暨兩旁判官小鬼等泥像,及内衙内木偶,計差吏八尊,門房内内皂、内班各十餘尊,中軍四尊,三班、二班(即黄泥會首)二三十尊,馬快十餘尊等七八十尊偶像,陰陽古鏡一面,悉數被焚。惟殿前陰皂隸像八尊,因系石身,僅遭燻壞,間有跌倒者。殿之東首財神殿,被火燒去西首殿角。西首許真君殿及對面打唱臺,均燒去樓面。大殿屋頂,本未燃及,經救火會員奮力拆除,以防蔓延。……是役也,共計焚去房屋十三四間,寢宫幸未殃及,是以城隍夫人及老太爺、老太太(即城隍父母)等三尊神像,經廟祝及香火等於火熾時背負而出,暫假樂圃閬安置,至傍晚時,仍由廟祝等將神像三尊,由後門

①《昨日邑廟之大火——大殿内宅完全被焚,城隍像因出巡無恙》,《申報》,1924年8月16日。

迂回内寢。惟城隍像出巡迴廟,因内寢前門被瓦礫堆滿,未便由後門入内,故暫假玉清東嶽大殿駐節。”①

這次大火是由法事活動中所燒之香燭、元寶所引起。“是日,火起於殿西偏大鼓架下,該處設有焚燒錠帛之地窟。其時,城隍神像已出堂,香火人等入内午膳,致失檢察。加之燒香人衆,地窟内錠帛、元寶焚化過多,火勢熊熊,焚及堆置西隅之冥錠等物,致成燎原。”②火災發生後,救火會雖盡力搶救,但是因種種原因,效果並不是十分理想。後來,上海救火聯合會總結救災不力的原因,指出:“雖由於天旱風急,火勢更爲猛烈,然推原其故:(一)豫園街道太狹,房屋鱗次櫛比,遇有火警,易於蔓延。(二)道路彎曲,救火車不能直達,只能在園外取水,皮帶裝接必多,手續繁而水力弱,救之困難在此,火之蔓延亦在此。”③救火會認爲城隍廟附近的城市規劃落後,道路狹窄彎曲,救火車難以迅速直達並就近取水是主要原因。

爲什麽燃燒元寶和香燭會引發這麽大的火災,警方覺得城隍廟的道士有不可推卸之責任。火災當日,警方就偵訊了該廟道士。“淞滬陸警廳長,以該廟此次失火原因,言人人殊,業已委派督察長前往實地調查,是日何人值殿,究由何處起火,主任道士曾否在場灌救,平日聲名如何,以便澈究。”不過,這次偵訊並没有得到明確的結果。“火焚後,一區二分署楊署員飭警往

①《邑廟大火續志——損失七、八萬金,各方集議善後辦法》,《申報》,1924年8月17日。

②同上。

③《邑廟火警之善後辦法》,《申報》,1926年1月13日。

傳東、西二房住持羽士到署訊質,詎該住持□彼此推諉。"①正是因爲道士們的互相推諉,讓警方和公款公産經理處高度懷疑道士對寺廟的管理能力,以至在日後萌發建立新的機構全面接管邑廟管理之工作。

2. 灾後重建

大火過後的第二天,即 1924 年 8 月 16 日,對城隍廟財産負有管理之責的上海公款公産經理處便召集會議,商討善後辦法。據載:"公款公産處主任秦錫田、沈周,及廟董毛子堅、姚子讓、姚慕蓮等,於昨日午後三時,特開臨時會議。聞會議結果,大致約分兩項:(一)建築。擬定改建水門汀大殿,以資堅固。(二)募捐。決定組織委員會,分隊勸募云。估計此次損失,約共七、八萬金。"②經理處決定要立即重建被燒毀的建築,其所需資金向社會各界募捐。

除主管機關公款公産經理處外,商界也在積極行動。1926 年 1 月 26 日,"本邑南北兩市各紳商,爲重建邑廟大殿,並創辦上海市乞丐教養所,於下午二時,借北區救火會開會集議辦法""到會者爲李平書、莫子經、王一亭、姚紫若、葉惠鈞、王彬彦、張效良、范回春、黄金榮、張嘯林、杜月笙等四十餘人,公推李平書主席,議決重建邑廟大殿、二殿、中廳、東首財神殿、西首許真君殿等。於陰曆二月初一日開工,限年底工竣,請久記張效良擔任工程。其材

①《邑廟大火續志——損失七、八萬金,各方集議善後辦法》,《申報》,1924 年 8 月 17 日。

②同上。

料用鋼骨水泥,以避火灾。大殿地位,按照原址□□兩間,並辟東西太平弄兩處。……約估經費銀十五萬元……當場由范回春、黄金榮、張嘯林、杜月笙四人,首先創捐銀二萬元,業由李平書擬稿,備具捐册,分送各紳商勸募,一面於陰曆元旦,在邑廟大殿設櫃,派員勸令進香者,酌□捐助,以充建廟之費"①。

出席會議的人員,基本都是近代上海有名的商業大亨和政界聞人。如被推爲邑廟豫園整理委員會主席的李平書(1854—1927),曾任江南製造局提調、局長,中國通商銀行總董,組織上海地方商團武裝,辛亥革命後積極參與上海地方自治,先後當選上海城自治公所總董和上海市公所總董等要職,在清末民國上海的商界和政界享有崇高聲望和影響力②。王一亭(1867—1938)是老同盟會員,投資於房地産、紡織、銀行等行業,收入豐厚。曾任預備立憲公會董事、上海自治公所董事等職,他還是近代著名大慈善家③。黄金榮、張嘯林、杜月笙等三人在民國上海亦是赫赫有名,號稱"青幫三大亨"。這些政商領袖和社會活動家對城隍廟重建事務有如此高的興趣,原因就在於其中的商業利益。豫園市場的繁榮,高度依賴城隍廟這個信仰中心的加持,兩者之間互相成就,廟若不存,市場恐難以爲繼。

3. 成立邑廟董事會

城隍廟重建工作進展固然十分順利,但是對該廟財産擁有

①《重建邑廟會議——約估經費十五萬元》,《申報》,1926年1月27日。

②章開沅主編:《辛亥革命辭典》,武漢:武漢出版社,2011年,第186頁。

③章開沅主編:《辛亥革命辭典》,武漢:武漢出版社,2011年,第37頁。

實質管理權的公款公産經理處却在思考新的問題。這次大火，經理處和警方認爲主要是道士失職和管理不力的後果。其言道：

> 竊查上海邑廟，從前向由款産管理處管理，廟宇則保充羽士駐廟看守。詎近年羽士懶惰異常，常不在廟，不能稱職，以致三年之中，兩遭巨災，毁去全廟十分之六，損失實屬不貲。推原其故，實因看守不力，致罹巨禍。查縣款産處距離較遠，確有鞭長莫及之勢，若不另組機關，推員駐廟管理，恐有仍蹈覆轍之虞。①

三年之内，兩遭火災，損失慘重。公款公産經理處決定要另組機關派專員駐廟，不能再讓道士繼續管理。

1926年12月5日，"上海縣地方款産管理處……假邑廟萃秀堂開邑廟董事會成立會"②，並起草《邑廟董事會簡章》。按《簡章》規定，組織董事會的共有六家單位，分别是：上海縣款産管理處、上海市公所、上海慈善團、整理邑廟豫園委員會、上海醫院、上海乞丐教養院。其中上海縣款産管理處是主管機關，實際享有城隍廟的産權；整理邑廟豫園委員會是專門爲豫園環境整治和社會治安而設；上海乞丐教養院是由邑廟豫園整理委員會所設，專爲解決豫園的乞丐問題。此外，上海市公所是二十世紀

①《邑廟推定董事之呈報》，《申報》，1927年1月22日。

②《邑廟董事會成立會紀事》，《申報》，1926年12月7日。

二十年代上海的地方自治機關，據學者研究，清末至民國初期上海士紳積極推動地方自治，上海市公所即爲其中一個階段的自治機關，成立於 1924 年，前文提及的曾出任邑廟豫園整理委員會主席的李平書爲總董[①]。上海慈善團成立於 1912 年，是上海當地慈善堂的聯合組織，主要從事地方慈善事業[②]。上海醫院是李平書於 1904 年開辦的一家中西醫結合醫院[③]。

董事會成員亦由上述六家單位派員組成："董事額定十一人，上海縣款産管理處處長、副處長二人，上海市公所總董、董事二人，上海慈善團經理、副經理二人，捐資重建大殿者推二人，整理邑廟豫園委員會委員長一人，上海醫院事務長一人，上海乞丐教養院董事會會長一人。""董事會每三個月開會一次，以三、六、九、十二各月爲期。遇必要時，得開臨時會，由會長召集之。""會長秦錫田，副會長葉增銘；董事李鐘珏、顧履桂、姚福同、楊逸、凌紀椿、沈周、方彦臣，尚有捐資重建大殿者二人，未曾推定；駐辦員秦錫燧，幹事員陸子文、陸志清、王子綱、陸洪義。"[④]會長秦錫田也是主管機關上海公款公産經理處的處長，此外，爲城隍廟重建捐獻鉅資的青幫頭目黄金榮、張嘯林、杜月笙等也在日後成爲董事會成員。

---

①周松青：《上海地方自治研究（1905—1927）》，上海：上海社會科學院出版社，2005 年。

②（日）小浜正子著、葛濤譯：《近代上海的公共性與國家》，上海：上海古籍出版社，2003 年。

③季偉蘋主編：《上海中醫藥發展史略》，上海：上海科學技術出版社，2017 年。

④《邑廟董事會簡章》，見《上海邑廟大加整頓詳情》，《申報》，1927 年 2 月 8 日。

需要注意的是,這個被學者們稱讚有加的邑廟董事會,並没有城隍廟道士參加。“廟原有東、西兩房主持二人,應由董事會雇用,每月酌給工食銀若干元,保管莊嚴經卷、服裝、法器及一切公有物。”①城隍廟東西兩房的住持,自此時起成爲董事會花錢雇傭的職員,專門從事保管法物的工作。不僅如此,廟中各殿均由委員會另行派員管理,道教徹底失去了對城隍廟的一切權利。《簡章》規定:“各處殿宇,如鶴軒、大殿、中廳、寢宫、後宫、財神殿、玉清宫、文昌殿、星宿殿、閻王殿等,由董事會委派管理員各一人,遵照董事會規定之管理規則辦理。”②據《管理規則》的要求,管理員“每日須將各殿打掃清潔”“須一律穿著藍布長制服,編列號碼”“遇有香客進香,須殷勤接待,代點香燭,不得推諉,香金聽憑香客自由入筒,不得任意需索”③。

管理員除了維持各殿日常衛生和宗教活動秩序外,還需要代收香火錢。邑廟董事會大膽創新,決定採取承包制。“各殿管理員應將每日所入香燭香金等費,按月匯繳會計處核收,但爲辦事上之便利起見,管理員得請求每年認繳若干,由董事會核准之。”④這是一種高度商業化的管理模式,宗教活動成了一門需要獲取利潤的生意,所謂管理員實際上就是各殿的承包人,他們每年需向董事會上繳一定數額的費用,餘下收入則可歸自己。其承包金額大致如下:“大殿,三萬三千三百六十九元;玉清宫,

①《邑廟董事會簡章》,見《上海邑廟大加整頓詳情》,《申報》,1927年2月8日。
②同上。
③《邑廟董事會訂定各殿管理規則》,《申報》,1927年2月9日。
④《邑廟董事會簡章》,見《上海邑廟大加整頓詳情》,《申報》,1927年2月8日。

三千零二十四元;星宿殿,八千一百六十九元;許真君殿,一千二百二十四元;財神殿,四千七百六十元;文昌殿,九百二十元;十王殿,三千一百零九元。共計五萬四千五百七十五元。"①邑廟董事會對城隍廟所採取的這種商業化管理模式,一直延續到1956年社會主義改造期間才被人民政府取消。

四、結語:是現代性,還是災難?

本文以不是很長的篇幅簡單勾勒了上海城隍廟自創設之初到民國時期的發展歷程,在筆者看來,這是一段社會力量不斷侵入,道教不斷退縮,乃至最終拱手交出廟宇管理權的歷史。之所以出現這樣的結果,與上海城隍廟在當地的獨特地位以及近代上海因商業發展導致社會力量異常强大有關。

上海城隍廟在創設之初,僅是當地衆多道教廟觀中普通的一員,後來在解決倭患和屠城的危機中,逐漸贏得了上海百姓的信奉,地位急劇上升,以至成爲當地最重要的信仰中心。與此同時,由於東西方貿易的開展,上海的商品經濟自明末以後快速發展,社會結構變動劇烈,新興的商人階層逐漸形成。鑒於城隍廟在上海當地公共事務中的地位,商人階層對其表示出濃厚興趣。清中期以後,因爲廟中道士無力管理廟園,各商業行會順勢接管。這些商業行會的入駐,爲城隍廟附近市場的壯大提供了機

①吉宏忠主編:《上海城隍廟志》(上册),北京:宗教文化出版社,2017年,第19—20頁。

遇。到了清末民初,城隍廟已經發展爲城市商業中心,在上海乃至全國都有舉足輕重之地位。因商業利益重大,越來越多的社會力量紛紛介入其中,城隍廟不僅被收爲地方公産,甚至在邑廟董事會成立後徹底採取商業化管理模式。自此,道士失去了對廟宇的掌控權,成爲董事會雇傭職員,與領工資的工廠工人無異。

毫無疑問,邑廟董事會確實是上海城隍廟管理制度的重大改革,將其放入整個中國道教史中去看,都是破天荒頭一遭。董事會是現代公司運營中的一種管理模式,比封建家長制要更能適應現代社會發展,從這個角度看,它體現出一種現代性。可是我們要注意,上海城隍廟採取董事會管理制度,並不是道教界因應時代發展自主探索的結果,而是在强大外力干預下不得不爲之。换句話説,城隍廟的道士始終是這場變革的局外人。從清代中期商業行會入駐廟園,到民國時期成立邑廟董事會,這三百餘年中,他們無力應對時代的變化,無法處理與新興社會階層的關係,只能被歷史的車輪推著往前走,最終在强大外力的主導下失去了對廟宇的掌控權。從道教的立場出發,這顯然是一段頗具悲情的歷史。如果道教的現代變革,最終導向教職人員的邊緣化和宗教場所的空殼化,那麼這種變革無疑是一場巨大的災難。從這個角度來看,我們對邑廟董事會的評價還需要更加小心和謹慎。

總而言之,道教在變革自身以適應社會發展的時候,究竟應該如何保持住自身的宗教主體性,上海城隍廟的近代變革史能給我們提供很多思考。

作者簡介:王闖,男,1987年生,安徽桐城人。歷史學博士,華中師範大學道家道教研究中心副教授。

二、儒道思想研究

關於《老子》之“無”的哲學猜想

［德］Günter Wohlfart（君特·沃爾法特）

崔　翔　譯

内容提要：本文從對《老子》之“無”字的詞源學分析入手，探索“無”作爲一種運動變化過程而非自身持存之實體的可能性。通過對《老子》十一章所舉例證的分析，作者試圖説明：“有”與“無”共享同樣的發生時刻與契機，並在相互依存之中構成彼此。在這個意義上，“道”不是一條現成的道路，它恰恰是“無—有”正在自己如此的流動，是一種“無—有”之間的運動。作者同時反思了舊有的道家詮釋中所存在的西方中心主義傾向，希望東西方之間進行一種真實而非抽象的思想對話。

作爲一貫的“虛無主義者”，我無法抗拒《老子》之“無”的誘惑。對此我做了一些早熟的評論，並對虛空之物發表了一些無謂的見解。

讓我們從詞源學開始。

施華滋（Ernst Schwarz）在其《老子》譯本的導言中説：

> 倪青原(Ni Tsching-yuan)教授通過詞源學材料表明,"無"字的構成最初出於"林"與"火"的結合。一座已經被焚毁的森林當然不再包含樹木,但它並未消失得無影無蹤:它現在"是"灰燼。尚未存在(still-not-being)或不再存在(no-longer-being)的狀態顯然應被理解爲"無"這個概念的一個想象基底,也應當被理解爲這一狀態被帶來的過程。隱藏於此中的是作爲從存在到非存在轉移的"變成"(becoming),這並不排斥對過程的修正:空虚可以再次填充自己,被燒毁的森林也可以死而復生——就像鳳凰浴火重生一般。①

重點在於,一片林間空地由兩個組成部分組成:

1. 不在此之物:没有木材,什麽都没有。

2. 在此之物:即周圍的木材,有的東西。

總而言之:

無論人們喜歡哪種詞義解釋(爲了簡短起見,我在此跳過其他解釋),它們似乎都有一個共同的事實:這顯然不是一個最終確立或持存的物質,而是一種關於"經過"(passing)或"出現"(emerging)的描述,也就是説,一個過程,或者是正在變爲他物,或者是正在形成。對"無"字的詞源學考察似乎表明,當我們考

---

①Ernst Schwarz, *Laozi*, München: Deutscher Taschenbuch Verlag, 1985, introduction. 另見 Günter Wohlfart, *Der philosophische Daoismus*, Köln: edition chora, 2001, pp. 55–80. 又見 Günter Wohlfart, "Heidegger and Laozi, Wu (Nothing). Chapter 11 of the Daodejing", *Journal of Chinese Philosophy*, *Heidegger and Taoism*, Vol. 30, Nr. 1, 2003, pp. 43–45.

慮《老子》中“無”與“有”的關係時，我們將會看到什麽。這意味著，這不是一種嚴格意義上的建立概念或對立的問題，相反，它開啓了一種發生或發展之背景的“契機”，因此是一種運動，用德語説就是 Be-weg-ung(開闢道路)。

帶著到這些詞源學的思考，讓我們看看《老子》。

讓我們首先看看著名的、經常被評論的第十一章。

讓我專注於第十一章中的第二個實際例子。它是關於一個容器(陶罐)。

下面是我自己根據通行本的逐字翻譯。

埏	knead
埴	clay
以	(in order) to
爲	make
器	vessel (for example a jug)
當	therc where
其	is
無	nothing
有	has
器	vessel
之	its
用	use

韓禄伯(Robert G. Henricks)翻譯爲:“我們燒製粘土，製作

容器。恰恰是在没有物質的地方,我們發現了陶罐的可用性。"①

陳鼓應解釋説:"黏土被製成容器——非存在(在容器之中)使得容器的用處呈現出來……老子在這裏説明世界現象中存在與非存在的相互作用,强調了它們之間的依存關係。"②

陳鼓應將《老子》第四十章的傳世本與1993年郭店出土的竹簡本進行了比較。

傳世的版本:"天下萬物生於有,有生於無。"

郭店本:"萬物生於有,又生於無。"③

陳鼓應得出的結論是:"郭店《老子》本的發現現在表明,存在和非存在原本是平行或平等的關係,這形成了道的兩個基本方面……我自己的解釋……長期以來,非存在和存在都是指道;它們討論道從無形到有形的方式。郭店的發現支持了這種解讀,並最終澄清了幾個世紀以來的困惑。"④

我重複重要的一點:"器",以及《老子》第十一章中的下一個例子——"室",都内在包含了兩個不可分割的部分:

1. 不在此之物:没有粘土,没有泥土。

---

①Robert G. Henricks, *Lao-tzu, Te-Tao-Ching*, New York: Columbia University Press, 1989, pp. 208-209.

②Chen Guying, *Rediscovering the Roots of Chinese Thought: Laozi's Philosophy*, St. Petersburg: Three Pines Press, 2015, p108.

③Chen Guying, *Rediscovering the Roots of Chinese Thought: Laozi's Philosophy*, St. Petersburg: Three Pines Press, 2015, p78.

④Chen Guying, *Rediscovering the Roots of Chinese Thought: Laozi's Philosophy*, St. Petersburg: Three Pines Press, 2015, pp. 79-80.

2. 在此之物:外圍的粘土或泥土。

這兩個部分——存在和不存在——在同一時刻出現(同時),並在相互依存中構成整體。我必須想到老子第二章“有無相生”,“有”與“無”相互産生。

請注意:“有”和“無”相互産生彼此。“無的澄清”是一個過程的結果,是一場意外事件:一場森林火災。陶罐和洞穴分别是模製和挖掘過程的結果。在這個過程(程序)中,“有”和“無”相互産生,並完成彼此,其産品(陶罐和洞穴)是動態轉化的對立的結果。

來自西方的哲學猜想:這種存在(有,Sein)和非存在(無,Nichts)之間辯證式的巧合,黑格爾稱之爲 Werden(“形成”,以及“經過”)。在物理學中,它是 Bewegung(運動)①。

在他的《百科全書》中,黑格爾給出了一個驚人的、矛盾的例子。

(這個悖論使得教條癱瘓。)

這是一個真實的關於運動的辯證法例子,或者换句話説:關於存在(有)和不存在(無)的辯證同一性②。

黑格爾宣稱,一個運動的物體在同一時間内是也不是在同一地點。(原文如此!)

黑格爾關於“實在辯證法”的悖論式例證總是混淆和激怒

①Hegel, *Wissenschaft der Logik. Erster Teil (1812)*, Hamburg: Verlag Felix Meiner, 1963, p67.

②Hegel, *Enzyklopädie der philosophischen Wissenschaften im Grundrisse (1830)*, Hamburg: Verlag Felix Meiner, 1959, § 298.

了常識。(但有時常識其實是僞常識。)因此,請注意:如果某物(粒子、物體或其他東西)從點 p1 移動(傳遞性地)到(無限小的)另一個點 p2,它並不是某一時刻(t1)呆在 p1、另一時刻(t2)呆在 p2,就像人們乍一看到的那樣。(想想 instant 的詞源,它來自拉丁文的 in-stare,意思是站立。)如果某物不是靜止的,而是持續運動的,它必須同時處於 p1 和 p2,同一時刻! 否則,它就會被孤立並且固定爲 t1 在 p1、t2 在 p2 等等,但它永遠不會從 p1 移動到 p2。因此,moment(時刻,或譯契機)是過去和未來在當下(現在)的同一。

運動是存在於此和不存在於此的辯證統一。因此可以這麼説:

運動意味著:在這(那)裏。

考慮到這種存在與非存在的辯證式巧合,在我們回到老子和道之前,讓我們向後退幾步,看看黑格爾的主角赫拉克利特。

據記載,赫拉克利特曾説過一句名言:panta rhei,萬物皆流。

而現代物理學證實,一切都在運動,而且是:

萬物皆是有和無的轉换式同一。萬物皆是存在—非存在。

我們從辯證學家黑格爾回到西方辯證法的偉大祖師赫拉克利特,乃是爲此種跳入遠東的飛躍所作的準備,以來到東方辯證法的偉大祖師老子這裏。

到目前爲止,我的視野回到了赫拉克利特的流動(flow),而我的這場黑格爾之旅或許多少令人困惑,因爲這場旅行進入到物理學之中,它所關注的是運動作爲在此與不在此的轉化式同一的意義。這裏的關鍵字乃是 transformation,轉化。

在我回到老子和道之前……考慮到“轉化”這個關鍵詞,讓我對 2001 年的譯本做一些“多餘”的評論,因爲這意味著對《老子》的解釋。Tradutore-traditore:翻譯—欺騙。真理存在於(lies)翻譯之中——同時欺騙了(lies)翻譯(在這個詞的雙重意義上)。而有時我也會在翻譯中迷失。特别是如果一些西方的翻譯者懷著他們的基督教形而上學,或者更確切地説,在他們的魔法帽子裏,從他們的高帽裏變出上帝,並把它翻譯(投射)到“道”裏面。只是稍作修改:中國的“道”,作爲基督上帝的早期異國階段。任務完成:“道”,已經基督教化了!

我把這稱爲意識形態的殖民主義,西方人的懷舊情緒——迷失在神學化的哲學中。

我首先想到的是《道德經》的第一位德文譯者(公元 1870 年)。神學神秘主義的福音歌曲作家施特勞斯(Victor von Strauss)。

(順便説一下:更有説服力的是基督教傳教士衛禮賢後來的譯本〔公元 1911 年〕,他承認他從未讓中國人皈依基督教,但他自己却皈依了中國古代思想。感謝上帝!)

恰好有一個典型的基督漢學的例子。德國漢學家佛爾克(Alfred Forke)認爲我們可以毫不猶豫地把“道”等同於我們(基督教)哲學家的絶對超越性存在①。哦,上帝啊!讓我們在閱讀

①Alfred Forke, *Geschichte der alten chinesischen Philosophie*, Hamburg: Friedrichsen, 1927, p274.

中國古代經典時拋棄我們的那種揣度式的獵奇和救贖心態。就我這老眼昏花所見而言,天堂裏没有一個被赦免的“絶對”。如果《老子》中存在類似於“絶對”的東西,那麽它將被消解在“天下”之中,消解在“道”的流動之中。

就我所見,《老子》中没有形而上學——特别是在 meta 這個詞的原始意義(亞里士多德)上:物理學“背後/之外/之後”。幸運的是,《老子》中也没有基督教的形而上學。如果説《老子》中應該有類似於形而上學的東西,那麽應該是在 meta 這個詞的舊意義上:赫拉克利特式的“在之中”。

形而上學不是在物理學的背後或之外,而是在物理學之中。

如果《老子》中存在類似超越的東西,那也是一種内在的超越。

在我看來,《道德經》中没有超越性——尤其是基督教意義上的超越性。“道”,並不意味著超越,而是轉化,是一種互相轉化的對立之間的(不斷的)流動。

現在讓我們仔細看看《老子》第三十四章“大道氾兮……”,偉大的道是流動的。

《老子》第六十二章中説“道者,萬物之注……”,道是萬物的流動。

而在《老子》第三十二章中説:“譬道之在天下,猶川谷之於江海。”道對於萬物,猶如河流、海洋之於衆流。

當然,我們也會想到《老子》第七十八章:“天下莫柔弱於水。”普天之下没有什麽東西比水更柔軟、更柔弱。

我們還想到了《老子》第四十三章:“天下之至柔,馳騁天下之至堅。”

普天之下最柔軟之物可以克服最剛硬之物,這就是“無爲”的用處,不干涉。

我回顧和總結一下:“道”,流動,像水一樣。

順便説一句:當然,水的流向,道的流動,自身就是如此(自然)。道法自然(《老子》第二十五章)。道的模式是“自然”,自己如此。

我同意劉笑敢和陳鼓應的自然是老子哲學之核心價值的看法①。

劉笑敢正確地指出,自然“自己如此”(self-so)這種翻譯可能正在被誤解爲“我自己如此”(my-self-so)。但是,當然,自然與我的自己(my self)無關。“自然”僅僅和獨自(by itslf)相關②。

“道”的流動是自己如此,“道”正在自己如此流動。(我喜歡安樂哲 self-soing 的翻譯,主要是由於這種持續性的模式。)

因此可以説:dao's course is“of course”.(“道”的流向是“當然如此”;“道”的流向是“出於自身”)

“道”並不是一條固定的道路,用德語説就是:不是 weg,而

①Liu Xiaogan, “Naturalness (Tzu-jan), the core value in Taoism”, in Livia Kohn and Michael Lafargue eds, *Lao-tzu and the Tao-te-ching*, Albany: State University of New York Press, 1998, pp. 211-228.

②Günter Wohlfart, *Der philosophische Daoismus*. Chapter 2: Wu (Nichts)-Heidegger and Laozi, Köln: edition chora, 2001, pp. 201-116

是“Be-weg-ung”(運—動)。

對“道”之追隨者的忠告:“道”並不是一條被踩過的路,它是通過行走而產生的,正如《莊子》第十三章開頭所説的。

《老子》第四十章説:“反者道之動。”“道”的運動就是“反”,返回,反覆,反轉。“道”的運動就是一個圓圈。

《莊子》中説:“天道運而無所積,故萬物成。帝道運而無所積,故天下歸。聖道運而無所積,故海内服。”(《天道》)

無論如何,“道”是一種流動。一個(迴轉的)運用,“道”一直處於運動之中。

繞了幾圈之後,我又回到了我的主題——“無”。

我試圖指出,運動是存在(於此)和不存在(於此)的轉化同一,是“有”和“無”、“無”和“有”持續相互轉化的辯證的同一(假如是黑格爾,會説同一和不同一的同一)。

結論:我認爲“道”是“無—有”正在自己如此的流動,一個“無—有”的運動。

換言之:“道”是“無”與“有”之間的轉化性的對立。

最終,我回到了我文章開頭的詞源學猜測。象形文字“無”,這種“無的澄清”似乎表明,“無”是一個燃燒的結果,一個逝去(away)的結果,從而爲新的發展、新的“有”讓路(way)。

我通過《老子》中的“無”字開始我的反思,並對《老子》中經常被引用和解釋的第十一章做了一些評論。由於特殊的原因,我集中討論了關於“器”的段落,“器”是一種容器,比如説陶罐。

在我的猜想的最後,我打算再回來談談陶罐。

在我最新出版的 *Safari* 一書的第四章中,我發表了對海德格爾接受《老子》第十一章中這段話的諷刺性批評①。在"被捏造的陶罐"這個標題下,我將關於海德格爾對《老子》秘密的"借貸"提出一些批評意見,來結束我的猜想。

被捏造的陶罐

海德格爾 1945 年的《鄉間路上的談話》(*Feldweggespräch*)中記載:

> 老師:壺是什麼?
>
> 研究者:一個容器(Gefäß)。容納者(Fassende)是側壁和底面。②

對話繼續:

> 老師:你發現什麼令人驚訝的事情了嗎?
>
> 研究者:側壁、底面和邊緣之間的空虛顯然是容器中起容納作用的東西。
>
> 老師:如果是這樣的話,那麼這個壺,就不在於它由以

---

①Günter Wohlfart, *Safari. My big five*: *Kant*, *Hegel*, *Nietzsche*, *Heidegger and Adorno with an Appendix to Habermas*, 2020, pp. 159-164.

②Martin Heidegger, *Gesamtausgabe* (*GA*), Vol. 77, Frankfurt/Main; Verlag Vittorio Klostermann, 1995, p126.

> 構成的東西(被塑形的泥土),而在於它的空虛。
>
> 學者:壺之中的這種虚無(Nichts),才真正是壺之所是者。①

在他的講座《物》(*Das Ding*)中,壺是海德格爾所説之“物”的主要例子。

在1950年在巴伐利亞美術學院的這次演講中,海德格爾回到了壺和它的虛空。

> “壺就是一個物。那什麽是壺呢? ……虚無是對容器的容納。虛空,壺中的這種空無一物,就是壺作爲容器之所是。”②

這“物”中的“虛空”與老子的陶罐有什麽關係嗎? 這只是純粹的巧合嗎? 海德格爾到底知道不知道《老子》?

他當然知道! 海德格爾通過施特勞斯(Victor von Strauß)、衛禮賢(Richard Wilhelm)以及Jan Ulenbrock等人的翻譯對老子非常瞭解。

海德格爾對《老子》的興趣是如此之大,以至於1946年他便向蕭師毅提議一起翻譯《老子》。到了夏天,《老子》至少有八

---

①Martin Heidegger, *Gesamtausgabe* (*GA*), Vol. 77, Frankfurt/Main: Verlag Vittorio Klostermann, 1995, p130.

②Martin Heidegger, *Vorträge und Aufsätze*, Pfullingen: Verlag Günther Neske, 1954, p144, 167.

章已經完成了。做得好！我確信他對第十一章很熟悉①。海德格爾對《老子》的工作是值得稱贊的,值得贊揚的。毋庸置疑!

但他爲什麼要隱瞞此事呢?很明顯,很明顯,海德格爾對壺的考慮思考是受老子的"啓發"。一些海德格爾研究者令人信服地指出了這一點。其中包括張鍾元(Chang Chung-Yuan)、曹街京(Kah Kyung Cho)、波勒格(Otto Pöggeler)、梅依(Reinhard May)和帕克斯(Graham Parkes)②。

帕克斯(Graham Parkes)説海德格爾在承認他從東亞傳統中學到了多少東西時並不那麼慷慨,他是對的。很明顯,海德格爾和大多數偉大的思想家一樣,爲了形成自己的思想而採納了外國思想。這絲毫無損於他思想的偉大之處。恰恰相反,學習並不可耻。(我想到了《論語》中的第一句話。)

但有害的是海德格爾在承認他從東亞思想,尤其是從《老子》中學習了多少東西時的吝嗇。海德格爾從《老子》中"借用"了他的壺和他的虛無概念。很明顯,海德格爾的 Lichtung des Nichts(無的澄明)是從《老子》中借來的。没問題!

但他爲什麼要隱瞞他從誰那裏借來的?爲什麼他要穿上借來的羽飾?

---

①Günter Wohlfart, "Heidegger and Laozi, Wu (Nothing). Chapter 11 of the Daodejing", *Journal of Chinese Philosophy*, *Heidegger and Taoism*, Vol. 30, Nr. 1, 2003, p47.

②Günter Wohlfart, *Der philosophische Daoismus*, Köln: edition chora, 2001, pp. 75-80. 又見 Günter Wohlfart, "Heidegger and Laozi, Wu (Nothing). Chapter 11 of the Daodejing", *Journal of Chinese Philosophy*, *Heidegger and Taoism*, Vol. 30, Nr. 1, 2003, pp. 47-53.

爲什麽他要從老子的努力中獲取他的功勞?這種不誠懇的態度是一種耻辱。

海德格爾偷了老子的“陶罐”,把他的精神灌入其中。他受到了道家的“啓發”。

與德國哲學界大多數偉大的前輩不同,海德格爾敢於越過我們西方精神的邊緣。做得好!但正如他的大多數前輩一樣,他心胸太過狹窄,無法承認我們最好的西方思想家可以從其他文化中學習。多麽令人遺憾啊!

海德格爾不僅知道《老子》,也知道《莊子》,這從他 1945 年《晚間談話》(*Abendgespräch*)的末尾可以看出。海德格爾的文本與衛禮賢 1912 年的《莊子》譯本中的一段話一字不差①。海德格爾並不認爲提及《莊子》是有價值的。他聲稱,他已經“忘記”了談話的兩個參與者的名字。這究竟是爲時過早的老年癡呆,還是糟糕的舊哲學式的歐洲中心主義?

即便如此,海德格爾畢竟已用他在“絲綢之路”上從古代中國走私的貨物爲他自己所謂的“與東亞世界不可避免的對話”做好了準備②。

①Martin Heidegger, *Gesamtausgabe* (*GA*), Vol. 77, Frankfurt/Main; Verlag Vittorio Klostermann, 1995, p239. 又見 Richard Wilhelm, *Dschuang Dsi. Das wahre Buch vom südlichen Blütenland*, Köln: Diederichs gelbe Reihe. 1969, p281. 又見 Günter Wohlfart, *Safari. My big five*: *Kant*, *Hegel*, *Nietzsche*, *Heidegger and Adorno with an Appendix to Habermas*, 2020, pp. 165–167.

②Martin Heidegger, *Vorträge und Aufsätze*, Pfullingen: Verlag Günther Neske, 1954, p47. 又見 Martin Heidegger, *Unterwegs zur Sprache*, Pfullingen: Verlag Günther Neske, 1959, p87.

我們應當停止那種僅僅討論對話之必然性的行爲——就像如今哈貝馬斯(Jürgen Habermas)反覆做的——並真正開啓這種對話,特别是與中國古代哲學的對話①。例如,我們可以從虛無之中學到一些東西。

作者簡介:君特・沃爾法特(Günter Wohlfart),德國烏柏塔大學哲學系教授。長期以來關注和推動道家哲學與德國哲學比較研究,以重新發現道家哲學的價值和意義。1993 年組織德國首屆國際老子研討會。其創建並多年擔任主席的 Akadémie du Midi(哲學研究院)在過去的近 30 年裏舉辦了 20 場關於東西方哲學比較研究的國際學術研討會,多有涉及道家思想。

譯者簡介:崔翔,復旦大學哲學學院博士研究生,研究方向爲中國哲學史。

---

①Günter Wohlfart, *Safari. My big five: Kant, Hegel, Nietzsche, Heidegger and Adorno with an Appendix to Habermas*, 2020, pp. 203-209.

荀子的思想體系新探

吴展良

内容提要:現當代學界頗重視荀子,但一般的觀點多深受西方哲學、觀念史或現代化研究視角的影響。本文則希望能盡量回歸中國歷史,從荀子與當時人所最關心的問題出發,注重其政治與社會史背景,以重新詮釋荀子的學説。戰國時代長期激烈征戰,生靈塗炭,荀子全力呼喚真正的王者與王道體制,以求重新建立世界秩序。他所提出的國家體制,比起所有先秦諸家,最接近兩漢以降中國兩千年的政教體制,不能不説深具卓識。荀子針對天下政治體制與教化應當如何,展開相當專題化與體系化的論述,與孟子大爲不同。其劃時代的貢獻,首先在於提出大一統王政體系與賢能政治。此説代表了由封建體制到帝王制度的根本性變化,成爲兩漢以下兩千餘年中國帝王制度國家的基本藍圖。

荀子是戰國後期稷下最有名的學者,在儒學史上常與孟子並稱。唐代以前,以荀子傳經之故,學者甚尊荀子。宋代以降,學者轉而重視道德性命之學，理學家尤其大力批評荀子的性惡説及法家傾向，是以尊孟子遠過於荀子①。輕視荀子的情形，大體一直延續到晚清。而從清末以來，學界更嚴厲批評荀子的學説有利於專制，甚至以其爲"封建"傳統的代表。新文化運動之後，知識分子普遍反傳統，當然也包括荀子。少數繼續講傳統的學者，多宗主宋明理學，自然也重視孟子遠過於荀子。是以清末民國以來，荀子的學説繼續受到忽視。

部分現當代學人開始重視研究荀子，認爲其學説内容豐富，而且極富體系性乃至一定的現代性。然而學者研究的觀點多從西哲出發，或深受西哲與現代視角的影響。許多現代學者喜愛荀子學説所似乎具有的"理性"、分析能力、系統性或綜合性特質，如東方朔的荀子思想研究論集名爲《合理性之尋求》②。還有不少學者分從西方政治哲學、社群主義、美學、邏輯學、身體觀等角度分析荀子的思想③。更多學者同時受西方與傳統思想激發，經常探討荀子的心、性、天、人等觀念，以及天人關係、學派歸屬等問題。各種角度各有其所得，頗能展現荀子學説的豐富性乃至現代意義。然而因爲其問題意識深受西哲或現代視角影響，未必能深入荀子的本意。

①朱熹："荀卿則全是申、韓""荀子極偏駁，只一句'性惡'，大本已失"。參見朱熹：《朱子語類》(卷一三七)，收入《朱子全集》，上海：上海古籍出版社，1992 年。

②東方朔：《合理性之尋求：荀子思想研究論集》，臺北：臺灣大學出版中心，2011 年。

③參見陳昭瑛：《荀子的美學》，臺北：臺灣大學出版中心，2016 年；楊儒賓編：《中國古代思想中的氣論及身體觀》，臺北：巨流圖書公司，2009 年；盧永鳳：《社群主義視野下的荀子政治哲學研究》，山東大學歷史研究所博士論文，2011 年；李哲賢：《東亞漢學視野下之荀子名學研究綜述及反思》，《邯鄲學院學報》2017 年第 3 期。

當代對荀子研究用力最深的學者當屬佐藤將之。佐藤早期英文作品强調荀子思想爲戰國中期以前的“倫理論辯”(ethical argument)與後期稷下學派“分析論述”(analytical discourse)的結合。後期則不再强調此“概括式”學説,轉而重視微觀與實證分析,但繼續强調荀子學説的“綜合性”(非體系性)與“禮治”兩大特色①。佐藤認爲荀子的通乎天地人,超越了國家與朝代觀念,形成完整而美麗的一套“綜合性”學説,具有豐富的“倫理”實踐意涵,以及“分析國家社會的理論意涵”②。他同時認爲“荀子政治哲學旨在‘栽培能够治理天下的帝王’”,雖然頗有所見,但似乎也太偏於“帝王”一人③。其説頗有所見,然而不免仍偏重觀念史分析與哲學化議題。本文則希望能盡量回歸中國歷史,從荀子與當時人所最關心的核心問題出發,並注重其政治史與社會史背景,以重新詮釋荀子的學説。

荀子身處戰國晚期,當時天下最大的問題是各國長期激烈征戰,生靈塗炭。若不能指出一條比較理想的解決之道,則戰

①佐藤將之:《荀子禮治思想的淵源與戰國諸子的研究》,臺北:臺灣大學出版中心,2014 年,第 xi 頁。

②佐藤將之强調:“經由闡述‘禮’概念的各種功能,荀子將當時備受懷疑的倫理工夫之效能,以及過度抽象化的各種政治論辯内容,重新界定爲每個人都能够實踐的倫理準則;早期儒墨的‘倫理論辯’,由此提升爲富有分析國家社會原理的‘禮治論’。荀子的禮治論兼有豐富的倫理實踐意涵,以及分析國家社會的理論意涵,其後更成爲漢朝建立國家制度與倫理基礎時的設計藍圖。”參見佐藤將之:《參於天地之治:荀子禮治政治思想的起源與構造》,臺北:臺灣大學出版中心,2016 年;類似觀點又見於佐藤將之:《〈荀子〉“禮治論”的思想特質暨歷史定位》,《邯鄲學院學報》2012 年第 4 期,第 57—67 頁。

③佐藤將之:《荀子禮治思想的淵源與戰國諸子的研究》,臺北:臺灣大學出版中心,2014 年,第 xii 頁。

爭、混亂與生民的痛苦永無休止。爲了根本解决這問題，荀子呼喚真正的王者與王道體制，以求重新建立世界秩序，並期長治久安。中國從三代時期，政治的規模就已經非常巨大。當周代封建制度崩壞後，若要維繫這樣巨大的政治體系的和平與穩定，可行的選項其實很有限。除了一些比較空想型的政治提議外，春秋戰國時期的學人，無論墨子、荀子、管子、法家，最後都指向體系森嚴、層層節制、以上治下的制度。即使如孟子，也主張"天下惡乎定，定于一"①的王道。這些都是中國大一統帝王體制的思想淵源，而荀子的學説對後世影響最爲深遠。

在戰國儒家當中，孟子比較不討論政治體制，因爲他一切首重德行，而且孟子政治社會論述背後的基底仍是封建體制。他一方面主張寬鬆的仁政與王道，一方面主張"天下之本在國，國之本在家，家之本在身"②，傾向於認爲每個人本於道德做事，則天下可治，是以孟子的思想比較容易接上個體自主與家族或民間自治。荀子的思想則首重政治體制設計與由上而下的控制，透過賢能政治與刑賞威罰，由政治體系基本調控所有資源並規範供給狀況。他所提出的國家體系，比起先秦所有諸家，最接近兩漢以降中國兩千年的政治乃至教化體制③。漢代以降的政

①趙岐注，孫奭疏：《孟子注疏・梁惠王上》，北京：北京大學出版社，2000年。

②趙岐注，孫奭疏：《孟子注疏・離婁上》，北京：北京大學出版社，2000年。

③這與今天的中國治理架構仍頗類似，可説古已有之，非常具有中國特色。此架構傳承兩千年，是中國體系之所以能維繫的根本原因之一，是以中國的政治不容易跳出這條路子。必須先要懂得這一點，才能談到中國政治的改革與改良。否則只能是一次又一次失敗的自由民主運動，跟現實政治始終有很大的距離。

治,在上層統治結構上,大量運用了法家,社會文化則主儒家,形成"體儒用法"的構造。而韓非、李斯正是荀子的學生,其思想淵源清楚可尋。僅從這些,就可見得荀子的重要性,值得我們深入研究①。

一、荀子思想的出發點

研究思想史,必須要從歷史的自身情境與脈絡出發。民國以來論荀子思想,人人幾乎都難免深受新文化運動與西潮的影響。最典型的像馮友蘭,以分析化與系統化的人性論、認識論、形上與本體論等問題,乃至從唯物、唯心的立場來分析荀子思想②。這種方式固然簡單明瞭,很符合現代人的胃口,但其實離古人的思想方式甚遠。研究思想史,還是應該首先要問古人在當時的思想出發點與思想方式爲何,並將此問題一直放在心中。

如前所述,戰國時期最大的時代問題應是如何重新建立良好的世界政治秩序。如果從這一問題重新審視荀子,自然會與西化派、西方哲學化派,甚至與近現代傳統派的很多看法都將頗

---

①佐藤將之已初步指出荀子學説與漢代禮治的密切關係,參見佐藤將之:《〈荀子〉"禮治論"的思想特質暨歷史定位》,《邯鄲學院學報》2012 年第 4 期,第 66—67 頁。

②馮友蘭:《中國哲學史》,上海:上海書店,民國叢書第 02 編,1989 年,第 355—382 頁;馮友蘭:《中國哲學史新編》,北京:人民出版社,1998 年,第 678、688—718、728—733 頁。

有所不同。

針對這個時代大問題,《孟子》思想的出發點很清楚,其書第一篇《梁惠王》開宗明義,以仁義教導王者如何治國平天下。《孟子》一書一路都在説明如何以仁義之道與仁政從上而下地安頓天下。他認爲仁義根於人性,是人們共同的,也是終極的嚮往。只要能行仁義,則天下自然也必然能安。

至於荀子的思想,則與孟子頗爲不同,觀其書的篇章主題與内容,如《儒效》《仲尼》《王制》《富國》《王霸》《君道》《臣道》《致士》《議兵》《彊國》《成相》《大略》《哀公》《堯問》均明顯以政治,尤其是政治體制與路線爲主。至於《天論》《正論》《禮論》《樂論》《解蔽》《正名》《性惡》《君子》《賦》《宥坐》《子道》《法行》則以教化爲主,而亦與政治密不可分。至於全書一開始的《勸學》《脩身》《不苟》《榮辱》《非相》《非十二子》諸篇,則繼承《論語》的傳統,首論爲學之道。而當我們細讀《勸學》《修身》《不苟》乃至《榮辱》《非相》《非十二子》等篇,發現他所學、所修、所論的一切,依然是以先王之政教與禮義爲中心,並以如何培養一足以治國平天下的大儒爲目標。可知其學實以天下"政教"應當如何爲主軸,並由之展開相當專題化、體系化的論述,與孟子頗爲不同。

荀子不僅討論了他所繼承的王道王政傳統,也討論如何在此基礎上重新建立一統的國家。换言之,他不僅討論理想的政教體制,也討論了如何具體建國與立國,而這些正是戰國晚期最迫切的時代問題。《荀子》一書既以如何興起王政與王道以建立一世界的合理新秩序爲其主要關懷，本文即以《王制》爲主軸，盡量依照其原有論述次序分析其思想，以得其原貌。竊謂荀子討論各種事物的重點，都在於學習研究百王之道，繼承其禮義精神，以建立理想的新"王制"，這應是荀子思想的核心問題與起點。

至於荀子思想的淵源問題，因爲我們幾乎完全不知道荀子成學的過程，實在難以具體討論①。然而我們看其作品，可以確定荀子的學術思想曾深受儒家、法家、墨家、黄老、道家、名家、兵家的影響，並歸宗於儒家，屬於集大成型的學者②。他大抵在五十歲，齊襄王在位時來到齊國，在齊國住過很長的時間，又曾三次擔任稷下的祭酒。稷下在戰國後期爲諸子學説薈萃之地，論辯風氣一度極盛，荀子至齊時稷下雖已衰落，但他作爲稷下後期最有聲望的學者，仍然必須應付諸家的討戰，從而深受諸家的影響③。作爲一個集大成型的學者，他一方面吸收各家的長處，而在形成自身學説的完整體系後，又對諸家學説有嚴厲的批評④。

---

①《史記》只記其五十之後數事，而且因爲史料稀缺，《史記》所記數事之發生時間與真僞尚且異説紛紜，無論其成學過程。參見司馬遷：《史記・孟子荀卿列傳》，上海：上海古籍出版社，2011 年；劉向：《孫卿新書叙録》，收入王天海：《荀子校釋・附録》，上海：上海古籍出版社，2005 年；汪中：《荀卿子年表》，收入《論荀輯要》，蕪湖：安徽師範大學出版社，2016 年；錢穆：《先秦諸子繫年》，臺北：聯經出版公司，1994 年，第 386—388、436、490—491、498—502 頁；梁濤：《荀子行年新考》，《陝西師範大學學報》2000 年第 4 期。

②參考佐藤將之：《荀子禮治思想的淵源與戰國諸子的研究》，臺北：臺灣大學出版中心，2014 年。

③參考佐藤將之：《荀子禮治思想的淵源與戰國諸子的研究》，臺北：臺灣大學出版中心，2014 年；李玉潔：《戰國史》，北京：新華出版社，2007 年。

④《荀子・非十二子》，《四部叢刊初編》，景上海涵芬樓藏黎氏景宋刊本卷二。

從其評論中,我們也可反向看出來他很熟悉諸家學説,並自然在論辯之中受到對方的影響。

田齊自桓公建立稷下先生之制後,一百五十年間,迎來"千有餘人"的學者在此論學,成爲戰國後期天下最重要的學術中心①。荀子長期在此,得以成就其集大成式的學説。《史記・孟子荀卿列傳》説:"自騶衍與齊之稷下先生,如淳于髡、慎到、環淵、接子、田駢、騶奭之徒,各著書言治亂之事,以干世主,可勝道哉!"又説稷下先生"不治而議論……齊襄王時,而荀卿最爲老師,齊尚修列大夫之缺,而荀卿三爲祭酒"②。田齊給稷下先生們上大夫的待遇,當然是期待他們對於國家政教有所貢獻,所以稷下先生們討論的重點是"治亂之事",而與希臘柏拉圖所創建的民間學院,以探討宇宙人生政治社會的永恒真理爲中心大不同。荀子是稷下最受尊崇的學者,其學説的出發點與中心同樣是"治亂之事",也就很自然了。

司馬談《論六家要旨》開宗明義説:"《易大傳》:'天下一致而百慮,同歸而殊途。'夫陰陽、儒、墨、名、法、道德,此務爲治者也。"③中國"天下型國家"的巨大格局使其天生如此,中國思想,尤其是先秦諸子的核心問題還是要從"論治與論政"出發④。陰

①李玉潔:《戰國史》,北京:新華出版社,2007 年,第 427—428 頁。

②司馬遷:《史記・孟子荀卿列傳》,上海:上海古籍出版社,2011 年。

③司馬談:《論六家要旨》,收於司馬遷《史記・太史公自序》,上海:上海古籍出版社,2011 年。

④順帶一提,現今中國真正最有思想的人,其思考的中心,似乎大多仍是中國的政治、社會體制與文化將來到底該如何,亦即中國的政教究竟該如何的問題。這一直是中國最根本問題,在國家方向不很確定時更是如此。

陽、名、墨如此，法家、儒家更是自始如此，到孟子、荀子依然，只是各人立論的主軸有所不同。而荀子正是其中一尤爲傑出的代表。

二、荀子的劃時代貢獻：大一統王政與賢能政治

《荀子》的《王制》代表由封建體制到帝王制度的根本性變化，他所提出新的大一統帝王制度，及其完整的賢能政治理論，都是一種劃時代貢獻。在春秋戰國列國相爭數百年之後，舊的封建體制早已無法繼續，戰國時代列强的"軍國體制"更是荼毒百姓，在這個情況下，乃有《王制》的出現。此説繼承了封建君主制，而進一步往帝王制度發展，期之以王道，成爲兩漢以下兩千餘年中國帝王制度的基本藍圖。

或許有人認爲，荀子主張君主至上。事實上，荀子主張非常徹底的賢能政治，其政治社會體制的設計，一切以服務群體福祉爲目的。在此體制中，除了王者之外，一以賢能與否決定人在政治社會上的位置。並以"大儒"期待於"王者之人"，亦即王者及其佐輔所構成的權力中心。至於王者本人爲何不用更"理想"的方式産生，則不免受限於時代條件。他繼墨子之後，徹底打破封建貴族世襲的傳統。墨子雖首創"尚賢"政治的理論，然而荀子的體系更爲完整，並與三代的禮樂傳統結合，而成爲當時最有實踐力量的理論。不僅如此，荀子還一再强調王者當全面照顧老百姓，非常值得注意。

甲、大一統王政與賢能政治

荀子《王制》開宗明義説：

> 請問爲政？曰：賢能不待次而舉，罷不能不待頃而廢，元惡不待教而誅，中庸雜民不待政而化。分未定也，則有昭繆也。雖王公士大夫之子孫也，不能屬於禮義，則歸之庶人。雖庶人之子孫也，積文學，正身行，能屬於禮義，則歸之卿相士大夫。①

爲政首重舉賢能，罷不能，誅政治上的元惡，從而使一般人不待行政治理而可化。可見他的“爲政”思想是從賢能政治出發，以賢能政治爲最根本的訴求與其體系合理性的根源。這種以“爲政”爲首要的考慮，表現了先秦諸子“言治”的傳統。這並非簡單從君主出發，而是從“爲政”出發，雖然在當時的歷史條件下，能“爲政”者必須是以君王爲中心的政治體。而其理想的政治，一言以蔽之，是以賢能政治爲根本。主張政治上務必用賢能，打破階級，只問行爲是否“屬於禮義”，是否賢能，而不問出身背景，這不能不説是歷史上的一大進步②。

此種以建立美好政治秩序與社會内涵爲目的賢能政治，同時非常重視改造“姦民”與安養“身障人士”：

---

①《荀子・王制》，《四部叢刊初編》，景上海涵芬樓藏黎氏景宋刊本卷五。

②本段文本解釋參考《荀子・王制》，楊倞注，參見王先謙：《荀子集解》，北京：中華書局，2016 年，第 148— 149 頁。

> 故姦言，姦説，姦事，姦能，遁逃反側之民，職而教之，須而待之，勉之以慶賞，懲之以刑罰。安職則畜，不安職則棄。五疾，上收而養之，材而事之，官施而衣食之，兼覆無遺。才行反時者死無赦。①

對發出足以造成惡劣影響的言論、行爲，或逃匿反叛的人民要"職而教之"，以慶賞刑罰管理之，這大抵屬於維穩行爲。有"瘖、聾、跛、躄、斷"等殘疾者，則由政府全面收養照顧，並因材而用之，這屬於很高的"社會主義"型理想。至於反抗這一切的，則以死刑待之，這顯示荀子强調威權的一面。

荀子相信並强調這樣的政治是符合天道的，他説：

> 夫是之謂天德，王者之政也。②

天包覆與照顧一切，有刑賞及安養之道，所以説是天德。"王者之政"當法天，這繼承了周朝的傳統，並進一步往大一統的政局邁進。

乙、分貴賤貧富之等以養天下

荀子進一步討論爲何要在制度上要有貴賤貧富的分别。他説：

> 分均則不偏，埶齊則不壹，衆齊則不使。有天有地，而

---

①《荀子·王制》，《四部叢刊初編》，景上海涵芬樓藏黎氏景宋刊本卷五。
②同上。

上下有差;明王始立,而處國有制。夫兩貴之不能相事,兩賤之不能相使,是天數也。埶位齊,而欲惡同,物不能澹則必爭;爭則必亂,亂則窮矣。先王惡其亂也,故制禮義以分之,使有貧富貴賤之等,足以相兼臨者,是養天下之本也。《書》曰:"維齊非齊。"此之謂也。①

人的慾望不能平澹,若地位平等則相爭,是故王者"制禮義以分之,使有貧富貴賤之等"。有了貧富貴賤之分,則在上位者可以使下,社會方可以弭爭。换言之,是爲了政治社會上能够弭爭與管理人,所以制訂了貧富貴賤的分别。此處貧富還放在貴賤之前,荀子主張"禮者,養也",所以他設計的政治社會體制,完全是從政治上的位置決定人的貧富狀况。

荀子最怕的是"亂",《富國篇》説:

夫有餘、不足,非天下之公患也,特墨子之私憂過計也。天下之公患,亂傷之也。②

他認爲資源不足或過剩不是天下之公患,"天下之公患"是個"亂"字。荀子説:"墨子之'非樂'也,則使天下亂。墨子之'節用'也,則使天下貧。"③是故:"墨子大有天下,小有一國,將蹙然

①《荀子・王制》,《四部叢刊初編》,景上海涵芬樓藏黎氏景宋刊本卷五。
②《荀子・富國》,《四部叢刊初編》,景上海涵芬樓藏黎氏景宋刊本卷六。
③同上。

衣粗食惡,憂戚而非樂。”①換言之,他以政治秩序或説政治穩定爲第一考量,從而肯定禮樂的價值。這一點基本爲後世中國所繼承,墨子兼愛與平均的想法變成次要的考量,甚至經常受到儒家攻擊。

維繫政治秩序爲何要重視禮樂呢?他説:

知夫爲人主上者,不美不飾之不足以一民也,不富不厚之不足以管下也,不威不强之不足以禁暴勝悍也,故必將撞大鐘,擊鳴鼓,吹竽笙,彈琴瑟以塞其耳,必將錭琢、刻鏤、黼黻、文章以塞其目。②

換言之,他認爲没有美飾及富厚的禮樂是無法形成以上“管下”,以威“禁暴”的政治秩序。這不是以暴力威嚇,而是以禮樂悦服與震攝,在當時自然是比較高明的辦法。這也從根本上界定了貴賤貧富。

荀子認爲在這種賢能政治下,將使萬物得宜,天下豐足:

衆人徒,備官職,漸慶賞,嚴刑罰,以戒其心,使天下生民之屬,皆知己之所願欲之舉在於是也,故其賞行;皆知己之所畏恐之舉在於是也,故其罰威。賞行罰威,則賢者可得而進也,不肖者可得而退也,能不能可得而官也。若是,則

①《荀子·富國》,《四部叢刊初編》,景上海涵芬樓藏黎氏景宋刊本卷六。
②同上。

萬物得其宜,事變得其應,上得天時,下得地利,中得人和……天下何患乎不足也?①

只要有良好的政治秩序,賢者在上,不肖者斥退,則"萬物得其宜,事變得其應""天下何患乎不足"。亦即政治秩序是一切的根本,若得之,不必擔心天下會不足。這個説法,在後世中國一直很有力量。

爲了這個宏大而根本性的目標,荀子主張賢能者當身在上位,並得到好的享用。相對的,若是不賢能者而居位,則必須受罰。故曰"禮者,養也",禮要讓人人都能得到養,但人世間資源有限,荀子主張將天下資源按貴賤上下分配,使在上位者得賞,下位者則依不同的賢能層次,得到相應的位置與資源。這套方法很爲後人所繼承,在打破了傳統的世襲貴族後,開創了一合理性較高的政治制度理論。

相應於此基本藍圖,荀子提出"田野縣鄙者,財之本也"以及"工商衆則國貧"的重農抑商之主張②。他的學説爲韓非、李斯所繼承。從秦漢以降直至清末,中國歷代大體均奉行重農抑商的政策。由士、農、工、商構成的"四民論"成爲中國社會的基礎架構,其説實起於荀子。

大抵在春秋時代以前,商業乃是受王命方可有的行爲。春

①《荀子·富國》,《四部叢刊初編》,景上海涵芬樓藏黎氏景宋刊本卷六。

②以上六注的引文參考錢穆:《國學概論》,臺北:聯經出版公司,1994年,第66—67頁。

秋時代,列國競爭,從齊國開始,政策上多以振興商業爲務,商人在政治上也頗有其影響力。以商業爲末業,其事起於始於春秋末年范蠡、計然,然而當時仍强調"農末俱利",並未輕商。商鞅變法重農戰而抑商,然而其影響限於西陲。到了荀子、韓非,以及《吕氏春秋》,才奠定了中國歷史重農輕商的思想①。學者多知曉此事,然而不知此説必須在荀子"分貴賤貧富之等"、建立普世政治秩序以養天下的藍圖下理解,且與大一統政治的基本需求有密切的關係。唐宋以來,尤其是明中葉以降,士人學者雖頗多爲商人申冤,然而均不能從政治結構的層面思考此事,是以終歸於無效②。"重農抑商"爲秦漢以下中國政治社會的基本結構,至近現代仍有重大的影響。

丙、王者之德

何謂王者?荀子説:

> 王者之人,飾動以禮義,聽斷以類,明振毫末,舉錯應變而不窮,夫是之謂有原。是王者之人也。③

王者之人,或指王者本人,或指王者之佐。其一舉一動,均需以

①李達嘉:《從抑商到重商:思想與政策的考察》,《中研院近代史研究所集刊》2013年第82期,第4—6頁。四民説起於《管子·小匡》:"士農工商四民者,國之石民也。"(《管子校注》,北京:中華書局,2004年,第400頁)"石民"乃國之基礎,猶柱之石,不具等級意。在秦漢以降的重農輕商的政策下,四民的等級才有明顯的區隔。

②爲商人申冤的意見可略見李達嘉:《從抑商到重商:思想與政策的考察》,《中研院近代史研究所集刊》2013年第82期,第10—16頁。

③《荀子·王制》,《四部叢刊初編》,景上海涵芬樓藏黎氏景宋刊本卷五。

“禮義”整治①。其所聽聞之事,均能以類加以區別判斷。其明足以舉毫末,無論事情如何變化,均知道如何以適當舉措因應。這些都顯然需要極高的修養、學問與智慧,乃所謂“有原”。王者之人,缺這些本領不可。由此可見荀子對於中國“政治中心”的要求極高,深知不如此不足以爲王者。從後代的政治經驗來看,荀子所言句句實在。

荀子認爲王者之政最重要的是要讓賢能在上。爲達此目標,務必要會“聽政”。這個“聽”字用得很高明:

> 聽政之大分,以善至者待之以禮,以不善至者待之以刑。兩者分别,則賢不肖不雜,是非不亂。賢不肖不雜則英傑至,是非不亂則國家治。……凡聽,威嚴猛厲,而不好假導人,則下畏恐而不親,周閉而不竭。若是,則大事殆乎弛,小事殆乎遂。和解調通,好假導人,而無所凝止之,則姦言並至,嘗試之説鋒起。若是,則聽大事煩,是又傷之也。……故公平者,聽(或作職)之衡也;中和者,聽之繩也。②

聽政的目標在於能够賞賢能,去不肖。善者以禮待之,不善者則罰之,使賢不肖不雜,方能致“英傑”。所以在上位者最重要的是要能分别善與不善。這必須有“公平”與“中和”的德性才能

①“飾”通“飭”,參見熊公哲注譯:《荀子今注今譯》,臺北:臺灣商務印書館,1984年,第157頁。

②《荀子·王制》,《四部叢刊初編》,景上海涵芬樓藏黎氏景宋刊本卷五。

做到。過於"威嚴猛厲",就會使在下者"畏恐"而"周閉",而造成大事廢弛,小事因循。過於隨和,則姦滑嘗試之説蜂起,造成大事太複雜而無法處理。唯有"公平"與"中和"之德行,方能避免過與不及。必需善於聽政,才能達到"無德不貴,無能不官,無功不賞,無罪不罰",徹底地尚賢使能,賞善罰惡。

荀子認爲人君能以中和公平的德性來賞賢罰惡,重於一切。他説:

> 故有良法而亂者,有之矣;有君子而亂者,自古及今,未嘗聞也。傳曰:"治生乎君子,亂生乎小人。"此之謂也。①

荀子相信爲政以在上位者的德性與智慧爲第一義,法只能是第二義,即使有良法,若無君子也可能亂。"傳曰:'治生乎君子,亂生乎小人。'"這來自悠久的政治經驗,也爲後代的歷史所證實。

這種重人過於重法的思想,爲歷代所承,而成爲中國政治的一大基本特色。觀風論政首先必須問在上位者到底是合乎禮義之君子,還是雜有私心之小人?其次是在上位者要懂得聽政、分辨賢與不肖,並能賞善罰不善。這確實是中國政治從古至今的最要關鍵。制度法規必不可缺,但相對次要,這也是自古已然。此傳統雖自清末以來便一直受到嚴厲批判,但其實對於大一統且權力集中的中國政治而言,仍有不滅的道理。

---

①《荀子·王制》,《四部叢刊初編》,景上海涵芬樓藏黎氏景宋刊本卷五。

丁、從王者之法到法家

荀子論王制首重人,其次亦重法。他説"王者之法"是:

> 等賦、政事、財萬物,所以養萬民也。田野什一,關市幾而不徵。山林澤梁,以時禁發而不税。相地而衰政,理道之遠近而致貢。通流財物粟米,無有滯留,使相歸移也,四海之内若一家。故近者不隱其能,遠者不疾其勞,無幽閒隱僻之國,莫不趨使而安樂之。夫是之爲人師,是王者之法也。①

税賦有等差,以正民事、裁成萬物,所以長養萬民。田地什一輕税,關與市只呵察奸人而不徵税,山林澤梁以時管制而不徵税,視土地之美惡而徵不同税額。納貢以遠近分,讓物資充分流通。簡言之,是要讓社會富力充裕,物資流通,政府抽税有節度,並做基本的管理以防姦。這是一種既有政府管理,又相當自由的經濟。

"致貢"二字以上皆戰國時儒家所認爲的三代古法,實則古人未必如此理想,戰國時代儒家將先王的政治理想化,荀子集其大成,不僅如此,他還提出"四海之内若一家",企圖將全天下融成一體,如同一家。在此體系内,"近者不隱其能,遠者不疾其勞,無幽閒隱僻之國",换言之,仍存有封建或類封建體制,然而都在王政的覆蓋之下。論者或以爲荀子未能預測大一統郡縣政

①《荀子·王制》,《四部叢刊初編》,景上海涵芬樓藏黎氏景宋刊本卷五。

治的來臨,然而相當程度上此説仍頗符合從戰國到漢初,乃至魏晉南北朝的實情。至少在南北朝以前,中國體制仍在封建與徹底的郡縣中擺盪,時常存有上古封建之遺。是以“王者之法”,在政治上以仍帶有封建印記的禮義爲中心,而其經濟措施,則有舉國一致相通的新時代氣象。荀子體制可以説是兩者的綜合,而爲漢以下中國政治經濟型態的先聲。

除了王者之法,還有“王者之論”,重點是“尚賢使能,而等位不遺;析願禁悍,而刑罰不過”①。賢能政治是王制的根本,此處所强調的賞罰,本與賢能政治配合,賞善罰惡,使賢者居於上位,不肖者斥退。然而其做法上,要讓“百姓曉然皆知夫爲善於家,而取賞於朝也;爲不善於幽,而蒙刑於顯也”②。全面督察,這不免有讓政治全面控制社會的危險。不僅荀子,墨子與法家均有類似的主張。法家化的秦政更是最充分地實現這種主張。漢代之後的中國社會,基本上是小政府、大社會,天高皇帝遠。社會大體走上家族自治與民間自治的做法,並非荀子這條路線。設若一旦走上這條路線,後果頗爲可怕,爲了徹底落實所謂“爲不善於幽,而蒙刑於顯也”,政府將要徹底伺察與控制社會,不僅政治運作成本太高,人民的活力與創造力也會受到嚴重的限制。

早有學者指出,荀子所説的“禮”,其實具有法家的性質,且受到《管子》《商君書》《申子》《慎子》等法家作品的影響。萱本

①《荀子・王制》,《四部叢刊初編》,景上海涵芬樓藏黎氏景宋刊本卷五。
②同上。

大二説:"第一……荀子把'禮'也當作從君子個人規範擴大到可當治國之規範。第二,荀子的'禮'包含著建構秩序的功能。其功能之實質在於定'分'。……這種對'分'概念的重視在《慎子》等著作可以看到。第三,由於荀子主張'不能屬於禮義,則歸之庶人',在此'禮'乃發揮幾乎與'法'同樣强制的約束力。……總之,荀子'禮'的思想幾乎到了與韓非子的思想互爲表裏的地步。"①這個觀察,確實很有道理。

荀子並未提倡"郡縣制",要到其學生李斯才力主郡縣。荀子所期待的天下秩序,雖然一統,却依然有諸侯、卿、大夫、士等階級②。《王制篇》序官反映了從封建過度到中央集權時期的官制,有宰爵、司徒、司馬、大師、司空、治田、虞師、鄉師、工師、傴巫跛擊、治市、司寇等因襲自封建時期,但執掌均已明確劃分的政府官僚名稱與組織系統③。此官制系統帶有戰國後期的齊國特徵④。齊國從管仲時期開始便已建立"三鄉爲縣"的縣制,然而多賞賜給貴族群臣,並未能如後起晉、楚、秦般,發揮國君直接統治的效果,具有從封建過渡到郡縣的特質⑤。在此基礎上,荀子的思想,同時具有由天子三公一統天下之法與天下之論的性質。

①菅本大二:《荀子對法家思想的接納:由"禮"的結構來考察》,《政治大學哲學學報》2003年第11期,第111頁。

②《荀子·儒效》,《四部叢刊初編》,景上海涵芬樓藏黎氏景宋刊本卷四:"大儒者,天子三公也;小儒者,諸侯、大夫、士也。"

③《荀子·王制》,《四部叢刊初編》,景上海涵芬樓藏黎氏景宋刊本卷五;王閣森:《齊國史》,濟南:山東人民出版社,1992年,第156—160頁。

④樊波成:《論〈荀子·王制篇〉序官官制多採齊制——兼論〈荀子·王制〉與〈管子·立政〉的關係》,《管子學刊》2011年第3期,第40—42頁。

⑤王閣森:《齊國史》,濟南:山東人民出版社,1992年,第172—173頁。

這確實下開了戰國晚期法家的體制。在歷史上,荀子這些高度一致化的王者之法與體制理念,事實上只能透過郡縣制與進一步的法家化來完成。

戊、平政愛民

荀子認爲若是平民不安,則國家必然出亂。對付這種情况,最好的辦法莫若惠澤於百姓,所謂"庶人駭政,則莫若惠之"①。而其具體的辦法,則是:

> 選賢良,舉篤敬,興孝弟,收孤寡,補貧窮。②

這幾句話講得簡明扼要,却正是傳統中國政治的關鍵,也是現代中國政治不能忽視的要點。若能如此,"則庶人安政矣。庶人安政,然後君子安位。傳曰:'君者舟也,庶人者水也;水則載舟,水則覆舟'"③。俗話"水能載舟,亦能覆舟"出典於此,這是中國政治至今的基本原理。必須讓老百姓安於政府的施政,政權才能穩定。换言之,荀子並非以君主爲本,而是以民爲本。"選賢良,舉篤敬,興孝弟,收孤寡,補貧窮",這幾句話是中國政治的基本要務。中國政治自古必須如此,但要做到並不容易,首先是容易有其他的考量,其次是在上位者必須會"聽政"④。荀子説:

①《荀子・王制》,《四部叢刊初編》,景上海涵芬樓藏黎氏景宋刊本卷五。
②同上。
③同上。
④這要有足够的儒學修養,否則自然人性容易選擇聽話、順乎己意的人。孟荀的道理看似平常,真正讀懂照做,其實很不易。聽政與用人是政治上的關鍵問題。

> 故君人者,欲安,則莫若平政愛民矣;欲榮,則莫若隆禮敬士矣;欲立功名,則莫若尚賢使能矣。是人君之大節也。①

這些話句句都講到其後中國政治的關鍵。上位者至少必須重視"平政愛民",若希望良好發展,則必須隆禮敬士及尚賢使能。荀子所言,這可説是傳統中國式政治的特點,其實也是中國老百姓自古最盼望的政治。

三、禮治之本源與發展

學界向來以"禮治"囊括荀子的學説②。此説雖有其道理,却忽略了對於荀子而言,"禮治"的本源是王者之制,而且有一個從學先王、法後王以及興時王的發展過程。必需從"王制"的本源與發展觀點,才更能看清荀子禮治説的本質特性。

甲、以禮義與君子爲核心的政治

荀子論政,重視以根本的道理駕馭萬事萬物。他説:"以類行雜,以一行萬。始則終,終則始,若環之無端也,舍是而天下以衰矣。"③"得其統類,則不患於雜""行於一人,則萬人可治"④,

---

①《荀子・王制》,《四部叢刊初編》,景上海涵芬樓藏黎氏景宋刊本卷五。

②錢穆:"荀卿重倡禮治之論。"參見錢穆:《國學概論》,臺北:聯經出版公司,1994年,第62頁。

③《荀子・王制》,《四部叢刊初編》,景上海涵芬樓藏黎氏景宋刊本卷五。

④楊倞注,參見王先謙:《荀子集解》,北京:中華書局,2016年,第163頁。

得此樞要,"以此道爲治,終始不窮"①。而此樞要,在於禮義與君子。他説:

> 天地者,生之始也;禮義者,治之始也;君子者,禮義之始也。②

天地是生之始,禮義是治之始,禮義之於政治,有若天地之於萬物,在此極其强調禮義的地位。禮義是對所有人而言都必須要有的集體規範,而禮義則來自君主,由合於君子之道的君王制定禮義,這可説是荀子思想的中軸,與西方的政治思想大不同③。此處所用"君子"二字,耐人尋味。這兩句引文上接"《詩》曰:'天作高山,大王荒之;彼作矣,文王康之。'此之謂也"④。可知此處君子指周太王、文王。推而廣之,可以是效法太王與文王的政治與思想領袖,所以用君子而不用君王。此因儒學傳統中的君子富有道德意涵,君王未必爲君子。合乎君子之道的君主,其德當有若大王與文王,這是真正禮義的必要開端。君子的功能大矣哉!他説:

> 故天地生君子,君子理天地;君子者,天地之參也,萬物

①楊倞注,參見王先謙:《荀子集解》,北京:中華書局,2016年,第162頁。

②《荀子·王制》,《四部叢刊初編》,景上海涵芬樓藏黎氏景宋刊本卷五。

③與西方傳統重法的觀念有所相通,但不同。相通之處是作爲集體的秩序,不同之處則在於,西方的法或源於宗教,或源於城市的自我立法,而禮義則來自於聖王之制。

④《荀子·王制》,《四部叢刊初編》,景上海涵芬樓藏黎氏景宋刊本卷五。

之總也,民之父母也。無君子,則天地不理,禮義無統,上無君師,下無父子、夫婦,是之謂至亂。①

"君子理天地",若無君子則"天地不理,禮義無統",天下大亂。由此可以清楚看出,荀子思想的核心是理天地萬物並制定禮義的君子②。上述這些話,雖與西方現代的政治理論不同,但若揆諸中國的歷史經驗,可謂顛撲不破。

至於禮義爲何特別重要,荀子歸之於惟禮義所以能"群"。他説:

人有氣、有生、有知,亦且有義,故最爲天下貴也。力不若牛,走不若馬,而牛馬爲用,何也?曰:人能群,彼不能群也。人何以能群?曰:分。分何以能行?曰:義。……人生不能無群,群而無分則爭,爭則亂,亂則離,離則弱,弱則不能勝物;故宫室不可得而居也,不可少頃舍禮義之謂也。能以事親謂之孝,能以事兄謂之弟,能以事上謂之順,能以使下謂之君。君者,善群也。群道當,則萬物皆得其宜,六畜皆得其長,群生皆得其命。故養長時,則六畜育;殺生時,則草木殖;政令時,則百姓一,賢良服。③

①《荀子·王制》,《四部叢刊初編》,景上海涵芬樓藏黎氏景宋刊本卷五。

②《荀子·儒效》,《四部叢刊初編》,景上海涵芬樓藏黎氏景宋刊本卷四:"先王之道,人之隆也,比中而行之。曷謂中?曰:禮義是也。道者,非天之道,非地之道,人之所以道也,君子之所道也。"亦可證明此説。

③《荀子·王制》,《四部叢刊初編》,景上海涵芬樓藏黎氏景宋刊本卷五。

認爲人最重要且尊貴的,在於人能群,所以能勝過萬物,而其能群的關鍵,在於有分有義。若無父子兄弟君臣之分,則人生必爭必亂。知人生必須有群,而且必須立基於孝弟,順“君”所制之禮義,此所以人能勝過萬物。國君最重要的特質就是“善群”,從而使萬事萬物皆得其宜。此種首重“群”,並以“名分”與“禮義”爲能群的核心機制的主張,實表現了“中國式組織原理”的基本特質。數千年以來的中國,始終以此爲根本的組織方式。在很大的程度上,中國社會至今的組織方式,依然延續了重群、重分與重群體道義的特質,以維繫其政治社會的秩序,而與近現代西方重個體、重契約、重法律的方式大爲不同。

荀子上述説法,具有一定的功利主義意涵,與孟子論群道與倫理從本心本性出發大不同。此處論人群的倫理,雖亦從孝弟開始,然而特別强調“順”與“君”,並以君道做結。與前述“君子者,禮義之始也”相應,而表現出荀子特重政治的特質。大抵荀子的學説仍從三代封建的禮制而來,所以有封建禮制的家族宗法主義之淵源,而不至於偏重法制。然而他因應戰國晚期的需求,更强調了以君子爲中心的群道與禮法,已爲秦漢以下大一統政治開先聲。

乙、以君臣爲第一的倫理次序

荀子既然强調“無君子,則天地不理,禮義無統,上無君師,下無父子、夫婦,是之謂至亂”,故以制訂禮義的聖王君子爲第一義,並本此重定倫理的次序。他説:

> 君臣、父子、兄弟、夫婦,始則終,終則始。①

---

①《荀子・王制》,《四部叢刊初編》,景上海涵芬樓藏黎氏景宋刊本卷五。

其根本既然是聖王所定之禮義,所以順序是“君臣、父子、兄弟、夫婦”,君臣在第一位①。與孟子所定之五倫以父子爲第一位大不同。

孔子平時强調“弟子入則孝,出則弟,謹而信,泛愛衆,而親仁,行有餘力,則以學文”,由近及遠,以孝悌忠信爲主。只有在答齊景公問政治時,才回答説“君君,臣臣,父父,子子”,以君臣在前,這是回答政治問題的應有次序,而不是普遍秩序。五倫之説實出自《孟子》,孟子所排列五倫的順序則爲“父子有親,君臣有義,夫婦有别,長幼有序,朋友有信”②,以父子之親爲第一位。其於君臣關係則言義,必須本於相互之對待,而非天經地義、不可改變的政治整體秩序,與荀子大不同。

先秦經典與五倫説接近的是《春秋左氏傳》文公十八年的傳文“父義、母慈、兄友、弟恭、子孝”,亦以家族倫理爲第一義。孔安國據此而於《尚書·堯典》“慎徽五典,五典克從”下説:“五典,五常之教,父義、母慈、兄友、弟恭、子孝。”③而於《堯典》“敬敷五教”下説“布五常之教”④,是即以五典與五常均爲“五常之教”。馬融、鄭玄,《國語》三國吴韋昭注、《史記》南朝宋裴駰集

①《荀子·天論》:“若夫君臣之義,父子之親,夫婦之别,則日切瑳而不舍也。”《荀子·樂論》:“故樂在宗廟之中,君臣上下同聽之,則莫不和敬;閨門之内,父子兄弟同聽之,則莫不和親。”亦均以君臣在父子、夫婦或兄弟之前。《荀子·大略》:“易之咸,見夫婦。夫婦之道,不可不正也,君臣父子之本也。”君臣仍在父子之前。此處固然以夫婦之道爲君臣父子之本,然而並未因此而改易五倫的次序。

②趙岐注,孫奭疏:《孟子注疏·滕文公上》,北京:北京大學出版社,2000年。

③孔穎達疏以孔安國説本於《左傳》。孔安國傳,孔穎達疏:《尚書正義》,北京:北京大學出版社,2000年,第61頁。

④孔安國傳,孔穎達疏:《尚書正義》,北京:北京大學出版社,2000年,第89頁。

解、唐孔穎達,以至清朝的孫星衍等人亦均採此説①。

換言之,在荀子之前,經典與儒家傳統所重在於本於自然情義與家庭倫理的倫理關係,到了荀子,改從整體政治秩序著眼,將君臣放在最前。不僅如此,荀子還將兄弟放在夫婦之前,以表現父系社會以父子、兄弟等男性承繼系統爲主的家族政治秩序。换言之,因其思想較偏重政治秩序,所以將君臣、父子、兄弟置於前,個人的自然情感在後。

與此類似,戰國晚期以後的作品,多有將君臣提高至父子之前的傾向。如《韓非子·忠孝》説:"臣之所聞曰:'臣事君、子事父、妻事夫,三者順則天下治。'"《中庸》説:"天下之達道五,所以行之者三,曰:君臣也、父子也、夫婦也、昆弟也、朋友之交也。"②董仲舒《春秋繁露》説:"君臣、父子、夫婦之義皆取諸陰陽之道。"③排列順序亦爲君臣、父子、夫婦。這似乎都表現出大一統政治形成前後,中國倫理與價值系統的重大調整。

荀子認爲他所説由君子制訂的"君臣、父子、兄弟、夫婦,始則終,終則始"一以貫之的倫理,"與天地同理,與萬世同久,夫是之謂大本"④。其實殊不知他所言已與孔子有所不同,也與本於宗族倫理所建構的封建倫理不同,而是指向大一統的新體制!

---

①董金裕:《人際關係的和諧之道——〈尚書·堯典〉"五教"之所指及吾人應有的認識》,《孔子研究》2016 年第 1 期。

②《中庸》成書的時代頗有爭議。錢穆等許多學者主張《中庸》成書於秦漢之際。郭店竹簡發現後,梁濤將有關文字比對後,主張今本《中庸》可能經荀子之手而編定。梁濤:《郭店楚簡與〈中庸〉》,《臺大歷史學報》2000 年第 25 期。

③董仲舒:《春秋繁露義證·基義第五十三》,北京:中華書局,1992 年,第 350 頁。

④《荀子·王制》,《四部叢刊初編》,景上海涵芬樓藏黎氏景宋刊本卷五。

雖然似乎同樣重視五倫,不同的倫理秩序,在政治與社會上"差之毫釐,謬以千里",其差異與影響非常大。

荀子以君子與禮義爲中心,不免太重視政治,而壓低了家族倫理的地位。他對於君子與禮義固然在知識與德行上均有極高的要求,但還是終究較偏於知識,輕於德行。更何況在上位的未必是君子,"禮義"也容易僵化成禮教與階級,所以未必能如他所説的理想。其政教體制雖較能因應新時代的需求,並造成巨大影響,却較依靠家族倫理的三代政教體制更容易出問題,並從未能取代三代政教體制的經典地位。

丙、承歷代王者之制而加以變化

禮義既始於聖王君子,所以學者必須學習效法三代以來的王者,並以學問與智慧變通應用之。荀子説:

> 王者之制:道不過三代,法不貳後王;道過二代謂之蕩,法貳後王謂之不雅。①

古代的先王有許多,戰國時人相傳,三代之前尚有三皇、五帝等種種。是以荀子主張"道不過三代",夏商周以前的就不學了。至於"法不貳後王","後王"指最後、最接近的王者,但荀子並未説明最後的王者爲誰,是以後人一路爭執不休。或説是周王,或説是當代之王者,還有人認爲他只是期待後王出現,希望有理想

①《荀子·王制》,《四部叢刊初編》,景上海涵芬樓藏黎氏景宋刊本卷五。

的政治制度①。總之,“道過三代謂之蕩”,因其太遥遠。“法貳後王謂之不雅”,因其偏離可效法的現當代對象。王者之制,傳承自三代,但必須與時俱進,是以有“法不貳後王”之説。

此制度如何?荀子説:

> 衣服有制,宫室有度,人徒有數,喪祭械用皆有等宜。聲,則凡非雅聲者舉廢……夫是之謂復古,是王者之制也。②

其所言王者之制繼承了夏商周三代“聖王”禮制,尤其是學習最後的王者禮制,再加以改造,成爲一種符合時代的王者之治。基本上他接受了三代封建有度、有等的禮制,反對墨家的非禮、非樂,認爲禮制、禮義與上下尊卑等差在政治與社會上是極爲必要的,只是必須任用賢能,而非由封建時代的親親與尊尊來决定何者在上。

照荀子的學説,雖“貧愚在下之人”,只要是善學的賢能之士,都能在上位。是以《荀子》一書以《勸學篇》爲第一篇,强調人人皆可以爲賢能,都可在政治社會上得到高位。首《勸學篇》,次《修身篇》,只要是賢能,都可在這體系中得到高位。此説在漢代的郡國察舉及博士弟子制度中得到了相當的實現,中國後來的科舉制度亦以此爲目標。在荀子之後,賢能政治成爲中國傳統政治的一個最重要的理想。這是從封建政治到帝王之

①參見廖名春:《論荀子的“法後王”説》,《湖湘論壇》1995年第6期。

②《荀子·王制》,《四部叢刊初編》,景上海涵芬樓藏黎氏景宋刊本卷五。

制最重大的一個轉變。

在此基礎上,王政的重點在於:

> 本政教,正法則,兼聽而時稽之,度其功勞,論其慶賞,以時順脩,使百吏免盡,而衆庶不偷,冢宰之事也。論禮樂,正身行,廣教化,美風俗,兼覆而調一之,辟公之事也。全道德,致隆高,綦文理,一天下,振毫末,使天下莫不順比從服,天王之事也。故政事亂,則冢宰之罪也;國家失俗,則辟公之過也;天下不一,諸侯俗反,則天王非其人也。①

作爲政治最高輔佐的"冢宰"之責在於"本政教,正法則……度其功勞,論其慶賞","辟公"之責在於"論禮樂,正身行,廣教化,美風俗",這都有具體的職責。"天王"之責則在於"全道德,致隆高,綦文理,一天下",亦即以自身的表率與最高的道理爲治。荀子理想中的官制是官人均爲賢能之士,冢宰、三公尤高,而天王更在最高位,互相以禮義勸勉,形成一個以道德、禮義、智慧、知識相尚的最高統治團體,領導以"賢能"原則所選舉出來的整個官員體系,從事於治平的大業。此段以"天下不一,諸侯俗反,則天王非其人也"作結,表現出荀子對"天王"高度的期待與要求。設若諸侯或各種地方勢力各自爲政而各有風俗,就表示"天王"不得其人,必須更替。依照荀子此處的説法,中國的一統,必須建立在具有高超的道德、禮義、智慧與知識的王者與賢

---

①《荀子·王制》,《四部叢刊初編》,景上海涵芬樓藏黎氏景宋刊本卷五。

輔之上,否則難以長久。

丁、荀子禮制的階級性與專制性

如前所述,荀子論禮特别提出禮義所以"養人"。爲了避免紛亂與爭鬥,這必須建立在"貴賤有等,長幼有差,貧富輕重皆有稱者也"之上①。爲了能够以上使下,所以"制禮義以分之"②,好讓人人都有適當的位份。"而分之樞機管於人君"③,由人君將整體加以分别。錢穆先生本此認爲荀子"本禮以重定階級""以去世襲之敝,存階級之善"④。他説:

> 荀子欲本此而别造人倫,重定階級。其與古異者,則古人本階級而制禮,先有貴賤而爲之分也。當荀子世,則階級之制殆於全毁,乃欲本禮以制階級,則爲之分以别其貴賤也。荀子之分階級之貴賤者,則一視其人之志行之能以爲判。曰"大儒",爲天子三公。曰"小儒",爲諸侯、大夫、士。曰"衆人",爲工、農、商、賈。⑤

之所以要"去世襲",存"階級之善",是因爲荀子認爲必須如此才能以上治下,形成良好的政治秩序。讓賢能者在上,不賢能者在下,這是當時君主制度下最好的選擇。同時,"其意亦爲當時

①錢穆:《國學概論》,臺北:聯經出版公司,1994年,第63頁。
②《荀子·王制》,《四部叢刊初編》,景上海涵芬樓藏黎氏景宋刊本卷五。
③錢穆:《國學概論》,臺北:聯經出版公司,1994年,第64頁。
④錢穆:《國學概論》,臺北:聯經出版公司,1994年,第65頁。
⑤同上。

平民學者之擾動而謀所以寧靜整頓之方也”①。因爲當時正值“百家爭鳴”,各種説法混亂多歧。對此,荀子提出:大儒在上,小儒與庶人在下,方可以爲治。然而荀子的説法雖很理想,但賢能者不一定在上,而且往往是不够賢能者在上。是以錢穆先生批評:

> 荀子之説,徒足以導獎奢侈,排斥異己,爲專制者所藉口,而荀學遂爲秦政淵源。②

荀學不够重視道德,一轉爲李斯、韓非,這確爲秦政淵源。此類學説一不慎就成爲專制、獨裁,且使在上位者容易驕縱奢侈。

相較之下,荀子所設計的體制在大一統君主時代確實最符合實際,又有其理想性。此因當時不可能從下而上建立政治秩序,既然必須從上而下,只好希望大儒在上。然而其流弊就是大儒與賢能未必在上,却保留嚴格分層級地以上治下,這就變成法家與秦政專制與階級性的淵源。相較之下,孟子學説一切以仁心、仁政爲中心,以德行爲關鍵,則比較能保障個體社會。漢以下“孟荀”並稱,但始終重視孟子過於荀子,宋代以降中央集權與君主專制加劇,學者更是尊孟而抑荀,這實有大智慧存焉。

荀子從禮義與政治出發,其長處在於使得中國後來的政治較體系化與制度化。相對於較偏德行的顔、曾、思、孟,荀子較偏

---

①錢穆:《國學概論》,臺北:聯經出版公司,1994年,第65頁。
②同上。

於禮制,雙方其實各有所得。孔子則兩方面並重,此其所以偉大,然而孔子時代的禮是三代封建之禮,由天子、諸侯、卿、士大夫層層以禮相規範,各人有各人的封邑或封國,必須互相尊重,而非直接從中央指揮到基層。在軍國化的戰國,墨家或法家都主張從中央,透過墨家所謂的賢人或法家所謂的能人,一直管控到基層。荀子的禮制亦然,一方面繼承三代,一方面重視賢能政治與層層管制。是以荀子所講的禮其實與孔子所講的禮頗爲不同,孔子所談的禮基本上是"君君、臣臣、父父、子子",是封建政治以名分互相節制之禮;而荀子的禮轉爲"量能而授官,使賢不肖皆得其位,能不能皆得其官,萬物得其宜,事變得其應"①,屬於直接控制。這樣的做法其實爲後來的大官僚體系做了預備,也是時代應有的變化。

封建時代並無大官僚體系,其政府依"尊尊、親親"的宗法國家原理組織,賢能與否是次要考慮。荀子所主張"量能而授官,使賢不肖皆得其位",讓賢能者在上,不肖在下,有利於建立嚴整有效的新官僚體系。後來秦朝的法制由此而來。中國歷史上有名的所謂"漢承秦法",亦即漢以後的國家基本法度與法律均來自秦朝。而秦朝這套法度的思想淵源,實與荀子有密切關係。

荀子當然與韓非、李斯不同,因爲他仍高度重視道德、仁義,只是不那麽强調德行的淵源,不主張"德行中心主義"。而其重視富强之道,却與法家相同。因此,其結果是所談的道德、公、禮與王道的部分難以真正達成,却留下了以上治下,層層節制,便

①《荀子・儒效》,《四部叢刊初編》,景上海涵芬樓藏黎氏景宋刊本卷四。

於强大富厚的政治體系。因此,雖不能説荀卿同於韓非李斯,却對韓非李斯有重大影響。在中國後世,賢能政治的理想,透過了郡國察舉、九品中正、科舉,與國家教育體制,得到了部分的實現。而刑賞威罰制度,則無代無之。理想的部分不易充分實現,但層層控制的部分到了後代却越來越嚴厲,愈來愈像秦政而非荀子。數千年如斯,既可見荀子與法家的重要,亦可見中國政治的一種頑强性格。

唐以前的中國政治,表面上尊崇荀子,骨子裏容易流爲秦政,所以古人也一再以"刑名法術"作爲政治的大戒①。宋朝以下推崇孟子,批判荀子,除了有關性善性惡的議論外,也應當同時從這個角度觀察。

中國人民一路期盼賢能政治,歷朝歷代也大多宣稱自己行的是賢能政治,然而不幸的是,人民得到的往往只是威權政治。因此,威權與賢能政治何者分數大,就成爲政權興衰成敗的關鍵。若真是接近賢能政治,一般中國人對於是否民主並不很在意;但若主要是威權而非賢能,就會有政權覆滅的危險。

戊、重禮或重德?

孔子既重禮又重德,最爲平衡。孟子以德行爲中心而兼重禮,荀子則以王制與禮爲中心而兼重德,各自偏重一方。即使是講禮與制度,荀子與孔孟亦有所不同。禮在古代基本上包含一切制度以及制度背後的文化。孔孟思想承襲封建禮制的程度

---

①朱熹:《讀兩陳諫議遺墨》,收入《朱子全集》,上海:上海古籍出版社,1992年,第70卷。

高,封建禮制其實是一種"以天子爲中心的天下大同盟",屬於一種分權而必須互相尊重的政治。天子、諸侯、卿、士大夫各有其國家或采邑,所以是高度分權而必須首重互相尊重而節制的合理關係(此所謂"禮")之政治。到了荀子時則不然,其思想轉主張大儒、小儒與衆人的分野,屬於以上制下的政治。這個轉變非常重要,是爲先秦兩漢之際最重要的政治轉變,與封建時代大爲不同,開始往帝王集權制轉變,其影響至今猶存。

荀子强調思想與行爲管控:

> 凡事行,有益於治者,立之;無益於理者,廢之,夫是之謂中事。凡知説,有益於理者,爲之;無益於理者,舍之,夫是之謂中説。事行失中,謂之姦事;知説失中,謂之姦道。①

將"事行"與"知説"明顯分别"中"與"不中",凡失中的,就歸類爲姦事與姦道。凡事"有益於治者,立之;無益於理者,廢之",知説亦然,這就轉爲國家在很大的程度上要管控思想與行爲,而爲荀子與孔孟大不同之處。荀子論事與措辭的方式與孔子也大爲不同。《論語》所載孔子的言論並不系統化,而是一句句、一件件談事物之理。荀子則非常理論化與系統化,很容易變成國家系統化地管控。這是儒學到了戰國晚期的一種重要發展,影響亦極其深遠。

與賢能政治相搭配,荀子特别看重學習與知識:

①《荀子·儒效》,《四部叢刊初編》,景上海涵芬樓藏黎氏景宋刊本卷四。

我欲賤而貴,愚而智,貧而富,可乎?曰:其唯學乎。①

他一方面講究層層節制的賢能政治,但另一方面要在理論上給所有人一條路,讓賤可以貴,愚可以爲智,貧可以爲富,其關鍵在於學習。只要努力學習,就能在此體系中一直上達。這也成爲後來中國政治與社會的基本原理,尤其表現在一千三百年傳統的科舉之中,極其深刻地造就了中國社會特重教育與學習的一種基本特質。

政治上也是一樣,政治結構既然金字塔化,爲政者自然需要在上層用一些學識最佳的人,才能有效管理下層。然而這與漢代的"孝廉"仍有所不同,漢代舉孝子廉吏,其名義與内涵較偏重德行。荀子以勸學爲本,其所學曰:

其數則始乎誦經,終乎讀禮;其義則始乎爲士,終乎爲聖人。……學之經莫速乎好其人,隆禮次之。上不能好其人,下不能隆禮,安特將學雜識志,順詩書而已爾。則末世窮年,不免爲陋儒而已。將原先王,本仁義,則禮正其經緯蹊徑也。②

以愛慕效法君子與隆禮爲先。其内涵無所不包,且重德行與知識兼具的君子,然而在實際上,不免仍較偏重禮法與知識。這種

①《荀子·儒效》,《四部叢刊初編》,景上海涵芬樓藏黎氏景宋刊本卷四。
②《荀子·勸學》,《四部叢刊初編》,景上海涵芬樓藏黎氏景宋刊本卷一。

方式在實際政治上容易産生問題。因爲偏重誦經與學禮,而其所説的禮政治性又强,難免對德行的講究不足,結果便容易流於重視外在禮法,而實質上依然按自身意願與慾望行事,導致權力與慾望泛濫。政治上的最大問題,歸根究底,其實正是權力與慾望的泛濫。荀學容易有重學能與重禮的偏向,雖然他同時主張"原仁義,分是非,圖回天下於掌上而辯白黑"①,而且荀子本人守禮義,道德亦高,但《荀子》一書對德行的根源與意義講得有限,所談偏重治天下之大法,又集中在學習、隆禮與治理能力等方面。此一偏向影響極大,流弊亦多。後世科舉制度之重學識而輕實際德性,似乎也反映出此種偏向。

四、修禮者王:王者建國之道

荀子認爲修禮者可以王天下,僅依賴政治與强力者,反而不能。他説:

> 故修禮者王,爲政者彊,取民者安,聚斂者亡。故王者富民,霸者富士,僅存之國富大夫,亡國富筐篋,實府庫。②

這幾句話在戰國後期特别有份量。列國相爭不已,荀子認爲惟修禮者可以王天下,僅致力於政事者,雖强而不能王。他並以此

①《荀子·儒效》,《四部叢刊初編》,景上海涵芬樓藏黎氏景宋刊本卷四。
②《荀子·王制》,《四部叢刊初編》,景上海涵芬樓藏黎氏景宋刊本卷五。

觀點批評秦政，一方面清晰地認識到秦人守法守分、樸實强大的一面，一方面也認爲秦國無儒、不知禮而難以朝天下之人，更難以長久①。他未能預測到秦人以强力終於可以得天下，這不能不説荀子依然太儒家意識形態化了。然而秦人雖得天下，却二世而亡；中國體制必須等漢武帝獨尊儒術，採用類似荀子所説的王制與賢能政治之後才得以穩定，這也不能不説是荀子學説的高瞻遠矚。若依荀子的觀點來看現代世界，近數百年來列國征戰不已，大抵各國也只達到"爲政者彊"層次，難以達到"修禮者王"，要建立穩定的新世界秩序，非常困難②。

荀子同時以得人心與否區别王霸，並深入分析兩者的不同。他説：

> 王奪之人，霸奪之與，彊奪之地。奪之人者臣諸侯，奪之與者友諸侯，奪之地者敵諸侯。臣諸侯者王，友諸侯者霸，敵諸侯者危。③

王者之政在於得天下人心，故曰"奪之人"。霸者奪取同盟國，

①《荀子·彊國》，《四部叢刊初編》，景上海涵芬樓藏黎氏景宋刊本卷十一："力術止，義術行，曷謂也？曰：秦之謂也。威彊乎湯、武，廣大乎舜、禹，然而憂患不可勝校也。諰諰然常恐天下之一合而軋己也，此所謂力術止也。……佚而治，約而詳，不煩而功，治之至也，秦類之矣。雖然，則有其諰矣。兼是數具者而盡有之，然而縣之以王者之功名，則倜倜然其不及遠矣！是何也？則其殆無儒邪！"

②當世界史進入民族國家時期，無所謂王者，但揆諸人類近兩百年的歷史，却仍然需要"世界秩序的領袖"。至於其内涵，較封建或帝制時期的王者自然有所不同。

③《荀子·王制》，《四部叢刊初編》，景上海涵芬樓藏黎氏景宋刊本卷五。

强者奪取土地。只靠力量奪取土地危,因爲用兵不已,“傷人之民甚,則人之民必惡我甚矣。……則傷吾民必甚矣”,彼此的人民都太受傷害,有地亦無益,遲早要危及其國。是以“知彊大者不務彊也,慮以王命,全其力,凝其德。力全則諸侯不能弱也,德凝則諸侯不能削也,天下無王霸主,則常勝矣:是知彊道者也”①。若真正圖强,則不走這條路,而當尊重時王之命,保全自己的力量,凝聚自己國家的長處與價值,如此則一般的諸侯國也無法削弱他。若不遇王霸之國,亦可昌盛。這些話,都非常實際而精闢。

至於霸者,“辟田野,實倉廪,便備用,案謹募選閲材技之士,然後漸慶賞以先之,嚴刑罰以糾之。存亡繼絶,衛弱禁暴,而無兼併之心,則諸侯親之矣”②。這主要講的是春秋時期的霸者,勵精圖治但不兼併他國。然而霸者不足以爲王,王者則“仁眇天下,義眇天下,威眇天下”③。他説:

> 仁眇天下,故天下莫不親也;義眇天下,故天下莫不貴也;威眇天下,故天下莫敢敵也。以不敵之威,輔服人之道,故不戰而勝,不攻而得,甲兵不勞而天下服,是知王道者也。知此三具者,欲王而王,欲霸而霸,欲彊而彊矣。④

---

①《荀子·王制》,《四部叢刊初編》,景上海涵芬樓藏黎氏景宋刊本卷五。
②同上。
③同上。
④同上。

此處荀子也以仁義爲本,但同時説王者"威眇天下",這是孟子所不講,也是荀子比較實際的地方。實際政治上必須同時"威眇天下"才有可能王天下,孟子所言似乎過於理想。然而秦漢以下實際的歷史,其實蘊含著另一種危險,亦即所謂王者仁義不足,只以"威眇天下",最後不成其王,只成霸政。以中國之大,霸政不足以長久。是以孟子"純仁義"的主張,亦仍有其救弊的價值。

王者得天下的方式,主要是重用賢良,斥退權謀之士,修明政治,使百姓富厚,天下之人愛慕之,所以取天下。荀子説:

> 權謀傾覆之人退,則賢良知聖之士案自進矣。刑政平,百姓和,國俗節,則兵勁城固,敵國案自詘矣。務本事,積財物,而勿忘棲遲薛越也,是使群臣百姓皆以制度行,則財物積,國家案自富矣。三者體此而天下服,暴國之君案自不能用其兵矣。何則?彼無與至也。彼其所與至者,必其民也。其民之親我也歡若父母,好我芳如芝蘭,反顧其上則若灼黥,若仇讎;彼人之情性也雖桀跖,豈有肯爲其所惡,賊其所好者哉!彼以奪矣。故古之人,有以一國取天下者,非往行之也,脩政其所,莫不願,如是而可以誅暴禁悍矣。故周公南征而北國怨,曰:"何獨不來也!"東征而西國怨,曰:"何獨後我也!"孰能有與是鬬者與?①

其具體的作法則是:

①《荀子·王制》,《四部叢刊初編》,景上海涵芬樓藏黎氏景宋刊本卷五。

> 安以靜兵息民，慈愛百姓，辟田野，實倉廩，便備用，安謹募選閲材技之士，然後漸賞慶以先之，嚴刑罰以防之，擇士之知事者，使相率貫也，以是厭然畜積修飾，而物用之足也。兵革器械者，彼將日日暴露毁折之中原；我今將脩飾之，拊循之，掩蓋之於府庫。貨財粟米者，彼將日日棲遲薛越之中野，我今將畜積并聚之於倉廩。材技股肱健勇爪牙之士，彼將日日挫頓竭之於仇敵，我今將來致之，并閲之，砥礪之於朝廷。如是，則彼日積敝，我日積完；彼日積貧，我日積富；彼日積勞，我日積佚。君臣上下之間者，彼將厲厲焉日日相離疾也，我今將頓頓焉日日相親愛也，以是待其敝。①

既有儒家傳統仁政與孟子仁者無敵的思想，又有具體的辟田野、實倉廩、脩飾兵革、拊循器械、訓練"材技股肱健勇爪牙之士"，加以賢能之士居上領導，上下親愛精誠，以佚待敝，誠能如此者，若有足够的國力基礎，確實大有得天下的可能。宋代重刻《荀子》的唐仲友在其重刻序言中説荀子"兵以仁義，富以儒術，彊以道德之威"②，確實很能得到荀子王天下與富强之道的真諦。荀子長期在齊國，齊國從管仲以來的傳統重視官山煮海、"辟田野，實倉廩"、通商貿易等富國之道以及修"兵革器械"、養"材技股肱健勇爪牙之士"、深究兵學等彊國之道，荀子思想中吸收了

①《荀子·王制》，《四部叢刊初編》，景上海涵芬樓藏黎氏景宋刊本卷五。
②《唐仲友序》，收入王先謙：《荀子集解》，北京：中華書局，2016年，第6頁。

這些部分,亦屬自然①。

五、學以至於大儒

甲、學於百王之道

荀子心目中的大儒,以周公爲代表,在極其艱困疑難的處境中,斷然處之以安天下:

> 以枝代主而非越也,以弟誅兄而非暴也,君臣易位而非不順也。因天下之和,遂文武之業,明枝主之義,抑亦變化矣,天下厭然猶一也。非聖人莫之能爲。夫是之謂大儒之效。②

以枝子而代成王施政,以弟而誅管叔,以臣子而暫代成王,循著天下之和,完成文武之業,還政於成王以明主枝之義,實屬徹底改變成法舊慣,天下却安然如一,這只有聖人做得到,如是可謂大儒之效。此處荀子以周公作爲大儒的代表,甚爲巧妙。周公雖爲臣子,所行却屬君王之事,成就安天下之王業後,又不戀棧而退居臣子之位。荀子所學,志在成就王業以安天下,此所以其心中之大儒,必以周公爲代表。

何謂儒者? 荀子説:

①參見王閣森:《齊國史》,濟南:山東人民出版社,1992 年,第 119—170、325—358 頁。
②《荀子·儒效》,《四部叢刊初編》,景上海涵芬樓藏黎氏景宋刊本卷四。

> 儒者法先王,隆禮義,謹乎臣子而致貴其上者也。……通乎財萬物,養百姓之經紀。勢在人上,則王公之材也;在人下,則社稷之臣,國君之寶也;雖隱於窮閻漏屋,人莫不貴之,道誠存也。①

此處明白點出儒者以“法先王”爲本,而非其他,這也表現出荀子之學偏重政治的特色。先王之治以禮爲本,荀子於禮字之後加上義字,表現出他看重體制與義理的特色。依荀子所言,此種儒者,若勢在人上,可以爲王公,可見其所論儒者之道與王者之道同條共貫。若在人下,則可爲“社稷之臣,國君之寶”,强調儒者的重要性在於幫助君王完成治平的大業。若不得志,則爲隱君子,以其懷有安天下之道,所以人莫不貴之。儒者一旦失去了這些本領與功能,則自然不再爲世所重。

儒者的最高境界,在於明百王之道,深通天下政教之全體與精義。這是荀子心目中的聖人,也是他所要講的大儒。何謂聖人？荀子説:

> 聖人也者,道之管也:天下之道管是矣。②

“管”是集中的意思,天下之道集中在此。

---

①《荀子・儒效》,《四部叢刊初編》,景上海涵芬樓藏黎氏景宋刊本卷四。
②同上。

> 百王之道一是矣。故《詩》《書》《禮》《樂》之歸是矣。《詩》言是,其志也;《書》言是,其事也;《禮》言是,其行也;《樂》言是,其和也;《春秋》言是,其微也。①

“百王之道一是矣”,百王之道都集中在此。《詩》《書》《禮》《樂》之道歸本於聖王,也歸本於道。這句話在經學中很重要,《詩》言志意,《書》記事情,《禮》道行爲當如何,《樂》論音樂與道理之和,《春秋》論一言一行的是非,微言大義,一字褒貶,故所言“其微也”。對於荀子而言,《詩》《書》《禮》《樂》《春秋》都是百王之道,用現代話來説,就是“中國體系的政教與思想文化”之根本。

《勸學》篇對如何學爲聖人有更清晰的論述:

> 學惡乎始?惡乎終?曰:其數則始乎誦經,終乎讀禮;其義則始乎爲士,終乎爲聖人。真積力久則入。學至乎没而後止也。故學數有終,若其義則不可須臾舍也。爲之人也,舍之禽獸也。故《書》者,政事之紀也;《詩》者,中聲之所止也;《禮》者,法之大分,群類之綱紀也。故學至乎禮而止矣。夫是之謂道德之極。《禮》之敬文也,《樂》之中和也,《詩》《書》之博也,《春秋》之微也,在天地之間者畢矣。②

---

①《荀子·儒效》,《四部叢刊初編》,景上海涵芬樓藏黎氏景宋刊本卷四。
②《荀子·勸學》,《四部叢刊初編》,景上海涵芬樓藏黎氏景宋刊本卷一。

以先王政教爲中心的經典大分爲幾個方面,《書》記具體的政事,《詩》表達中道的心志,《禮》規範一切人際關係與行爲,《樂》以中和的舞樂教人,《春秋》則針對重大政治行爲加以褒貶。這是對於儒家經典體系非常完整而深入的説明。

傳統上認爲"荀子傳經"①。荀子爲齊國儒學的代表,而漢初的傳經博士十二人中,有八人是齊魯之士,董仲舒與晁錯亦習齊學,可見荀子對於漢代經學應當大有影響②。孔子的時代還没有六經,六經是戰國中後期儒家所建構的系統,而荀子與五經體系、與戰國晚期儒家經典體系的建構有密切的關係。透過經典體系的建構與傳經,荀子對於中國後世實有極其深遠的影響。

荀子所傳的經其實是"百王之道",而非後世狹義的經師講章。其所謂聖人則是"天下之道管是矣",亦即匯聚了百王之道的人。由此亦可見中國傳統思想的本質與核心,並非如胡適之、馮友蘭所言,亦非過去百年來一般西化的哲學史所講的種種抽象思想問題。它要究明的是百王之道,或説歷代成功的,可以安天下的"政治與教化"究竟是怎麽回事,精義爲何? 聖人如何通貫它?

《詩》《書》《禮》《樂》《春秋》表現了百王之道的五大最要層

---

①汪中《荀卿子通論》説:"荀卿之學出於孔子,而尤有功於諸經。……自七十子之徒既殁,漢諸儒未興,中更戰國暴秦之亂,六藝之傳賴以不絶者,荀卿也。"收入王先謙:《荀子集解》,北京:中華書局,2016 年,第 21—22 頁。今人曾暐傑作《想像與嫁接——荀子傳經系統的建構與問題》(《政大中文學報》,2016(26),183—218 頁)一文,力駁此説。然其文從推想出發,專挑前人説法有罅隙處立論,論理不精,不足爲據。

②錢穆:《兩漢博士家法考(自秦焚書後至漢文景之時的博士)》,收入《兩漢經學今古文平議》,臺北:聯經出版公司,1994 年,第 192—194 頁。

面。這裏不曾提及《易》,可見《易》至少對於荀子而言,地位並不那麼重要。《易》本是卜筮之書,乃王道的一部分,但並非王道的重點。到了漢代,受陰陽五行説以及奉天而治思想的影響,才特别推尊《易經》。

乙、大儒之功效

大儒通於百王之道,有安天下的本領,所以地位崇高:

> 彼大儒者,雖隱於窮閻漏屋,無置錐之地,而王公不能與之爭名。在一大夫之位,則一君不能獨畜,一國不能獨容,成名况乎諸侯,莫不願得以爲臣。用百里之地,而千里之國莫能與之爭勝。①

大儒雖隱於極爲湫陋之地,王公亦不能與之爭名。"一君不能獨畜,一國不能獨容,成名况乎諸侯,莫不願得以爲臣",一則表現戰國時期求士若渴的實况,一則表現荀子的理想。"用百里之地,而千里之國莫能與之爭勝",則是荀子王政無敵的信念。

大儒能如此,其關鍵在於"其言有類,其行有禮"②。荀子極重視"知類通達"③。將類似、共通的事情,歸納出其中共通的道理叫做"知類"。由此用力,可知天下事的各種分類與總類,從而明白其整體道理,成爲通達之人。"其行有禮",則屬繼承儒

①《荀子·儒效》,《四部叢刊初編》,景上海涵芬樓藏黎氏景宋刊本卷四。
②同上。
③同上。

家傳統,重視足以建立整體秩序的行爲舉止。因爲“其言有類,其行有禮”,所以大儒可以:

> 其舉事無悔,其持險應變曲當。與時遷徙,與世偃仰,千舉萬變,其道一也。是大儒之稽也。①

因爲他通達於一切事理,所以能隨時而變化,時而偃,時而仰,“千舉萬變,其道一也”。放眼中國政治,最上位者經常需要如此,尤其在時代劇變之際。

荀子在戰國晚期,非常明白當時需要變,故曰“千舉萬變”。他强調要通“百王之道”,能“知類”“知變”,方能出大儒以安天下,這與戰國晚期所發生的巨變有關。中國後代制度相對穩定,只要國家安定,便不再主張天子需爲大儒,因爲實際上無法做到。後世更多主張的是如孔子所説:“爲政以德,譬若北辰,居其所而衆星共之。”天子像北極星,是道德與體制的象徵,具體事務則由宰相管理。宰相則應是大儒,若層次不够、或做不對就换人,才能比較不出問題。中國作爲一個人類史上最巨大的國家,其政治極爲困難,必須用最高的標準要求。荀子在此所謂的大儒是天子、三公,期待政治最高階層必須是這樣的人。戰國時代政治體制與文化劇變,有如清末民國之際。近現代的康有爲、孫中山等,也都面對政治上不斷需要大變的時代,在中國體制的特殊構造下,最上位者通常必須有能力從事

---

①《荀子·儒效》,《四部叢刊初編》,景上海涵芬樓藏黎氏景宋刊本卷四。

“千舉萬變”,是以今天讀荀子的學説,許多地方分外親切,也分外有感。

然而以上所論,都不是孟子所强調之事。孟子的學問雖然非常廣闊,但他並不特别强調“千舉萬變”與通乎“百王之道”。孟子開宗明義指出:“王何必曰利?亦有仁義而已矣!”①一切以仁義爲依歸。荀子則重視知識與能力,要應變以建設整體政教體系,這是雙方的基本不同。

根據上述標準,荀子認爲儒學史上,只有“仲尼、子弓”是真的大儒,顔、孟、思、曾不在其列②。在大儒之外,“有俗儒者,有雅儒者”,穿的衣服像儒者。其中俗儒“略法先王而足亂世術……不知隆禮義而殺《詩》《書》”③,禮義是一切根本,而《詩》《書》需要做節略,俗儒只能模仿,不知禮義方爲真正重點。較高一等的是雅儒:

> 知不能類也;知之曰知之,不知曰不知,内不自以誣,外不自以欺,以是尊賢畏法而不敢怠傲,是雅儒者也。④

無法以類相通,但清楚自己知道什麽,不知道什麽,不會欺罔高傲,懂得“尊賢畏法”。這叫“雅儒”,很知道自己的位置,不敢妄作。

---

①趙岐注,孫奭疏:《孟子注疏·梁惠王上》,北京:北京大學出版社,2000年。

②《荀子·儒效》,《四部叢刊初編》,景上海涵芬樓藏黎氏景宋刊本卷四。

③同上。

④同上。

再上一層,才是他理想中的大儒:

> 法先王,統禮義,一制度;以淺持博,以古持今,以一持萬。……卒然起一方,則舉統類而應之,無所儗㤯;張法而度之,則晻然若合符節:是大儒者也。①

大儒的特色是"法先王,統禮義,一制度;以淺持博,以古持今,以一持萬",這也是荀子思想的核心。大儒觀百王之道而一之、統之,故能"以一持萬""以淺持博""以古持今",通達一貫之道而能主持當今萬事,猝然有怪變,亦無所疑怍,能展開其法而測度之,使一切行爲若合符節②。

荀子如此强調大儒的應變與通達能力,其處境有些接近中國現代。現代中國,正當"事變之亟"、中西會通之際,所以任何道理都不能死守古法,也無法照抄西法,而必須按照荀子"以一持萬""以淺持博""以古持今"的道理。至於"法先王,統禮義",就現代中國而言,不僅有中國的先王,還有西方的先王,如何統整雙方的禮義制度就更加複雜困難。但總之,依荀子之説,必須要通達古今而後方能變化。

荀子指出,一旦任用大儒,效果極爲宏大:

> 用大儒則百里之地久。而後三年,天下爲一,諸侯爲

①《荀子·儒效》,《四部叢刊初編》,景上海涵芬樓藏黎氏景宋刊本卷四。

②王先謙:《荀子集解》,北京:中華書局,2016年,第140—141頁。

> 臣。用萬乘之國則舉錯而定，一朝而伯。①

以百里之地“三年，天下爲一，諸侯爲臣”，用的是殷湯、周文三年而王的典故。這是他心目中真正的大儒。其所以能王、能霸的原因具見前述“修禮者王：王者建國之道”。一般人對此是否仍可行於戰國之時可能頗有懷疑，但荀子非常自信。且不論其是否可能，其爲學與施政的目標，由此明白可見。

丙、社會之統一師法

大儒之效，首先在於治國平天下，其次則爲社會之統一師法。荀子説：

> 人無師無法而知則必爲盜，勇則必爲賊，云能則必爲亂，察則必爲怪，辨則必爲誕。……故有師法者，人之大寶也；無師法者，人之大殃也。人無師法，則隆情（當作積）矣；有師法，則隆性矣。……情（當作積）也者，非吾所有也，然而可爲乎！注錯習俗，所以化性也；并一而不二，所以成積也。習俗移志，安久移質。并一而不二則通於神明，參於天地矣。②

①《荀子·儒效》，《四部叢刊初編》，景上海涵芬樓藏黎氏景宋刊本卷四。楊倞讀伯爲霸，王念孫讀伯爲白，“言一朝而名顯天下也”（王先謙：《荀子集解》，北京：中華書局，2016年，第141頁）。今從楊。

②《荀子·儒效》，《四部叢刊初編》，景上海涵芬樓藏黎氏景宋刊本卷四。“楊注：或曰情當爲積。王念孫：此及下文楊注所稱或説改情爲積者皆是也。”王先謙：《荀子集解》，北京：中華書局，2016年，第143頁。

目睹戰國時期的混亂,荀子對於一般人性甚爲懷疑,强調師法的必要,以及禮義與善道之積。“注錯習俗”即措置與習俗,可以“化性起僞”。專一於聖人、大儒之道,以其師法教民,使社會上一般的知、勇、能、察、辨者,均不作亂,積久可以改變社會習俗與人心。

既然不相信自然人性以及一般的“知、勇、能、察、辨”之人,必然會强調有所師法,此師法的最高對象是聖人,而聖人代表了所有人間善道的集大成:

> 積善而全盡,謂之聖人。……積之而後高,盡之而後聖,故聖人也者,人之所積也。……積禮義而爲君子。①

聖人的善、禮義與道理是累積出來的,而非天生的。這句話很重要,也是荀子勸學與重學説的根源。“積禮義而爲君子”,禮義乃先王所傳政治社會的良好秩序與道義,透過不斷的學習與實踐,從而建立整體政治社會當有的秩序與道義,這叫“積禮義而爲君子”。這種建立秩序與道義的方法,很有中國特色,而與近現代西方大爲不同。聖人積先王的禮義而成,乃政教合一的最高標準,而西方以基督爲教,爲萬民無上的師法,政治則逐漸走上尊重個體的自由民主,雙方的道路大爲不同,值得深入比較。

荀子對於一般人性評價頗低:

---

①《荀子・儒效》,《四部叢刊初編》,景上海涵芬樓藏黎氏景宋刊本卷四。

> 志不免於曲私，而冀人之以己爲公也；行不免於汙漫，而冀人之以己爲脩也；甚愚陋溝瞀，而冀人之以己爲知也。①

這是説一般人的志意往往不免自私，且因自私而扭曲，雖然如此，還希望他人認爲自己純屬“公道”。一般人行爲汙漫不檢點，却希望他人認爲自己行爲修飭。此外，一般人多愚陋無知，却希望别人認爲自己有知。這番話讓飽經世事的人都不免會心一笑，可謂入木三分。

既然不相信一般人性，所以他在政治社會一再强調大儒與賢能的領導：

> 志安公，行安脩，知通統類：如是則可謂大儒矣。大儒者，天子三公也；小儒者，諸侯、大夫、士也；衆人者，工農商賈也。禮者，人主之所以爲群臣寸尺尋丈檢式也。人倫盡矣。……道過三代謂之蕩，法貳後王謂之不雅。②

大儒之志安於公道，其行爲安於修，其知足以統通各類，所以可爲天子三公。諸侯、大夫、士依次作爲各層級的領導，則爲小儒。至於工農商賈，則爲聽命的衆人。這種依賢能高下的衡量與分

①《荀子·儒效》，《四部叢刊初編》，景上海涵芬樓藏黎氏景宋刊本卷四。
②同上。

類,乃所謂禮,可以盡人倫。由此可知,荀子實以政治的整體秩序,作爲分別"人倫"、或説人的等級與類别的基礎①。從荀子的觀點,這一切繼承了三代之道與後王之法,也就是封建時代的等級觀念。然而他從賢能政治的原理重新出發,强調大儒的志、行、知當爲天下所師法,則誠屬創新。

六、爲學之道

甲、以禮義外鑠

荀子既然以王制與賢能政治爲天下根本,又以學以至於大儒當作爲學的最高標的,其《勸學篇》與整體學問亦以學於百王之道與禮義爲中心。他説:

> 木直中繩,輮以爲輪,其曲中規,雖有槁暴,不復挺者,輮使之然也。故木受繩則直,金就礪則利,君子博學而日參省乎己,則智明而行無過矣。②

此處所謂"木受繩""金就礪",其實均指先王之道或禮義,而不只是一般意義上的規矩。所以他緊接著説:

---

①按:本節標題爲"人論",王念孫曰:"論,讀爲倫。倫,類也,等也,謂人之等類。"王先謙:《荀子集解》,北京:中華書局,2016年,第145頁。

②《荀子·勸學》,《四部叢刊初編》,景上海涵芬樓藏黎氏景宋刊本卷一。

> 故不登高山，不知天之高也；不臨深谿，不知地之厚也；不聞先王之遺言，不知學問之大也。①

人當法天地與先王之道。而百王之道與君子乃積禮義而成，是所謂“博學而日參省乎己”，使其“智明而行無過矣”。荀子對一般人性缺乏信心，所以非常强調“受繩”“輮輪”等後天功夫，以期使人合於禮義。他説：“君子生非異也，善假於物也。”②“假於物”，即假於先王所傳之禮義，這是荀子學問的淵源，也應該是夫子自道，與孟子所强調的德性自覺大不相同。

孟子强調仁義禮智的端倪，即惻隱之心、羞惡之心、辭讓之心、是非之心，都是人本有的，亦即主張仁義禮智根源於心性，是人本有而渴望的；而荀子主張的禮義則是外塑的。是以有人説荀子思想近於告子，主張“義外”，由外塑而來。荀子説：“善者，僞也。”僞不是虚僞而是“人爲”，亦即善是人以力爲之的，確實較近於外塑。

荀子的《勸學篇》較偏從外塑而來，“木受繩則直，金就礪則利”是外塑的，故於内在德行容易有所不足。荀子本人重德，後學就容易出問題，例如其學生李斯、韓非就明顯不重德性，而專門重視政治上的管控與實效。聰明人一旦學了百王之道，又知道當下必須要通變以務實，很容易立即求變，只求實際有效，不顧道德仁義。照荀子的説法，善者，僞也，人爲也，並無一固定標

①《荀子·勸學》，《四部叢刊初編》，景上海涵芬樓藏黎氏景宋刊本卷一。
②同上。

準,聰明人很容易各自爲是。例如,法家就認爲以强力一統海内,使天下不再打仗,致於太平,是最高的善。荀子只以百王之道爲標準,强調先王所傳的禮義,並無不可動摇的德性基礎,其實並不足以管束人心,這是荀子式政教體系最容易出的問題①。

乙、傳承先王之道:始乎誦經,終乎讀禮

對荀子而言,學問始於誦習先王所留下來的經典,終於讀禮。他説:

> 學惡乎始? 惡乎終? 曰:其數則始乎誦經,終乎讀禮。②

經是百王之道各方面的重要紀録,而禮則爲其政教體制的最要呈現。終乎讀禮,重點放在深入認識政治社會應有的制度與規範。荀子傳經,特重政治,講百王之道。孟子則是以德性爲中心,首重倫理。二者合一,更可以完整展現孔子的兩大方面。

> 其義則始乎爲士,終乎爲聖人。③

---

①這是荀子可能的流弊,古人對此辨析精微,因爲"差之毫釐,謬以千里",國家各級領導人、家族中的尊長的心術差一點,基層便相差甚大。即使並非領導或尊長,辨心術亦爲首要。孔門傳統特重心術與德性,與西方偏重知識與理論大不同。中國傳統思想並非以理論、知識見長,而是以工夫見長。荀子是其中理論化最多者,此後像《荀子》這樣長篇大論的著述很少見,這也是因爲中國傳統不以理論見長,是以幾個比較可能實行的學説發展後,後人便不太再發展純理論。先秦儒家有兩方面,一方面是重德行的思孟學派;另一方面就是重禮制,由荀子充分發揮,後人也很難再有理論上的大突破。

②《荀子・勸學》,《四部叢刊初編》,景上海涵芬樓藏黎氏景宋刊本卷一。

③同上。

士是政治社會上最低階的領導者，聖人則爲政、教的最高的領導者。荀子論學的目標其實很簡單，就是要完成最好的政教體系，所以"其義則始乎爲士，終乎爲聖人"，與現代學校的爲學目標大不同：

> 真積力久則入。學至乎没而後止也。①

荀子論學强調積，要不斷累積禮義與善道，以改變自身，從而邁向最高境界的大儒。荀子之學成爲後來漢唐儒學極重要的面向。禮義根源於君子，實則爲聖王，具體見於經書。所以"其數始乎誦經"。

從爲學的層面，他對於經典的大義有新的發揮：

> 《書》者，政事之紀也；《詩》者，中聲之所止也。②

《書經》乃先工大政最重要的記載，《詩經》是無過與不及之聲，這兩者是先王之治的首要呈現，也是儒學之始，所以荀子在此專言《書》與《詩》，是回到儒學最古的傳統。這裏用"聲"字，是因《詩經》之詩必配樂，部分的詩還配舞，尤其《雅》《頌》部分，詩、樂、舞一體。音樂最能表達人的性情，先王强調必須不過於强烈或不足，以調和人心，故曰"中聲之所止"。對傳統中國政治而

---

①《荀子·勸學》，《四部叢刊初編》，景上海涵芬樓藏黎氏景宋刊本卷一。
②同上。

言,詩、樂、舞的教化非常重要,目標在使領導階層與人民中正平和。中國是個超級大型國家,處處以天下爲考量,故從三代以來談政治便强調中正平和,後世亦不免於如此。

荀子的政治社會思想起於王制,歸結於禮義,所以他緊接著説:

> 《禮》者,法之大分,群類之綱紀也。故學至乎禮而止矣。夫是之謂道德之極。①

禮是全天下所有制度與規範之所在,所以是"法之大分";禮將人分成天子、諸侯、卿、士、農、工、商、君臣、父子、夫婦、兄弟、朋友等類别,這是整個政治社會制度的基礎,所以是"類之綱紀"。禮包含古代政治、宗教、軍事、經濟、社會、風俗、冠婚喪祭等一切制度與文化,而以前述的政治與倫理秩序爲骨幹,所以説"學至乎禮而止矣"。"夫是之謂道德之極",此所謂"道德"顯然不能從個人行爲是否合乎某些價值規範來解釋,而直指整體的終極安頓。"道"是能走得通的路,是整體政治、社會應有的方向;"德"則使其都能有得,既有得於内又有得於外,所以"道德之極"就是讓所有人與事都安頓。荀子的思想處處深富整體與政教性,又由此可見。

五經是一個整體,所以他説:

---

①《荀子·勸學》,《四部叢刊初編》,景上海涵芬樓藏黎氏景宋刊本卷一。

《禮》之敬文也,《樂》之中和也,《詩》《書》之博也,《春秋》之微也,在天地之間者畢矣。①

《禮》之敬文,《樂》之中和,《詩》《書》之博載先王之政教,《春秋》之微言大義,一起完整地傳承了先王之道,所以説"在天地之間者畢矣"。

這是後世經學的重要的開端。其實在孔子之時並無所謂"六經"概念,只有《詩》《書》。孔子教弟子只讀《詩》《書》,與習禮。六經或五經是戰國時代儒者建立的體系,是對於先王之道的一種統整與再詮釋。荀子的學術思想亦屬對於先王之道的整理,企圖重新詮釋其一以貫之的道理。孔子説"吾道一以貫之",荀子繼承此傳統。對他而言,先王的政教可分成《禮》《樂》《詩》《書》《春秋》這幾個方面,從不同的角度記載與詮釋王者政教之大體。至於《易》作爲卜筮之書,意義不能政教相比,故荀子較不重《易》。現代人受西方科哲學的影響,常覺得五經的分類莫名其妙。然而若從王者政教傳承的觀點來看,則上述的五經體系明顯易懂,非常完整,亦處處相應。

荀子完成了經學的新系統,教學生讀經,並有所傳承,所以漢人説"荀子傳經"。荀子其實是戰國後期儒家最重要的代表,將先王的道理重新整理成五經體系。後人再加上《易》,變成六經。其實儒者所學的傳統在第一階段只是先王的政教,其記載的主體是《詩》《書》。禮、樂皆爲其政治社會生活實際所習,西

①《荀子·勸學》,《四部叢刊初編》,景上海涵芬樓藏黎氏景宋刊本卷一。

周初年還較簡單,之後漸漸發展得較複雜,在政治社會實踐中不斷變化①。關鍵的先王政教紀録均在《詩》《書》之中。第二階段以孔子爲代表,孔子研究這些先王之道,發現貴族奢僭衰微,所以培養了一批講正道,重政教,讀《詩書》,習禮樂的學生,成爲新的士階層,逐漸取代舊貴族,以傳承先王之道。戰國儒家事實上是第三階段,先王的封建體制已經不行,他們轉而對先王之道進行學理化與系統性的整理,新推出《禮經》《易傳》、樂論與孔子作的《春秋》,以形成理論體系,變成了"新儒學"。所以儒學的學理化與系統化是到戰國時才完成,孔子則是其開創者。

漢代繼承了荀子系統化的經學,變成以五經或六經爲中心的新時代儒學,這事實上是戰國儒學所建立的新體系。前面三階段是先王階段、孔子階段與戰國諸子階段。漢朝人看重的首先是先王,其次是孔子。所謂復古更化,是要根據古代成功的制度文化來變更當今之化,看重歷史上曾實踐成功過的體制,而非空口難憑的一家之言。百家之言各執一詞,難以斷定是非②。是以漢人只相信已經實踐成功者,其儒學完全以經學爲中心,專門研究記載與傳承先王之道與其具體施政體系的"百王之書"。因爲荀子傳先王之經典,是以荀子在從漢代到唐代的儒學史與經學史上有特殊的重要地位,這也表示在此時期的中國體制與儒學,仍以先王之道爲中心。根據趙岐的説法,孟子亦以發明先王

①參見(美)羅泰:《宗子維城:從考古材料的角度看西元前 1000 至前 250 年的中國社會》,上海:上海古籍出版社,2017 年;李峰:《西周的政體:中國早期的官僚制度與國家》,上海:生活・讀書・新知三聯書店,2010 年。

②參見錢穆:《秦漢史》,臺北:聯經出版公司,1998 年,第 83—92 頁。

之道而受到特别的重視。雖然所謂先王之道的内涵到了孟荀已經發展到第三階段了。

丙、知書達禮,一以貫之

荀子認爲實際爲學時,最好的方法是從師,亦即跟從有道之人。他説:

> 學之經莫速乎好其人,隆禮次之。①

莫速於"好其人",就是愛慕追隨有道、有德之人,其次是以禮檢束自身。换言之,荀子雖然極推崇禮,亦深知禮背後必須有一體現禮義精神之人。此君子之人深知"夫不全不粹之不足以爲美也",故"誦數以貫之,思索以通之"②。知不全不粹之不足以爲美是人性,强調"誦數以貫之,思索以通之",則表現荀子重學習經典、重知識,也重以思考貫通之的特質,這與孟子頗有所不同。

荀子之學一方面求貫通,一方面重視積累與學習。他説:

> 倫類不通,仁義不一,不足謂善學。③

將"倫類"放在仁義之前,换言之,他重視禮制還在仁義之前。其思想首重通貫禮制,而後以仁義一貫地説明之。亦即以政治

①《荀子·勸學》,《四部叢刊初編》,景上海涵芬樓藏黎氏景宋刊本卷一。
②同上。
③同上。

社會秩序爲首要考量,然而必歸本於仁義。

荀子繼承了孔門克己復禮的傳統,主張時時刻刻以禮義檢束自己:

> 爲其人以處之,除其害者以持養之。使目非是無欲見也,使耳非是無欲聞也,使口非是無欲言也,使心非是無欲慮也。①

換言之,是要透過不斷地學習與接受先王所傳之禮義與善道,讓自己不斷向上,可稱之爲"禮義中心"主義。這與孟子大不相同,孟子强調仁義從自己心性中所發出,可稱之爲"德性中心"主義。相比較之下,可認識雙方學問各自的特性與價值。荀子認爲,透過禮義的長期薰陶,人能够產生至高的德操與能力:

> 生乎由是,死乎由是,夫是之謂德操。德操然後能定,能定然後能應。能定能應,夫是之謂成人。天見其明,地見其光,君子貴其全也。②

生死一於禮義,才是真正有德與有得的操守,有了德操,才能内在穩定,從而能正確的應變。能定能應的有德者,才是"成人"。"天見其明,地見其光"一句,則表現荀子所感受乃至呈現的一

①《荀子·勸學》,《四部叢刊初編》,景上海涵芬樓藏黎氏景宋刊本卷一。
②同上。

種通貫於内外的人格光輝。

除了學問,荀子還是文章大家,在中國文學史上有極重要地位。漢賦深受荀子影響,例如對仗、四六、押韻及遣詞用字等方面。荀子擅長爲文,除了重視學問的傳承外,背後一大原因是他要論述整套的禮義與學問,此一整體性要求宏偉而系統化的表現,所以他的文章也很富有體系性與韻致,前後文字互相呼應。其優美對仗的文字對於他學説的傳布産生很大的功效。

丁、積善脩身

《荀子》首篇《勸學》,次篇《脩身》。如何解釋這個次序呢?荀子將《勸學》與《脩身》分開,且將《勸學》放在前面,反映了他首重體系化的禮義與知識,所謂"始乎誦經,終乎讀禮"。然而爲學不僅要明理,還必須實踐,即所謂"隆禮",如此必須要修身。他説:

> 見善,脩然必以自存也;見不善,愀然必以自省也。①

這依然延續著《勸學》篇積善、積禮義以成學的主張。修身要見善自存,見不善而内自省,這承襲著孔子"三人行,必有我師焉。擇其善者而從之,其不善者而改之"的主張。

荀子論學首重周圍環境,所以特别重視師與友,他説:

> 故非我而當者,吾師也;是我而當者,吾友也;諂諛我

①《荀子·脩身》,《四部叢刊初編》,景上海涵芬樓藏黎氏景宋刊本卷　。

> 者,吾賊也。故君子隆師而親友,以致惡其賊。①

正確指出我錯誤的,是我的老師;同意我而正確的,是我的朋友;諂媚我的,害了我。作一個君子,必須好好追隨與親近能引導自己走上善道之人,並厭惡賊害我的人。這固然是爲學的普遍義,然而配合上荀子所强調的上下尊卑,也很容易形成階層社會。

在長期的學習與修養之下,可以養出高超的德行:

> 君子之求利也略,其遠害也早,其避辱也懼,其行道理也勇。君子貧窮而志廣,富貴而體恭,安燕而血氣不惰,勞勧而容貌不枯,怒不過奪,喜不過予。②

這些都是非常優秀的德行,而且是在上位者所應具的德行。荀子一方面强調上下尊卑,一方面嚴格要求在上位者應具有高標準的德行。其中如"求利也略""行道理也勇""貧窮而志廣""富貴而體恭",都不是一般人所容易做到的事。而這一切,關鍵在於:

> 君子貧窮而志廣,隆仁也……君子之能以公義勝私欲也。③

---

①《荀子·脩身》,《四部叢刊初編》,景上海涵芬樓藏黎氏景宋刊本卷一。
②同上。
③同上。

君子的地位來自於他們維繫整體政治社會秩序的功能，所以君子首重以公義勝私欲。荀子所講的道義以公義爲核心，一切道理源於“公”字，因其理論較從整體出發，這與一切從個人内心出發的孟子大爲不同。他對於“仁”的詮釋，也偏從君子之“志廣”，爲整體服務出發。

荀子在各種修養與德性當中，尤其强調“不苟”，也就是正當與恰當：

> 君子行不貴苟難，説不貴苟察，名不貴苟傳，唯其當之爲貴。故懷負石而赴河，是行之難爲者也，而申徒狄能之；然而君子不貴者，非禮義之中也。“山淵平”“天地比”“齊秦襲”“入乎耳，出乎口”“鉤有須”“卵有毛”，是説之難持者也，而惠施、鄧析能之；然而君子不貴者，非禮義之中也。盜跖吟口（貪凶），名聲若日月，與舜禹俱傳而不息；然而君子不貴者，非禮義之中也。①

重點是正當與恰當。像申徒狄負石投河自殺可説相當困難，但並非中道；惠施、鄧析善辯，所論説出人意表，却非禮義與中道，所以君子不看重他們的“明察”。至於盜跖貪凶，名聲雖長傳，更不爲君子所貴，因爲這一切並非禮義，也不正當或恰當。荀子在此依然是“禮義中心”主義。

①《荀子·不苟》，《四部叢刊初編》，景上海涵芬樓藏黎氏景宋刊本卷二。

七、評先秦諸子

荀子的系統宏大而完備,又特别能照顧到當時所最需要的政治社會整體秩序問題,所以在他眼中,其他諸子幾乎都是偏頗或混亂。他説:"假今之世,飾邪説,文姦言……使天下混然不知是非治亂之所存者,有人矣。"①對於其他先秦諸子有許多强烈的批評,寫出《非十二子》,而其批評的關鍵都在於他們不知"是非治亂"。他首先抨擊了它囂、魏牟:

> 縱情性,安恣睢,禽獸行,不足以合文通治;然而其持之有故,其言之成理,足以欺惑愚衆,是它囂、魏牟也。②

魏牟是魏國著名的"賢公子",他"好與賢人游,不恤國事"③,或爲公孫龍子的學生,習於言辯精思。他曾隱居於岩穴,習"貴生"之理,其學大抵繼承楊朱一系,以安頓個人身心爲人生第一要義,而有縱情恣性的嫌疑④。它囂身世不明,大抵與魏牟有類似的主張。他們"任情性所爲而不知禮義,則與禽獸無異"⑤,亦

---

①《荀子・非十二子》,《四部叢刊初編》,景上海涵芬樓藏黎氏景宋刊本卷三。

②同上。

③《列子・仲尼》,《四部叢刊初編》,景常熟瞿氏鐵琴銅劍樓藏北宋刊本卷四。

④馮友蘭:《中國哲學史》,臺北:臺灣商務印書館,2014 年"增訂二版",第 145—148 頁。馮友蘭據"縱情性,安恣睢,禽獸行"一句,認爲魏牟乃"極端縱欲主義者",恐誤讀文意。魏牟在當時以"賢公子"稱,應非"極端縱欲主義者"。

⑤王先謙:《荀子集解》,北京:中華書局,2016 年,第 91 頁。

即强調個人情性與生命優先的路線,與荀子主張的整體秩序顯然不同。所以荀子批評之時,不僅措辭甚爲强烈,且列於他所非的第一對學者。换言之,荀子似將個人主義恣情縱欲或説個人自由化視爲他體系的第一大敵。“然而其持之有故,其言之成理,足以欺惑愚衆”,表示荀子最在乎的是他們混亂了人民的思想。

荀子又批評農家的陳仲、史鰌:

> 忍情性,綦谿利跂,苟以分異人爲高,不足以合大衆、明大分;然而其持之有故,其言之成理,足以欺惑愚衆,是陳仲、史鰌也。①

農家路線非常克己、簡約,主張人人都要靠自己耕作,自耕而食。荀子認爲他們“違矯其性”,如極深之谿谷,以離世獨立於他人。這是“矯異於人以爲高”,無法“合大衆”,當然也不合於先王之禮義②。而荀子最在意的依然是他們“持之有故,其言之成理,足以欺惑愚衆”,以下各家皆然,可見荀子最重視的就是維持其理想的政教與學説體系不受其他思想學説的干擾。

荀子另外又批評了墨家:

> 不知一天下建國家之權稱,上功用,大儉約,而優差等,

---

①《荀子·非十二子》,《四部叢刊初編》,景上海涵芬樓藏黎氏景宋刊本卷三。

②文意參見王先謙:《荀子集解》,北京:中華書局,2016年,第91—92頁。

> 曾不足以容辨異，縣君臣；然而其持之有故，其言之成理，足以欺惑愚衆，是墨翟、宋鈃也。①

重點是墨家不知如何“一天下”，建立國家的整體。墨學主張兼愛、非攻，這無法“一天下”，也難以建立國家的法度。墨家重視實用與儉樸，也不知上下尊卑差等的重要，從而非禮非樂。而荀子認爲政治上必須有差等，否則無法以上制下。這是中國政治思維中的一大根本問題。墨子較崇尚平等，雖然其尚同説也是以上制下，但他不喜歡有太多——尤其按儒家之禮所造成的等差。荀子則認爲若不給予上位者足够尊養，誰肯如此努力？且若無富厚之威勢，亦無法管理衆人。墨子較理想化，而荀子較實際。他主張“禮者養也”，給予不同待遇、不同尊養，只要勤學都可以往上爬，讓最有能力的德行者最上，方能治下。這種想法確實較容易建立政治、社會的秩序與體制，墨子則過於理想，所以荀子批評墨子“不足以容辨異，縣君臣”。

他進而批判稷下道法學派的代表慎到、田駢：

> 尚法而無法，下脩而好作，上則取聽於上，下則取從於俗，終日言成文典，及（當作反）紃察之，則倜然無所歸宿，不可以經國定分；然而其持之有故，其言之成理，足以欺惑

①《荀子·非十二子》，《四部叢刊初編》，景上海涵芬樓藏黎氏景宋刊本卷三。

愚衆,是慎到、田駢也。①

慎到(約前395年—前315年)爲戰國中後期趙國人,早年學黄老道術,屬於從道家分化出來的法家,主張"尚法"和"重勢",是法家"重勢"一派的代表,曾至齊國稷下講學而負盛名。田駢(約前370—前291年),齊臨淄人,爲稷下的中堅人物,重黄老道術,主張"齊萬物以爲首",從建立而"明分""立公"、崇法的道法思想,頗與慎到類似。荀子批評他們雖尚法而自己無法,"不循舊法"而好自爲造作,"使上下皆聽從之";雖然是言成文典,若"反覆訓察"之,實則"疏遠無所歸",法度不立,"不可以經國定分"②。這是批評慎到、田駢雖然表面崇尚法治,但自己好爲造作變化,其言論經不起檢驗,結果是無法建立法度。大抵法家在實際政治上用途甚大,道法學派重勢而善於觀物,更增加其勢力,所以荀子對於他們的缺點特加批判。

荀子又批評名家:

不法先王,不是禮義,而好治怪説,玩琦辭,甚察而不惠,辯而無用,多事而寡功,不可以爲治綱紀;然而其持之有故,其言之成理,足以欺惑愚衆,是惠施、鄧析也。③

①《荀子·非十二子》,《四部叢刊初編》,景上海涵芬樓藏黎氏景宋刊本卷三。楊注:"雖言成文典,若反覆紃察,則疏遠無所指歸也。"

②王先謙:《荀子集解》,北京:中華書局,2016年,第93頁。

③《荀子·非十二子》,《四部叢刊初編》,景上海涵芬樓藏黎氏景宋刊本卷三。

認爲名家"好治怪説",辯而無用,不能作爲治國的綱紀,根本没什麽用處。現代人受西學影響,高度看重名家的邏輯性與哲學性,但在荀子看來,只要不法先王、不是禮義、不可以爲治綱紀,便根本不重要,甚至屬於"欺惑愚衆"的異端邪説,因爲他們多事而且完全不知整個國家社會的制度與綱紀應該如何。

荀子並進而批評儒家的子思、孟軻:

> 略法先王而不知其統,然而猶材劇志大,聞見雜博。案往舊造説,謂之五行,甚僻違而無類,幽隱而無説,閉約而無解。①

認爲他們雖然約略法先王却不知先王的體統,還自認才能繁多而志向遠大,所見所聞廣博而雜,"案前古之事而自造其説"②,謂之仁之行、義之行、禮之行、智之行、聖之行等五行③。

子思、孟子這種德行説,在荀子眼中是"僻違而無類,幽隱而無説,閉約而無解",因爲荀子不喜歡談論心性與内在德性,由此更可知荀學所偏蔽之處。事實上,今日若將思孟的德性論告訴一般政治與生意中人,也同樣會得到"幽隱而無説,閉約而無解"的看法,因爲他們一般不信德行、性善、惻隱之心等説法。是以德行論對一般重現政治社會制度、實際運作的人,確實容易

---

①《荀子·非十二子》,《四部叢刊初編》,景上海涵芬樓藏黎氏景宋刊本卷三。"然而猶"三字從宋本,參見王先謙:《荀子集解》,北京:中華書局,2016年,第94頁。

②同上。

③參見馬王堆帛書《五行》篇與郭店竹簡《五行》篇。

變成“僻違而無類,幽隱而無説,閉約而無解”。雖然如此,子思、孟子因爲懂得效法先王,所以荀子並不以“持之有故,其言之成理,足以欺惑愚衆”批判他們,而只是説他們混亂了孔子的學説,不足爲法。由此益可證明,荀子的學説體系,以師法成功的王者所建立的百王之道與禮義爲中心。

荀子的理想是:

> 若夫總方略,齊言行,壹統類,而群天下之英傑,而告之以大古,教之以至順,奧窔之間,簟席之上,斂然聖王之文章具焉,佛然平世之俗起焉。①

“總方略,齊言行,壹統類”,這是荀子的大格局、大政治,從而得以“群天下之英傑”,讓天下的英傑進入其政教體系,因而得以群而不亂,並讓他們學習太古先王的禮義與至順之道,讓他們平日讀的都是聖王的文章,勃然興起平世之俗,從而完成其理想的政治社會秩序。如此則“六説者不能入也,十二子者不能親也”②。這番話,在漢武帝罷黜百家、獨尊儒術後得到充分的實踐,成爲之後中國政治社會與學術文化的寫照。這也顯示出,到了戰國後期,儒家與法家均走上獨尊所學、排斥泛濫紛雜的異説,以求建立政治社會新秩序的道路。

荀子認爲這是大儒如仲尼、子弓當做之事,而且禹、舜在位,

---

①《荀子·非十二子》,《四部叢刊初編》,景上海涵芬樓藏黎氏景宋刊本卷三。
②同上。

也必將如此,以達到下述目標:

> 一天下,財萬物,長養人民,兼利天下。①

統一天下,裁成萬事萬物,長養人民,兼利天下之人,是荀子的最高理想,因此勢必要使"六説者立息,十二子者遷化……務息十二子之説"②。其定於一尊的思想非常清楚。

荀子進一步批評了子張、子夏、子游等從遊於孔子的弟子及其後學。他説子張的後學戴著大夫以上的冠冕,講著冲淡的言辭,效法舜禹的舉止威儀,在表象上力求學習古人,其實只能算是"賤儒"③。他又批評子夏、子游的後學:

> 正其衣冠,齊其顔色,嗛然而終日不言,是子夏氏之賤儒也。偷儒憚事,無廉耻而耆飲食,必曰君子固不用力,是子游氏之賤儒也。④

認爲子夏的後學表面上儼然君子,衣冠與顔色甚正,做謙退狀,整天不講話;子游的後學則偷懦怕事,好吃喝而無廉耻,還大言不慚地説君子不用力做事。荀子首先批判了子張、子夏、子游所

---

①《荀子・非十二子》,《四部叢刊初編》,景上海涵芬樓藏黎氏景宋刊本卷三。
②同上。
③同上。"弟陀其冠",楊倞無説,盧文弨做"其冠絻"解。全句解釋參見王先謙:《荀子集解》,北京:中華書局,2016年,第104—105頁。
④《荀子・非十二子》,《四部叢刊初編》,景上海涵芬樓藏黎氏景宋刊本卷三。

學的偏頗,又進一步批評了他們的後學都是賤儒,其態度非常兇悍嚴厲。這主要應是荀子思想完全以建立其理想的整體政治社會制度與秩序爲依歸,所以看不上其他諸子與其他派别的儒家①。

荀子自視爲完整繼承先王之道的大儒,痛惡其他學者背離或扭曲了先王之道,所以出言如此激烈,幾句話就將其他的學派一一推翻,由此更可見他思想的系統化、意識形態化與嚴整性。荀子的思想在中國由第一期中國(封建)將轉型爲第二期中國(帝王制)之際出現,其系統化、意識形態化與嚴整性的追求,與第二期中國將轉型爲第三期中國(共和體制)的主流思想類似,而其强烈的排他性亦然。這不能不讓我們深思中國體系一種深刻的内在需求及其問題。

八、結語

本文析論荀子,從荀子與當時人所關心的問題出發,並盡量依其文本的次序立論,以力求還原荀子思想的本貌。近百年以來講中國哲學史或思想史的作品,經常都從西方哲學或科學的問題出發,依照西方哲學或科學的框架解剥古人。例如馮友蘭講荀子,首先分析其人性論、知識論,再論其禮論,企圖按照西方哲學的理路將其系統化,以求在"偉大正確"的西哲或西學框架

①荀子所見戰國晚期的儒家似爲五家,他自己居其一,其他則是思孟學派與子張、子夏、子游的後學。"儒分爲八"則是韓非子的説法,各家分類似有所不同。

内,找到幾分傳統思想的價值。這其實違背了荀子學説在歷史上的狀况,無法真正認識荀子思想的自身理路,也因而當然無法看到荀子思想的真價值與真問題。我們雖然身處現代,仍務必要先認識荀子在中國歷史文化中的位置,而後再從現代或西方的觀點加以比較分析,方能得其真相。以下將進一步分幾個方面來綜論荀子的學説。

一、思想主軸

荀子處於戰國晚期的時代,天下最大的問題是各國激烈征戰已數百年,戰爭的規模愈來愈大,人民痛苦不堪。是以荀子首先主張以王道"一天下",建立統一的王制與理想的"賢能政治",以安天下之民。限於當時的經濟與教育文化水平、政治現實以及既有歷史文化的傳統,民主政治或説由下而上建立政治秩序並無可能,"賢能政治"與"王道政治"應該是最好的選項。中國雖由秦人以暴力與法家統一,但結果却如荀子所料不能長久。從兩漢以降,中國體制在理論上基本走上了荀子所提議的道路,這是荀子的高瞻遠矚及其對中國歷史的偉大貢獻處。

作爲一個超級的大國與"天下",中國在當時還有幾個選項:墨家、法家或儒家的一統政府。墨家不僅太過理想而難以實現,又容易强迫大家"只能愛人",且其徹底控制全民思想的弊病較法家更爲嚴重。法家容易流於一切爲統治階級服務,嚴重壓迫人民。荀子儒家式的賢能與王道政府,仍是三者中最好也最實際的選擇。

然而荀子學説主要的問題首先是國家通常未必是透過王道

建立,從開國者到其後的繼承者又大抵皆非荀子理想中的大儒,或說真正既仁慈公正又聰慧守禮的王者,因此其“王制”或“王道之治”也只能流於理想,難以真正落實。荀子所希望的“賢能政治”,也因爲種種現實的原因,常流於既得利益階層或團體的政治。如何讓真正的賢能之士進入政治上層,以及如何使聖王或荀子所説的大儒成爲天子三公,一直是儒家政治所難以解決的根本問題。在最高權力的轉移與限制問題上,過去只能以嫡長子繼承、禮義與祖宗之法規範、上天示警與善擇賢輔來處理。雖然如此,誠如荀子所言,越能接近其王道與賢能政治理想的朝代越能長久,所以中國歷代的最高統治者或統治團體,也不能不重視這種學説,使其在歷史上得到一定程度的實踐。

荀子雖無法解決上述問題,但他極爲强調禮義以作爲限制,儒家禮教森嚴的原因主要在此。做君父要有君父的樣子,做長輩要有長輩的樣子,就算私下其實也有種種毛病,但一旦居位就必須照傳統辦事,呈現應有的禮法風度。家族有累世相傳的祖宗法度,國家亦然。皇帝私下可能昏亂無度,但一旦上朝或議政便必須有皇帝的樣子,不能肆意妄爲,因爲禮教與祖法要求必須如此,否則群臣苦諫,如歷代常爲“禮制”吵得天翻地覆。這是爲了應對人的私欲與平庸所制訂的重要辦法。

所以禮治有兩個主要層面,一個是上下尊卑,一個是嚴格的行爲規範。前者源自中國的封建傳統,也容易造成秦漢以降中國政治的專制性與階級性,後者則是傳統上中國統治階層的自我約束。上下尊卑等差一直是中國政治社會的一個基本特質,荀子雖然提倡以賢能代替貴族,却很强調上下尊卑等差的必要性。這本是全世界前工業化時期的國家所不可避免的特質,然而在中國却因其超級巨大的體量,使其更難改變。這是中國政治的一大基本特質,筆者稱之爲“多層級錐形網絡結構”,並不容易去除。

荀子學説的另一主要問題在於箝制思想與文化的自由。這在傳統中國原本並未被視爲一個大問題,因爲巨大的中國體系從來以維繫穩定爲第一考量,而且因爲中國體量超級巨大,只要能够維繫其政治社會的基本秩序,内部自然會不斷發展或吸收新生事物,從而呈現一定的創造與改變能力。加以傳統中國一向是小政府大社會,交通不便,政府能控制的有限。然而從長期的觀點來看,壓制思想與文化的自由,對於任何體系或國族的發展與繁榮,仍明顯造成重大限制。從荀子對先秦諸子的批評,很可以看出其學説體系的嚴整性與排他性。荀子堅持繼承與學習先王與後王之道以及從封建傳統延續而來的禮義,以其爲中國體制穩定與繁榮的基礎,並據此排斥一切與其相違逆乃至無關的思想。這種堅持尊重與延續既有“歷史典範”的看法固然有其深刻道理,然而過度强調這一點,甚而據此否定一切其他思想文化存在的價值,也會造成嚴重後果。由於中國體系的超級巨大性與複雜性,此一問題,從古至今均不易處理。

二、孟荀

荀子論政教的重點明顯與孟子不同。孟子思想一切以仁義爲中心,少談制度與經學,荀子則頗爲實際,既重視歷史典範的繼承,也重視貫通求變。荀子尊崇前代王制與所留經典,重賢能,講究領導者的全面修爲,分上下貴賤使人民聽命,既重視維穩,也重視富國强兵。他要求在位者一方面以禮義整治自身,一方面學習知類通達。尤其强調國家領導人必須目光如炬,以適當的舉措應付政治上無窮事變。换言之,荀子雖然非常重視制度、禮義與仁政,但同時看重政治上應有的各種修養與能力,並不那麽强調一切從仁義出發。孟子則不然,强調政治上一切要從仁心與道義出發,在實際制度上,只强調仁政與王道,寬鬆而富有彈性。

在中國歷史上,唐以前孟荀並重,宋以下較重視孟子,這很可能是因爲從秦漢到唐代,最重要的是解决一統建國及體制問題,這是荀子的長處。兩漢所建立的政教體制可稱之爲"體儒用法",但從漢武帝"獨尊儒術"之後,在觀念上自認繼承了三代王者的政教。這種尊王制、尚經學、通時變的體制,與荀子的學説其實最爲接近,亦爲北朝及隋唐所繼承。到了宋代,漢唐式的中國體制已經較爲確立,宋人想在此基礎上"回向三代",以恢復"真正的王道與儒學",反而對奠立漢唐體制有重大貢獻的荀子展開嚴厲批評,以求更上層樓。

荀子認爲要行王政有幾個關鍵,一是王制,二是禮義,三是以知類通達爲目標的積累式學習與修養,關鍵時刻還要有"大儒"善於應變。然而宋以下的儒者,尤其是理學家認爲,荀子對"性善"與"仁"字認識不足,以致未曾真切掌握到聖人與王者之道。宋人認爲理想的政教必須從符合天道的性理與仁德出發,方能有可大可久的真正基礎。他們普遍尊崇孟子,對荀學的性惡説與其功利、法家傾向大肆批評。他們所追求的境界誠然高遠,也可使中華文明更上層樓,却不免低估了荀學的價值與影響。若論其實,從兩漢至清朝的實際中國體制,其實更接近荀學。宋學大抵還是在荀學與漢唐體制上,才能有其更進一步的追求。然而宋人以論道之故,絶不承認這一點。

雖然如此,孟子與宋人所言也確實有其深刻道理,這與荀學的一些基本缺點有關。荀子之説雖然善於建立體制,也相當切合真實人世,然而弔詭的是,就實際政治而言,一般比較不太需要擔心在上位者不現實乃至不聰明,但實在必須擔心他們是否太自我、自私以至於不能從仁愛、公道與整體出發行事。一路爭權奪利而上達的政治上層人物,大抵都足够現實與聰明,却往往因爲私心、我欲與偏執而不能行公道與正義於天下。荀子重客觀明察,高度明智,也深知不能只重知識而必須以禮義爲先。但太多明智之人儘管平時也都"飾動以禮義",滿口仁義,望似君子與哲人,却在關鍵時刻表現出自私或不仁的一面。因此雖然荀子看人世極爲分明,其聰明智慧,可能古今罕有其匹,其書從未進入經部,其地位在漢唐也略遜於孟子。宋神宗下令孟子配享孔廟,荀子、揚雄及韓愈三人則從祀孔廟,表示了對於子部儒家的高度重視。然而五經之外,四子書選擇《論》《孟》《學》《庸》而非《荀子》,仍反映了中國體系更深刻的需求。至於明嘉靖之後將荀子逐出孔廟,則不免表現出後世理學家的偏見與不識大體。至於蘭陵荀子墓長期只是"荒郊野外的一座孤墳",與孟子廟的雕梁畫棟、金壁輝煌不可相比擬①,也不能不說是理學影響下的一種偏見。

孟子的政教論述看似較迂闊,却使人無所逃於對德行的講究。一般人大抵現實而多欲,所以一旦政治社會體制大體確立後,"德行"反而更是政治良窳的關鍵。荀子學説看似實際,但因其賢能與大儒在上的理想政治,往往無法實現,容易只留下鞏固既得利益團體的一面,現實政治因而愈來愈壞。荀子雖主張"無德不貴,無能不官,無功不賞,無罪不罰",但中國現實政治往往並非如此。

相較之下,孟子的話最終無法否定,因爲他强調發自内心的真實德行以及政治最重要的根本——其仁政的原則。荀子强調王制與勸學,主張"君子生非異也,善假於物"。"假於物"主要假於先王的遺言遺行,後人一旦不真信先王之言行,或不行仁政,則一切皆虚。荀子主張"其數則始乎誦經,終乎讀禮;其義則始乎爲士,終乎爲聖人"。近現代中國人因爲不再相信先王留下的體制,又覺得三代以降到清代的體制都一團糟,早已不誦經讀禮,寧可學習美、英、法、德、俄的體制。另外,近現代人也通常無意爲領導衆人的士,遑論涵攝一切政教的聖人。所以荀子的學問終究會有不知禮義如何落實的問題,不像孟子直指人性。

然而荀子學説亦有其好處,首先是其建立中國政治社會體制體系的眼光,另外是他指出禮義的根源是先王之治,而並非只

①參見路德斌:《試論荀子哲學在儒學發展中的地位和意義》,《中國哲學史》1997 年第 3 期。

出於人性或德行。當然,孟子並非主張制度與文化只從德行發出,但孟子論先王之道乃至整體政教並不如荀子清楚。就儒學的傳統而言,應當兼取其長。而且就現今時代的禮與義,或説制度與文化理想而言,確實不能不像荀子般貫通古今一切制度文化的典範,以建立新時代的政教體系與德行理想。所謂"通倫類""一仁義",這確實是他的長處。

孟子之學確實稍嫌迂闊,現實上難以實行,但却抓到人心與政治的核心問題與出路。荀子在具體的制度文化發揮甚多,但核心部分不足。循孟子之道可能過於理想,循荀子又易流於威權與自利,儘管他的本意不是如此。就中國體制而言,最好是孟荀並重,所以後世"孟荀"並稱,確實有其道理。孔子的偉大則在於兩方面兼而有之。荀子之道不同於孟子之道,孟子之道又不同於孔子之道。經過兩千餘年的實踐與研究,還是只有孔子之道中正平和又包容廣大,比較不出問題。

在很多現代人眼中,孟子、荀子甚至孔子都相差不多,都是儒家。然而對古人而言則絶非如此。這不僅是所謂的客觀學術問題,而且直接關係到中國政治社會體系運作的根本原理及其倫理、道德與文化的基本内涵。中國傳統學説,尤其春秋戰國時期,原來多以政治領袖及其佐輔爲傳授對象。這些人的修養與觀念只要略有偏差,當然會産生嚴重的後果。同時因爲戰國中晚期以降,中國的政治體制愈來愈高度集中,不同的"政府型態與政策走向"影響尤深。政教高處與基本原則稍有偏差,萬民都飽受災殃,所謂差之毫釐,謬以千里,是以"論道"時必須絲毫不苟。荀子批評儒家其他各派後學都是賤儒,並認爲孟子與子思均屬“幽隱而無説”,雖然太過,也是因爲他深信論道不能有所偏差,所以有强烈的排他性,這與戰國晚期中國體系必須“全面重構”的基本需求有關。這種現象與需求,重現於民國以降的各種政治社會的理論論爭,也是我們今天所必須注意與反省的深層問題。

三、禮義與公義

荀子的學説强調捨禮義不足以爲治。最看重的是整體秩序,反復强調“公”字,其禮義從整體政治社會的公道出發,而並非從封建時代的宗族主義出發。在這意義上,荀子的思想比較接近現代人,因爲現代世界最看重的正是從政治社會整體出發的公義。

儒家傳統雖然很重視公與義,但其實不常將“公義”二字連用。這是因爲儒家傳統是泛家族主義,認爲社會存在的基本單位是家,而人最重要的是能在家庭與家族中照顧好家人。家族重情感而非公義,所以强調“仁義”,“仁”字在“義”之前。“公義”二字偏重政治社會普遍性,但家族以感情爲出發點,更重關係性與和諧性。傳統社會的存在基本單位是家庭與家族,政治上也化家爲國。其整體治理的方式是小政府、大社會,重視家族與民間自治,與家族主義及封建傳統仍有密切關係。在這意義上,孔孟之道代表了中國社會特重仁義、情感與關係的基本特質。傳統上所謂的道義主要是情義而非公義。是以至今兩岸,尤其是臺灣的各種連續劇,都還高唱“情義”,而少談“公義”。

情義與公義,一字之差,天差地别。華人的真實人生,尤其年長一輩,一般重視情義遠過於公義。若情義都無,則此人往往就毫無道德底線可言。

雖説漢代中國在國家體制與傳經上重視荀子,但其社會整體運作仍是家族主義,這方面又並非荀子之道。漢以下的中國社會基本上仍重家族、重情義,不怎麽將"公義"二字連言。古人一般將公與義分開説,所謂的"公"就是人人或家家户户都是如此。人人應優先照顧其父母、親人、朋友甚至隨從,並體認到家家户户都有同樣的需求,這就是公,也就是義。然而荀子所謂的禮義並不走這條路,而更看重政治與社會的整體需求。

荀子首重政治社會體制,很少談家,所談都是先王之道與政治社會。其影響較偏於上層政治。荀子後學發展成法家,雖有嚴重流弊,但其法治觀點較近於現代。現代社會重法制與公義,在此意義上較近乎荀子而較遠於孟子。這是因爲現代社會以個體主義爲基礎,互無關係的個體與個體間,只能談公義而很難談情義。情分需要時間累積,情義只能和認識已久的人談,工商社會中變遷流動快速,更難談情義,而必須講公義。現代很多人喜歡講荀子,因爲他講公義,重政治社會制度、知識與合理性,均較近乎現代社會。

與此同時,荀子的這套公義觀,容易推向集體性的制度政治,一切集體化運作。荀子、墨子、韓非子乃至商鞅等人都有類似性,企圖建立大政府。這代表戰國時期"强國家"與"大政府"的需求。孔子與孟子背後則是小政府,以禮與仁德爲中心,屬於分散的機制,讓各家族或家族化的團體自治;人人互相尊重,各自管理,是一種表率型、自治型而非統治型的政治社會秩序。與此相對,墨子、法家、荀子則都較偏統治型。

中國政治的基本構造不易改變。作爲一個超級大國,中國政治的選項不多,而先秦諸子似乎已基本呈現出其幾個主要的可能面向。因爲國家如此巨大,能有效治理的方法似乎不出先秦諸子所提出的這幾種。老莊與儒家的孔孟是其一,偏於小國或小政府。另一類則要大政府,從上而下層層節制,理論上讓最高明厲害的在上,次一級在中,全面管制一般人民的思想與行爲,以便於統治。凡屬大政府類,均訴諸公義,墨家、荀子乃至韓非子皆然。其得失均不離於此。

四、學習百王之道

從現代觀點言之,荀子政治社會學説的一大關鍵問題在於核心之處的根基不够堅實。設若後人不信百王之道,則全盤皆輸。這在傳統中國不是問題,因爲古人找不到更可信的典範,然而到了現代則産生大問題。現代中國人一般不信上古三代的百王之道,傳統的百王之道既受根本性的質疑,國人乃發憤依次全面改學英、法、美、德、俄等國的典範。因爲中國體系一向需要有"一貫之道"的指引,所以清末民初很快發展成全盤西化或俄化。這顯示了秦漢之後荀學化的中國體系的現代初期命運。

雖然如此,用荀子的語言來説,西方各國的典範也是一種廣義的"後王",只是並非自家歷史中的後王,而是他國歷史中生成的典範與理論,所以怎麼學都學不像。經過長期的掙扎,依然不能不走回“具有中國特色”的自身道路。何謂中國與中國特色？荀子所强調的百王之道，不能不説是中國體系的起源。中國之爲中國，一切源於百王之道，從三代所謂的“聖王”建立中國體系後，其基本内涵一路被繼承至清末。是以其基本特質至今依然處處可見，難以去除。

荀子所思考的問題，是關係中國體系治亂興亡的根本問題，所以這些問題雖然經過兩千年却依然歷久而彌新。其學説雖然有不少缺點，但仍有甚深的睿智。其“政教”與“禮義”——或説“中國式體制與道理”的根基——在於以“百王之道”爲中心的傳統，仍然深具道理。現代中國一方面必須深究中國體系數千年來的成功之治與基本特質，一方面也必須要將百王的範圍放大，吸收西方乃至世界上最重要的成功之治。既必須立足於本文明歷史上有價值的典範，也必須融通中外，以矯正傳統典範的不足。如此放大心胸，才是學習荀子貫通百王之道的新時代道路。

作者簡介：吴展良，1958年出生於臺灣，祖籍貴州。現任臺大歷史系教授。主要研究範圍爲中國近現代思想史、宋代理學史與中西思想文化比較。

簡本《文子》的文本特徵

——以書題、分篇、分章爲中心*

裴健智

内容摘要：書題、篇題、章題是出土文本的重要一環，本文以簡本《文子》爲核心，從殘缺的簡文、摹本出發，分析簡本《文子》的書題、分篇、分章，試圖發現其早期文本的特徵。從書題看，"文子"的書名形成於劉向之前。從分篇看，《文子》有分篇的痕迹，"《文子》上經"是大篇名，《聖□(智)》《明王》則爲小篇名。簡本《文子》存在分章、尾數，暫時無法斷定章題的存在，也無法瞭解尾數的具體情況。這些對研究簡本《文子》爲早期傳本、文本真僞的判斷，具有重要意義。

先秦兩漢出土文獻的發掘，使得大量佚失的抄本得以重現天日，對中國思想史、哲學史研究産生了深遠影響。文中涉及的

* 本文爲國家社科基金青年項目"戰國時期黄老道家的兩種傾向研究"(22CZX029)階段性成果。

標題包括書題、篇題、章題等,作爲概括全文、全篇、整章内容的總結,研究先秦兩漢文本中標題具有重要價值。可惜學界對標題的認識不足,即使是專門研究標題格式的林清源①也避免使用"書題"的稱呼,而用"大題""小題",表明"當前學術界對古書標題題寫的情況、層級關係的認識還不够清晰"②。要想對標題格式尤其是書題等有清晰的認識,不僅需要整體的研究視野,而且需要個案的具體分析。本文將從簡本《文子》出發,分析其書題、篇題、章題等文本特徵,希望能對先秦兩漢標題的研究有所推進。

具體在簡本《文子》中,由於簡本的圖版尚未公布,學界對文本的書題、篇題、章題的討論較少,李學勤、邢文、張固也等學者對簡本《文子》2465 簡涉及到的書名、篇題都有討論,張固也更是從摹本出發,討論了分章、章題的問題,對簡本《文子》早期文本特徵有一定的推進③。但大部分研究僅限於局部的簡 2465

---

①林清源:《簡牘帛書標題格式研究》,臺北:藝文印書館,2006 年。

②高新華:《古書自題書名"始於〈吕覽〉,成於漢武"説析證》,《圖書館雜志》2019 年第 4 期。

③李學勤:《試論八角廊簡〈文子〉》,《文物》1996 年第 1 期;《〈老子〉與八角廊簡〈文子〉》,李學勤:《古文獻叢論》,北京:中國人民大學出版社,2010 年,第 124—125 頁。邢文:《八角廊簡〈文子・聖知〉探論》,《學術集林》第 10 輯;《八角廊簡〈文子〉與帛書〈五行〉》,陳鼓應主編:《道家文化研究》第 18 輯,北京:三聯書店,2000 年,第 241—250 頁。譚寶剛:《竹簡〈文子〉所稱"經"爲〈老子〉考》,《許昌學院學報》2010 年第 6 期。李鋭:《同文與族本》,上海:中西書局,2017 年,第 106—107 頁。張固也:《八角廊簡〈文子・聖知〉的復原及其思想》,《文獻季刊》2002 年第 4 期;《竹簡〈文子〉2465 號簡新釋》,《社會科學戰綫》2015 年第 11 期。趙建偉:《〈文子〉六論》,陳鼓應主編:《道家文化研究》第 18 輯,第 232—240 頁。裴健智:《簡本〈文子〉是否有立經、分篇意識》,《國學學刊》2019 年第 1 期。

的研究,未對書名、篇題、章題做整體的探討。最近張守中公布了更多的簡本《文子》摹本,使我們有機會進一步討論簡本《文子》的早期文本特徵。因此,本文從書題、分篇、分章三個角度分析簡本《文子》作爲早期文本的特徵。

一、簡本《文子》的書題

書籍的名稱是書題或書名,是標題的最高等級。研究簡本《文子》的書題,對重新理解標題産生的年代,甚至簡本《文子》的成書時代,有著重要作用。整理小組没有意識到 2465 簡與書題相關,也未指出簡本《文子》存在書名。李學勤重新斷句 2465 簡爲"《文子》上經:《聖□》《明王》……",認爲與標題、篇題相關。但學界有不同的意見,關於簡 2465 中的"文子",有的學者認爲是書名,也有人名的説法。第一種認爲簡 2465 的"文子"爲書名,以李學勤爲代表①。第二種認爲"文子"當爲人名,以李鋭、譚寶剛爲代表。

從殘缺的簡文看,簡本《文子》全爲問答體,如果認爲"文子"是人名,就與簡文文體矛盾,就需重新解釋簡 2465。李鋭、譚寶剛的論據大概有兩點:第一,簡本《文子》可能漏抄,或《釋文》漏寫了"曰"字,當爲"文子[曰]……"。第二,此簡爲問答體前的介紹性文字(李鋭),或輯要的内容(譚寶剛),是《文子》

---

①李學勤:《古文獻叢論》,北京:中國人民大學出版社,2010 年,第 117—118 頁。

一章或一篇的提要、總結①。我們認爲這種論證可能無法成立,原因有三:第一,簡本《文子》爲“平王問,文子曰”固定問答形式,抄手漏抄、釋文錯誤可能性較小。第二,假如簡 2465 爲陳述句,主語爲“文子曰”,意味著文子自稱“文子”,先秦兩漢諸子文本中,没有自稱爲“子”的,“文子”當爲後世弟子或追隨者對老師的尊稱,不符合文子的口吻。如果主語爲“平王曰”,在今本、簡本《文子》,平王稱文子爲“子”“夫子”等,却不稱“文子”,此簡也不可能出自平王。第三,將簡 2465 理解爲類似“介紹性文字”或“輯要的内容”,至今的出土材料尚未發現,還需進一步考證和落實。綜上所述,“文子”作爲人名並不符合簡本的體例,“文子”爲書名比較合適。“文子”作爲書名,與“上經”等連讀,作爲標題簡存在。

簡本《文子》存在書題,是否可以推論簡本是“完整本”呢?先秦兩漢文獻是單篇流傳,篇名、書名分合無定,《文子》完整本的定義很可能是劉向後才有的,暫無法確定組成《漢志》本《文子》的《文子》類文本都以《文子》爲名②。從簡本《文子》的内容上,也無法分析出簡本《文子》是完整本。我們認爲,簡本《文子》體現了“早期文本”的特點,無法作爲“定本”“古本”“完整本”看待,暫時還不能確定簡本《文子》是否爲全本,因此,以完整本爲前提來定義今本《文子》爲僞書等論斷更不可靠。

---

①譚寶剛:《竹簡〈文子〉所稱“經”爲〈老子〉考》,《許昌學院學報》2010 年第 6 期。

②以《孫子兵法》爲例,在漢唐時期就有三類名稱,(1)《兵法》《兵書》;(2)《孫子兵法》《孫子兵書》《兵書孫子》;(3)《吴孫子兵法》《孫武子兵法》《孫武兵法》《孫武兵書》。李零:《〈孫子〉古本研究》,北京:北京大學出版社,1995 年,第 252 頁。

二、簡本《文子》的分篇、篇題

簡本《文子》的分篇涉及到今本《文子》文本的真僞與《淮南子》關係等重大學術問題，釋文公布後一直爲學界關注。由於簡文殘損嚴重，整理小組指出，“因竹簡中未發現篇題，所以原本只是一篇或者是若干篇，尚需大家研究後發表意見”①。我們研究發現，簡2465是標題簡，顯示了書題、篇題信息，“《文子》上經”是總篇名，《聖□(智)》《明王》是分篇名。

李學勤最先注意到簡2465與分篇相關，將簡2465斷句爲“《文子》上經:《聖□》《明王》……”，他指出，《七略》中《老子》有“上經”“下經”，與簡本《文子》“上經”之稱相似，簡本《文子》可能原先分爲上經、下經，《聖□(智)》《明王》可能是上經的前兩篇②。其後，很多學者針對上述問題展開討論。我們從三個方面論證。第一，“上經”當連讀；第二，從竹簡的形制看“上經”的稱號；第三，《〈文子〉上經》《聖□(智)》《明王》爲篇名。

(一)“上經”當連讀

簡本《文子》2465簡“上經”連讀，可能原先分爲上經、下經。“經”具有神聖性，學者不能輕易稱呼某個文本爲“經”，“上

①河北省文物研究所定州漢簡整理小組:《定州西漢中山懷王墓〈文子〉的整理和意義》，《文物》1995年第12期。

②李學勤:《古文獻叢論》，北京:中國人民大學出版社，2010年，第118頁。

經”不可能爲後世學者或抄手所加,應當是原本就有的①。“經”有“知識權威意義上的經”和“政治權威意義上的經”兩種,考慮到定州墓的下葬年代爲公元前55年,“《文子》上經”的指稱,存在兩種可能。第一種是文帝時立博士,《文子》在博士官的名義下稱經,即“知識權威意義上的經”。第二種是漢景帝時期,朝廷明確立道家經典爲經,即“政治權威意義上的經”。王博指出“《文子》是道家作品,武帝‘罷黜百家、獨尊儒術’之後顯然不會立它爲經,則其稱經必在此前”“《法苑珠林》卷六十八引《吴書》記闞澤對孫權曰:漢景帝以黄子、老子義體尤深,改子爲經,始立道學,勒令朝野悉諷誦之”②。丁四新指出,道家經典《老子》《黄子》在景帝時列爲“經”,北大漢簡《老子》中有《老子上經》《老子下經》兩個篇名,北大簡《老子》極有可能是景帝立經的複抄本③。

漢景帝之時有崇尚黄老思潮的傾向,非常重視道家經典,並稱《老子》《黄子》爲“經”,並將其作爲政治實踐的指導思想。漢景帝時有稱道家經典爲“經”的先例,雖然没有文獻記載《文子》稱經,但在此前提和氛圍下《文子》也極有可能被列爲“經”④。簡2465中的“上經”代表了文帝景帝時期的稱經活動,從文本特徵看,簡本《文子》雖然經過武帝的“罷黜百家”,但在

---

①來國龍:《論戰國秦漢寫本文化中文本的流動與固定》,《簡帛》第2輯,上海:上海古籍出版社,2007年。

②王博:《關於〈文子〉的幾個問題》,《哲學與文化》1996年第8期。

③丁四新:《早期〈老子〉篇章的演變、成型與定型》,《中州學刊》2014年第10期。

④裴健智:《簡本〈文子〉是否有立經、分篇意識》,《國學學刊》2019年第1期。

民間的不斷傳抄中,仍然保留了稱經時"《文子》上經"的原貌,這可以從簡本《文子》的形制中看出。

(二)從竹簡的形制看"上經"的稱號

在分析簡本《文子》的形制之前,有必要簡單介紹一下竹簡《文子》的出土和整理概况。1973 年河北定州漢墓被發掘,1981 年整理小組指出,該墓曾爲盜墓賊所盜並且引起了大火,又遭遇唐山大地震,因而竹簡嚴重殘損。由於種種原因,直到 1995 年簡本《文子》釋文才得以公布。《文物》公布的内容只有一些摹本,2018 年張守中又公布了定簡部分摹本,極大地促進了簡本《文子》文本特徵的研究①。

由於簡文殘缺,整理小組並没有公布《文子》的簡文長度,但《釋文》曾指出摹本與原簡的大小相同。Paul van Els(葉波)曾測量摹本,《文子》殘簡的長度接近 2cm—21cm,據胡平生推測,簡長爲 23cm,何永欽基本認同胡平生的結論②。這些研究對重新考察簡本《文子》的長度有著重要作用,但上述學者没有考慮到天頭地尾的長度,簡本的形制還需進一步討論。

---

①《定州西漢中山懷王墓竹簡〈文子〉釋文》有 18 枚《文子》摹本的圖版,《定州西漢中山懷王墓竹簡〈六韜〉釋文及校注》(《文物》,2001 年第 5 期,下文對定簡《六韜》的引用都出自此處)《六韜》中簡 0876 也爲《文子》的摹本,《文子》共有 19 支簡文摹本。張守中:《中國歷代經典碑帖 張守中卷》,北京:連環畫出版社,2018 年。

②Paul van Els, *The Wenzi*, Leiden/ Boston: Brill, 2018, pp23. 初師賓主編:《中國簡牘集成 18　河北、安徽(上)》,蘭州:敦煌文藝出版社,2005 年,第 1586 頁。何永欽:《定州漢墓竹簡〈論語〉研究》,臺灣大學碩士學位論文,2007 年,第 54—56 頁。

從摹本推測簡本《文子》有三道編繩，而不是一道編繩，因爲出土竹簡還未存在一道編繩的情况①。我們先看第一道編繩"天頭"，存在簡0885、2419、0870、0876。簡0885、2419既是章首也是簡首，有小黑點標記，有編繩痕迹，張守中摹本簡0885爲②，《釋文》摹本簡2419爲③。簡0870、0876是簡首而非章首，無小黑點，有編繩痕迹，簡0870、簡0876。

接下來看第二道編繩。《釋文》"‖"表示編繩痕迹，包括簡0803、2210、0826、2439（15字）、2249（15字）、0887、1184、2293、0300、0613（16字）、0852、2322、1827、2486、2438（前14字，後3字）。簡0585的圖版"文子曰：天之道"在"天""之"之間有一處空白足以容納一個字的分量，可能會存在編繩的標記。

我們再看第三道編繩。《釋文》指出，簡尾完整者加一道綫（｜），包括簡0892（15字）、0696（16字）、0222④。還有一些無法確定第幾道編繩的符號，如簡0584簡頭有編繩符號，不知第一道還是第二道，簡0826最下端有編繩印記，不確定是第二還是三道，簡2482（出自《釋文》）有編繩符號，不確定是第二道還是第三道。

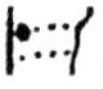

①程鵬萬：《簡牘帛書格式研究》，上海：上海古籍出版社，2017年，第45頁。

②此處摹本默認出自張守中：《中國歷代經典碑帖 張守中卷》，後文從略，如果不是，筆者會指出。

③此簡無編繩符號，可能摹本有誤。

④簡0222"足以□所欲，□□長史□□□｜，足以"似不爲簡尾。

通過上述分析,簡本《文子》有三道編繩,是怎樣編聯的呢?程鵬萬指出,三道編繩有一定的規律,可以分爲兩類,一類是留有天頭地脚,一類是不留天頭地脚的。第一類,"一般在簡兩端留有1—2厘米左右的空白,不書寫内文,中間的編繩將整簡一分爲二"。第二類,"編繩將全簡分成四段,一般是第一段與第四段等長,第二段與第三段等長,第一段與第四段短於第二段與第三段"①。從殘缺的簡文看,簡本《文子》屬第一類,是留有天地脚的形式。瞭解了簡本《文子》竹簡的形制,通過每半簡的長度和字數以及天頭地脚的長度,可以推測出滿簡長度。

我們先看半簡字數,由於簡文殘缺,看到字數最多的簡0613、0696爲16字,簡2439、2249、0892爲15字。我們推測,半簡有15、16字,整簡很可能有30—32字甚至更多,考慮到簡文字數並不一致,整簡32字可能更合適。再來看竹簡的長度。天頭的長度,分析簡0870、0865、0885、0876發現,天頭的距離大概是1—2cm。而簡0880、0876(除了天頭外)幾乎等長爲10cm,簡0880、0876爲14字,如果按照半簡16字計算,寫有字的半簡當爲11.42cm,滿簡22.84cm,天頭爲1—2cm不等,地尾與天頭距離相同,中間編繩印記空白處算一字的距離0.71cm。通過上述分析,滿簡的長度大概是26—28cm。當然,這只是大概的估計,竹簡形制略有差異,並不完全相同。

---

①程鵬萬:《簡牘帛書格式研究》,上海:上海古籍出版社,2017年,第44—45頁。

通過竹簡的形制,能够瞭解當時的書籍制度。隨著出土文獻的發掘,李學勤指出,“漢初還不能説存在系統的定制”①,西漢中晚期的定州竹簡是否有系統的規範呢?韓文濤、曹現娟指出,“定州漢簡的形制,尤其是簡長,可以作爲分析簡策制度逐步完善的過程中,影響簡長變化因素的一個樣本”②。定州簡中《文子》簡長 26—28cm,《儒家者言》11.5cm③、《論語》16.2cm(約 7 寸)④、《六韜》約 23cm(1 尺)⑤。《六韜》爲一尺,《論語》簡爲漢七寸,與後世的諸子尺牘⑥、《論語》八寸⑦的説法接近。定簡中,有些文本的尺寸已接近東漢時期的定制,但《儒家者言》《文子》的長度,與諸子尺牘的説法顯然有一定的距離。程鵬萬指出,東漢的古書類簡牘多爲漢一尺。文

---

①李學勤:《簡帛佚籍與學術史》,南昌:江西教育出版社,2001 年,第 4 頁。

②韓文濤、曹現娟:《定州漢簡與簡策制度》,《青年文學家》2013 年第 18 期。

③何直剛:《〈儒家者言〉略説》,《文物》1981 年第 8 期。

④河北省文物研究所定州漢墓竹簡整理小組:《定州西漢中山懷王墓竹簡〈論語〉介紹》,《文物》1997 年第 5 期。

⑤整理小組並未指出《六韜》的尺寸,何永欽推測,“形制應當相同或近似爲一尺,即約 23 公分”,何永欽:《定州漢墓竹簡〈論語〉研究》,臺灣大學碩士學位論文,2007 年,第 80 頁。筆者推測,簡本《文子》半簡的長度可能比《六韜》長 1.3cm 左右,滿簡差别可能在 2.6cm 左右。天頭地尾,略短於簡本《文子》1cm 左右,中間的編繩痕迹可能爲一字 0.67cm,總長度大概爲 23.41cm,接近於一尺的長度。

⑥“漢代簡册按不同的書寫内容有一定的長度規定。一般的簡牘都是長 23 厘米左右,寬 1 厘米,厚 0.2 至 0.3 厘米。……這類簡用於普通的書籍和札翰、文牘。”“一般記事和諸子書籍則長 1 尺。《論衡・謝短篇》曰:‘漢事未載於經,各爲尺籍短書。’《論衡・書解篇》曰:‘諸子尺書。’所謂的尺籍、短書、尺書,亦即尺牘。”華人德:《中國書法史・兩漢卷》,南京:江蘇教育出版社,1999 年,第 35 頁。

⑦《論語》《孝經》直到 9 世紀才正式列入儒家經典。錢存訓:《書於竹帛》,上海:上海書店出版社,2004 年,第 83 頁。

獻記載諸子之書長一尺①。漢代的簡牘，多一尺、一尺一寸及一尺二寸②，定簡時期諸子尺牘説，可能尚未成爲强制的確定規範③。

雖然諸子尺牘説尚未成爲定規，但以長簡牘爲尊的制度，在漢代可能一直存在。古代以長簡牘爲尊，竹簡長度越長代表簡文越重要（簡册長度與内容的尊卑相關），簡牘的寬度的長短在古籍中却無明文記載④。錢存訓指出，"古代簡牘的長度似有一定的規律，因其用途和重要性而異。經典著作的竹簡，常爲二尺四寸、一尺二寸和八寸⑤，根據鄭玄的説法，六經書於二尺四寸之簡，《孝經》一尺二寸，《論語》八寸。由此觀之，長簡常用於較爲重要的典籍，而短者則用於次要之書"⑥。這些記載見於漢代，應該是漢代普遍的規範⑦。目前"武威發現的《儀禮》簡長54厘米，約合漢制的二尺四寸，是多年來簡策出土之最長者，確實證明漢代確實用長簡書寫儒家經典的尊孔制度"⑧。

①程鵬萬:《簡牘帛書格式研究》，上海:上海古籍出版社，2017年，第95頁。

②李鈞明、劉軍:《簡牘文書學》，南寧:廣西教育出版社，1999年，第94頁。

③李零指出，"文獻多出自武帝之後或東漢魏晉，有可能是西漢晚、東漢早才確立的制度"。李零:《簡帛古書與學術源流》，北京:三聯書店，2004年，第118頁。

④胡平生:《簡牘制度新探》，《文物》2000年第3期。錢存訓:《書於竹帛》，上海:上海書店出版社，2004年，第84頁。

⑤簡牘尺寸的記載、尺寸的長短，參李鈞明、劉軍著:《簡牘文書學》，南寧:廣西教育出版社，1999年，第92—96頁。關於不同種類出土簡牘的尺寸長短，參駢宇騫:《簡帛文獻概述》，臺北:萬卷樓圖書股份有限公司，2005年，第47—59頁。

⑥錢存訓:《書於竹帛》，上海:上海書店出版社，2004年，第83頁。

⑦除了《論衡》《鹽鐵論》《漢書・酷吏傳》《朱博傳》。李零:《簡帛古書與學術源流》，北京:三聯書店，2004年，第117頁。

⑧錢存訓:《書於竹帛》，上海:上海書店出版社，2004年，第83頁。

具體在定州簡中,據荷蘭學者 Paul van Els(葉波)考察,定州出土並公布的《文子》《論語》《儒家者言》《太公六韜》摹本字迹①除些許的差異外,顯然是相同的②,可以推測這些簡文應該出自同一抄手或一類書手③。《論語》簡的字體似乎比文字更加粗一點,很可能是抄寫者換用了粗筆而寫。抄手是同一個或同一類,用簡的長度却有長短的不同,我們可以有兩方面的猜想。一方面是從個人意願看,在抄手或者墓主看來,簡本《文子》比《六韜》《儒家者言》《論語》等文獻更加重要,具有很高的地位④。

①之所以用"筆迹"而不是"字迹",是因爲李松儒指出,"'筆迹'一詞還可以指書寫者的書寫行爲,正如英文'handwriting'强調了'手'(hand)的主體——書寫者與'書寫'(write)這一行爲,實際上是强調'個人'這一特徵,而'字迹'一詞强調了書寫的結果,更有利於運用到古文字材料的研究中"。李松儒:《戰國簡帛字迹研究》,上海:上海古籍出版社,2015 年,第 4 頁。

②Paul van Els, *Confucius' Sayings Entombed: On Two Han Dynasty Bamboo Analects Manuscripts*. In The Analects Revisited: New Perspectives on the Dating of a Classic, edited by Michael Hunter and Martin Kern. Leiden: Brill, 2019. pp. 176. 李松儒指出,"即便在同一人書寫的同一篇竹簡中,由於選用毛筆的不同造成字迹形態差異的現象也是存在的"。李松儒:《戰國簡帛字迹研究》,上海:上海古籍出版社,2015 年,第 53 頁。

③"我們知道,字迹是能够反映書手的書寫技能和書寫習慣的,這是在經年累月的重複書寫中逐漸形成的,我們可以把這種書寫習慣理解爲'肌肉的記憶'。通常情况下,同一字迹應代表了同一個書手。但是必須要考慮到的是,書寫作爲一種技能,在學習的過程中是有一定模仿性,師父帶徒弟,則徒弟的字迹會與師父相近似,如果有水平較高的書手可以模仿他人的字迹,在樣本較少的情况下,我們是很難做出明確區分的。因此,我們所説的一種字迹,嚴格意義上講應是代表一類書手的筆記,它們或屬一個書手,或屬字迹酷肖的兩個甚至多個書手。"賈連翔:《戰國竹書形制及相關問題研究》,上海:中西書局,2015 年,第 167 頁。

④韓文濤、曹現娟指出,影響簡長的因素,包括内容性質、公私之别、主觀意願、便利爲主。韓文濤、曹現娟:《定州漢簡與簡策制度》,《青年文學家》2013 年第 18 期。

另一方面,考慮到簡長代表簡帛尊卑的話,簡本《文子》比其他文本更加尊貴。一般來講,抄手會遵循文本固有的格式、規範,因而,後一種可能性較大,簡本《文子》簡文的長度從側面體現出《文子》稱“經”的觀點。

值得注意的是,這些記載都是出自於東漢時期[1],雖然還不確定在西漢是否仍然成立,也不知道抄寫簡本時是否考慮過這個因素,但這無疑這是一個證據,從簡本《文子》的用簡長度看,比《儒家者言》《論語》等文獻更加重要,從側面證明《文子》可能稱經,具有很高的地位。另外,北大漢簡《老子》31. 9—32. 2cm,比簡本《文子》長出不少,因而可能與《老子》稱“經”的情況略異[2]。北大漢簡《老子》很可能是景帝立經的副抄本,屬官方立經的行爲,應當更重要一些。簡本《文子》“立經”可能會有兩種情況,一種是文帝立博士,《文子》在博士官中稱經,另一種是景帝立經。由於長度比漢簡《老子》短不少,因而不太可能是景帝立經時期的官方行爲,則更有可能是文帝時期在博士名義下稱經的產物。

(三)《文子上經》《聖□(智)》《明王》爲篇名

“文子上經”解釋爲:《文子》爲書名,“上經”爲文帝立經時的標志,“《文子》上經”爲篇名,如北大漢簡《老子》的《老子上經》《老子下經》,據整理者韓巍介紹,《老子上經》《老子下經》

---

①除《論衡》外,還有《鹽鐵論》《漢書・酷吏傳》《朱博傳》。李零:《簡帛古書與學術源流》,北京:三聯書店,2004 年,第 117 頁。

②這一結論建立在武帝時期已經有竹簡定制的情況。

是兩個篇名①,《文子上經》也可以理解篇名②。關於“聖□明王”,上文指出,李學勤認爲《聖□》《明王》是簡本《文子》的前兩篇的篇名③,但如果將《文子上經》理解爲篇名,《聖□(智)》《明王》也是篇名的話,就會面臨大小題同時存在的困境。

最近出土了很多帶有標題的帛書、木牘,爲我們提供了不少戰國秦漢的出土材料,對瞭解古人如何書寫大題、小題的範例提供了寶貴素材。銀雀山漢簡《孫子兵法》《守法守令十三篇》存在大小題並列的情況④,阜陽雙古堆漢簡 1 號木牘正反面有 47 個篇題,2 號木牘約有 40 個章題,都並列書寫在木牘上⑤。我們認爲,簡 2465 很可能是標題簡,《文子上經》《聖□(智)》《明王》都爲篇名,其中,《文子上經》是總篇名,而《聖□(智)》《明王》是分篇名。這樣就會避免大題、小題同時出現的情況⑥。《孫子兵法》《守法守令等十三篇》、阜陽雙古堆漢簡 1 號木牘、2 號木牘的標題簡有以下特徵:章(篇)題的並列、未標字數、没有

---

①北京大學出土文獻研究所編:《北京大學藏西漢竹書(貳)》,上海:上海古籍出版社,2012 年,第 121 頁。

②趙建偉指出,“將書名(《文子》)、大題(《上經》)、小題(《聖知》《明王》)一齊標出,這種情況也罕見”。趙建偉:《〈文子〉六論》,陳鼓應主編:《道家文化研究》第 18 輯,北京:三聯書店,2000 年,第 234—235 頁。

③李學勤:《古文獻叢論》,北京:中國人民大學出版社,2010 年,第 118 頁。

④李零:《〈孫子〉十三篇綜合研究》,北京:中華書局,2006 年版,第 371—383 頁。銀雀山漢墓竹簡整理小組:《銀雀山漢墓竹簡》(壹),北京:文物出版社,1985 年,第 154 頁。

⑤胡平生:《阜陽雙古堆漢簡與〈孔子家語〉》,《國學研究》第七卷,北京:北京大學出版社,2000 年,第 515—546 頁。

⑥裴健智:《簡本〈文子〉是否有立經、分篇意識》,《國學學刊》2019 年第 1 期。

墨釘(■)以爲標識、有上下篇的劃分等等,這些特徵與簡 2465 非常類似。

簡 2465 爲標題簡,是專門書寫標題(篇題)的。李學勤指出,簡帛中標題、篇題、章題的一般情况,“有的簡書原有標題,包括書題、篇題、章題等。書題每每寫在第一支簡或最末支簡的背面,即蔑青一面。到底在哪支簡背,要看竹簡是怎樣捲的,原則上是寫在捲的最外那支簡上。篇題多寫在篇文之末,而章題寫在章首的簡頭上”①。書題應當是捆在書帙外面的題簽,放在最顯眼的地方,方便人們學習查詢,因而,簡 2465 可能並非在簡末或簡背中的篇題或章題,極有可能是放在竹簡以外的標題簡。

三、簡本《文子》的分章、章題

本文在討論完簡本《文子》的書題、分篇後,進一步討論分章、章題的問題,通過摹本推測,簡本《文子》確實存在分章,但並不存在章題。在此基礎上,討論簡本《文子》的尾數特徵及位置。

(一)分章、章題

《文子》中簡 2419、0885 有小圓點“・”,爲分章的標志。李學勤指出,簡 2419“・平王曰:王者幾道乎? ……”、簡 0885“・平王曰:爲正奈何? ……”,“竹簡《文子》的簡首有黑點……都

①李學勤:《簡帛佚籍與學術史》,南昌:江西教育出版社,2001 年,第 4—5 頁。

是一章的開端,説明竹簡各篇是分章的"①。仔細核對竹簡《文子》釋文,簡 2419、0885 前却無小圓點。張固也猜測,"李先生……其文内注釋説'釋文系據舊作卡片',可見他的説法應該就是根據'舊作卡片'而來……應該是可信的"②。《釋文》摹本中,簡 2419 簡首的黑點十分清晰,張守中摹本中,0885 簡有分章標志。從形制上看,簡 2419、0885 以"平王曰"開頭,前有小圓點,佔據 15 字,大概是半簡的長度,應當是章首,而且簡 2419、0885 與傳世《文子·道德》對應,爲一章的開頭,從側面論證了此兩簡爲章首的結論,而且簡首有 1—2cm 的空間,用來編連編繩和書寫墨點。

除分章標志外,有小圓點處於段落中間不在章首,有區别語段、句讀的作用。李學勤指出,簡 0869"耶? ·平王曰:用義何如""是區别語段"③,張守中摹本爲,看不清晰小圓點的存在,與分章標志的開頭小圓點相比,"耶"與"平王曰"之間非常緊凑,中間没有空白,也没有有編繩符號。簡 0645"如四時之□受,·如風雨之","·"應該相當於"∨",是指示類似於句讀的符號④。

值得注意的是,簡 2439《釋文》"道産。·平王曰……"有小

①李學勤:《古文獻叢論》,北京:中國人民大學出版社,2010 年,第 118 頁。

②張固也、賈海鵬:《竹簡〈文子〉釋文與摹本校讀記》,《澳門文獻信息學刊》2015 年第 2 期。

③李學勤:《古文獻叢論》,北京:中國人民大學出版社,2010 年,第 118 頁。

④駢宇騫:《簡帛文獻概述》,北京:中華書局,2004 年,第 163 頁。

黑圓點在段落間。張固也認爲,"道産"二字是章題①,何永欽指出,"2439 簡的'道産'是最有力的證據,考其語意不似句尾結語,且後方語意不似句尾結語,且後方又有分章符號的黑點,因此應該是章題"②。根據上文分析的體例,2439 簡並非簡首亦非章首,不是分章的標志,而是區别語段、句讀的。簡 0896、1193《釋文》"知。平王曰:何謂聖知? 文子曰:聞而知之,聖也",共 17 字,張守中摹本爲,"平王曰"前無小圓點,且"知"與"平王"的間距,不足以容納小圓點和天頭的空間,極可能不是簡首、章首,更無法證明有章題的存在③。

如果存在章題,章題應書寫在天頭的位置。張顯成指出,"三道編、四道編和五道編的簡首編綸至簡首部分相當於後來

①關於此處"・",由於没有摹本,我們猜測與簡 0869 類似,可能是《釋文》錯誤。

②在此基礎上,他指出,"其餘數例除了 2205 簡剩字過少難以判斷,2219 簡'(天)道'、0689'法天道'、0780 簡'無道'、2397 簡的'(不修)德'、2444 簡的'禍福',衡量與下文關係,或許是促使平王再問的文子的答語,不過若視爲章題亦大可成立"。何永欽:《定州漢墓竹簡〈論語〉》,臺灣大學碩士學位論文,2007 年,第 73 頁。

③張固也:《八角廊簡〈文子・聖知〉的復原及其思想》,《文獻季刊》2002 年第 4 期。"章題"是他早年提出的説法,其後復原簡本《文子》時仍然堅持這一觀點。張固也:《定州漢簡〈文子〉復原》,武漢大學簡帛網 2014—12—22。我們不同意這種説法。從摹本看,此爲竹簡簡首,圓點在簡頭與"平"字之間,不太可能遺漏文字。參看下圖。

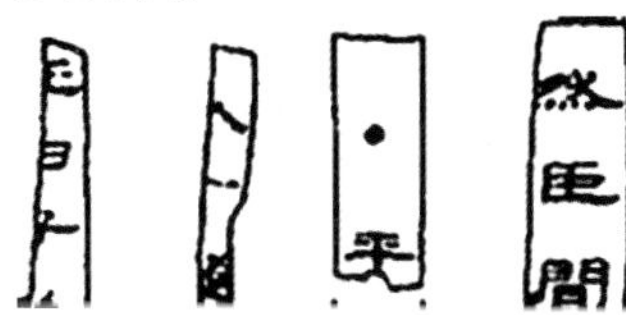

的天頭,這一部分大都是不寫正文的,但若有章句類符號,則往往在此"①,可以確定簡 2419、0885 爲章首,簡本《文子》天頭處有"·"的分章符號,後爲"平王問"的形式,故不存在章題一説。而且,平王的問題爲"王者幾道乎""爲正奈何",是具體的、與帝王政治密切相關的話題。此後,文子逐步回答平王的問題,將具體的問題抽象化,將政治問題提升到道家哲學的高度,平王對這些概念非常疑惑,順著文子的回答提出問題,文子然後再仔細講解"道""德""天道"等哲學範疇②。作爲爲政者的平王關心的是具體的政治問題,越是最開始的問題就越是具體的問題,也最應該作爲章首。其後文子回答逐漸深入,引入較抽象的問題,如何謂道、德、聖知等比較複雜的概念。由此,根據此種體例,我們不同意張固也認爲"何謂聖知"爲章首的論斷③。我們認爲,"何謂聖知"前恰有一段或幾段内容,平王是先從具體的政治問題問起,而不是直接問"何謂聖知"的抽象的哲學問題。經過一步或者幾步才達到提到"聖知",然後平王再問"何謂聖知"的哲學問題。

---

①張顯成:《簡帛文獻學通論》,北京:中華書局,2004 年,第 119—120 頁。

②與上述簡文類似,其他簡的禍福、無道、天道、用義等概念,我們認爲都是比較抽象的哲學性問題,我們都不認爲是章首,而是經過幾次問答之後才提出的問題。我們還可以舉出下面的例證,表示這是文子與平王深入問答之後的内容。如下:"(禍)福。平王曰:何謂(禍)福。曰:【2444】""‖道。平王曰:此天道也。【0887】"(此爲一簡的中間)"道。平王曰:請問天道? 文子曰:天之【2219】""德。平王曰:不修德【2397】""教化之。平王曰:何謂以教化之? 文子【2310】""無道。平王曰:請問無道之過? 文子曰:【0780】""胡象於天道? 文子曰:天之道,高【0585】""萬物。文子曰:萬物者,天地之謂也。【0607】"

③張固也:《八角廊簡〈文子·聖知〉的復原及其思想》,《文獻季刊》2002 年第 4 期。

雖然學界對標題的層級認識還不是很清晰,有時候稱爲篇題,有時候被稱爲"章題"①,《五行》《荀子》有人稱爲篇題,有人稱爲章題②,但簡帛確實存在"章題"。簡本《文子》普遍存在"章題"的説法可能無法成立,簡本《文子》是否如《荀子》《五行》等文獻存在個别章題存在的現象呢?現有的文獻還無法證明這個論斷,具體情况還需圖版出來後進一步討論。

(二)尾數

接下來討論簡本《文子》尾數的情况,什麽是"尾數"?張顯成指出,"所謂'尾數',即篇末所記數目,有人稱'尾題'……如'凡XX字''凡XX篇'之類"。簡牘正文之後,有的有字數統計,就是尾數。就現存資料而言,尚不確定簡本《文子》每章都存在尾數。通常情况下,出土的簡帛在大題下或小題下標字數,簡本《文子》簡0696僅有"百一十八字",前面却無

①池田知久指出,竹簡、帛書的篇名題寫法主要有四種類型:"第一種類型,書名、篇名被附加於各文獻末尾部分,如馬王堆帛書的《老子乙本卷前古佚書》《老子乙本》以及銀雀山漢墓竹簡《孫臏兵法》的《八陣》《地葆》等等。第二種類型,篇名被附加於其文獻第一號簡的簡背或最後一支簡的簡背,如銀雀山竹簡《孫臏兵法》的《八陣》以及睡虎地秦墓竹簡的《語書》《效律》《封診式》《日書》乙種等等。第三種類型,專設一條竹簡用於單獨記録篇名,如銀雀山竹簡《守法守令等十三篇》的《守法》《庫法》《王兵》《李法》《兵令》等。第四種類型,篇名及小標題被附加於各自文章的開頭部分,如馬王堆帛書醫術中的小標題以及睡虎地竹簡的《封診式》中的小標題、《日書》甲種、乙種中的小標題。以上四種的第四種,概而言之,多爲實用書,還有像郭店《五行》這樣的思想性書籍。"池田知久:《郭店楚簡〈五行〉研究》,《中國哲學》第21輯,第94頁。

②包括《黄帝四經》中的小篇題也可以認爲是章題。福田哲之將阜陽漢簡出土一號二號木牘上面的篇題稱爲章題。福田哲之著,佐藤將之、王綉雯譯:《中國出土古文獻與戰國文字之研究》,臺北:萬卷樓圖書公司,2005年,第61—156頁。

小題或大題①。事實上,與簡本《文子》簡 0696 類似,銀雀山漢簡《孫子兵法》的《吴問》和《見吴王》兩篇同樣末尾僅有尾數,大題或小題却出現在簡背②,這意味著,大題小題與尾題可以分開使用。接下來考慮簡本《文子》是否每章標有字數,簡文殘損相當嚴重,從對應於今本的簡本内容看,每一章的末尾都嚴重殘損。李學勤指出,"末尾的字數太少,恐不能是一篇,只能是一章。這樣,簡文每章之末都應有字數,但在現存殘簡中還找不出其他明確的章尾來比對"③,從整理小組的釋文看,除簡 0696 外,還有兩處簡的末尾是完整的,"之。天王若能得其道,而勿廢,傳之後嗣｜【0892】""足以□所欲,□□長史□□□｜,足以【0222】",此兩處不太可能是章文結束之處,因而暫時無法瞭解簡文的具體情況。

從殘存的材料看,簡本《文子》與銀雀山漢簡《孫子兵法》《孫臏兵法》④的篇題、計字尾題比較相似。在同一文獻中,尾數

①趙建偉:《〈文子〉六論》。需要注意的是,大、小題加字數並不算是普遍的現象,"馬王堆漢墓出土帛書多種,多數没有計字尾題,有計字尾題的僅有上列《老子》乙本及其卷前四種古佚書"。駢宇騫:《簡帛文獻概述》,北京:中華書局,2004 年,第 146—147 頁。

②李零指出,"《孫子兵法》下編包括内容與孫武或《孫子》十三篇有關的五篇殘簡,其篇名爲《吴問》、《四變》(篇題補加)、《黄帝伐赤帝》、《地形二》、《見吴王》(篇題補加)。上引木牘的發現可以證明,這幾篇與《孫子》十三篇當初並没有編在一起。它們有可能是獨立成編的,也有可能是十三篇的副編"。李零:《孫子古本研究》,北京:北京大學出版社,1995 年,第 212 頁。

③李學勤:《古文獻叢論》,北京:中國人民大學出版社,2010 年,第 118 頁。

④銀雀山漢墓竹簡整理小組編:《銀雀山漢墓竹簡孫子兵法》,北京:文物出版社,1976 年,第 95—111 頁。張震澤撰:《孫臏兵法校理》,北京:中華書局,1986 年。

也不存在於所有篇中，而且，計字尾題的數量差異很大，最長的爲《見吴王》的千餘字，最短的爲《月戰》的八十字。我們推測，簡本《文子》的尾數可能是一篇的内容，也可能是一章的内容，一篇内容的尾數可以少至幾十字，也可多達千餘字，不必由尾數的多少確定屬篇還是屬章。

結　論

上文我們從書題、分篇、分章三個角度，分析簡本《文子》作爲早期文本的特徵。從書題看，我們發現《文子》作爲篇名，在簡本《文子》中存在，早於劉向校書。簡 2465 涉及到簡本《文子》分篇、分章的重大問題，值得深入研究。從分篇看，通過分析簡文，簡本《文子》存在上經、下經的情況，極有可能是漢文帝時《文子》稱經的標志。從殘缺的簡文看分篇的情況，“上經”至少有《聖智》《明王》兩個篇名。需要指出的是，古代篇與現在篇的概念有所不同，其内容可能並不固定，有的可能大概有一章的内容，有的可能略多於一章。從殘缺的簡文看，《文子》的《聖知》《明王》兩篇類似於《黄帝四經》四篇中的每一小篇，如《經法》篇中的《道法》篇，《聖知》《明王》雖然爲篇名，但只是分篇名而已。我們通過分析簡本《文子》的書題、篇題、章題，有助於厘清簡本《文子》的分篇、分章問題，也爲簡本《文子》與今本《文子》的關係，提供了新的材料、證據，更有助於我們進一步厘清文帝景帝時期道家文本的稱經狀況，以及黄老道家思潮的流行。

作者簡介:裴健智,山西平遥人,哲學博士,現爲西北大學中國思想文化研究所師資博士後。

張載的理論建構及其道家觀念叢

陳鼓應

内容提要:宋代儒學發展並非如朱熹所塑造的單一化道統,而是新學、關學、洛學並盛;張載"氣本論"被程朱理學一派誤解並試圖將其邊緣化。這些都與史實不符,而理學派這樣安排違背了孔子相容並蓄的開放心靈。張載以氣化宇宙論建立起宋儒學説的形上根源,而其氣化論沿襲自先秦道家思想,尤其是莊子的氣化論。更重要的是,他提出"民胞物與""爲天地立心,爲生民立命,爲往聖繼絶學,爲萬世開太平",凸顯了知識分子對國家、社會的責任感,與老子和孔子恢復天下有道的盼望遥相呼應。

一、前言:宋初開闊學風與儒道思想會通

長期以來,朱熹的"道統説""理本論"被後世研究者用來作爲理解北宋五子的基礎框架,《宋史·道學傳》也繼承了他的道

統譜系①,但是這種虚構的看法並不符合歷史事實。北宋初期的理論建構是否能簡化爲儒學一家獨大而排除道、佛等其他學派思想？北宋五子各具理論特色,“理本論”是否足以包羅收納他們的思想差異?

細察歷史文獻,北宋初期繼承了隋唐以來儒釋道會通的開闊學風②,北宋五子也受到這一學風的影響,思想多有吸收道家理論之處,並非僅僅是單一化的儒學思維。如周敦頤、邵雍的思想明顯受道教陳摶的影響③,而張載“太虚即氣”的主題思想則

①《宋史・道學傳》:“孔子没,曾子獨得其傳,傳之子思,以及孟子,孟子没而無傳。兩漢而下,儒者之論大道,察焉而弗精,語焉而弗詳,異端邪説起而乘之,幾至大壞。千有餘載,至宋中葉,周敦頤出於舂陵,乃得聖賢不傳之學,作《太極圖説》《通書》,推明陰陽五行之理,命於天而性於人者,瞭若指掌。張載作《西銘》,又極言理一分殊之旨,然後道之大原出於天者,灼然而無疑焉。仁宗明道初年,程顥及弟頤寔生,及長,受業周氏,已乃擴大其所聞,表章《大學》《中庸》二篇,與《語》《孟》並行,於是上自帝王傳心之奥,下至初學入德之門。融會貫通,無復餘藴。迄宋南渡,新安朱熹得程氏正傳,其學加親切焉。大抵以格物致知爲先,明善誠身爲要,凡《詩》《書》六藝之文,與夫孔、孟之遺言,顛錯於秦火,支離於漢儒,幽沉於魏、晉、六朝者,至是皆焕然而大明,秩然而各得其所。此宋儒之學所以度越諸子,而上接孟氏者歟。”(元)脱脱等撰:《宋史》卷四百二十七,北京:中華書局,1985年,第12709—12710頁。

②在北宋,三教並存是客觀的歷史事實。道教的《道藏》——《雲笈七籤》、佛教的《大藏經》都刊刻於宋代。“北宋的時代思潮就是在三教並行及其相互吸取的基礎上展開的。”參看馮達文、郭齊勇主編:《新編中國哲學史》(下册),北京:人民出版社,2004年,第5—11頁。另外可參看李祥俊:《道通於一:北宋哲學思潮研究》,北京:北京師範大學出版社,2002年,第37—76頁。

③陳寅恪先生早就注意到宋學與道教的關係,他説:“凡新儒家之學説,似無不有道教或與道教有關之佛教爲之先導。”參見陳寅恪:“審查報告三”,載馮友蘭:《中國哲學史》下册,北京:中華書局,2014年,第902頁。朱伯崑先生也認爲:“陳摶的易學可以説是宋代易學哲學的先驅。”《易學哲學史》(卷二),北京:昆侖出版社,2005年,第28頁。

多有吸收莊子氣化論之處,程顥人格風範及其詩文也頗具道家神采。唯有程頤可以算是理學派的代表。

所謂"慶曆之際,學統四起"(《宋元學案·序録》),但這一學術盛況却被南宋程朱學派有步驟地塑造成單一化的儒學傳承譜係。隨著港臺儒家一些學家將"道統説"和"理本論"意識形態化,更加使得上述單一化的知識視域得到進一步的鞏固。事實上,"道統説"是宋儒單一化思維所虚構[①]。錢穆曾經指出,"道統"源於禪宗[②],方東美先生也曾嚴厲指出:"我們千萬不能够憑藉狹隘的衛道精神,虚構一個不十分健全的道統觀念,讓他在那作祟!"[③]因此,我們應該依據歷史事實,恢復北宋學術"儒釋道會通"的原貌。

北宋五子中,張載的核心地位近年來日益受到關注[④]。張載之所以重要,在於其理論爲北宋儒學的氣化宇宙論奠定了基礎,並由宇宙論開出人生境界説,提出"民胞物與"。進一步而論,張載注重解釋心、性、命等重要範疇的意義,並由此來闡發儒

---

①嚴格來説,朱熹的道統説上接韓愈,韓愈在《原道》中排佛並宣揚儒家之道:"不塞不流,不止不行。人其人,火其書,廬其居,明先王之道以道之,鰥寡孤獨廢疾者有養也,其亦庶乎其可也。"正如馮友蘭所言:"韓愈提出'道'字,又爲道統之説。此説孟子本已略言之,經韓愈提倡,宋明道學家皆持之,而道學亦遂爲宋明新儒學之新名。由此三點言之,韓愈實可爲宋明道學家之先河也。"馮友蘭:《中國哲學史》下册,北京:中華書局,2014年,第698頁。

②參見錢穆:《中國學術思想史論叢》(五),北京:九州出版社,2011年。

③方東美:《方東美先生演講集》,北京:中華書局,2013年。

④如方東美:《新儒家哲學十八講》,北京:中華書局,2012年,第264頁;余敦康:《中國哲學的起源與目標》,北京:首都師範大學出版社,2016年,第196頁;楊立華:《中國哲學十五講》,北京:北京大學出版社,2019年,第204頁。

家道德倫理的價值依據,而這立論主要是建立在“氣化論”之上。

氣化宇宙論貫穿張載學説,而其心性論、境界論都與氣化有關。張載認爲宇宙之間充塞著氣,也就是説太虛之中本即是氣,氣的聚散促使萬物産生生滅變化。而心、性、命等意涵,也離不開氣。總之,張載的氣化宇宙論,以及由此衍生出的心性論和境界論,對宋代儒學形上學的建構深具貢獻。然而,因其氣化論與朱熹的理本論脈絡兩相對立,因此朱熹便弱化了張載氣化論在宋代儒學的地位。從歷史典籍文獻來看,宋明儒學有理學派與氣學派兩條主線,程頤、朱熹一派爲理學,張載、王夫之一派爲氣學。因此,研究北宋五子應該超越“理本論”的框架,正視儒學“氣化論”一派,並考慮到儒學對道家或佛學的吸收。

從張載思想原著中,我發現張載對老莊哲學進行了創造性轉化。例如,莊子哲學内容極其豐富,舉其大者,主要包含心學、氣論和天人合一的境界①。而張載哲學涵蓋氣化宇宙論、“大其心”的心性學説、“民胞物與”的境界論,與莊子哲學的結構頗爲類似。首先,他提出“太虛即氣”“有無混一之常”“一物兩體”等命題,闡發了作爲中國哲學之主流的氣化宇宙論。其次,在心性論上,他創造性地提出“大其心,則能體天下之物”“心統性情”“有性則有情”等重要哲學命題。最後,他融合哲學的道家和文化的儒家,提出影響深遠的“民胞物與”説。下面將順著這

①陳鼓應:《道家在先秦哲學史上的主幹地位》,載《道家文化研究》(第十輯),上海:上海古籍出版社,1996 年,第 7—64 頁。

三個角度來考察張載理論對道家思想的繼承與轉化,探討張載理論中的道家因素,並還原張載在宋明儒學的重要地位。

二、張載的氣化宇宙論

張載的理論建構以"氣"爲主軸,主要依循莊子的氣化論而來,而其由氣化宇宙論所展開的觀念叢,也與老子、莊子思想有著密切的聯繫。以下先簡要回顧中國氣化宇宙論。

氣化宇宙論是中國哲學史上的一條洪流,以"氣"談天地的淵源甚早,如西周太史伯陽父説"天地之氣,不失其序",並用陰陽之氣失序解釋地震(《國語・周語》)。直到老子始將"氣"的概念哲學化,如《老子・四十二章》:"道生一,一生二,二生三,三生萬物。萬物負陰而抱陽,冲氣以爲和。"這裏談宇宙的演化、生成,以爲萬物含有陰陽之氣,實已隱含氣化説,而老子隱含性的氣化宇宙觀點在莊子與黄老學派中得到了具體而充實的發展。

莊子在老子宇宙生成論的架構下,凸出"氣"與萬物生成消散的關係,如《莊子・至樂》:"雜乎芒芴之間,變而有氣,氣變而有形,形變而有生。"《莊子・則陽》:"是故天地者,形之大者也;陰陽者,氣之大者也;道者爲之公。"《莊子・知北遊》:"人之生,氣之聚也,聚則爲生,散則爲死。……故曰:'通天下一氣耳。'聖人故貴一。"莊子認爲氣充塞於天地之間,以爲氣聚而有個體生命的産生。莊子以"氣"解釋萬物生成、變化、消散的説法,並總結具有生成變化能力的"氣"乃通天下之"一氣",創立氣化宇宙論的雛形。

《管子》四篇(《心術》上下、《内業》《白心》)屬於黄老之學的作品,其説主要以心本論、心氣説爲核心,並發揚精氣論,成爲稷下學宫的突出貢獻。《管子·内業》:"凡人之生也,天出其精,地出其形,合此以爲人。"又説:"精也者,氣之精者也。"這裏用精氣説明道如何生化萬物,而精氣是氣最精粹者,是聯繫形上之道與形下之萬物者。《管子》中的"氣"有自然之氣與社會屬性,如陰陽、雲氣、風等爲自然之氣,精神、信念、智慧等爲社會屬性,《管子》以氣統攝自然生命與道德生命,因此氣與身、心、道、仁義等都能聯繫起來,可以由治氣、治心進而治國。而孟子提出"浩然之氣",宣稱"氣,體之充也"(《公孫丑上》),其所謂氣是指構成身體的東西,是從道德屬性言氣,可能也受到稷下學宫的影響①。

可以説,氣化宇宙論是由戰國中晚期至整個漢代流行的黄老道家之特色。《淮南子》提出關於氣較詳細的理論,如"道始於虚霩,虚霩生宇宙。宇宙生氣,氣有涯垠"(《天文訓》)。這裏以"道"爲天地萬物的根源,並以陰陽之氣解釋萬物的生滅變化,不論是天體和氣候的變化,還是萬物的多樣性,都是由陰氣和陽氣的輕濁差異而來,而人也是陰陽二氣所構成。

到了北宋,張載除了繼承道家氣化説之外,也對"氣"的觀

---

①《孟子》的内容從與《管子》的關聯來看,是吸收了黄老道家的内容。參見【日】小野澤精一等:《氣的思想》,上海:上海人民出版社,2014年,第55頁。

念有新發展。和《淮南子》認爲氣出於虚而虚非即氣不同,張載把氣與虚統一起來,建立比較明確的氣一元論①。張載的氣化宇宙觀與道家關聯頗深,其"太虚即氣"之説源自莊子;"有無混一之常",與《老子》(第四十章)"天下萬物生於有、生於無"之義合;"一物兩體"和"神化説"繼承了老子宇宙運行不息的思想,以下分述之。

(一)"太虚即氣"源自莊子

張載提出"太虚即氣",以"太虚"作爲形上思想的最上層義,亦爲"氣"之本體②。就概念源流來説,"太虚"一詞出於道家,見於《莊子・知北遊》:"不過乎昆侖,不遊於太虚。"此後,"太虚"一詞成爲道家、道教、玄學經常使用的術語,涵義有二:一指虚空;另一指世界的本原,即太極。張載將這兩種涵義糅合在一起,認爲作爲世界本原的氣充滿廣大虚空,但其本性則清虚而無形③。

張載説"太虚即氣""太虚不能無氣,氣不能不聚而爲萬物,萬物不能不散爲太虚",而後歸結爲"太虚無形,氣之本體;其聚其散,變化之客形耳"(《正蒙・太和》)。張載的"太虚"雖看不見,但不是什麽都没有,其中藴含著"氣",氣的聚散變化形構世

①本段論述綜合張岱年:《中國古典哲學概念範疇要論》,北京:中華書局,2017 年,第 35—45 頁、【日】小野澤精一等:《氣的思想》,上海:上海人民出版社,2014 年第 2 版,第 225 頁、曾春海:《中國哲學概論》,長春:吉林出版公司,2009 年,第 50—57 頁、張麗珠:《中國哲學史三十講》,臺北:里仁書局,2017 年,第 120—124 頁。

②詳細論述請參考高懷民:《宋元明易學史》,桂林:廣西師範大學出版社,2007 年,第 29—32 頁。

③參看朱伯崑:《易學哲學史》(卷二),北京:昆侖出版社,2005 年,第 347—348 頁。

間萬有,一切存在都是由氣的變化而來。以此,張載將“氣”指稱爲宇宙萬物生化的本原。

張載以氣之聚散來解釋萬物之生成與消散,有著顯著的莊子哲學影響的印迹。《莊子·知北遊》:“人之生,氣之聚也,聚則爲生,散則爲死。……故曰:‘通天下一氣耳。’”此即隱含有氣爲萬物本原之義,只是在《莊子》道與氣關係不明,直至張載才明白地將道與氣化相互解釋。

另外,張載又以“太和”言道,説“太和所謂道,中涵浮沉、升降、動靜、相感之性,是生絪緼、相蕩、勝負、屈伸之始”(《正蒙·太和》)。所謂“太和”實即“太虚”,亦是指氣化整體而言。張載哲學中的“太和”,取意於《莊子》的痕跡比取意於《易傳》更明顯。《易·乾·彖》“保合太和”,其意謂純陽剛健,從這種本意中,或可引申出陽剛、陰順的結論,但不像《莊子》那樣明顯。《莊子》講“太和”,明顯以一清一濁的陰陽調和爲義,張載的“太和”也同樣包含浮沉、升降、動靜、相感之性①。

(二)“有無混一之常”合於老學原旨

張載還提出“有無混一之常”的重要命題,曰:“知虚空即氣,則有無、隱顯、神化、性命通一無二,顧聚散、出入、形不形,能推本所從來,則深於《易》者也。若謂虚能生氣,則虚無窮,氣有限,體用殊絶,入老氏‘有生於無’自然之論,不識所謂有無混一之常。”(《正蒙·太和》)

根據這段文本,張載認爲虚空中充滿了氣,虚空無限,氣亦

①詳細論述請見盧國龍:《宋儒微言》,北京:華夏出版社,2001年,第278—279頁。

無限。如果以氣爲虚空所生,那麽氣則成爲有限之物,此是將體用割裂,即以無限爲體,以有限爲用①。這裏張載對老子的批評,其實是在批評“有生於無”割裂了“有”與“無”的關係,因而無法解釋如何從無窮之“虚”産生個别具體之“有”。在張載看來,“無”“有”只是氣之聚散的兩種狀態,“有”指氣聚而成具體之物,“無”指氣散而歸於無形之氣;萬物的根源並非不可捉摸的“無”,而是作爲聚散之根本的“氣”。張載想建構一種不同於“有生於無”説的“氣一元論”。

然而,儘管張載極力批評老子的“有生於無”之説,其所批評者,却是魏晉以來誤解老子“有生於無”爲虚無生萬物的説法。張載所提倡的觀點:“無”爲“無形”而非“虚無”,却正是《老子》之原旨。

“有生於無”出自通行本《老子》第四十章“天下萬物生於有,有生於無”。《老子》第四十二章接著説:“道生一,一生二,二生三,三生萬物。”據此,“無”指“道”,而“有”則包含“一”“二”“三”之内涵。“無”既然指“道”,則在《老子》就不是什麽都没有的無,而是藴含了萬物的生命力。此外,前引通行本第四十章,郭店簡本爲“天下之物生於有、生於無”。從老子整體思想來看,當以簡本爲是;通行本“有生於無”的命題,疑爲後出。

(三)“一物兩體”承自老子“有無相生”的辯證思維

張載在《正蒙·太和》提出“有無混一之常”的重要命題之後,又在《正蒙·參兩》中稱説“一物兩體,氣也”、《易説·説

①參看朱伯崑:《易學哲學史》(卷二),北京:昆侖出版社,2005年,第316　317頁。

卦》中提出“一物兩體者,氣也”“一物兩體者,其太極之謂歟”。這是以“一物兩體”爲太極。體,指體質;兩體,意謂兼有對立的兩方面①。

張載認爲,天之所以能够造化萬物,道之所以會運行不止,其根源就在於“氣”自身是一個對立面的統一體。其對立的兩個方面:“陰陽”“動静”“屈伸”“聚散”“虚實”“清濁”等互相作用,“推行於一”,推動了整個宇宙“無有終始首尾”,運行不息。

張載“一物兩體”之説,闡明了作爲世界本原的“氣”或者説“太極”同時兼有既對立又統一的兩面,“一故神,兩故化”,太極是陰陽未分之“一”,却中涵陰陽兩體,因而具有運動變化的内在性能,張載説“太虚不能無氣,氣不能不聚而爲萬物,萬物不能不散而爲太虚。循是出入,是皆不得已而然也”,這是在説運動變化的永恒性。

最早賦予宇宙運動變化永恒不息意義的是老子,老子説“(道)虚而不屈,動而愈出”“道獨立而不改,周行而不殆”,並認爲此運動變化乃是自然而然發生,背後没有更高推動力;老子第六章説“谷神不死,是謂玄牝。玄牝之門,是謂天地根”,認爲創生宇宙萬物的唯一動力和根源就是道。神指向道創生萬物的神妙作用。這種起始於老子的本體創造層面的理論建構,儒家直到張載才建構完成。

張載説:“不有兩則無一”“乾坤毁則無以見易”,“兩”的存

①朱伯崑:《易學哲學史》(卷二),北京:昆侖出版社,2005 年,第 332 頁。

在是絶對的、普遍的。從無感無形的宇宙本體到“客感客形”的天地人物,處處都是“對”或者“兩”。這很明顯與老子的思想觀念相符。

但是張載强調“兩”却是爲了進一步肯定“一”。張載説:“兩不立,則一不可見;一不可見,則兩之用息。”如果没有對立面,就不能構成統一體;反之,如果没有統一體,對立面就失去了互相聯繫、共同依存的根據,也就失去了對立面的作用。“兩”之間的對立作用,主要表現爲“相蕩”“相揉”“相兼”“相制”“互藏”而相互“合異”。“兩”之所以能“感”而“合異”,歸根結底還是由“湛一,氣之本”(《正蒙·誠明》)這個宇宙統一體所决定的①。

由上可見,張載“太虚即氣”源自莊子,而“有無混一之常”“一物兩體”的重要命題,源於老子學脈。

三、心性學説:“心統性情”

人性論是中國哲學的重要議題之一,由先秦諸子開其端,大體可分爲兩條主線:一屬自然質性者,如道家、道教,另一屬道德價值者,如儒家。這兩條主線歷來是思想家談論人性的焦點,並對其有所發展。漢儒多持自然質性及爲政施教的觀點,即氣以言性,並將人性的分品級作爲選舉任官的依據;到了魏晉,自然

①參考陳俊民:《張載哲學思想及關學學派》,北京:人民出版社,1986年,第119—120頁。

質性與道德價值之性的討論更發展成“才性之辨”,人性論成爲重要的哲學論辯議題。

宋初各學派並起,王安石“新學”引領風潮,錢穆更指出荆公心性之學於宋代學術思想之演進具有重大意義①。王安石尤其對心性之學有獨特見解,時人言:“自王氏之學興,士大夫非道德性命不談。”②王安石的人性論,可説是圍繞著孟子性善説而發,有贊同亦有批評。王安石一生不斷在人性善惡中爭論辯證,其人性論包含性善、性有善有惡、性無善無惡三部分,主張“性情一也”,而蘇軾的人性論兼有自然質性與道德價值之性。王安石與蘇軾的人性觀點與性情説兼採各家之説,接續莊子“性情不離”觀點而未偏於一方。

張載的“心統性情”説,綜合原始儒家道德價值之性與道家自然質性,兼有儒家與道家脈絡。一方面,在心、性、情關係上,張載總結性地提出“心統性情”(《性理拾遺》)的命題。朱熹對此高度評價,他説:“横渠云‘心統性情者也’,此語極佳”“惟心無對,‘心統性情’,二程却無一句似此切”“性、情、心,惟孟子、横渠説得好。仁是性,惻隱是情,須從心上發出來”(《朱子語類》卷五)。另一方面,“大其心則能體天下之物”是理解張載哲學的鑰匙。馮友蘭先生認爲:“大其心”是張載的哲學方法,也是他的修養方法;“其”是指做修養功夫的人;《西銘》講的“民胞

①錢穆:《宋明理學概述》,臺北:中國文化大學出版社,1980年,第15頁。

②(清)黄宗羲、全祖望:《宋元學案》卷一〇〇,北京:中華書局,1986年,第3322頁。

物與”,是“體天下之物”的注解①。

要言之,張載的人性論多有吸收先秦道家之處,“大心”概念出自先秦道家原典,“天地之性”和“氣質之性”的表述吸收道教張伯端之説,並傳承莊子“性情不離”的命題。以下分别討論張載哲學中的“心”“性”“情”,提示其和道家哲學的關聯。

(一)“無心”“虚心”“大心”承自老莊

追溯“心”在原始儒、道的演變,《論語》談到“心”只有 6 處,《老子》談到“心”也只有 10 處。在《論語》《老子》中,“心”的範疇並未形成獨立的議題。到了戰國中期的孟莊時代,心由隱含性的題材發展爲顯題化的哲學議題。“心”在《孟子》中出現 120 次,在《莊子》中則出現 187 次。以孟、莊爲代表的儒道兩家,皆專注於主體修心、養性、持志、藴氣的工夫實踐。但在工夫修爲上,孟子所呈現的倫理特色與莊子所呈現的藝術精神②,正反映出儒道兩家在“道德境界”與“天地境界”的不同③。

張載的“無心”“虚心”“大心”之説,對道家多所借鑒。其一,張載説“人本無心,因物爲心”(《張子語録下》),繼承自《老子》“聖人常無心,以百姓心爲心”(第四十九章)。其二,張載接受老莊“成心”與“虚心”之區分。《莊子·齊物論》中的“成心”是指個人的偏見,張載以爲“成心”爲“私意”,“成心忘,然後可與進於道”“化則無成心矣”“無成心,時中而已矣”(《正蒙·大

①馮友蘭:《中國哲學史新編》(下),北京:人民出版社,2007 年,第 132、171、134 頁。

②陳鼓應:《莊子人性論》,北京:中華書局,2017 年,第 7 頁。

③借用馮友蘭先生的説法。馮先生在《新原人》中提出人生的境界可分爲四種:自然境界、功利境界、道德境界、天地境界。

心》),都是説成心除然後能合天心。與成心相反的是“虚心”,虚心也是合天心的工夫,“心虚則公平,公平則是非皎然易見,當爲不當爲之事情自知”(《經學理窟·學大原上》)。心若不存偏見,則能虚心而體察天心,對世間是非則能了然於心。其三,張載的“大其心則能體天下之物”,繼承自《管子·内業》所言“大心而放,寬氣而廣”的思想。

方東美先生精當地指出,張載的“大心”就是道家的“公心”;張載爲宋代思想找到了主腦,這個主腦在生命的體驗,以心爲中心而“大其心”,然後才把這“心”的來源追溯到“天”,所謂掌握了“天心”才可以瞭解這世界一切的一切①。

張載的“無心”“虚心”“大心”與道家思想相通,都是一種開闊的心胸、開放的心靈,因爲無成心偏見的執著,心靈始終保持虚静、開放,因而能涵容天下萬物,進而能體察民心,達到“民胞物與”的境界。

(二)“天地之性”與“氣質之性”二分,是轉化張伯端之説而來

就“性”而言,張載認爲“性”兼具“有無虚實”,包含人倫與自然兩個層面,如謂:“有無虚實通爲一物者,性也”(《正蒙·乾稱》),“仁義理智,人之道也,亦可謂性”(《張子語録中》),“飲食男女,皆性也”(《横渠易説·繫辭上》)。可見張載認爲人性中有自然質性與道德價值之性兩個層面。

張載還提出“天地之性”和“氣質之性”之説,曰:“形而後有氣質之性,善反之,則天地之性存焉。故氣質之性,君子有弗性

①方東美:《新儒家哲學十八講》,北京:中華書局,2012年,第83、277—278頁。

者焉。”(《正蒙・誠明》)他認爲人性由氣構成,但有兩重性:一是由氣的清虚本性形成的道德本能;一是由氣之陰陽形成的生理和心理的性能,此即“合虚與氣,有性之名”(《正蒙・太和》)①。

張載對“天地之性”和“氣質之性”的表述,是對道教張伯端内丹學説的創造性轉化。先秦儒家並没有“氣質之性”的觀念。儘管朱熹曾説:“氣質之説起於張、程,極有功於聖門,有補於後學,前此未曾説到。”然朱熹此説與歷史事實不符,事實上張伯端已有此説②。

稍長於張載(1020—1077)的張伯端(約983—1082),曾系統論述“先天之性”(天地之性)和“氣質之性”。張伯端説:“夫神者,有元神焉,有欲神焉。元神者,乃先天以來一點靈光也。欲神者,氣質之性也。元神者,先天之性也。形而後有氣質之性,善返之,則天地之性存焉。”③老子主張道生萬物,則萬物都有得道成仙的可能性。但是人在成形以前有虚静靈妙的本性,成形以後却喪失了這種道性。那麽喪失了虚静道性後成爲一種什麽樣的性呢?張伯端認爲就是氣質之性。人的精神有兩種,一是元神,一是欲神。欲神,就是氣質之性,這是在父母構我形體之時就形成的;元神則是先天以來一點靈氣,是先天之性,這是將要出生的時候才進入我的身體的。而張載本人研習道教多

①參看朱伯崑:《易學哲學史》(卷二),北京:昆侖出版社,2005年,第346頁。

②據此,錢穆也指出:“宋儒亦知他們所説與先秦孔孟有異。”錢穆:《中國思想史》,北京:九州出版社,2012年,第181頁。

③(宋)張伯端撰、王沐淺解:《悟真篇淺解》,北京:中華書局,1990年,第230—231頁。

年後才返歸六經,對此理論應當非常熟悉。張載雙重人性論的具體文字,與張伯端高度相似。

張伯端區分先天之性、氣質之性,是爲了展開對元神、欲神的論述;此外,他還使用了先天氣、後天氣,元精、後天精等兩兩相對的概念,用以論述如何通過後天精、氣、神的修煉以返歸先天本元①。這和張載在修爲方法上的主張一致:"爲學大益,在自求變化氣質"(《經學理窟·義理》),張載認爲要通過學習,克服氣質的偏差,復歸天地之性。

李申曾指出,"氣質之性"恰恰是道教煉養理論順理成章發展的結果。起初,方士們説的仙人是肉體不朽且能飛升變化之人。當這種修仙目標可望不可即時,金丹派和服氣派又希望通過服食,攝取元氣,使自己變成元氣,以達到不死不朽的目的。當這種願望也實現不了時,實際的物質修煉過程就轉爲了心性修養。張伯端更是明確説,只要能"明心見性",即使不加修煉,也能頓超彼岸、得道成仙。這樣,原本的復歸元氣修煉理論,也變成了僅僅只是復歸元性而已②。

由上可見,張載"天地之性""氣質之性"的概念體系和"變化氣質"的修爲方法,是對張伯端等人道教内丹修煉學説的創造性轉化。

①參看張廣保:《道家、道教哲學與北宋儒學的復興》,載《道家文化研究》(第二十六輯),北京:三聯書店,2012年,第1—25頁。

②李申:《氣質之性源於道教説》,載《道家文化研究》(第五輯),上海:上海古籍出版社,1994年,第271—281頁。

(三)"心統性情"呼應莊子"性情不離"

"心統性情"是張載提出的重要命題,其言:"心統性情者也。有形則有體,有性則有情。發於性則見於情。"(《性理拾遺》)認爲情根源於性,是性之發動顯露於外的表現。在解釋《周易·乾·文言》"利貞者,性情也"時,張載説:"情盡在氣之外,其發見莫非性之自然,快利盡性,所以神也。情則是實事,喜怒哀樂之謂也,欲喜者如此喜之,欲怒者如此怒之,欲哀欲樂者如此樂之哀之,莫非性中發出實事也。"(《横渠易説》)認爲情是性的自然發顯,是性中發出的實事,性和情是一致的①。張載的觀點和《莊子》的"性情不離"觀遥相呼應。

在中國哲學史上,"情"的概念及其論題之被顯題化始於《莊子》。《莊子》中"情性"並舉,多達15處。且在"性情""情性"等複合詞的使用中,不斷地發出"反其性情""反汝情性"的呼聲。真情的流露,即是本性的回歸,這是《莊子》人性論中最感人之處②。

後來魏晉玄學對莊子性情説多有所發展,"聖人究竟有情還是無情"成爲清談論辯的重要論題。王弼認爲聖人與凡人一樣皆有情,但是聖人能够"性其情",有情却不陷溺於主觀情感之中,再如竹林七賢王戎更説:"聖人忘情,最下不及情,情之所鍾,正在我輩。"(《世説新語·傷逝》)重視人性中情感的表露。

---

①參看楊立華:《氣本與神化:張載哲學述論》,北京:北京大學出版社,2008年,第117頁。

②陳鼓應:《莊子人性論》,北京:中華書局,2017年,第100頁。

宋代王安石認爲“喜、怒、哀、樂、好、惡、欲未發於外而存於心，性也；喜、怒、哀、樂、好、惡、欲發於外而見於行，情也。性者情之本，情者性之用，故吾曰性情一也”(《性情》)。而蘇軾的人性論兼有自然質性與道德價值之性，認爲情是性的一部分：“情者，性之動也，溯而上，至於命，沿而下，至於情，無非性者。性之與情，非有善惡之别也，方其散而有爲，則謂之情耳；命之與性，非有天人之辨也，至其一而無我，則謂之命耳。”(《東坡易傳》)以上都是對《莊子》情性觀點的繼承與發展。

莊子“性情不離”的重要命題，與程朱學派揚性抑情而導致情性割裂的偏頗學説形成鮮明對比。程朱理學在理氣二元論的理論架構下，提出“存天理，滅人欲”的主張，産生“尊性黜情”的嚴重後果①。與程朱理學泯滅“情”的人性論功用不同，北宋的張載、王安石和蘇軾等思想家，傳承《莊子》“性情不離”的議題，爲“情”營造出積極而豐滿的話語空間。

要言之，人性論由心性論和情性論組成。若僅有心性論而欠缺情性論，則人性論未能完足，如同生命中欠缺血氣活力而衰變成爲乾枯的生命。就個體生命而言，情是源頭活水，是生命創造的潛能與動力。若人性論只局限於心性而不及情，就成了殘缺的人性論②。就此而言，張載的“心統性情”説傳承了《莊子》的“性情不離”觀，較爲健全。

---

①張麗珠：《中國哲學史三十講》，臺北：里仁書局，2007年，第48頁。
②陳鼓應：《莊子人性論》，北京：中華書局，2017年，第97—98頁。

四、“民胞物與”:融合儒道的境界論

《西銘》一文結合了哲學的道家和文化的儒家,把宇宙論貫徹到人生論,成爲張載思想的縮影,體現出萬物一體的境界。這種境界實際上源自莊學,其社會倫理價值則繼承先秦儒家。考察《西銘》“萬物一體”思想,取法《莊子》頗深,如錢穆言:“周(敦頤)始直觀宇宙大化而言萬物一體……然《西銘》大理論只説萬物一體,其實此論並非儒家言。”①

首先,張載在《西銘》中將創生宇宙萬物的根源比喻爲人之父母,開篇言“乾稱父,坤稱母”,這是繼承了《老子》“道生之,德畜之”(第五十一章)、《莊子》“天地者,萬物之父母也”(《達生》)以及戰國晚期《易傳》:“乾,天也,故稱乎父;坤,地也,故稱乎母”(《説卦傳》)等説法。之所以會言乾坤是父母,是因爲張載認爲氣的凝聚而使萬物有了形體、賦予生命。乾坤代表的是陰陽二氣,故而言乾坤爲父母,其實便是説陰陽是萬物的父母,這即是《莊子》所言“陰陽於人,不翅於父母”(《大宗師》)。

錢穆闡釋《西銘》時指出:“人生從宇宙來。譬諸家庭,宇宙是父母,人生是子女。横渠把先儒的孝悌之道推擴到全宇宙,把人生論貫徹到宇宙論,這是《西銘》宗旨。”②《西銘》是順著氣化論講“民胞物與”、一本萬殊的:“天地之塞,吾其體;天地之帥,

①錢穆:《中國學術思想史論叢》(卷五),合肥:安徽教育出版社,2004年,第65頁。
②錢穆:《中國思想史》,北京:九州出版社,2012年,第182頁。

吾其性。”①前半句是説充滿了天地之間的氣是構成人身體的東西,後半句是説氣的本性即天地之間的領導因素,就是人的本性。正因爲天地萬物皆由一氣所構成,而“一氣”的概念源於莊子《大宗師》和《知北遊》篇,所以張載提出“民,吾同胞;物,吾與也”的視萬物爲一體的觀點,這種觀點正與莊學的精神相符合。

《莊子·齊物論》首次提出“萬物一體”的觀點,曰:“道行之而成,物謂之而然……物固有所然,物固有所可;無物不然,無物不可……恢恑憰怪,道通爲一……凡物無成與毀,復通爲一。”從“道”的角度看,萬物都有它是、可的道理,也都有它不是、不可的道理。舉凡一切東西,從道的角度來看,都可以通而爲一。莊子認爲:“人之生,氣之聚也;聚則爲生,散則爲死。若死生爲徒,吾又何患!故萬物一也。”(《知北遊》)人的形體、生命都是氣所産生的,氣的集聚産生了生命,消散則生命消失,因此,死生不過是氣的變化,從這個角度而言則“萬物一也”。正因爲抱著這種“道通爲一”的觀點,莊子做出了“天地與我並生,萬物與我爲一”(《齊物論》)的結論。

這種“與萬物爲一”的觀點是孔孟儒家所没有的。孔子言“鳥獸不可與同群”(《論語·微子》),孟子則區分人禽之别。可見張載“民胞物與”的觀點實淵源於莊學,而非孔孟之學。對此,錢穆分析道:程門説《西銘》詳説人生與物同體之理,其實先

①參看中國科學院哲學研究所中國哲學史組編:《中國哲學史資料選輯》(宋元明之部),北京:中華書局,1962年,第119頁。另外《孟子·公孫丑上》亦有:“夫志,氣之帥也;氣,體之充也。”

秦儒家並無此説。孟子只主張推擴人類之同情心，並不言萬物一體。孔子言仁，亦指人心言，亦不是説萬物一體。莊周始直觀宇宙大化言萬物一體。惠施則從分析名言所指異同歸納到萬物一體①。

而就《西銘》後半部分的文本"大君者，吾父母宗子；其大臣，宗子之家相"等來看，張載在社會制度上傾向於"宗法制度"，而在倫理價值取向上則强調"仁""孝"，這正是孔孟儒學所强調的觀點。張載從老莊道家中提取哲學資源，正是因爲孔孟專就人類的仁孝之心來建立人倫規範，由此區分人與其他萬物之别，却未言及宇宙論的相關問題。因此，張載不得不透過老莊道家的宇宙大化觀來建構儒學的宇宙論，替儒學建立起"萬物一體"的境界哲學。

五、結論

本文之作希望能唤起學術界重新思考宋代儒學，引起對宋代氣本論的重視，並正視張載對宋代儒學形上學的建構乃借助於先秦道家的老莊思想。

張載爲儒家氣化宇宙論奠定了基礎，而張載的氣化思想取自於道家思想。氣化宇宙論貫穿了張載理論建構，其心性論、境界論都與"氣"息息相關：首先是從氣化到心性論，張載以宇宙

①錢穆：《中國思想史》，北京：九州出版社，2012 年，第 182 頁。又可參看錢穆：《中國學術思想史論叢》（卷五），合肥：安徽教育出版社，2004 年，第 61—62 頁。

萬物的生成變化爲基礎,轉入人的道德價值爲張載學説重點,這在《正蒙·誠明》中非常明顯,他説:“天所以長久不已之道,乃所謂誠。仁人孝子所以事天誠身,不過不已於仁孝而已。故君子誠之爲貴。”張載以天運行長久之道比喻君子應行仁孝,這就是誠,就是有始有終。其次,從氣化到境界論:因爲人與宇宙萬物有共同本源“氣”,這是人與宇宙萬物的共通點,推出萬物一體;而大其心能體天下之物,善於體察萬物,體認天道,這樣才能進一步達到“民胞物與”的境界。可以説,張載以氣化宇宙論建立起儒家仁孝、誠信的形上根源,吸收道家思想爲儒家道德價值建立形上理論根據①。

經由以上討論,可知宋代儒學發展並非如朱熹所塑造的單一化道統,事實上是新學、關學、洛學並盛;而張載“氣本論”還被程朱理學一派誤解,試圖將“氣本論”邊緣化,朱熹這樣的安排違背了孔子相容並蓄的開放心靈。先秦時代的孔子爲知禮求道而多次問學於老子,張載爲了替儒家建立宇宙論與“萬物一體”的境界哲學,吸收並轉化道家哲學。首先,張載提出“太虚即氣”“有無混一之常”“一物兩體”等命題,建立儒學氣化宇宙論。其次,在心性論上,張載承襲張伯端之説,創造性地提出“大其心,則能體天下之物”“心統性情”“有性則有情”等

①馮達文認爲:“張載借氣化論來論證道德信仰的普通性,明顯地見之於他的《正蒙》一書的整體結構中。《正蒙》一書之前五篇,均主要地致力於討論宇宙生化及其規則,然第六篇《誠明篇》之後,才轉入以探究成德論依據、認知方式以及社會事理爲主。”參見馮達文:《重評張載由氣化論證立的成德論》,載李志剛、馮達文主編《從歷史中提取智慧》,成都:巴蜀出版社,2005年,第50—67頁。

重要哲學命題。最後,融合哲學的道家和文化的儒家,提出"民胞物與"説,以上都可以看出張載理論建構中道家思想的因素。可以説,若把《易》《老》《莊》三玄思想抽離出來,則張載理論架構無從建立。

後來二程更對老莊思想與張載哲學多有所吸收,由此可見張載對於宋代儒學的重要性。首先,張載提出的"太虛即氣""造化生氣""一物兩體""物無孤立之理""萬物一體"等哲學命題,啓發和影響了二程哲學,張載提出的一些命題,經二程的擴充、發展,成爲理學思想體系的最基本的、最重要的命題①。其次,張載氣化宇宙論下開宋明以後儒學的氣論一派,王廷相、羅欽順、黄宗羲、王夫之、戴震等皆接續張載的氣化宇宙論主張而有所補充,將"氣"當作宇宙萬物的本原或本體,而"氣"的作用形構宇宙世間一切,並由此展開成德之教,由此可見張載氣化宇宙論在宋明儒學的重要性②。

更重要的是,張載的"民胞物與""爲天地立心,爲生民立命,爲往聖繼絶學,爲萬世開太平"(《横渠語録》)凸顯了知識分子對國家、社會的責任感,與老子和孔子恢復天下有道的盼望遥相呼應③。

---

①侯外廬認爲:很難看出張載對二程的因襲之處,相反,"二程從張載那裏吸取了不少東西"。參看方光華:《張載與二程的學術交往》,《中國社會科學報》2018 年 1 月 5 日。

②參看林樂昌:《張載理觀探微——兼論朱熹理氣觀與張載虚氣觀的關係問題》,《哲學研究》2005 年第 8 期。

③參看林樂昌:《爲天地立心——張載"四爲句"新釋》,《哲學研究》2009 年第 5 期。

作者簡介:陳鼓應,1935年生,福建長汀人。北京大學哲學系道家研究中心主任,臺灣大學榮退教授。主要研究方向爲道家哲學。

論“常名”*

苟東鋒

内容提要：老子哲學的革命性在於發現人類思維有一種對“可名之名”的路徑依賴，人們往往以“可名之名”的方式把握“道”，殊不知所抓到的並非“常道”。“常名”的發現，使老子找到了一條揚棄“可名之名”的道路。“常名”是對“可名之名”的否定之否定，因而“常名”既是“有名”又爲“無名”。“常名”其實就相當於“常道”，因爲對人類而言，“常道”永遠表現爲“常名”，即使有誰設想了一種超出“常名”的“常道”，這種設想也仍屬於“常名”的範圍。以“常名”爲判教依據，道家認爲儒、墨之學陷入了“可名之名”的“言筌”。然而，作爲諸子之一的道家學派亦不能從根本上逃脱“可名之名”。從一定程度而言，先秦諸子都試圖超越“可名之名”，因而真正的“常名”應於諸子對“可名之名”的不同反思中去領會。

* 本文得到華東師範大學“幸福之花”先導基金專案“老子思想對於當代及未來哲學與科學的意義研究”、中央高校基本科研業務費專案華東師範大學人文社會科學青年跨學科創新團隊專案（2018ECNU—QKT010）以及江蘇省“公民道德與社會風尚”協同創新中心、“道德發展智庫”的資助。

世傳本《老子》首章可以視爲老子哲學的一個總綱,圍繞此章留下了大量討論和詮釋文獻①。然而,此章依然有很多未解的問題,其中最讓人費解的是“常名”問題。首章開篇講:“道可道,非常道。名可名,非常名。”在這裏,“道可道,非常道”容易理解,這不過是説真正的道(常道)是不可言説的。“名可名,非常名”則很難解釋,因爲這是講真正的名(常名)也是不可言説的②。這就非常奇怪了,《老子》一書及大量道家文獻處處强調“道常無名”或“道不當名”,很少有常名或名不當名的表述。而且從構詞邏輯看,既然是“名”,自然預設了是“可名”的,怎麼會有不可名的“名”呢?正是困惑於這個問題,曹峰教授撰文特别指出:“但‘常名’是個什麼東西?既然道不可名,爲什麼還有‘常名’?這豈不矛盾?查閲古典文獻,也完全不見‘常名’或‘恒名’的用例。而依筆者管見,《老子》研究史上似乎從未有人對此問題予以重視。”③

實際上,此問題雖怪異,在《老子》詮釋史上却並非無人注意。一般的處理是將“常名”視爲“常道”之“名”,“常道”無名,因而“常名”可以理解爲一種無名之名。馮友蘭先生就這樣解釋:“我們稱道爲道,不同於稱桌子爲桌子。……它純粹是一個

①古今學者對《老子》首章的闡釋可參考李若暉撰《老子集注匯考》(第一卷)一書,該書幾將首章的重要文獻搜羅殆盡,是《老子》首章文獻整理的集大成之作。李若暉:《老子集注匯考》(第一卷),上海:上海辭書出版社,2015年。

②這種一般理解可參考陳鼓應先生的譯法:“可以用言詞表達的道,就不是常道;可以用文字表述的名,就不是常名。”陳鼓應:《老子今注今譯》(參照簡帛本最新修訂版),北京:商務印書館,2006年,第77頁。

③曹峰:《〈老子〉首章與“名”相關問題的重新審視——以北大漢簡〈老子〉的問世爲契機》,《哲學研究》2011年第4期。以下簡稱《曹文》。

代號,用中國哲學常用的話説,道是無名之名。《老子》二十一章‘自今及古,其名不去,以閲衆甫。’任何事物和每個事物都是由道而生。永遠有萬物,所以道永遠不去,道的名也永遠不去。它是萬物之始,所以它見過萬物之始。永遠不去的名是常名,這樣的名其實根本不是名。所以説:‘名可名,非常名。’”①這是强調道、物二分,道之名與物之名有根本區别,或者説道之名是一種特别的名,這種名不可以物之名的範式套解,因此是一種不可名的“常名”。然而,這種解釋在曹峰教授看來依然存在矛盾:“在同一本《老子》中,甚至在同一章(第一章)中,《老子》既明確提出‘道’無名或不可‘名’,又説存在所謂‘道’之名。”他表示“至今,似乎没有哪位學者對這一奇怪現象以及爲何要强調‘道’之名,做出過合理解釋。”曹峰教授自己推測,“名可名,非常名”可能是“名”的政治思想在戰國時代大爲流行之際,出於修辭需要而由後人造出的與“道可道,非常道”相並列的句子(《曹文》)。

“常名”觀念的上述兩種典型解釋,馮氏爲思想的進路,曹氏則爲思想史的路子。前者的問題在於作爲“常名”的“常道”畢竟是一種“名”,那麽它何以稱爲一種“名”? 馮氏並無進一步交代②。後者是從歷史情境角度所做的合理猜想。然而這種猜

①馮友蘭:《中國哲學簡史》,北京:北京大學出版社,1985 年,第 115 頁。

②牟宗三先生指出:“我提出莊子‘言惡乎存而不可’這句話來瞭解不可名之名。它不可名,它還是個名呀。”緊接著他以邏輯學的例子來説明不可名的名爲什麽是一種名(牟宗三:《牟宗三先生講演録·三·老子》,臺北:東方人文基金會 鵝湖出版社,2019 年,第 14 頁)。老子“常名”研究的關鍵就是闡明不可名的“常名”爲什麽“還是個名”,惜乎不管是馮友蘭還是牟宗三先生都未對此予以詳細探討。

想可謂劍走偏鋒,因爲它是以《老子》首章後出説爲前提的。如果此章果然後出且有文法瑕疵,那麽傳統上將此章視爲全書總綱進而大加闡發的做法將被釜底抽薪,失去意義。竊以爲,經典研究還是應當秉持思與史結合的方法,但是思想的詮釋仍需以理論的圓融性爲本。思想史的視角固然可資參考,然而當其影響强到要修改或否定經典文本時,就要慎之再慎。曹峰教授的"常名"研究從先秦"名"的思想史出發,注重對黄老之學的發掘,這是很有見地的。但是,我們不能由黄老形名反推甚或消解老子"名"的思想,還是應當將老子名學視爲先秦名學的早期環節,並在與諸子名學的比較中對其加以重新檢討①。《老子》的"常名"觀念只有在這一思史結合的框架下才能在老子哲學中得到妥帖的詮釋並開顯其特有的理論價值。

一、"常名"爲領會首章之關鍵

關於歷代學者對"常名"的理解,曹峰教授有一個總的看法:"看早期文獻對這段話的解釋,以及後來諸家的闡釋,很多都回避了對'名可名,非常名'的解説,僅以'道可道,非常道'的解釋代替或涵蓋'名可名,非常名'。"(《曹文》)這個結論恐怕

①從思想史發展的一般順序看,理應老子名學在前,然後從某種程度影響了戰國時期黄老法家的名學,而非相反。周曉東先生對曹峰教授的觀點也提出這種質疑:"'道''名'關係在老子中已經受到重視。戰國後期'道''名'關係的大討論是'果',《老子》是'因',不能够以'因'爲'果'。"周曉東:《先秦道家名思想研究》,山東大學博士論文,2012年,第55頁。

不符合實際,這不僅因爲對“常名”提出解釋的人並不在少數①,更在於曹峰教授没有充分注意到“道可道,非常道”與“名可名,非常名”兩句之間的密切關聯。

從文法角度看,“名可名,非常名”一句的中心話題是“名”,而早期文獻的解釋者已經充分注意到了這一點。例如《淮南子・道應》説:

> 桓公讀書於堂,輪扁斲輪於堂下,釋其椎鑿而問桓公曰:“君之所讀書者,何書也?”桓公曰:“聖人之書。”輪扁曰:“其人焉在?”桓公曰:“已死矣。”輪扁曰:“是直聖人之糟粕耳!”桓公悖然作色而怒曰:“寡人讀書,工人焉得而譏之哉! 有説則可,無説則死。”輪扁曰:“然,有説。臣試以臣之斲輪語之:大疾,則苦而不入;大徐,則甘而不固。不甘不苦,應於手,猒於心,而可以至妙者,臣不能以教臣之子,而臣之子亦不能得之於臣。是以行年七十,老而爲輪。今聖人之所言者,亦以懷其實,窮而死,獨其糟粕在耳!”故老子曰:“道可道,非常道。名可名,非常名。”

不難發現,整段對話圍繞的主題是“書”或“聖人之書”,進而指聖人之“言”。“書”和“言”就是“名”。輪扁認爲聖人之書“直是聖人之糟粕耳”,其實是説一般所認爲的名,並不是真正的

---

①參見李若暉:《老子集注匯考》(第一卷),上海:上海辭書出版社,2015年,第165—344頁。

名,而只是真正的名失掉精華所留下的糟粕。這豈不可表述爲“名可名,非常名”? 至於真正的名,亦即“常名”,是指“聖人之所言者”,這種名或言,“亦以懷其實”。與之比較,作爲“名”的“書”顯然失去了“實”,徒留糟粕而已。莊子説:“名止於實,義設於適,是之謂條達而福持。”(《莊子・至樂》)這與輪扁的解釋可以互爲發明。由這段理解來看,“常名”雖然不是一般見到的“名”(書),但總還是“聖人之所言者”,所以從形式上看依然可以稱爲“名”,甚至只有“常名”才是真正的名。

其他一些早期文獻在涉及老子“道可道,非常道;名可名,非常名”一段的解釋時,其主題也大都與聖人之“書”或“言”有關。諸如:

> 故道可道,非常道;名可名,非常名。著於竹帛,鏤於金石,可傳於人者,其粗也。(《淮南子・本經》)
>
> 誦先王之書,不若聞其言,聞其言,不若得其所以言,得其所以言者,言不能言也,故“道可道,非常道也;名可名,非常名也”。(《淮南子・氾論》)
>
> 書者言之所生也,言出於智,智者不知,非常道也;名可名,非藏書者也。(《文子・道原》)

很明顯,以上各句中的主題詞,無論是“竹帛”“金石”“藏書”,還是“先王之書”,都説的是“名”。因此,這些解釋均直接涉及“名可名,非常名”的理解。然而,同樣針對上述這類解釋,曹峰教授却認爲“以上幾則解説都側重强調‘道’之玄妙，用普通的、有形的知識、語言無法把握‘道’。這對理解‘道可道，非常道’比較合適，但對於説明爲何還需要特别提出‘名可名，非常名’並無太大啓發”(《曹文》)。筆者的看法恰恰與此相反，我們認爲這些解説不僅涵蓋了“名可名，非常名”一句，甚至是以之爲中心的。這裏需要存疑的反倒是爲什麽這些解説與“道可道，非常道”相關？

之所以存此疑問，是因爲“道可道，非常道”一句的中心話題是第一個“道”，即作爲老子及中國哲學核心話題的那個“道”，作爲道説來講的第二個“道”只是爲了討論第一個“道”而引出的次生話題；而我們可以發現，上述解説從表述上都没有提及第一個“道”，似乎只涉及第二個“道”，這就有些説不過去！因此，老子講這句話可能隱藏著一個預設：人們一般總是默認，作爲道説的“道”與“道”之間有一種不言而喻的聯繫。也就是説，在老子之外，人們對道説與“道”之間有一種相對習見的看法，老子則對此提出異議並重構了道説與“道”的關係。那麽，老子之外的這種一般看法是怎樣的①？

“道可道”的第二個“道”字，古代注家及現代大部分學者都解釋爲道説和言説，然而南懷瑾、趙汀陽等學者則反對這種看

①“道可道”的第一個“道”是“習稱之道”“一般的道”，或“通常所説的‘道’”(參見李若暉：《老子集注匯考》(第一卷)，上海：上海辭書出版社，2015年，第104—105頁)。也就是老子寫作的時代人們所談論的“道”這個話題。“可道”是説，對“道”這個話題，人們有一種主要的意見，認爲“道”是可以道説出來的。然而，老子却對此提出質疑。

法，認爲"'道'作爲動詞而取'説'之義並非早期漢語的用法"①。兩種解釋孰優孰劣？李若暉教授以大量考辨爲依據得出"'道'在先秦有'言'義"的結論，我們認爲這更符合《老子》本義②。以此爲基礎，"道可道，非常道"一句的言外之意爲：一般看來，道説的基本功能是用來指向"道"的，或者説，道説就是用來"道道"的。老子却對此提出質疑，認爲道説能否"道道"仍需進一步考慮。爲了驗證這一看法，請看道説之"道"在先秦的幾個典型用例：

> 子曰："君子道者三，我無能焉，仁者不憂，知者不惑，勇者不懼。"子貢曰："夫子自道也。"（《論語·憲問》）

此處第一個"道"指終極之道自不待言，第二個"道"被多數注釋者釋爲語言表達活動。子貢之意是孔子雖然自道没有仁、知、勇三種"君子道"，實際上他有，所以他這是一種自"道道"③。再如："非先王之法言不敢道。"（《孝經》）"孟子道性善，言必稱堯舜。"（《孟子·滕文公上》）"君子道其常，而小人道其怪。"（《荀子·榮辱》）所謂"法言""性善"和"常"都指向"道"，這些表述

①趙汀陽：《〈老子〉本文的一個解釋問題》，《社會科學戰線》1993年第6期。

②李若暉：《老子集注匯考》（第一卷），上海：上海辭書出版社，2015年，第113—123頁。

③比如朱熹注："道，言也。自道，猶云謙辭。"（《四書章句集注》）這是説孔子以自謙的方式自道其無此三種"君子道"，自謙的方式恰好説明他有，所以孔子實際上是自"道道"。

均有“道道”之意。由此可見,雖然道説可以指向諸多内容,但是“道道”無疑是一項基本功能,尤其當道説的主體是“先王”“君子”“聖人”或其所傳的書籍和言説時更是如此。因此,《莊子·天下》説:

《詩》以道志,《書》以道事,《禮》以道行,《樂》以道和,《易》以道陰陽,《春秋》以道名分。

《六經》作爲先王之書和聖人之言分别道出了“志”“事”“行”“和”“陰陽”“名分”六個“道”的不同維度。在這裏,道説的對象就是“道”。

既然按照一般看法,道説特别是“先王”或“君子”所道説的就是道,那麽“道可道,非常道”一句就可以透顯出老子的“立言”宗旨和方法。老子曾有一番自白,最後總結説:“我獨異於人,而貴食母。”(《第二十章》)這表明老子哲學最大的特點是善於對一般人(人)的意見提出異議,而此舉之所以可能乃在於其徹底秉持“道”(母)的立場。可以想見,“獨異於人”的“人”除指芸芸大衆之外,尤指社會中的精英之士。一個社會中的文化尤其是傳承思想和表達意見的文字作品主要由精英創造。老子作爲一名資深的史官,對於在他之前所已知的人類創造的文字作品比常人瞭解更多,也最有可能對其做整體反思。可以推想,在老子看來,人類已經説了那麽多話,作爲精英之士的“先王”或“君子”也已“立言”無數,這些道説名言都希望指向和抓住

“道”。然而,如果考慮到那個真正的“道”或“母”不受任何局限包括道説名言所造成的限制,就會發現這些言説看似指向了“道”,實際上還不是那個真正意義的“常道”①。後來,莊子將老子這一根本的問題意識給予了更爲清晰的表述:

> 世之所貴道者書也,書不過語,語有貴也。語之所貴者意也,意有所隨。意之所隨者,不可言傳也,而世因貴言傳書。世雖貴之,我猶不足貴也,爲其貴非其貴也。(《莊子·天道》)

世俗之人有一種根深蒂固的成見,他們固然“貴道”,却徑將“貴道”之事等同於“貴書”。這種世俗的成見構成了道家反思的起點。

以上的問題意識可能促使老子思考:究竟什麽樣的言説才能與“道”建立一種真正的關聯?這種言説是否可能?竊以爲正因如此,老子才由第一句“道”進入了第二句“名”的探討。在第一句中,作爲道説的“道”雖然涉及語言範疇,但側重於口語,如果要鄭重討論語言和“道”的關係,就需要一個更有概括性的術語,老子選擇了“名”。在中國的語言文化系統中,“名”是一

①日本學者葛西質《道德經輻注》指出:“‘道可道,非常道’一句,破世之所謂道也;‘名可名,非常名’一句,破世之所謂名也。”這是對老子首章言外之意的一種合理推測,可與本文觀點互爲發明。參見李若暉:《老子集注匯考》(第一卷),上海:上海辭書出版社,2015年,第244頁。

個極爲特别的術語和問題。“名”大致可以理解爲符號①,這種符號既可以自指或指人,又可以他指或指物。前者如《説文》“名,自命也。從口,從夕,夕者冥也,冥不相見,故以口自名”;後者如《尚書·吕刑》“禹平水土,主名山川”。在此意義下,“名”也被一般地理解爲語言,尤特指文字,鄭玄即指出:“古者曰名,今世曰字。”不僅如此,“名”在更深層面還指向藴於文字中的文化,因而錢大昕説:“名即文也。”②與道説之“道”相通,“名”最重要的作用也是傳“道”。墨子曾言:

> 古之聖王,欲傳其道於後世,是故書之竹帛,鏤之金石,傳遺後世子孫,欲後世子孫法之也。(《墨子·貴義》)

“書之竹帛,鏤之金石”之上的文字、圖畫或符號就是“名”。“古之聖王”發現,“名”可以作爲一種傳媒,將其親身領悟的“道”傳導於後世子孫黎民,使之效法並從中受益。可以看到,“名”比道説之“道”更適合討論名言道説與“道”的關係。正因如此,劉笑敢先生敏鋭地指出:“第一句‘道,可道也,非恒道也’提到‘道’之可道與不可道,涉及言説或認識問題,帶有起興的意味。下一句就

①學界過去常將“名”等同爲“概念”,這種格義並不恰當,尤其以之解釋儒、道二家的“名”更是如此。現在越來越多的學者認爲將“名”理解爲符號可能更爲恰當。可參考陳道德:《試論“名”的符號性質》,《回顧與前瞻:中國邏輯史研究30年》,北京:中國社會科學出版社,2010年;曾祥雲:《“名”:在語言符號理論的視閾中》,《學術界》2011年第4期。

②程樹德:《論語集釋》,北京:中華書局,1990年,第890頁。

直接轉入認識與表達問題:'名,可名也,非恒名也。'"①進一步來説,"名可名"一句其實並非簡單涉及言説和認識問題,而是老子對道説名言能否真正建立起與"道"之關聯的問題的正面回答。

在老子看來,有一種可以稱之爲"常名"的"名"與"常道"之間有本質性的關聯,可以説,"常名"就是"常道"。"常名"何所指,我們稍後再做具體分析。不過,從"立言"的角度來看,顯然可以用來指涉《老子》五千言。老子意識到,前人"立言"都試圖通過立文制言直接把握道(可概括爲"文以載道"),似乎從來没有人認真反省過名言文字所載之道是否等於那真正的道,如果答案是否定的,那麼所有這些所立之言,無論是先王之書還是君子之言都無法真正立起來。從《老子》其書以及其中對於"名"的態度看,老子既不同於那些不留文字的隱者,也與一般的著書立説者不同,他在深入思考過"名"的問題之後相信:存在一種不同於一般"可名之名"的"常名",掌握了這種"名"就可以做到真正的"立言"。因此蔣錫昌説:"'常名'者,真常不易之名也,此乃老子自指其書中所用之名而言。老子書中所用之名,其含義與世人慣用者多不同。老子深恐後人各以當世所慣用之名來解老子,則將差以千裏,故於開端即作此言以明之。"②就此來看,"常名"實在是老子學説的起點和基石,如果没有"常名",老子哲學將失去底盤,承載於其上的老子道論也將無法確立。

由此可見,《老子》首章第一、二句的中心問題是"道"和

①劉笑敢:《老子古今》,北京:中國社會科學出版社,2006年,第100頁。
②李若暉:《老子集注匯考》(第一卷),上海:上海辭書出版社,2015年,第165頁。

“名”的關係，老子對此問題的回答則集中表現爲“常名”的提出。首章接下來的句子都可以理解爲對“常名”的具體解釋。第三、四句“無名，天地之始。有名，萬物之母”，是由“常名”引出“無名”和“有名”，暗含了“常名”可以從“無名”和“有名”兩個方面理解。第五、六句“故常無欲，以觀其妙。常有欲，以觀其徼”，進一步提出可以通過“無欲”和“有欲”兩種方法領會“無名”的妙用與“有名”的邊界①。最後兩句“此兩者，同出而異名，同謂之玄。玄之又玄，衆妙之門”，是談“無名”和“有名”的關係，兩者出處相同，只是名稱不同，這個出處可以稱之爲“玄”。其實，“玄”字是對“常名”的一種描述，人們可以通過“玄”領悟“常名”。因此，“常名”即理解“衆妙”和“常道”的門徑②。

---

①關於首章的斷句。第三、四句究竟是取“無名”“有名”，進而第五、六句斷爲“常無欲”“常有欲”，還是取“無”“有”，進而斷爲“常無”“常有”。前者是王弼、河上公的傳統斷法，後者則是王安石、司馬光的新斷法。這兩種基本斷法，學者各有支持，但隨著帛書本《老子》的出土，更多學者傾向於第一種斷法（劉笑敢：《老子古今》，北京：中國社會科學出版社，2006年，第93—95頁）。筆者也支持第一種斷法，除了文本上的依據之外，還因爲只有這樣才能理解一、二句和三、四句的關係，即“無名”“有名”是由“常名”引出的，進而才能看到整章的主旨就是“常名”。

②關於首章的主旨，多數學者主張言道，如田藝蘅《老子指玄》：“此章明道之大旨，而極言之也。”也有學者主張是説道與名的關係，如樸世堂《新注道德經》：“道者體，名者用；道以名爲用，名以道爲體。”（參見李若暉：《老子集注匯考》（第一卷），上海：上海辭書出版社，2015年，第41、45頁）另有學者認爲此章討論“名”的問題，如周曉東：“分析《老子》首章，我們可以看出，這一章幾乎全部是在論述‘名’的問題。”（周曉東：《先秦道家名思想研究》，山東大學博士論文，2012年，第54頁）。劉笑敢也説：“本章所討論的主要對象就是‘萬物之始’和‘萬物之母’，而概括其特徵的主要概念就是‘無名’與‘有名’。”（劉笑敢：《老子古今》，北京：中國社會科學出版社，2006年，第100頁）。筆者在周曉東和劉笑敢的基礎上提出，首章的問題意識是“道”和“名”的關係，爲此，老子提出了“常名”的説法並予以討論。因而，首章的主旨是闡發“常名”問題。

二、“常名”觀念的表述及内涵

“常名”(“恒名”)一詞,除《老子》首章,古籍所未見。曹峰先生由此懷疑這是道家後學出於修辭需要生造的詞,似乎其在老子思想中並無根據(《曹文》)。然而,考察《老子》全文,很多學者認爲有一段其實就在表述“常名”觀念:

> 孔德之容,惟道是從。道之爲物,惟恍惟惚。惚兮恍兮,其中有象;恍兮惚兮,其中有物。窈兮冥兮,其中有精;其精甚真,其中有信。自今及古,其名不去,以閲衆甫。吾何以知衆甫之狀哉?以此。(《第二十一章》)

此處的“自古及今,其名不去”講的就是“常名”。這可以從三個角度説明:其一、“常名”之“常”,一般釋爲恒也,久也,亦即貫通古今或者無古無今①。這正與此處“自古及今”的説法相合。其二、此章的主題詞是“道”,“其名”也就是“道之名”,而從首章

---

①“常”有三種解釋:一爲恒久;二爲普通的、平常的;三爲“尚”,通“上”,“常道”“常名”即“上道”“上名”。從《老子》對“常”的使用來看,還是第一種解釋更好,以下爲代表性説法,韓非子:“夫物之一存一亡,乍死乍生,初盛而後衰者,不可謂常。唯夫與天地之剖判也俱生,至天地之消散也不死不衰者,謂常。”(《韓非子·解老》)王弼:“古今通,終始同,執古以禦今,證今可以知古始,此所謂常者也。”(《老子指略》)王安石:“‘常’者,莊子謂無古無今,無終無始也。”(《老子注》)(參見李若暉:《老子集注匯考》(第一卷),上海:上海辭書出版社,2015 年,第 139—151 頁)此外,馬王堆帛書本《老子》中的“常”即寫爲“恒”,也可以支持這個判斷。

的表達來看,“常名”即是“道”或“常道”,這也是能對應上的。其三、從首章的表述看,瞭解了“常名”即可進入“衆妙之門”,也就領悟了“常道”,而此處這個“自古及今”之“名”的妙用是“以閲衆甫”“知衆甫之狀”,“衆甫”即萬物的開始。看到和知曉了萬物之始的狀態,豈不就是領悟了“衆妙之門”並觸及“常道”了嗎?

通過對首章及上述“常名”觀念的分析還可以發現,“常名”似乎既是“無名”也是“有名”,也可以説既不是“無名”也不是“有名”。“常名”之所以如此“反常”,一個可能的原因在於“名”的内涵還不清晰,有待澄清。“名”在今本《老子》凡 22 見,除了表示名聲、名譽義,有兩種用法值得討論:其一、表示萬物之名,比如“有名”“無名”“始制有名”“道常無名”“道隱無名”“無名之樸”等。在這裏,“有名”表示萬物皆可有名,“無名”則表示“道”並不像萬物那樣可以有名。其二、表示命名或名稱,不過,這裏需分兩種情況:一是一般的命名或名稱,比如“可名”“同出而異名”;二則特指“道”的命名或“道之名”,“常名”即屬於此種情況。除了“自古及今,其名不去”一段,還有三章涉及這種情況的“名”,需要重點予以討論。先看下面兩章:

> 視之不見,名曰夷;聽之不聞,名曰希;搏之不得,名曰微。此三者不可致詰,故混而爲一。其上不皦,其下不昧。繩繩兮不可名,復歸於物。(《第十四章》)
>
> 大道氾兮,其可左右。萬物恃之以生而不辭,功成而不

> 有。衣養萬物而不爲主,可名於小;萬物歸焉而不爲主,可名爲大。以其終不自爲大,故能成其大。(《第三十四章》)

從“道”的命名角度看,上述兩章表述了相近之意:“道”是整全和混沌的狀態(“混而爲一”“泛兮”),既可因其無法視、聽、搏而分别名曰“夷”“希”“微”,又可以從偏左或偏右的角度可名爲“小”或“大”。然而,每種命名都可以理解爲對其他名稱的遮蔽或否定,因此,根本而言“道”又是“不可名”的。可是,這仍無法完全解釋作爲“常道”的“常名”何以既是有名,又是無名,或者既非有名,又非無名。

那麼,是否存在一種特别的“名”,既不同於萬物之名,而又有充足的理由可以稱之爲一種“名”?下面一章提供了一條綫索:

> 有物混成,先天地生。寂兮寥兮,獨立而不改,周行而不殆,可以爲天地母。不知其名,字之曰道。吾强爲之名曰大……(《第二十五章》)

此章討論“道”的命名問題,是將“道”擬人化,認爲“道”可以像一個人那樣從“名”和“字”兩方面瞭解。就“名”來講,“道”不可名,却往往需要一個“名”,因此説“不知其名”“强爲之名”,這是《老子》常見的説法。就“字”來講,則可以確切地給“道”

一個“字”,因此説“字之曰道”,這是很特别的表述[①]。此中包含了這樣的思路:“道之名”可以分爲“道”之“名”與“道”之“字”,前者不可名,後者可名。由此説來,“道”之“字”就涉及那種特别的“名”,“常名”可以在這一綫索中得到理解。

爲此,就需要瞭解先秦的“名字”文化。《禮記·檀弓》云:“幼名,冠字,五十以伯仲,死謚,周道也。”作爲周人的老子對此想必極爲熟悉。“幼名”指幼時在家庭成長的階段,“冠字”則是成年步入社會的階段,兩個階段的稱呼也表現出差異。孔穎達注:“生若無名,不可分别,故始三月而加名,故云幼名也。冠字者,人年二十,有爲人父之道,朋友等類不可復呼其名,故冠而加字。”[②]可見,“名”的作用在於分别,“字”則有社會交往功能。針對“名”“字”之别,顔之推總結説:“古者,名以正體,字以表德。”(《顔氏家訓·風操》)“名”以一個人出生後的形體爲基礎,是其區别於彼此及萬物的代號;“字”則是一個人進入社會之際,命“字”者對其在社會中承擔之角色的一種想像和寄託。回到“道之名”的問題,“道”並不像人那樣有形有體,可以作爲一個對象,因此“道”不可名。然而,這並不阻礙人可以對“道”有各種想像的理解,所以“道”可以有“字”。

---

①在此章的各個版本中,傅奕本將“字之曰道”寫作“强字之曰道”,這一寫法影響頗大,不得不辨。實際上,王弼本、河上公本、帛書及竹簡本都寫作“字之曰道”,無“强”字。其中,竹簡本最早,文字也最合理。竹簡本對“道”做了“有物混成……可以爲天地母”的描述,緊接著説“不知其名,字之曰道”,没有“吾”字。然後才説“吾强爲之名曰大,大曰……”,有“吾”字。這説明“强爲之名曰大”是另提一段意思,對“道”無“名”有“字”現象的進一步衍伸。

②鄭玄注,孔穎達疏:《禮記正義》,北京:中華書局,1980年,第1286頁。

“道”可“字”而不可“名”的這個現象,王弼最早予以認真考慮,並提出了有關“道”的“名號”和“稱謂”的學説。王弼認爲:

> “道”“玄”“深”“大”“微”“遠”之言,各有其義,未盡其極者也。然彌綸無極,不可名細;微妙無形,不可名大。是以篇云:“字之曰道”“謂之曰玄”,而不名也。(《老子指略》)

王弼闡發了老子的未盡之意,指出“字之曰道”並不是説“道”之“字”僅限於“道”字,“玄”“深”“大”“微”“遠”等皆是其“字”,且“各有其義”,所有這些“字”都是主體從某個特定角度出發對“道”的領會。然而,所有這些領會都是“未盡其極者”,因此,對“道”所下的這些詞都只能稱爲“字”,不能稱作“名”。王弼之所以能够做出這種區分,還在於其對一般命名原則的深入考察。他將命名過程中以客觀原則爲主的名稱叫做“名號”,以主觀原則爲主的名稱叫做“稱謂”,所謂:

> 名也者,定彼者也;稱也者,從謂者也。名生乎彼,稱出乎我。(《老子指略》)

王弼認爲“名”是用來識别和區分外在的有形之物的,“稱”則是用來表達和抒發某種内在的體驗和追求的。所謂“名號生乎形

狀,稱謂出乎涉求"(《老子指略》)。實際上,將"名"分爲彼我、主客兩個陣營,《尹文子》早有探究:

> 名宜屬彼,分宜屬我。我愛白而憎黑,韻商而舍徵,好膻而惡焦,嗜甘而逆苦。白黑、商徵、膻焦、甘苦,彼之名也;愛憎、韻舍、好惡、嗜逆,我之分也。(《大道上》)

顯然,尹文子的"名"和"分"即相當於王弼的"名"(名號)和"稱"(稱謂),兩者都根源於《老子》的"名""字"之分。在此基礎上,尹文子提出"名有三科":"一曰命物之名,方圓白黑是也;二曰毁譽之名,善惡貴賤是也;三曰況謂之名,賢愚愛憎是也。"(《大道上》)實際説來,"三科"只是"名"與"分"兩科①。

由此可見,"名"與"字"或者"名號"和"稱謂",一個"屬彼",一個"屬我"。换句話説,"名號"是"以物觀之","稱謂"則是"以我觀之"②。從兩者的關係看,"以物觀之"從根本上來説還是"我""以物觀之"。因此,"稱謂"的外延大於"名號","名

①曹峰教授指出:"所謂'名有三科',其實只有二科,即'命物之名'和'毁譽、況謂'之名,因爲後二種並没有本質上的區别。"(曹峰:《回到思想史:先秦名學研究的新路向》,《山東大學學報》2007年第2期)此外,荀子也提出:"制名以指實,上以明貴賤,下以辨同異。"(《荀子·正名》)不難發現,"辨同異"和"明貴賤"分别相當於"名"與"分"。

②馮契先生提出:"意見是'以我觀之',知識是'以物觀之',智慧是'以道觀之'。"(馮契:《知慧》,《哲學評論》1947年第10卷第5期。)嚴格來講,"以道觀之"與"以物"或"以我觀之"屬於不同層次,换句話説,我們應當在"以物觀之"和"以我觀之"的基礎上理解"以道觀之"。

號”也是一種“稱謂”[①]。正是看到了“稱謂”之“屬我”及統合諸名的特點,老子和王弼才將其與“道”聯繫起來,“道”的無限性在“稱謂”這裏恰恰表現爲“我”之意志的自由性。“道”是永無止境的,相應的,“我”的思想也是永無止境的。因此,如果有“道”存在,在人類思想中也便有一個相應的存在,這個存在即“常名”。換言之,自人類歷史開端、文明伊始,便有一個“名”一直導引著它,永不離去,此所謂“自古及今,其名不去,以閱衆甫”。這個“名”與一般的“可名之名”不同,後者皆因特定之形而生,有具體内容;這個“名”則没有任何特定内容,只是個純形式,或者説它包含了所有内容。正如馮友蘭先生所説:“稱道爲道,意思並不是説它有任何這樣的有名的屬性。它純粹是一個代號。”這個純粹的“代號”就是“常名”,從“我”以及人類視角看,就是“常道”。

綜上所述,“常名”應當從“字”“分”或“稱謂”(稱),亦即從“屬我”的角度理解。以此來看,“常名”實即“道”(德)在“我”(我們、人類)心中的永恒的模樣。“道”固然形容恍惚,無體無方、無拘無束、無形無象;但實際説來,“道”又是最真實的存有,恍惚間其中“有象”“有物”“有精”“甚真”“有信”,人的内心對此一真實存有的確認就是“常名”。也就是説,人只能以“常名”

①關於“稱謂”之獨特性,岑溢成先生認爲“稱謂”不具有溝通功能,不是一種可以獨立存在的名稱,“稱謂”是以對“名號”的理解爲基礎來發揮溝通功能。才清華教授進一步指出“稱謂”具有啓發、暗示等功能,這使得“稱謂”對本體的言説比“名號”更具優勢。才清華:《名號與稱謂——王弼對言説問題之探討》,《復旦學報(社會科學版)》2011 年第 5 期。

的形態理解“道”,至於“道”的本體、本相或本來面目,則超出了人的認識和體驗範圍①。老子説:

> 道生一,一生二,二生三,三生萬物。(《第四十二章》)

王弼解釋:“萬物萬形,其歸一也。何由致一?由於無也。由無乃一,一可謂無;已謂之一,豈得無言乎?有言有一,非二如何?有一有二,遂生乎三。”(《老子注》)在王弼看來,道既是“無”,又是“一”,而既然“謂之一”,那麽“有一”再加上“有言”就是“二”,“有一有二,遂生乎三”。王弼的注解出自莊子:

> 天地與我並生,而萬物與我爲一。既已爲一矣,且得有言乎?既已謂之一矣,且得無言乎?一與言爲二,二與一爲三。(《莊子·齊物論》)

與王弼不同,莊子並没有以“無”解“道”,而是直接稱之爲“一”。然後按照“謂之一”的思路指出“一與言爲二”。由此可見,“一”即“道”的本體,然而一旦對此“一”有所表述或表顯,就落入“言”的層面。如果説“一”爲“常道”,“言”則爲“常名”。因有“常道”,才有“常名”,由此才有世間萬象。總之,對人類而言,“常道”永遠表現爲“常名”,即使有誰設想了一種超出“常

①可參會《劉子·崇學》:“至道無言,非立言無以明其理;大象無形,非立形無以測其奥。”

名”的“常道”,這種設想也仍屬於“常名”的範圍。從這一意義來講,“常名”也就是“常道”,也即是“道之名”。

三、“常名”與道家哲學的取向

進一步追問:“常名”與“可名之名”是一種什麽關係呢? 周山先生在研究公孫龍時發現,《指物篇》首句“物莫非指,而指非指”與《老子》首句“名可名,非常名”有相通之處。在他看來,“物莫非指”是説有一種“生於物”的名,或説附之於物的指,這種指即“物指”。“指非指”是説“物指”和“指”是不同的。由此他認爲:“‘指’是‘天下之所兼’的常名,‘物指’是‘生於物’的可名之名。‘指’與‘物指’的關係,就是常名與可名之名的關係。”①周山先生這種理解並非没有根據。按照公孫龍,“物莫非指”的前提是“天下無指,物無可以謂物”,這是説“物”的構成離不開“指”,“物”只能作爲“指”的對象而存在。這樣來看“指非指”,不過是説“指”不能作爲“指”的對象,否則它便與指向它的“指”一起構成“物”,就不是“指”了,可見“指”本身是非對象性的。由此就有兩種“指”,一是參與構成“物”的“物指”,二則是“指”本身。

指出《指物篇》和《老子》的相通之處是周山先生的一個洞見,然而,他却没有進一步説明二者的差異。公孫龍的總體傾向是“離形而言名”,因此“指”儘管可以具體化爲“物指”,却具有

---

①周山:《解讀〈指物論〉》,《哲學研究》2002年第6期。

獨立實存的特點。《指物篇》最後强調“且夫指固自爲非非指，奚待於物而乃與爲指”。這明顯是説“指”具有獨立於“物”的絶對自足性，或者説它“藏”於感覺經驗之外的超感覺經驗領域。有學者甚至認爲“指”藏身的這個領域相當於柏拉圖的“理念世界”①。與“指”不同，“常名”並不棲身於一個超驗的“理念世界”。

可以發現，雖然老子明確指出“常名”非“可名之名”，但“常名”却表現爲“可名之名”。具體而言，“常名”是對“可名之名”的否定，不過，否定中却有肯定。這種肯定表現在：其一、在否定“可名之名”之前，“可名之名”已然存在了；其二、否定“可名之名”是以其他“可名之名”而否定之。讓我們分析下面一章：

> 道常無名，樸，雖小，天下莫能臣。侯王若能守之，萬物將自賓。天地相合，以降甘露，民莫之令而自均。始制有名，名亦既有，夫亦將知止，知止可以不殆。譬道之在天下，猶川谷之於江海。（《第三十二章》）

學者多將“始制有名”一節抽出來理解，然而從前後文來看，“始制有名”是在“民莫之令而自均”的背景下而發生的，而後者是在“無名”之“樸”（常名）的支配下形成的。因此，“始制有名”一節所表達的正是“常名”的作用，最後説“譬道之在天下，猶川

①江向東：《〈公孫龍子·指物論〉新詮》，《中國哲學史》2011年第1期。

谷之於江海”也意在强調這種作用。這是一種什麽作用？首先就是“有名”的形成,“有名”即“可名之名”。然而,“可名之名”的問題在於不“知止”,即不知“名止於實”。原因在於“可名之名”固執於“名”,使人過於相信“名”的力量,於是就會導致“名過於實”。王弼將此過程解釋爲:“遂任名以號物,則失治之母也。”(《老子注》)爲了應對“名過於實”的問題,可以制定一個新名,對舊名加以修正,如此不斷。在這裏,制定新名就是對“可名之名”的否定,而這個新名也是一種“可名之名”。下面一章的思路也一樣:

> 道常無爲而無不爲。侯王若能守之,萬物將自化。化而欲作,吾將鎮之以無名之樸。鎮之以無名之樸,夫將不欲。不欲以靜,天下將自正。(《第三十七章》)

“萬物將自化”可以理解爲萬物自得其名①,相當於“始制有名”,這是“可名之名”。“化而欲作”可以視爲“夫亦將知止”的原因②。“鎮之以無名之樸”是説“常名”是對“可名之名”的否

①道家及黄老認爲“名”是以自然的方式産生的,如:“天下有事,無不自爲刑(形)名聲號矣。”(《黄帝四經・經法》)“聲自召也,貌自示也,名自命也,文自官也。”(《淮南子・謬稱》)

②王弼解釋爲“作欲成也”(《老子注》),“作,爲也”(《説文解字注》),有人爲、有爲之意。人的有爲的一面躍躍欲出,此即“可名之名”突破“名止於實”的原因。按,“道常無名”和“道常無爲而無不爲”兩章的表述和内容有相似之處,高明曾特别指出這兩章“内容基本相似”。參見高明:《帛書老子校注》,北京:中華書局,1996年,第424頁。

定,至於否定的方式,此章並未透露消息。

“常名”首先是對“可名之名”的肯定,進而又以肯定的方式否定,永無止息①。由此就形成了一種回環往復,不斷更新的局面。所以老子説:

反者道之動,弱者道之用。(《第四十章》)

以“常名”問題爲背景,“反者道之動”可以理解爲“常名”和“可名之名”之間的張力。老子説“正言若反”(《第七十八章》)。“正言”即“常名”,這是指“常名”以“可名之名”的否定來表現自身。“常名”實際上是“可名之名”的否定之否定,這種否定之否定意在返回“常名”,却如王弼所言永遠都“未盡其極”②。於是,“常名”便如一股永恒的動力源泉,不斷牽引著“可名之名”做否定之否定的運動。“弱者道之用”,則是講“道”之所以顯現出如此妙用在於“道”的“弱”性,這種“弱”性亦即“常名”相比於“可名之名”的非對象性。最能表述“常名”的這種辯證法則和形態的是《老子》下面的話:

①“常名”以“可名之名”的形式表現,却又永遠不滿足於“可名之名”,牟宗三先生對此有一段生動的闡述:“關於‘道’這個名,你可以用種種的概念去説它,你可以用量名去説它,量名就是可名之名。也可以用質名去説它,質名這個名是可名之名。也可以用關係名去説它,關係名是可名之名。但是,量名、質名、關係名通通用不上的,用上去就要拉下來。這就表示,你想用這些可名之名去説的那東西是不可名之名,不可名之名就是常名。‘道’這個名就是常名。”(牟宗三:《牟宗三先生講演録・三・老子》,臺北:東方人文基金會　鵝湖出版社,2019年,第14—15頁)

②王弼指出:“名號則大失其旨,稱謂則未盡其極。”(《老子指略》)

> 吾强爲之名曰大。大曰逝,逝曰遠,遠曰反。故道大,天大,地大,王亦大。國中有四大,而王居其一焉。人法地,地法天,天法道,道法自然。(《第二十五章》)

依竹簡本,"吾强爲之名曰大"以後是一個完整的意義段落。在這裏,"强爲之名"的説法表達了一種特别的意義結構:"常名"(道之名)並非"可名之名",然而却不得不以"可名之名"表現;雖然表現爲"可名之名",却也只是暫時的,有待否定的。具體而言,"常名"以之爲表現的"可名之名"的特點是"大"。王弼提出:

> 吾所以字之曰道者,取其可言之稱最大也。責其字定之所由,則繫於大。夫有繫,則必有分。有分,則失其極矣。故曰:"强爲之名曰大。"(《老子注》)

在王弼看來,所有加諸於"道"之上的詞,包括"道"這個詞本身,都屬於"字"而非"名"。然而,"道"這個詞也不是隨便取的,"責其字定之所由","道"因其是"可言之稱最大也",所以"繫於大"。"繫於大"就是將"道"之"字"勉强落實爲"名"。作爲"名"的"大"是對細小具體事物的抽象,從中抽出統貫的原則。

王弼指出:"大也者,取乎彌綸而不可極也""然彌綸無極,不可名細"(《老子指略》)。這是講,"大"是一個貫通所有、無不包覆的抽象原則。然而,正因其是抽象原則,也就不可避免地會忽略感性細節。從“大”作爲抽象原則的角度看,天地之間,以天爲大;地上萬物,以地爲大;一國之中,則王最大。但是,“大”畢竟是一種“可名之名”,其問題在於不“知止”,於是在“常名”的牽引下,“大”就需要由“小”加以否定和修正。由“大”到“小”的過程就叫“逝”,“逝,行也。不守一大體而已,周行無所不至,故曰逝也”(《老子指略》)。“小”作爲與“大”對立的一極就叫“遠”,“遠,極也。周行無所不窮極,不偏於一逝,故曰遠也”(《老子指略》)。值得注意的是,“小”作爲“可名之名”也不“知止”,此時則需另一個“大”對其加以否定和修正,如此循環往復。從這個角度來看,似乎有一種强大的動力牽引著“可名之名”做自我否定;或者説“可名之名”不斷以自我否定的方式要求回到“常名”。正因如此,王弼注曰:“不隨於所適,其體獨立,故曰反也。”(《老子注》)“常名”不隨適於“可名之名”,要求其獨立性就叫“反”。

進一步分析,“强爲之名曰大”的“大”,作爲一種“可名之名”意義下的“道”之“名”,就是老子哲學所著力反思和批判的對象。從立言宗旨看,老子所反對的“可道之道”及“可名之名”説到底就是這種“大”。實際上,“大”意味著一種對象化思維;换言之,所謂“大”就是理、道理、規則和規律,“大”的思維方式就是理性(“知”)思維。老子哲學的革命性在於發現人類思維有一種“可名之名”的路徑依賴,人們往往以“可名之名”的方式尋找和理解“道”,殊不知所找到的並非“常道”。“常名”的發現,不僅使老子找到了一條揚棄“可名之名”的道路,而且由此奠定了道家哲學的基本取向。從這一取向來看,百家之言均陷於"可名之名"的"言筌"中。百家之學各自以爲得"道",實則只不過得到了不同的"大"。這些不同的"大"之間彼此否定,陷入似乎永無休止的是非爭辯的泥潭中。

老子之後,莊子沿著這一取向進一步闡明了道家的立場:

> 夫言非吹也,言者有言,其所言者特未定也。果有言邪?其未嘗有言邪?其以爲異於鷇音,亦有辯乎?其無辯乎?道惡乎隱而有真僞?言惡乎隱而有是非?道惡乎往而不存?言惡乎存而不可?道隱於小成,言隱於榮華。故有儒墨之是非,以是其所非而非其所是。欲是其所非而非其所是,則莫若以明。(《莊子·齊物論》)

莊子對"言""道"及其關係進行了深入的追問,然後指出有兩種"言":一種是"榮華之言",這種"言"就是一般的言者或辯者的話,但是這些"言"之間辯論紛紛,並無一個定論。另一種是因"榮華之言"而隱藏的"言",這種"言","惡乎存而不可",没有它存在的地方是不可的,也就是説,無論怎麽説都"可",都對①。無論如何都對的"言"相對於特定條件下才對的"言",如果説後者是一種"可言之言",一種"有言"或"有辯",前者則是一種"不可言之言",一種"未嘗有言"或"無辯"。可以發現,兩種

---

①牟宗三:《牟宗三先生講演録·三·老子》,臺北:東方人文基金會　鵝湖出版社,2019年,第15頁。

"言"分别對應"可名之名"和"常名"。與兩種"言"相應,有兩種"道",一種是"小成之道",這種"道"以"榮華之言"爲載體;另一種則是因"小成之道"而隱藏的"道",這種"道","惡乎往而不存",没有什麽地方是不存在的,亦即無所不在。這種無所不在的"道"對應的是無論如何都對的"言",正如老子的"常道"之於"常名"。以"常名"和"常道"爲判教依據,莊子將儒、墨二家判定爲"非常名"和"非常道"。由此也就解釋了何以儒、墨之間陷入了各以此方爲是,而以彼方爲非的"未定"局面①。

餘　論

問題在於,當道家站在"常名"立場參與百家争鳴,此時的"常名"還是那個超越意義的"常名"嗎?顯然已經坍塌爲一種"可名之名"了。因此,雖然老子在名義上爲道家奠定了"常名"的立場,但作爲諸子争辯之一派的道家却無法實現真正的超越。超越的"常名"應當從諸子百家對"常名"的不同理解中去領會。换言之,不僅道家追尋"常名",儒、墨等主要的諸子學派從某種程度講都在尋覓"常名"。這種廣義的"常名"可以寬泛地理解爲對"可名之名"的反思、批判和揚棄。就先秦諸子的起源來看,一般來説可以歸諸"禮壞樂崩"或"周文疲敝"。説到底,以

①關於道家名學的特點,鄭開教授總結道:"它不僅體現並運用了'反'的思維,也建構了深閎而肆的'道論',而且也在破詰百家之説的同時表明了自身的鮮明特徵。"(鄭開:《道家名學鉤沉》,《哲學門》第11輯,北京:北京大學出版社,2005年)筆者贊同這一概括,只是在具體理解方面與鄭教授不同。

禮樂文化爲主要内容的“周文”本身即是一種“可名之名”。諸子産生於這種“可名之名”遭遇了深刻危機的時代,這一時代危機正如《管子》概括的:“夫名實之相怨久矣,是故絶而無交。”(《管子·宙合》)“名實相怨”反映了“可名之名”易於脱離“名止於實”的弊病。從這一視角出發,諸子的共同取向都在於對“可名之名”有所反思,只是對由此而生的“常名”觀念的理解不同。

具體來講,對於作爲“可名之名”的“周文”所遭遇的危機,孔子認爲主要問題不在“可名之名”,而在人身上,是人不知“名止於實”。因此,只要設法使人做到“名止於實”,就能解決“可名之名”的危機。沿此思路,孔子提出了“正名”學説,這裏的“正名”之“名”主要是與人密切相關的名分義(包括名聲義),“正名”就是人與其名分、名聲的契合。與此相反,老子認爲問題的要害恰恰出在“可名之名”。老子對“周文”持徹底否定態度,因而講“夫禮者,忠信之薄而亂之首”(《第三十八章》)。由此,老子宣導“無名”,“無名”之“名”指“可名之名”,“無”表示否定,不斷地否定“可名之名”,此即“常名”。老子這一立場反映了他始終不信“人”而尚“自然”。與孔子、老子對“周文”一正一反的取向不同,墨子開闢出第三條道路。在墨子看來,“周文”的問題在於華而不實,所以人可以根據“名止於實”的原則直接創造一套新名和新文,這就是墨子“取實予名”“以名舉實”的致思取向。墨子根據“實名”原則創造的這種新名,其内涵與西方哲學的“概念”相通。從對“可名之名”的反思來看,儒、道、墨是三個取向較爲明確的學派。其中,孔子之“正名”與墨子之“實名”儘管取向不同,但都意在確立某種“名”,這樣的“名”屬於廣義的“常名”。三家之外,法家和黄老“形名”(刑名)的取向與道家和儒家有聯繫,名家“專决於名”的取向則與墨家的工作相通①。由此可説,先秦諸子皆表現了對“可名之名”的反思和批判,其各自的哲學取向亦可歸結爲確立各自的“常名”觀念。

綜上可見,“名”及其相關問題是牽涉中國哲學之根本的重大課題。從中西哲學比較的立場出發,俞宣孟先生曾經提出西方哲學的系統有一種可稱之爲“底本”的觀念貫穿其中,這個“底本”即Being(存在、存有、是)。俞先生判定,研究中國哲學不能以西方哲學的Being爲“底本”。雖然俞先生並未明確指出中國哲學的“底本”是什麽,但他却通過研究西方哲學的“底本”提出“底本”有三個特徵:“語言的特徵、與語言密切相關的哲學問題的方向和表述方式,以及圍繞著哲學問題的爭論而産生的哲學分支或流派。”②以此衡諸“名”的觀念,大致吻合,這或可説明中國哲學的“底本”是圍繞著“名”的觀念的。中國哲學家困惑於“名”的問題進而立志尋找“常名”,一如西方哲學家困惑於

①名家及其形成是一個複雜的問題。一般認爲,狹義的名家至少包括惠施和公孫龍。《漢書·藝文志》提出名家出於禮官之説,蓋涵臆測。西晉魯勝認爲惠施、公孫龍祖述墨子之學,這是從學理層面所做的推斷,較爲可信。近代以來,胡適等人也認爲惠施、公孫龍是别墨學派合法的代表人物。儘管有學者認爲名家自有授受,但無論如何,名家與墨家的淵源和相通是難以否定的。

②俞宣孟:《西方哲學底本中的Being問題》,《哲學分析》2013年第2期。

存在(Being)問題而要求確立存在。當然,研究中國哲學可以採取不同視角,但以"底本"爲中心的考察顯然是非常必要且有意義的。在筆者看來,將"名"視爲中國哲學的"底本"是近年來出現的"新名學"研究的重要理論前提,儘管一些學者還没有充分意識到這一點①。對老子"常名"觀念的研究和反思可以使我們進一步確信這個結論。

作者簡介:苟東鋒,1982年生,陝西禮泉人。華東師範大學中國現代思想文化研究所暨哲學系副教授。主要研究方向爲先秦諸子、新名學。

①"新名學"是本世紀以來出現的一種致思取向,它一方面反思中國近代以來"反向格義"的研究方法,另一方面將"名"視爲中國哲學最重要的觀念之一。後者尤爲特出,雖然很多學者認爲"名"很重要,但對其爲何如此重要却有欠深思。將"名"視爲中國哲學的"底本"即意在回應此問題。參見苟東鋒:《"新名學"芻議》,《思想與文化》第17輯,上海:華東師範大學出版社,2015年。

“道”論與“刑名”之治

——《黄老帛書》的政治理論與形上奠基

馬卓文

内容提要:《黄老帛書》①强化了“道”爲萬物賦“理”的内涵,萬物自身之“理”的根源與依據就是“道”。又加强了“道”物之間的聯繫,“道”在萬物的生成發展過程中發揮著恒常的統攝作用。爲了避免萬物背離自身之“理”的可能,需要確立“刑名”以提供明確客觀的準則規範,從而實現理想的政治治理。“刑名”是對萬物自身呈現出的條理與秩序的如實描摹,同時也是對抽象的“道”的清晰化與具體化。要真正執掌“刑名”,需要憑藉對“道”的體知與把握。

①本文所稱《黄老帛書》,指馬王堆漢墓出土《老子》乙本卷前古佚書,分别題爲《經法》《十六經》《稱》《道原》。關於這四篇古佚書的名稱、成書年代、思想主旨等問題,存在非常多的爭議與討論,目前學界多稱之爲《黄帝四經》(參見袁青:《〈黄帝四經〉成書時代辨析》,載《道家文化研究》第三十輯,陳鼓應主編,北京:中華書局,2016 年;張增田:《〈黄老帛書〉研究綜述》,《安徽大學學報(哲學社會科學版)》2001 年第 4 期)。筆者參考前輩學者的意見,採用《黄老帛書》這一名稱,突出這四篇古佚書是黄老學相關的出土文獻的特徵。

"道"作爲形上本原起始於老子,《黄老帛書》延續了這一道家哲學的精神。在《老子》中,"道"的特徵及其與萬物的關係是聖王形象與理想治理的範本①。而在《黄老帛書》中,"道"的理論同樣深刻影響了政治哲學的發展與變化。以萬物之"理"爲中介,我們可以清晰地看到從"道"下降至"刑名"體系的必要性與可能性。而作爲黄老學重要的治理手段,"刑名"之治的實現又需要上溯至對"道"的體知與把握。

一、"道"與萬物之"理"

《黄老帛書》第一篇《經法》開篇即言"道生法"(《經法·道法》)②,點出黄老學的兩個重要概念——"道"與"法",並且"道"的優先性高於"法"之上,"法"只有通過"道"的名爲"生"的作用才能得到呈現。"道"作爲最高的哲學概念起始於老子,《黄老帛書》延續了這一道家哲學的精神。《道原》中將"道"稱爲"恒无之初",具有"天弗能覆,地弗能載""獨立不偶"的特質,無不在凸顯"道"作爲唯一本原的"自本自根"、至高無上的地位。

筆者注意到,《黄老帛書》中的"道"具有某種獨特的性質,我們可以通過以下的文本展開論述:

---

①《老子》二十五章:"人法地,地法天,天法道,道法自然。"(魏)王弼注,樓宇烈校釋:《王弼集校釋》,北京:中華書局,1980年,第65頁。

②國家文物局古文獻研究室編:《馬王堆漢墓帛書》,北京:文物出版社,1980年,第43頁。

> 虛无形，其裻冥冥，萬物之所從生。[①]（《經法・道法》）
>
> 恒无之初，迵同大虛。虛同爲一，恒一而止。濕濕夢夢，未有明晦。神微周盈，精静不熙。故未有以，萬物莫以。故无有形，大迵无名。天弗能覆，地弗能載。小以成小，大以成大。盈四海之内，又包其外。在陰不腐，在陽不焦。一度不變，能適蚑蟯。鳥得而飛，魚得而游，獸得而走，萬物得之以生，百事得之以成。人皆以之，莫知其名。人皆用之，莫見其形。一者其號也，虛其舍也，无爲其素也，和其用也。是故上道高而不可察也，深而不可測也。顯明弗能爲名，廣大弗能爲形，獨立不偶，萬物莫之能令。天地陰陽，【四】時日月，星辰雲氣，蚑行蟯動，戴根之徒，皆取生，道弗爲益少；皆反焉，道弗爲益多。堅强而不撌，柔弱而不可化。精微之所不能至，稽極之所不能過。[②]（《道原》）

第一條材料指出“道”是“萬物之所從生”，是本源論的表述，與《老子》中“道生一，一生二，二生三，三生萬物”[③]（《老子》四十二章）的説法類似，意爲“道”是天地萬物生成的本源。第二條材料中則提出“萬物得之已生，百事得之以成”，認爲萬物得到

---

①國家文物局古文獻研究室編：《馬王堆漢墓帛書》，北京：文物出版社，1980 年，第 43 頁。

②國家文物局古文獻研究室編：《馬王堆漢墓帛書》，北京：文物出版社，1980 年，第 87 頁。

③（魏）王弼注，樓宇烈校釋：《王弼集校釋》，北京：中華書局，1980 年，第 117 頁。

“道”而生存發展。更具體地説就是“鳥得而飛,魚得而游,獸得而走”,萬物獲得“道”,就獲得了各不相同的屬性與活動方式;並且,在事物發展的過程中,“道”被廣泛地依憑、使用,所謂“人皆以之”“人皆用之”。也就是説,“道”不僅是生成的本源,也是天地間一切屬性和條理的根源。根源的意義貫穿始終,“道”在事物生成發展的任何階段都普遍地發揮著統攝作用。這樣一種“道”物關係,有學者描述爲“(道)在一切大小事物中普遍而恒常地起著作用”“雜多事物中有根本之道”①。

此種内涵,在《老子》中似乎已經有了端倪:

> 大道氾兮,其可左右。萬物恃之而生而不辭,功成不名有,衣養萬物而不爲主。②(《老子》三十四章)

可以看出,“道”是萬物得以生存的背後依據(“萬物恃之而生”),“道”的根基性的作用貫穿於萬物生長的始終(“衣養萬物”)。但是,老子又不斷申明“道”對萬物的作用其實是非常節制的,無論是這裏所説的“功成不名有”“衣養萬物而不爲主”,還是第十章、第五十一章所説的“生而不有,爲而不恃,長而不宰”③,都表明“道”要通過不控制、不干涉來“讓萬物自行活動、

---

①蕭萐父:《〈黄老帛書〉哲學淺議》,陳鼓應主編:《道家文化研究》第3輯,上海:上海古籍出版社,1993年,第266—267頁。

②(魏)王弼注,樓宇烈校釋:《王弼集校釋》,北京:中華書局,1980年,第86頁。

③(魏)王弼注,樓宇烈校釋:《王弼集校釋》,北京:中華書局,1980年,第24頁、137頁。

自行其事”[①]。黄老學則加强“道”物之間的關聯,將“道”提升爲物的世界的規律的總來源。因此,“握少以知多”[②](《道原》)、把握“道”以知天下萬物之理就在理論上成爲可能。到韓非子那裏,“道”與“理”的理論使這一思想内涵變得更加清晰,《韓非子》中説:

> 道者,萬物之所然也,萬理之所稽也。理者,成物之文也;道者,萬物之所以成也。故曰:“道,理之者也。”[③](《韓非子·解老》)
>
> 凡理者,方圓、短長、麤靡、堅脆之分也,故理定而後物可得道也。[④](同上)

“道”是萬物所以如此的最高本原,“理”是具體事物的具體屬性(方圓、短長、麤靡、堅脆等等)。“理”來源於“道”並且符合於“道”。也就是説,萬物各不相同的屬性究其根源都來自於“道”,“道”是天地萬物一切具體屬性與活動方式的根源與依據。

那麽,在“道”的統攝之下的天地萬物呈現出怎樣的樣態

---

①王中江:《道與事物的自然:老子“道法自然”實義考論》,《哲學研究》2010年第8期,第45頁。

②國家文物局古文獻研究室編:《馬王堆漢墓帛書》,北京:文物出版社,1980年,第87頁。

③(清)王先慎撰,鍾哲點校:《韓非子集解》,北京:中華書局,1998年,第146—147頁。

④(清)王先慎撰,鍾哲點校:《韓非子集解》,北京:中華書局,1998年,第148頁。

呢?《經法》中描述道:

> 天地有恒常,萬民有恒事,貴賤有恒位,畜臣有恒道,使民有恒度。天地之恒常,四時、晦明、生殺、柔剛。萬民之恒事,男農、女工。貴賤之恒位,賢不肖不相妨。畜臣之恒道,任能毋過其所長。使民之恒度,去私而立公。①(《經法·道法》)

在這裏,"從天地的運轉到民生、人倫、政治,都呈現出某種清晰而具體的秩序"②。所謂的"恒常""恒事""恒位""恒道",就是强調萬事萬物各自有穩定的規律、職分、位置、原則,它們構成了天地間恒常且普遍的秩序,保證了社會和諧有序地運行。這樣一種由"道"賦予、未經人爲損害的狀態,可以説就是道家傳統中的"自然":既代表萬物如其所是、自己而然的樣子,也是理想的、合理的生存狀態。我們可以對比一下《老子》中的"自然",被描述爲一個小國寡民的社會:

> 小國寡民,使有什伯之器而不用,使民重死而不遠徙。雖有舟輿,無所乘之;雖有甲兵,無所陳之;使人復結繩而用之。甘其食,美其服,安其居,樂其俗。鄰國相望,雞犬之聲

①國家文物局古文獻研究室編:《馬王堆漢墓帛書》,北京:文物出版社,1980年,第43頁。

②孟慶楠:《王弼政治哲學中的"自然"觀念淺議》,《中國哲學史》2018年第4期,第46頁。

> 相聞,民至老死不相往來。[①]（《老子》八十章）

這是一個極爲素樸,少私寡欲,"幾乎看不到政治秩序與權力的印跡"[②]的社會。通過對照可以看到,黄老學對於"自然"狀態的描述更加朝向秩序、規範的方向邁進。但是,儘管呈現出如此清晰的條理與具體的秩序,所有的"恒……",就其是萬物本來的樣子、而非後天人爲塑造來説,仍然是自己而然的。

"道"賦予萬物以各自的屬性與活動方式,並且在萬物整個的發展過程中發揮著根源性的承載作用。也就是説,大至天地、小至蚑蟯,其内在之"理"都來自於"道",因而也具有了"恒"所指示的恒常性與普遍性。萬物必須遵守稟賦於"道"的本質屬性與活動方式,因爲這同時也是他們自身擁有的,是最本真、最合理的樣子。《黄老帛書》中説:

> 物各□□□□(陳鼓應先生補爲:合於道者[③])謂之理。理之所在,謂之□(陳鼓應先生補爲:順)。物有不合於道者,謂之失理。失理之所在,謂之逆。逆順各自命也,則存亡興壞可知【也。】[④](《經法・論》)

---

①(魏)王弼注,樓宇烈校釋:《王弼集校釋》,北京:中華書局,1980年,第190頁。

②孟慶楠:《王弼政治哲學中的"自然"觀念淺議》,《中國哲學史》2018年第4期,第46頁。

③陳鼓應注譯:《黄帝四經今注今譯:馬王堆漢墓出土帛書》,北京:商務印書館,2016年,第422頁。

④國家文物局古文獻研究室編:《馬王堆漢墓帛書》,北京:文物出版社,1980年,第53頁。

陳鼓應先生根據上述材料第三第四句的内容,補齊了缺失的部分。"理"的概念在《韓非子》中意爲"在物之文",即具體事物的"方圓、短長、麤靡、堅脆"等屬性與規定。《黄老帛書》雖然没有明確闡釋"理"的内涵,但很明顯,"理"介於"道"與物之間,抽象的"道"落實於各個事物之上即爲其"理"。物合於"道",也就是遵照自身之"理",即爲順;不合於"道",也就是背離自身之"理",則爲逆。逆順的不同狀態導致了存亡興壞的不同處境。之所以如此,正是因爲來自於"道"、又屬於各個事物自身的"理"就是萬物最恰當的生存狀態。

二、"理"的維繫與"刑名"的確立

就萬物而言,自然界的花草樹木、鳥獸蟲魚一般來説都能够依循"道"所賦予的自然本性,成就其合於"道"的存在,不會背離或超出内在的本質與法則。人類世界則不同,往往會出現對内在之"理"的突破與背離,《經法·道法》曰:

> 虚无形,其裻冥冥,萬物之所從生。生有害,曰欲,曰不知足。生必動,動有害,曰不時,曰時而□。動有事,事有害,曰逆,曰不稱,不知所爲用。事必有言,言有害,曰不信,曰不知畏人,曰自誣,曰虚誇,以不足爲有餘。① (《經法·道法》)

---

①國家文物局古文獻研究室編:《馬王堆漢墓帛書》,北京:文物出版社,1980年,第43頁。

老子常常將百姓的種種問題歸結於不恰當的政治施爲的後果①。而在這裏我們看到,人天生就有某種可能引起傷害的東西,並非完全是後天由君主與社會的影響而有。此種有害的因素,是對人的生命與生存的戕害,體現在動、事、言等人類生活必不可少的行爲之上。由於人的社會行爲總是包含著對“正當性與適度性的突破與背離”②,所以雖然同出於“道”,但對自身之“理”的實現程度有很大區别。

也就是説,萬物在根源於“道”的生成過程中,一方面各自稟得一定的本質屬性,成爲其内在的法則與秩序;另一方面,萬物(更主要是指人)的本性中本身就包含了害的因素、包含了背離理想狀態的傾向。實際上,在老子政治哲學中隱含著某種類似的見解,“道”也必須尊重與效法的萬物之“自然”並不是絶對自足可靠的,百姓具有某種打破本然屬性的“欲作”的傾向。“爲了抑制和克服‘萬物’的異化”③,君主應該以虚静無爲的姿態不斷影響百姓,使其向“道”復歸。《老子》曰:

道常無爲而無不爲,侯王若能守之,萬物將自化。化而

①“天下多忌諱,而民彌貧;民多利器,國家滋昏;人多伎巧,奇物滋起;法令滋彰,盜賊多有。”(《老子》五十七章)“民之饑,以其上食税之多,是以饑。民之難治,以其上之有爲,是以難治。民之輕死,以其求生之厚,是以輕死。”(《老子》七十五章)(魏)王弼注,樓宇烈校釋:《王弼集校釋》,北京:中華書局,1980年,第150頁、第184頁。

②荆雨:《試析帛書〈黄帝四經〉‘道生法’思想的内涵及意義》,《中國哲學史》2005年第4期,第87頁。

③王中江:《道與事物的自然:老子“道法自然”實義考論》,《哲學研究》2010年第8期,第45頁。

欲作,吾將鎮之以無名之樸。無名之樸,夫亦將無欲。不欲以靜,天下將自定。[①] (《老子》三十七章)

黄老政治哲學則更加積極,要將萬物本來的屬性與秩序清晰地勾畫出來,以使百姓知道自身行爲的標準與限度,防止對自身之“理”的背離,進而達到最合理的生存狀態,也實現最理想的政治治理。這就是所謂的“刑名”思想。《經法・道法》在講述完萬事萬物各自有一定的“恒常”“恒事”“恒位”“恒道”“恒度”之後,引入了“刑名”概念:

變恒過度,以奇相御。正、奇有位,而名□弗去。凡事無小大,物自爲舍。逆順死生,物自爲名。名刑已定,物自爲正。[②] (《經法・道法》)

當事物背離、超過“恒”與“度”,就會出現“以奇相御”的局面,這時候需要使“正”“奇”各就其位、不致相妨。分判“正”“奇”的原則就是“名刑”。“刑名”一經確立,萬物就可以根據它矯正自已的行爲、做出是非判斷,達到“物自爲正”的效果。可以看出,“刑名”就是某種準則、尺規。

黄老學屢稱的“刑名”之“刑”與“形”字通假。根據鄭開先

---

①(魏)王弼注,樓宇烈校釋:《王弼集校釋》,北京:中華書局,1980年,第91—92頁。

②國家文物局古文獻研究室編:《馬王堆漢墓帛書》,北京:文物出版社,1980年,第43—44頁。

生的研究,"形"與"刑"分别指示著"名"所涉及的語言與制度兩重涵義[①]。"名"一方面因於"形"[②],一方面又建構了人類社會所有的制度設施[③],是"禮""法"的抽象形式。黄老學所稱的"刑名"就要從此種角度來考察。"刑"是由"名"建構起來的,指示了"名"所涉及的秩序、法則這一層面,具有很强的政治意味。

從孔子以來的儒家十分强調"名",孔子提出"正名","構成'名'之内涵的不僅是事物的位置和關係,更是'德'和'禮'所代表的倫理價值"[④]。黄老學的"刑名"指秩序與準則,但並非如同儒家所推崇的禮樂那樣,是根據聖人之先覺被人爲塑造出來的。司馬談《論六家要旨》稱道家"以虚無爲本,以因循爲用"[⑤],"刑名"的理論深刻地體現了這一特徵。在黄老政治哲學中,"刑名"體系的基礎在於"因循",即依照、遵守萬物本身呈現出來的屬性與條理。《十六經》中説:

> 【黄帝】令力黑浸行伏匿,周流四國,以觀无恒善之法,則力黑示像,見黑則黑,見白則白。……力黑已布制建極,

①參見鄭開:《道家"名學"鉤沉》,《哲學門》第11輯,趙敦華主編,北京:北京大學出版社,2005年,第47—55頁。

②"物固有形,形固有名。"(《管子·心術上》)黎翔鳳撰,梁運華整理:《管子校注》,北京:中華書局,2004年,第764頁。

③"夫名以制義,義以出禮,禮以體政,政以正民。"(《左傳·桓公二年》)(清)阮元校刻:《春秋左傳正義》,北京:中華書局,2009年,第3785頁。

④王博:《"然"與"自然":道家"自然"觀念的再研究》,《哲學研究》2018年第10期,第51—52頁。

⑤(漢)司馬遷撰,(南朝宋)裴駰集解,(唐)司馬貞索隱,(唐)張守節正義,中華書局編輯部點校:《史記·太史公自序》,北京:中華書局,1982年,第3292頁。

> □□□□□曰:天地已成,而民生,逆順无紀,德虐无刑,靜作无時,先後無名。今吾欲得逆順之【紀】,□□□□□□□□以爲天下正,靜作之時,因而勒之,爲之若何?①
> (《十六經·觀》)

在這條材料中,力黑"布制建極"的方法爲"見黑則黑,見白則白",並没有爲黑確立一個白的法則或爲白確立一個黑的法則,也並没有對黑白進行價值評估,而是用一定的名如實地反映萬物原有的形態。因此,建構"刑名"的過程可以用《經法》所説的"物自爲名"②"名自命"③原則概括,是"事物的自我命名"④。也就是説,"刑名"體系的生成"不是來自某一外在的權威,也不是來自某種外在的認知準則或價值標準,而是來自於事物内部,與事物本有之形質相應"⑤。基於這樣的命名原則,黄老政治哲學要求統治者採取虚無的態度,以"无執""无處""无爲""无私"的姿態觀待天下。

《經法·道法》曰:

①國家文物局古文獻研究室編:《馬王堆漢墓帛書》,北京:文物出版社,1980年,第62頁。

②國家文物局古文獻研究室編:《馬王堆漢墓帛書》,北京:文物出版社,1980年,第44頁。

③國家文物局古文獻研究室編:《馬王堆漢墓帛書》,北京:文物出版社,1980年,第54頁。

④王博:《"然"與"自然":道家"自然"觀念的再研究》,《哲學研究》2018年第10期,第52頁。

⑤崔曉姣:《"刑名"與"自然":黄老政治哲學的内在理路探析》,《江漢論壇》2020年第3期,第67頁。

見知之道,唯虛无有。虛无有,秋毫成之,必有刑名。刑名立,則黑白之分已。故執道者之觀於天下也,无執也,无處也,无爲也,无私也。① (《經法·道法》)

只有排除了君主的前識以及前識帶來的種種影響,萬物各自的屬性與條理才能够真實無妄地呈現。如此,即使秋毫那樣小的事物,也可以清晰地觀照它的"刑名"。

事物的"刑名"確立了,意味著"黑白之分"即萬物的限度、法則和是非標準同時建立了起來,於是"一切行動便可衡量,是非曲直自然皆可判斷處置"②。《黄老帛書》認爲,只要聖人認識和把握住"刑名",天下的治理就容易做到:

故執道者之觀於天下也,必審觀事之所始起,審其刑名。刑名已定,逆順有位,死生有分,存亡興壞有處。然後參之於天地之恒道,乃定禍福死生存亡興壞之所在。是故萬舉不失理,論天下而无遺策。故能立天子,置三公,而天下化之,之謂有道。③ (《經法·論約》)

聖人只需觀察萬物是否與其自身的"刑名"相符,相符則爲"順",

---

①國家文物局古文獻研究室編:《馬王堆漢墓帛書》,北京:文物出版社,1980年,第43頁。

②余明光:《黄帝四經與黄老思想》,哈爾濱:黑龍江人民出版社,1989年,第39頁。

③國家文物局古文獻研究室編:《馬王堆漢墓帛書》,北京:文物出版社,1980年,第57頁。

不符則爲"逆",由此判斷與決定對象的禍福死生、存亡興壞。"刑名"與一定的賞罰措施相配合,以使萬物復歸自身之"理"。

《黄老帛書》將上述觀察萬事萬物是否與"刑名"相符的活動稱爲"審名"。在《韓非子》中也有類似的統治術。《韓非子·主道》曰:"有言者自爲名,有事者自爲形,形名參同,君乃無事焉,歸之其情。"①這裏的"名"指的是臣下的"言","形"指的是臣下的"事",君主用其"言"去核實、對照其"事"。《揚權》又曰:"君臣不同道,下以名禱,君操其名,臣效其形,形名參同,上下和調也。"②君主根據臣之所言或根據其職分來檢驗臣下的實際事功。以《韓非子》爲代表的政治領域中的"形名參同"原則,本質上是要求"名"與"實"之間的相稱關係。當然,這種意義上的"形名"與《黄帝四經》所説的"刑名"是有區别的。在《黄帝四經》中,"刑"與"名"常常並稱,並且没有太多强調兩者之間的主次關係。前文已經説明,"刑"是由"名"建構的,與"名"一樣包含制度、秩序的含義,均指稱"規定的位置、應有的形態"③。

"刑名"要求真實呈現萬事萬物應處的位置、合理的限度。從這個意義上來説,雖然黄老學由老子的"無名"轉向了"刑名",但是由於建立"刑名"的基礎仍然是因循萬物之固有屬性而摒棄任何主觀人爲,因此其内在精神仍然屬於道家政治哲學的"無爲"範疇。"刑名"的確立,目的不是以君主的成心塑造百

①(清)王先慎撰,鍾哲點校:《韓非子集解》,北京:中華書局,1998年,第26頁。
②(清)王先慎撰,鍾哲點校:《韓非子集解》,北京:中華書局,1998年,第46—47頁。
③曹峰:《中國古代"名"的政治思想研究》,上海:上海古籍出版社,2017年,第164頁。

姓,而恰恰是如實描摹萬物本真的情狀,通過審查"刑名"來確保在現實中萬物之"理"的最終實現。

三、"道"與"刑名"之治

上兩節論述了黄老政治哲學發展出"刑名"的治理原則的内在思路。與老子的"無爲"相比,黄老道家呈現出更積極的建立社會秩序與政治設施的面向,但其所提倡的"刑名"之治並非一般意義上的有爲政治,而是以"道"爲基礎、奠基於無爲因循理論之上的政治主張。之所以能産生這樣的嬗變,發揮著根基性作用的是對"道"的理論的發展與變革。黄老學强化了"道"爲萬物賦"理"的内涵,萬物自身之"理"的根源與依據就是"道"。又加强了"道"物之間的聯繫,"道"在萬物的生成發展過程中發揮著恒常的統攝作用,物只有實現其合於"道"的内在之"理"才是達到了真正的理想狀態。以此爲基礎,"刑名"所代表的一整套秩序與制度在理論上根源於"道",二者之間以萬物之"理"爲中介:"刑名"既是對百姓的自然狀態的如實描摹,同時也是對抽象的"道"的清晰化與具體化。只有這樣,"刑名"才具備由"道"賦予的至高無上的合法性與普遍性,成爲君王至百姓都必須遵守的準則①。

---

①"法者,引得失以繩,而明曲直者也。故執道者,生法而弗敢犯也,法立而弗敢廢【也】。□能自引以繩,然後見知天下而不惑矣。"(《經法·道法》)國家文物局古文獻研究室編:《馬王堆漢墓帛書》,北京:文物出版社,1980年,第43頁。

《道原》曰:“分之以其分,而萬民不爭。授之以其名,而萬物自定。”①“刑名”的確立對於政治治理具有非常重要的意義,它本身就代表著一整套的秩序與制度架構,是所有政治行爲開展的合法依據。對於追求“天下歸一”的黄老道家來説,如果“刑名”的系統不能掌握在君主手中,那他的政治權威將得到極大挑戰。因此,如同《老子》中理想的君主具備“知常曰明”②的權能一樣,黄老學認爲統治者必須執掌“刑名”。

上文已經論述,根據“刑名”的特質和要求,把握“刑名”的方式是採取虚無的姿態,在不以君主個人之前識影響萬物的情况下使萬物自身已具的秩序與條理呈現出來,即“物自爲名”③“名自命”④。但是,僅僅從萬物已經呈現出的“黑白”特徵出發建立“刑名”是不够的。因爲百姓的生存發展並不能够完全符合於“道”,他們的本性中本身就包含了害的因素、包含了背離理想狀態的傾向,這恰恰也是需要“刑名”系統的原因——明確標準與限度。因此,聖人要認識、把握“刑名”,除了以虚静無爲的態度觀物之外,還需要一種更高層次的“知”。《稱》篇提示了這種“知”:

---

①國家文物局古文獻研究室編:《馬王堆漢墓帛書》,北京:文物出版社,1980年,第87頁。

②(魏)王弼注,樓宇烈校釋:《王弼集校釋》,北京:中華書局,1980年,第36頁。

③國家文物局古文獻研究室編:《馬王堆漢墓帛書》,北京:文物出版社,1980年,第44頁。

④國家文物局古文獻研究室編:《馬王堆漢墓帛書》,北京:文物出版社,1980年,第54頁。

> 道无始而有應。其未來也,无之;其已來,如之。有物將來,其刑先之。建以其刑,名以其名。① (《稱》)

在一個具體事物産生之前,它内在的標準、法則就已經預先存在了。顯然,這是由於“道”。“道”賦予萬物以各自的本質屬性,在一切時間中,“道”普遍而恒常地起著作用。因此,在事物具體的形質和概念産生之前,它們各不相同的尺度就已經寓於“道”之中。曹峰先生認爲此條講述“如何依據‘道’而作‘形名’”②,是非常精到的。聖人建立萬物之“刑名”,最終指向的是把握“道”。

如上所述,黄老學强化了“道”作爲萬事萬物之總根源、總依據的内涵。“鳥得而飛,魚得而游,獸得而走”(《道原》),“萬物得之以生,百事得之以成”(《道原》),“道”是一切屬性、法則與秩序的根本來源。從根源上説,建立“刑名”以把握“道”爲基礎。只有達成和本原之“道”的某種認識關係,才能超越紛繁的現實世界,洞察事物由“道”所賦予的内在之“理”,建構真正合理合法的“刑名”系統。因而《黄老帛書》也將理想的君主稱爲“執道者”。如同在《老子》那裏,“道”經常與聖人、侯王對應③一樣,“執道者”的稱謂表明了統治者與“道”之間的同構關係。

---

①國家文物局古文獻研究室編:《馬王堆漢墓帛書》,北京:文物出版社,1980 年,第 81 頁。

②曹峰:《中國古代“名”的政治思想研究》,上海:上海古籍出版社,2017 年,第 170 頁。

③參見王博:《權力的自我節制:對老子哲學的一種解讀》,《哲學研究》2010 年第 6 期,第 48 頁。

但是,“道”本身是無形無名的,不能由感性知覺而把握;“道”也是混混冥冥、不可致詰的,不能由理性思維而表達。那麽,在何種意義上把握“道”,如何才能成爲“執道者”呢?《黄老帛書》用“神明”一詞來提示某種特殊的境界:

> 道者,神明之原也。神明者,處於度之内而見於度之外者也。處於度之【内】者,不言而信。見於度之外者,言而不可易也。處於度之内者,靜而不可移也。見於度之外者,動而不可化也。動而(衍字)靜而不疑,動而不化,故曰神。神明者,見知之稽也。[①]（《經法·名理》）

“神明”或“鬼神”這一類語詞在道家哲學中並不罕見[②]。根據鄭開先生的研究,“神明”一詞本爲古代宗教祭祀語境下的觀念,本意即鬼神。古代宗教觀念預設鬼神知道一切,包括過去和未來、隱秘和顯明,人們卜問鬼神未來的吉凶禍福,也相信鬼神知曉人的一切行爲而福善禍淫。傳統鬼神觀念中神明無所不知的這一特徵,被道家點化成爲一個哲學概念,因而“神”“神明”在道家哲學中就指示能够把握、體會無形無名的“道的真理”的

---

①國家文物局古文獻研究室編:《馬王堆漢墓帛書》,北京:文物出版社,1980年,第58頁。

②“夫徇耳目内通而外於心知,鬼神將來舍,而况人乎!”(《莊子·人間世》)“若正汝形,一汝視,天和將至;攝汝知,一汝度,神將來舍。德將爲汝美,道將爲汝居,汝瞳焉如新生之犢而無求其故!”(《莊子·知北遊》)(清)郭慶藩撰,王孝魚點校:《莊子集釋》,北京:中華書局,2012年,第150頁、第737頁。

特殊智慧①。根據《經法》中的這則材料,“道”是“神明”的根源,“神明”又是洞見“道”的依據。達到“神明”的内在境界,就可以見知天下,做到“察无形,聽无聲”②(《道原》)、“上明於天之反,而中達君臣之半,密察於萬物之所終始”③(《經法·道法》)。

如果君主不能把握“道”,那他就無法執掌“刑名”系統。同時,如果君主在把握“道”方面不具備壟斷性,那他的政治權威也無從確立。《黄老帛書》極力渲染統治者的“獨見”與“獨知”:

> 故唯執道者能虚静公正,乃見□□,乃得名理之誠。④(《經法·名理》)
>
> 故唯執【道】者能上明於天之反,而中達君臣之半,富(衍字)密察於萬物之所終始,而弗爲主。故能至素至精,浩彌无形,然後可以爲天下正。⑤(《經法·道法》)
>
> 故唯聖人能盡天極,能用天當。天地之道,不過三功。

---

①参見鄭開:《道家形而上學研究》(增訂版),北京:中國人民大學出版社,2018年,第161—171頁。

②國家文物局古文獻研究室編:《馬王堆漢墓帛書》,北京:文物出版社,1980年,第87頁。

③國家文物局古文獻研究室編:《馬王堆漢墓帛書》,北京:文物出版社,1980年,第44頁。

④國家文物局古文獻研究室編:《馬王堆漢墓帛書》,北京:文物出版社,1980年,第58頁。

⑤國家文物局古文獻研究室編:《馬王堆漢墓帛書》,北京:文物出版社,1980年,第44頁。

功成而不止,身危有殃。[①]（《經法・國次》）

王天下者有玄德,有□□獨知□□□□王天下而天下莫知其所以。[②]（《經法・六分》）

知天之所始,察地之理,聖人麋論天地之紀,廣乎獨見,□□獨□□□□□□□□獨在。[③]（《稱》）

故唯聖人能察无形,能聽无【聲】。知虛之實,後能大虛。乃通天地之精,通同而无間,周襲而不盈。服此道者,是謂能精。明者固能察極,知人之所不能知,人(衍字)服人之所不能得。是謂察稽知極。聖王用此,天下服。[④]（《道原》）

可以看到,黄老道家認爲統治者在"知"的方面具有獨一無二的特質與權能。顯然,君主獨有的最深刻、最高級的"知"只能是對於"道的真理"的體知。黄老學的君主作爲"執道者",具有超越於百姓之上的屬性與權能,"猶如道不同於、超越於萬物之特質與優先性"[⑤]。統治者憑藉對"道的真理"的"獨見""獨知"之

①國家文物局古文獻研究室編:《馬王堆漢墓帛書》,北京:文物出版社,1980年,第45頁。

②國家文物局古文獻研究室編:《馬王堆漢墓帛書》,北京:文物出版社,1980年,第50頁。

③國家文物局古文獻研究室編:《馬王堆漢墓帛書》,北京:文物出版社,1980年,第81頁。

④國家文物局古文獻研究室編:《馬王堆漢墓帛書》,北京:文物出版社,1980年,第87頁。

⑤鄭開:《道家政治哲學發微》,北京:北京大學出版社,2019年,第63頁。

能,躋身人類社會的頂端,執掌最高的政治權威。

四、結語

通過上文的分析,我們看到《黄老帛書》中的"道"論與"刑名"之治有兩個層面上的交互關係:第一,"刑名"所代表的一整套秩序與制度設施根源於"道",二者之間以萬物之"理"爲中介:"刑名"首先是對百姓的自然狀態的如實描摹,同時也是對抽象的"道"的清晰化與具體化。之所以能有這樣的對應關係,根基在於黄老道家對"道"論的發展與變革。由此,"刑名"具備了由"道"賦予的至高無上的合法性與普遍性,成爲君王至百姓都必須遵守的準則。第二,要真正執掌"刑名",需要憑藉對"道"的體知和把握:只有理想的"執道者"才可以透過紛繁的現實情況洞察萬物内在之"理",建立起明確客觀的標準與規範,保證萬物在各自的軌道上自行其是而不至偏離。

始於老子的"道德"之意,在黄老學的發展下,以"因循"置換"無爲"、以"刑名"置换"無名",成爲一種更加具有實際操作性的政治理論。老子、黄老和韓非子的對照研究表明,道家政治哲學的基本線索源遠流長,又在思想的發展中不斷嬗變。

作者簡介: 馬卓文,1994 年生,甘肅慶陽人。北京大學哲學系博士研究生。主要研究領域爲先秦哲學。

三、書評

重新振響宏闊悠遠之菿漢天聲

——試評孟琢博士新著《齊物論釋疏證》*

李智福

内容摘要:章太炎《齊物論釋》問世以來,國内僅有繆篆(字子才)注本傳世,這與章先生自我期許遠不相侔。今有孟琢《齊物論釋疏證》出版,可謂章黄之學再發後勁,該書既能考原典故,又能浚發義理,是當代義疏學之典範。依筆者之見,該書之所以堪爲圭臬,至少有以下治學自覺:重視太炎的語言文字之學,以小學通玄學、哲學;能探賾索隱,對徵引經典文獻一一考原並進行深度詮釋;重視佛理思辨,對佛學名相與義理進行闡發;會通中西印,對其中徵引之西方哲學做進一步疏釋;堅持解釋學回圈原則,以章太炎解釋章太炎,力絶孤證與臆斷。作者既能宏觀掌控太炎思想之大體,又能細緻考索其細節内涵,大處著眼,小處著手,緊緊圍繞《齊物論釋》"明真通俗"這一回環互攝之主

* 本文得到國家社科基金後期資助專案"章太炎莊學思想研究"(19FZXB065)、西北政法大學長安青年學術骨幹專案的資助。

題展開全書之疏證，從而發皇《齊物論釋》"上悟唯識，廣利有情"這一核心思想。值章太炎先生誕辰150周年之際，此書可謂重新振響宏闊悠遠之葑漢天聲。

章太炎先生曾被及門弟子周豫才譽爲"先哲的精神，後生的楷範"①，值太炎先生誕辰150周年之際，"章黄後勁"孟琢博士新著《齊物論釋疏證》②付梓出版，實在是可喜可賀！同樣是周豫才，稱其師太炎先生爲"有學問的革命家"，並指出"戰鬥的文章，乃是先生一生中最大、最久的業績"③。此論誠然不錯，但不得不承認，章先生不僅是學問家，而且是哲學家；其最大最久的業績不僅只有"戰鬥的文章"，而且還有"哲學的文章"。章太炎對比自己與清儒之異時指出："乃若昔人所誚'專志精微，反致陸沉，窮研訓詁，遂成無用'者，余雖無腆，固足以雪斯耻。"④他之所以能雪清儒之耻，乃在於他不僅是飽讀古今、皓首窮經的經師，還是有自覺哲學構建、有思想關懷的哲人，這是他遠超清儒之處，他批評清儒戴東原通訓詁而不能講老莊和佛理⑤，實則

①魯迅：《關於太炎先生二三事》，轉自章念馳編：《章太炎生平與學術》，上海：上海人民出版社，2016年，第10頁。

②孟琢：《齊物論釋疏證》，上海：上海人民出版社，2019年。

③魯迅：《關於太炎先生二三事》，轉自章念馳編：《章太炎生平與學術》，上海：上海人民出版社，2016年，第10頁。

④章太炎：《葑漢微言》，《章太炎全集》（十二），上海：上海人民出版社，2017年，第71頁。

⑤章太炎《釋戴》指出："震書多姍議老、莊，不得要領，而以浮辭相難，彌以自陷，其失也。"自注云："老、莊書本非易理，戴君雖明六藝儒術，寧能解《齊物論》耶？又釋氏經論，蓋戴君所未覩，徒剌取禪人常語而加駁難，尤多紕繆。"章太炎：《章太炎文録初編》，《章太炎全集》（八），上海：上海人民出版社，2017年，第124頁。

即指出清儒囿於音韻訓詁而不能思考哲學問題。

章太炎的哲學思想散布在《俱分進化論》《人無我論》《國家論》《建立宗教論》《四惑論》《五無論》《葑漢微言》等著名篇章(專著)中,而其集大成者則不得不推其《齊物論釋》一書。“九流繁會,各於其黨,命世哲人,莫若莊氏”①,章太炎於古今中西一切哲人中最推重莊子,而傳世本《莊子》三十三篇中他又最推重《齊物論》,認爲《齊物論》既能“持閱衆甫”又能“治國保民”,是窮盡内聖外王之道的“内聖之鴻寶”②。不過,就是這麽一篇哲學瑰寶,他遺憾地指出:“世無達者,乃令隨珠夜光,永埋塵翳,故伯牙寄弦於鍾生,斯人發歎於惠墓,信乎臣之質死曠二千年而不一悟也,悲夫!”③於是,他發心解莊,以莊生之知音自居,把自己的全部個人才情與哲學思考注入三千餘字的《齊物論》中,他自詡此書“使莊生五千言,字字可解”“積年討論以補前人所未舉”④。就筆者所有限瞭解而言,在二十世紀前半期的中國哲學或漢語哲學中,章太炎《齊物論釋》與後起的熊十力《新唯識論》代表著中國哲學或者説漢語哲學的最高水準。不過,與熊十力《新唯識論》之命運不一樣,令人遺憾的是,這部以“千六

①章太炎:《莊子解故》,《章太炎全集》(六),上海:上海人民出版社,2017年,第149頁。

②章太炎:《葑漢微言》,《章太炎全集》(十二),上海:上海人民出版社,2017年,第26頁。

③章太炎:《齊物論釋定本》,《章太炎全集》(六),上海:上海人民出版社,2017年,第137頁。

④章太炎:《自述學術次第》,《章太炎全集》(十八),上海:上海人民出版社,2017年,第495、508頁。

百年未有等匹”[①]而自命的《齊物論釋》却在二十世紀的百年學術中走向消沉,這可能是章先生所始料未及的,這部書目前僅有其及門弟子繆篆的《齊物論釋注》[②]以及日本學者荒木見悟的《齊物論釋訓注》[③]兩種注本傳世,前者似失之過繁,後者則以日文行文,此處不作討論,而且相關研究也與太炎的自我期許遠不相俟,他對莊子的評騭“隨珠夜光,永埋塵翳”也可用於評騭他這部書。正是在這種百年消沉中,孟琢博士《齊物論釋疏證》應運而生。《齊物論釋疏證》皇皇三十餘萬言,沿波討源,雖幽必顯;考證詳贍,浚發思想;探赜索隱,語必徵實,此注使得這部“文筆古奥,索解爲難”(魯迅論章太炎)的《齊物論釋》大白於天下,使得章黄之學的“葑漢天聲”再聞於斯世。現就孟琢博士《齊物論釋疏證》(下文簡稱《疏證》)的解經特色略言一二,以就教於孟琢博士並學界諸家。

一、語言文字之學:以小學而通玄學、哲學

中國傳統學術的“漢宋之爭”或“經今文古文之爭”首先是治經方式不同之爭。宋儒譏漢儒僅識字而不明義理,清儒又譏宋儒通經而不識字,已經失去讀經之大本,因此聲言以訓

①章太炎:《與龔寶銓(一)》,《章太炎全集》(十六),上海:上海人民出版社,2017年,第746頁。
②姚彬彬:《“章門弟子”繆篆著述與交遊考略》,《史學月刊》2015年第9期。
③荒木見悟:《齊物論釋訓注》,《中國思想史の諸相》(第三編),東京:中國書店,1989年。

詁通經義①,如戴東原指出:“故訓明則古經明,古經明則賢人聖人之理義明。”②但遺憾的是,清儒雖然有這種釋經學自覺,但有清一代的學者在義理詮釋與哲學建構方面終究没有很大的建樹,他們囿於音韻訓詁考據之學而不能對玄遠思辨之學即今所謂哲學者有所觀照,或者説即使有所觀照但其深度和廣度也是有限的,章太炎指出:“每念夏峰有言:‘晦翁没而學者之實病宜瀉,伯安没而學者之虚病宜補。’鄙人夙治漢學,頗亦病實。數年來,以清談玄理滌蕩靈府,今實邪幸已瀉盡。於是又可用補,再治漢學,則癥結盡而元氣壯矣。”③對於章太炎來説,他始終有一種使“語言文字之學(漢學)”與“玄學(即哲學)”兩者相得益彰的治學自覺,他指出:“弟近所與學子討論者,以音韻訓詁爲基,以周、秦諸子爲極,外亦兼講釋典。蓋學問以語言爲本質,故音韻、訓詁,其管籥也;以真理爲歸宿,故周、秦諸子,其堂奥也。……諸子幸少異説元明以來,亦有異論,然已無足重輕。近世則惟有訓詁,未有明其義理者,故異説最少,而我所發明者,又非漢學專門之業,使魏、晉諸賢尚在,可與對談。”④這段文字指出,音韻訓詁爲治學之“管籥”(鑰匙),以發明真理爲“歸宿”,以周秦諸子之學爲“堂奥”。語言文字之學誠然重要,但僅囿於此而遠有所

①參見陳少明:《由訓詁通義理:以戴震、章太炎等人爲線索論清代漢學的哲學方法》,《中國社會科學》2018年第07期。

②戴震:《戴震集》,上海:上海古籍出版社,2009年,第214頁。

③章太炎:《與宋恕(三)》,《章太炎全集》(十五),上海:上海人民出版社,2017年,第28頁。

④章太炎:《與國粹學報社書二》,《章太炎全集》(十五),上海:上海人民出版社,2017年,第328頁。

不足；但如宋學或經今文學一樣越過語言文字之學而懸談義理，則亦失却“管籥”，難以服人。章太炎之過人之處即在於將“語言研究”與“哲學分析”相勾連，及門弟子許壽裳將章太炎之學概括爲“以樸學立根基，以玄學致廣大”①，可謂知師莫如弟子之知言之論。另外值得一提的是，如衆所周知，《齊物論釋》是以唯識學解釋莊學，那麽，他爲何以生澀難明的法相學來解釋本來就不好理解的莊學？同時，清儒的樸學與法相學又有什麽内在聯繫呢？章太炎引桂伯華語指出：“近世三百年來，學風與宋明絶異。漢學考證，則科學之先驅；科學又法相之先驅也。蓋其語必徵實，説必盡理，性質相同爾。”②重視歸納法的樸學是一種科學的治學方法，梁啓超、傅斯年等學者都已經指出；而“以分析名相始，以排遣名相終”③的法相學也是一種科學，則是章太炎的孤明先發。樸學、法相學都是“科學”，在今天彌勒主運、科學昌明的時代，要讓莊學大白於天下則捨樸學、法相而無他。章太炎《齊物論釋》正是以語言文字之學、法相學與玄學（哲學）三者進行内在會通的解經典範。其中，言必徵信、文必按古的語言文字之學是一切學問之根基，哲學論證必須先過言語道斷、文可驗質的語言文字之學這一關。

---

①許壽裳：《紀念先師章太炎先生》，《章太炎全集》（二十），上海：上海人民出版社，2017年，第127頁。

②章太炎：《自述學術次第》，《章太炎全集》（十八），上海：上海人民出版社，2017年，第495頁。

③章太炎：《菿漢微言》，《章太炎全集》（十二），上海：上海人民出版社，2017年，第69頁。

正是意識到此，孟琢在《齊物論釋疏證・前言》中指出："太炎先生師承曲園老人，作爲清代樸學的傳承者、反思者與超越者，他將傳統'小學'改造爲'中國語言文字之學'；在建立起獨立的學科地位同時，進一步强調'小學'是作爲人文學科共同基礎的'一切學問單位之學'。這一學術理念在《齊物論釋》中得到了充分體現。"①既然《齊物論釋》體現著語言文字之學是"一切學問單位之學"這一理念，《齊物論釋疏證》作爲對《齊物論釋》的疏證之書，也就理所當然地體現出"以小學通玄學"的義疏學自覺，這是本書最大的特色之一。章太炎自詡其書"一字千金"②，或非自我矜誇，其著文喜用《説文》古字，能讓古文字起死回生；其措辭表達喜用經史舊典，使得言不虚發。因此，疏證此書者尤其需要很好的文獻學、文字學功夫以及辨章取捨之器識，該書中有明顯的"以小學通玄學"的治學自覺，"對《齊物論釋》'小學'世界的疏證，是本書的第一個基本内容"③。現試舉二例該書對"小學"之重視，以見其如何以"小學"通"玄學"。

（一）章太炎《齊物論釋》作爲一部通過解釋經典而創構哲學體系的哲學著作，首先就在於他的本體論構建，以佛學之阿賴耶識格義莊子之"靈府"、以阿陀那識格義莊子之"靈臺"，從而完成了自己的本體論構建，即承認阿賴耶識緣起而變現爲天地萬物。在對這種中印兩種哲學進行格義過程中，章太炎絶非向

①孟琢：《齊物論釋疏證》，上海：上海人民出版社，2019年，"前言"第6頁。

②章太炎：《自述學術次第》，《章太炎全集》（十八），上海：上海人民出版社，2017年，第494頁。

③孟琢：《齊物論釋疏證》，上海：上海人民出版社，2019年，"前言"第9頁。

壁虚造而作似像之言,他認爲“譯書當通小學”“晉唐譯佛典者,大抵皆通小學”①,故漢語對佛教名相之翻譯大多都有語言文字之學根據。靈府之府訓爲“藏”,靈府即“藏識”(阿羅耶識);靈臺之臺訓爲“持”,靈臺即“持識”(阿陀那識)。“府”訓爲“藏”以《説文》爲根據,自不難理解;“臺”訓爲“持”,則稍微費解,章太炎自注指出:“臺本訓持,見《淮南》注及《釋名》。”孟琢在疏證中指出:“《説文》:‘握,持也。’古文作[illegible],段注以爲臺之正字。《説文箄記》朱二:‘古持音同台,故臺訓持。今兩人相持猶作臺音。’《釋名》:‘臺,持也。築土堅高,能自勝持也。’《墨子·經説上》:‘謂臺執者也。’《淮南子·俶真訓》:‘其所居神者,臺簡以遊太清。’高注:‘臺,猶持也。’又《文選》任昉《哭范僕射詩》李善注:‘《淮南子》曰:“臺無所鑒,謂之狂生。”高誘曰:‘臺,持也。所鑒者玄德,故爲狂生。臺,古握字也。’’”②這裏,《疏證》引入《説文》《墨子·經説》等給出太炎以“持”訓“臺”之訓詁學和文獻學根據,這樣,以佛學“阿陀那識”格義莊子之“靈臺”便原來有自,“齊物本以觀察名相,而會之一心”③,章太炎哲學體系的本體論因此而構建起來。

(二)關於“齊物論”之所齊之天地萬物,物本指經驗世界之一切存在。章太炎引入《知北遊》:“物物者,與物無際,而物有

①章太炎:《葑漢雅言劄記》,《章太炎全集》(十二),上海:上海人民出版社,2017年,第163頁。

②孟琢:《齊物論釋疏證》,上海:上海人民出版社,2019年,第40頁。

③章太炎:《齊物論釋定本》,《章太炎全集》(六),上海:上海人民出版社,2017年,第78頁。

際者,所謂物際者,不際之際,際之不際者也。”這裏,太炎指出“物謂物色”,並自注“《春官・保章氏》注:物,色也”。《疏證》則給出以“色”訓“物”之訓詁學、文獻學根據:“《說文》:‘物,萬物也。’訓爲色者,謂萬物之形色也。《周禮・犬人》‘用牷物’,鄭注引鄭思農:‘物,色也。’《國語・楚語》‘毛以示物’,韋注:‘物,色也。’《周禮・保章氏》‘以五雲之物’,孫詒讓《正義》:‘凡物各有形色,故天之雲色,地之土色,牲之毛色,通謂之物。’《文始》:‘《說文》:“勿,州里所建旗。象其柄,有三游,雜帛,幅半異,所以趣民,故遂稱勿勿。”孳乳爲物,《詩》“比物四驪”,傳曰:“物,毛物也。”漢世通言物色,毛物猶物色。勿用雜帛異色,故孳乳爲毛物,言萬物者,猶今言諸色矣。’又‘文者錯畫雜文。對轉遂與勿相轉。物本毛物,《春秋傳》曰:“五色比象,昭其物也”“文物以紀之”,然則物亦文之對轉孳乳也。’又見其《說物》一文。”①章太炎以“色”訓“物”,突出的是“物”作爲一種存在實則是一種“色”,而此“色”實則即佛學所謂“相”,萬物即諸色,“物謂物色,即是相分。物物者,謂物色此物色者上物字讀如《夏官・校人》‘物馬而頒之’、《春秋傳》‘物土方’之物,即視義,即是見分。相見二分,不即不離,是名物物者與物無際。而彼相分自現方圓邊角,是名物有際。見分上之相分,本無方隅,而現有是方隅,是名不際之際。即此相分方隅之界,如實是無,是名際之不際。”②

---

①孟琢:《齊物論釋疏證》,上海:上海人民出版社,2019 年,第 48—49 頁。

②章太炎:《齊物論釋》,《章太炎全集》(六),上海:上海人民出版社,2017 年,第 10 頁。

可見,章太炎以"色"訓"物"突出的是"物"之假有不真的虚幻性,"物"不過是"色相",是虚幻之"相分","物物者"是能見萬物之"見分",相見二分,不即不離,這實則是物之實相,實相其實是無相。章太炎以"色"訓"物"完成了"以小學通玄學"的基礎論證,《疏證》則引經據典而輾轉相訓,使得這一論證邃密轉深。

(三)法相學之哲學論證方法之一即"以分析名相始,以排遣名相終",即消解一切名言之意義性。章太炎認爲一切名之"能詮"與"所詮"皆不相稱,名包括"本名""引申名""究竟名",他列舉一系列漢語辭彙論證"能詮"與"所詮"皆不相合。"本名"之起,實無所依,故名實不符;"引申名"依"本名"而孳乳,前者既無所依,則此"引申名"故亦無所依;"究竟名"主要是指哲學存有論意義上的"道""太極""實在""實際""本體"等,在太炎看來這些也"名"不符"實"。"本名""引申名""究竟名"已經窮盡一切名言之可能,因此一切名言皆無意義,既然無意義,所以不能執著而必須排遣。章太炎的論證方法主要是通過樸學的方法考究分析這些名言之"詞根意",認爲這實則是名言之"本意",而名言的引申義即在具體運用中的意義大體皆與其"詞根意"不完全匹配,從而指出其虚無性,比如"太極"本是"大棟",即房屋内部最重要的"支撑器",其存在於房屋之"内",而作爲哲學實體的"太極"則具有"無内無外"的屬性,因此"太極"之"能詮"與"所詮"兩不相符,這也體現著章太炎"以小學通玄學"的解莊原則。在此部分,《疏證》運用豐富的訓詁學知識對章太炎所列舉的一系列“能詮與所詮不相符”的列子一一訓釋①,使得章太炎關於“言與義不相類”之論證字字坐實,一切名言不過是“畫空作絲,治爲羅縠而已”。這樣,“名映一切,轉取執深”“世間最可畏的,並不在‘相’,而是在‘名’。《楞伽》《般若》多説到字平等性、語平等性。老莊第一的高見,開宗明義,先破名言。名言破了,是非善惡就不能成立”②。故排遣名相爲法相學第一義諦。

所難能可貴的是,作者以批判的眼光指出章太炎在論證中難免有“主觀牽强”③之弊,比如指出:“漢字本義與語根之詞源意義不同,太炎之時,尚不能深辨此二者。”④不過,作爲一個哲學家而不僅僅是學問家的章太炎,他或許並非不知此理,他之所以以這種方式論證名相的“還滅性”主要還是爲他心目中的“究竟實相”服務,這也是他作爲一個哲學家而不止是學問家者之所在。作者指出:“當面對太炎先生的‘謬誤’時,更不能簡單地以對錯論之,而是要看到‘謬誤’背後的‘小學’發明和義理體系。某種意義上,這種在‘小學’與義理之間的‘兩行’態度,才更符合齊物哲學的方法論特點,體現出《齊物論釋》獨特的學術張力。”⑤此誠知言哉!

---

①孟琢:《齊物論釋疏證》,上海:上海人民出版社,2019年,第198—199、202—204頁。

②章太炎:《演講集》,《章太炎全集》(十),上海:上海人民出版社,2017年,第157頁。

③孟琢:《齊物論釋疏證》,上海:上海人民出版社,2019年,“前言”第9頁。

④孟琢:《齊物論釋疏證》,上海:上海人民出版社,2019年,第198頁。

⑤孟琢:《齊物論釋疏證》,上海:上海人民出版社,2019年,“前言”第10頁。

二、探賾索隱：對徵引經典文獻之考原與詮釋

章太炎雖以學者名世，但未嘗無文人作文之自覺。其自況云："余少已好文辭，本治小學，故慕退之造詞之則，爲文奥衍不馴，非爲慕古，亦欲使雅言故訓，復用於常文耳。猶凌次仲之填詞，志在協和聲律，非求燕語之工也。"①此處所謂"使雅言故訓，復用於常文"即强調"雅言"與"常文"之統一，中國傳統文章學講究旁徵博引，言必有以，這種刻意讓"雅言故訓"變成一般行文的自覺亦表現在《齊物論釋》中。章太炎《齊物論釋序》開篇云："昔者，蒼姬訖録，世道交喪，奸雄結軌於千裏，烝民塗炭於九隅。"②此數句文辭可能至少與六部經典有關："蒼姬訖録"取自趙岐《孟子題辭》"孟子亦自知遭蒼姬之訖録"；"世道交喪"取自《莊子・繕性》"由是觀之，世喪道矣，道喪世矣，世與道交相喪也"；"奸雄結軌於千裏"分别取自《荀子・非相》"……夫是之謂奸人之雄，聖王起，所以先誅也"和《莊子・胠篋》"足跡接乎諸侯之境，車軌結乎千裏"；"烝民塗炭於九隅"，"烝民"取自《大雅・烝民》"天生烝民，有物有則"，"塗炭"取自《書・仲虺之誥》"有夏昏德，民墜塗炭"，"九隅"取自《逸周書・嘗麥》"蚩尤乃逐帝，爭於涿鹿之河，九隅無遺"。開篇這二十四字，蘊

①章太炎：《自述學術次第》，《章太炎全集》（十八），上海：上海人民出版社，2017年，第500頁。

②章太炎：《齊物論釋・序》，《章太炎全集》（六），上海：上海人民出版社，2017年，第3頁。

含著《孟子》《莊子》《荀子》《詩》《書》《逸周書》等六部經典，嘗一臠肉而知一鑊之味，讀《齊物論釋》，凡此種種，俯拾即是。太炎著述喜歡用典，不喜空文，言必有自，論必有據，其自詡此書與《文始》等幾部"一字千金"，洵非虚言。從某種意義上説，章太炎《齊物論釋》既是經典注疏學之典範，也是文章家鋪采摛文之圭臬，有六朝之風。换言之，這部書既恪守注經學浚發經典思想與義理之家法，也有"言而無文，行之不遠"之文章家自覺，此書將二者熔鑄爲一體，引人入勝。如前文舉例所示者，無論是注疏之需要，還是作文之需要，都使得該書背後隱藏著一個縱觀古今、熔裁四部的經典世界。拋開徵古用典使得其文章更加淵雅高古不説，這種非形式邏輯式的論證也使得其義理詮釋更加周延。

或基於此種認識，孟琢《疏證》便有著"探賾索隱，鉤深致遠"以考原其用典的義疏學自覺。作者寫道："太炎先生的學術思想源自對中國古代經典世界的浸潤涵泳，《齊物論釋》中展現出的傳統經史、子學、佛學的深厚學養，令人歎爲觀止。太炎先生對文獻典故信手拈來，運用自如，或徑引其文，或熔裁其義，形成了典雅深邃的哲學話語與文章風貌。一方面，《齊物論釋》的義理説解源自經典世界的積澱生成，在古典與新義的融會中，呈現出豐富的思想内涵與文化藴藉；另一方面，《齊物論釋》的思想闡發大大超越了經典的闡釋傳統，在舊説與新解的張力中，體現出鋭意風發的思想突破。這兩方面的特點，都需要對《齊物論釋》文本背後的經典世界進行深入開掘。"①這樣，"疏證"的

①孟琢：《齊物論釋疏證》，上海：上海人民出版社，2019年，"前言"第9頁。

一大任務就是顯白太炎《齊物論釋》背後那個龐大的經典世界,並把經典世界與義理世界溝通起來。值得一提的是,太炎用古書多喜暗用而非明引,不過作者往往能淖約微達而對太炎用典一一考原探本,現玆舉三例以言之。

(一)《齊物論釋》:“向令《齊物》一篇,方行海表,縱無減於攻戰,輿人之所不與,必不得籍爲口實以收淫名,明矣。王輔嗣《易説》曰:‘以文明之極,而觀至穢之物,睽之甚也。豕而負塗,穢莫過焉。至睽將合,至殊將通,恢恑憰怪,道將爲一,未至於治,先見殊怪,故見豕負塗,甚可穢也,見鬼盈車,吁可怪也。先張之弧,將攻害也,後説之弧,睽怪通也。’輔嗣斯義,豈所謂莊生之素臣邪!”①此段文字中,太炎借王弼對《易・睽》的解釋來輔證莊子“世情不齊,文野異尚”的思想。作者在疏證此段文字中,先後引入《左傳》《國語》《易・睽》《易・泰》《莊子・齊物論》《周易正義》《廣雅》《説文》《説文段注》《春秋》等多部經典以詮釋其思想内涵。如果拋開“文明”與“至穢”相區别的成見與標準,那麽“豕而負塗”並不爲“穢”,“載鬼一車”並不爲“怪”,豕與鬼皆天完具足的存在者,此即《齊物論》所言“恢詭譎怪,道通爲一”。關於王弼所言“先張之弧,將攻害也,後説之弧,睽怪通也”一語,作者指出“説,通脱”並引入孔疏詮釋之,初見以爲怪故張工引之,後見則習以爲常,見怪不怪,故脱弓不復攻擊之。在這個意義上説,王弼與莊子兩位哲人所見略同,故太

①章太炎:《齊物論釋定本》,《章太炎全集》(六),上海:上海人民出版社,2017 年,第 118—119 頁。

炎稱王弼爲莊生之“素臣”，作者引入“春秋學”上關於素王孔子、素臣左丘明等學説，指出：“王弼以齊物釋睽，立睽怪可通、道將爲一之義，與莊生兩行之義相契，爲此齊文野之論張本，故爲莊生之素臣也。”①這裏，作者將文獻考原與義理疏證很好地綰結爲一體。

（二）章太炎於《莊子·齊物論》最推許“堯伐三子”之章，指出：“此章才有六十三字，辭旨淵博，含藏衆宜，《馬蹄》《胠篋》《盜跖》諸篇，皆依是出。”②不過，太炎僅點到爲止，作者在疏證中則補出《馬蹄》等數篇與此寓言之關係：“《馬蹄》譏聖人矯爲仁義，殘毁素樸，損傷民性；《胠篋》譏田氏竊奪仁義，篡取齊國，聖人不死，大盜不止；《盜跖》謂堯舜禹湯文武爲亂人之徒，以利惑其真而强反其情性，皆可與此章相發明。”③除此之外，作者還引入章太炎《國故論衡·原盜》《檢論·儒俠》《葑漢微言》等關於《馬蹄》《胠篋》《盜跖》與莊子哲學之關係的相關檢討，太炎所言“《馬蹄》《胠篋》《盜跖》諸篇，皆依是出”並非虚説。

（三）章太炎《齊物論釋序》：“文王明夷，則主可知矣；仲尼旅人，則國可知矣。”④此兩句話語出王弼《周易注》，或並不費解，作者引入孔疏云：“以爻爲人，以位爲時者，爻居其位，猶若

①孟琢：《齊物論釋疏證》，上海：上海人民出版社，2019年，第302頁。

②章太炎：《齊物論釋定本》，《章太炎全集》（六），上海：上海人民出版社，2017年，第119頁。

③孟琢：《齊物論釋疏證》，上海：上海人民出版社，2019年，第305頁。

④章太炎：《齊物論釋·序》，《章太炎全集》（六），上海：上海人民出版社，2017年，第1頁。

人遇其時。故文王明夷,則主可知矣,主則時也,謂當時無道,故明傷也。仲尼旅人,則國可知矣,國亦時也。若見仲尼羈旅於人,則知國君無道,令其羈旅出外。”①孔疏是對王弼注最具代表之解釋。不過,作者却在疏證中提出新見:“此二語或可倒文解之。主,持也。旅,寄也。《國語·晉語》:‘旅人,所以事子也,唯事是待。’韋注:‘旅,客也,言客寄之人,不敢違命。’戴望《論語注》:‘魯不招孔子,終身旅人而已。’聖哲寄身亂世,無由自主,人事艱難,何以持身?唯秉文王明夷之道也。《易·明夷》:‘彖曰:明入地中,明夷。内文明而外柔順,以蒙大難,文王以之。’内文明而外柔順,即《齊物論釋》之‘明真通俗’。”②作者以“倒文”解之,故原文亦可作“仲尼旅人,則國可知矣;文王明夷,則主可知矣”,作者以《國語》及戴望《論語注》相關文獻釋“旅人”,突出孔子“寄身亂世,無由自主,人事艱難,何以持身”之困境,然後以《易·明夷》接引之,認爲孔子在此境之下“秉文王明夷之道”而持身,即以“内文明而外柔順”之道苟全性命於亂世,亦即《齊物論釋》之“明真通俗”之道。據筆者對《齊物論釋》之有限瞭解,“明真通俗”即太炎自況“始則轉俗成真,終乃回真向俗”③之“回真向俗”,而其“回真向俗”的思想轉捩即集中於《齊物論釋》中。章太炎比較《齊物論》“罔兩問影”與“莊周夢蝶”

①孟琢:《齊物論釋疏證》,上海:上海人民出版社,2019 年,“齊物論釋序疏證”第 10—11 頁。

②孟琢:《齊物論釋疏證》,上海:上海人民出版社,2019 年,“齊物論釋序疏證”第 11 頁。

③章太炎:《菿漢微言》,《章太炎全集》(十二),上海:上海人民出版社,2017 年,第 70—71 頁。

兩則寓言時指出:“前章説無待所以明真,此章説物化所以通俗。”①“罔兩問影”破第一因,隱喻“我了諸法,唯心所現”之“真諦”,“莊周夢蝶”言任運輪回、不求涅槃之“俗諦”,在章太炎看來莊子以百姓心爲心(“衆同分”),其歸宿不是追求無上正覺,而是在輪回中隨俗自在,章太炎稱之爲:“聖人内了無言,而外還順世。順世故和之以是非,無言故休乎天鈞。”②其中,“内了無言,而外還順世”即“明真通俗”,這種“明真通俗”亦可引申爲“内文明而外柔順”的明哲保身之術,内持守原則而外與世委蛇,莊子稱之爲“内直外曲”(《人間世》)。文王蒙難羑里而忍辱負重,正是以“内文明而外柔順”之道存身保命;孔子周遊列國而不得歸魯亦以明夷之道而活命。特别值得强調的是,章太炎稱:“文、孔、老、莊,是爲域中四聖,冥會華梵,皆大乘菩薩也。”③他們之所以是“大乘菩薩”就在於他們能明真通俗、自證而證他,而不是馳騖於涅槃寂静的“自了漢”。在這個意義上説,作者把章太炎引王弼語“文王明夷,則主可知矣;仲尼旅人,則國可知矣”理解爲“明真通俗”之道,可以説雅合太炎之意。這也是作者通過經典考原與義理疏釋相結合之典範。

總之,太炎解莊絶無空言,處處用典,他這樣做絶非引以矜

①章太炎:《齊物論釋定本》,《章太炎全集》(六),上海:上海人民出版社,2017年,第139頁。

②章太炎:《齊物論釋定本》,《章太炎全集》(六),上海:上海人民出版社,2017年,第98頁。

③章太炎:《菿漢微言》,《章太炎全集》(十二),上海:上海人民出版社,2017年,第37頁。

人,每個典故背後都隱藏著他的哲人匠心與孤迥獨照。因此,將其中的微言大義進行揭櫫和顯發便是對其疏證的題中之意。令人欣喜的是,孟琢此書確有此自覺,且達到了很好的疏證效果。由於作者既有對章太炎思想的總體把握,又有細緻入微的文獻疏證,使得此書新見迭出而言中肯綮。

三、佛學世界:對佛學名相與義理之闡發

按照劉笑敢教授對傳統經典注疏著作之區分,可分爲注釋、詮釋和創構,所謂創構是説以解釋經典爲形式而創造哲學體系,王弼《老子注》、郭象《莊子注》、朱熹《四書集注》以及王船山系列經典注疏是其代表①,當新的哲學體系被創建起來之時,解釋者便由一般學者而變身爲哲學家。熊十力《十力語要》云:"學不究本體,自宇宙論言之,即萬化無源,萬物無本。""自人生論言之,則迷離顛倒,無有歸宿。""自道德論言之,即成爲無本之學,無内在根源。""自治化論言之,離却天地萬物本吾一體之本,即無根基。""自知識論上言之,無有知源。"②熊先生所謂"體"當特指其性相一如、體用不二之"本體",但"學是否究本體"依舊可以看作一般學者(哲學史家)與哲學家之區別。因此,我們衡量一部經典詮釋著作是否屬於創構的新哲學體系時,

---

①相關檢討見劉笑敢:《詮釋與定向——中國哲學研究方法之探究》,北京:商務印書館,2009年,第29—38頁。

②熊十力:《十力語要》,《熊十力全集》(第四卷),武漢:湖北教育出版社,2011年,第6—7頁。

可以一個方便法門考察，即看一個解釋是否對經典作品的存有論進行重構，也就是説，看經典詮釋著作的“本體”是否與原經典有差異，王弼哲學之“無”與老學之“道”、郭象之“自生”與莊學之“道生”、朱子之“天理”與孔孟之一般倫理大概皆有存有論之不同。在這個意義上説，章太炎《齊物論釋》正是一部以解經爲形式而創構的哲學體系，因爲相對莊子哲學本身來説此書有明顯地存有論重建，以最直觀的形式而言，他將莊子的“道生天地萬物”詮釋爲“阿賴耶識緣起變現爲天地萬物（心體爲衆生所依止）”，將莊子在一般意義上的心靈辯證法解釋爲法相學的轉識成智、圓成實性，並以此“真如本體”（存有論）爲根基，構建起一個包涵著哲學認識論、人生哲學、政治哲學、民族國家倫理、進化倫理等在内的系統哲學體系。换言之，章太炎《齊物論釋》是以法相爲主體的佛學對莊學的哲學重構。職是之故，能否把《齊物論釋》中的佛學義理進行精當的疏釋並自覺地將其中所藴含的各種佛教部派、義理、名相等的内在關係進行會通，能否把其中所藴含的佛學與莊學之關係、佛學與章太炎自我哲學體系之關係進行會通，是衡量一個“疏證”是否成功的關鍵所在。現在我們看到的是，孟琢《疏證》對這些關鍵問題皆有很好地觀照，作者指出：“《齊物論釋》是傳統的疏證文體，依據《齊物論》的文本次序進行闡釋，並不利於獨立的思想論述；但他猶如老杜筆下的七律，雖然背負著沉重的形式鐐銬，却走出了清晰整齊的哲學步伐。在《齊物論釋》中，具有多維度、多層次的哲學框架。”①作者既有此意識，故有此

①孟琢：《齊物論釋疏證》，上海：上海人民出版社，2019 年，“前言”第 18 頁。

哲學詮釋自覺。事實上,我們也看到,此書既有對佛教名相細節的義理疏釋,又有對章太炎整體“真如”哲學的宏觀執掌。

現在我們列舉數例來對此《疏證》中所蘊含的“佛學世界”進行簡要評騭。

(一)對章太炎佛學、哲學思想之總體把握。所謂“舊師章句,分爲七章”①,章太炎《齊物論釋》將《齊物論》分爲七章,其中第一章又分爲六小節(其他六章不再分節),這樣,第一章之六節、其餘六章以及《齊物論釋序》和《釋篇題》構成章太炎《齊物論釋》的十四個相對獨立的單元。漢儒章句之學,自趙岐注《孟子》始有“章旨”,每章之末括其大旨,成爲後世注家之範式。孟琢此書亦用此例,對《齊物論釋》之十四個相對獨立之章節皆有“總冒”説明,實則即漢儒之“章旨”,這些“章旨”皆與佛學有關,故可以説屬於“佛學世界”之範圍。如在《齊物論釋序》中給出“章旨”:“《序》言莊生與百家之别,要在《消摇》《齊物》二篇。‘體非形器,故自在而無對;理絶名言,故平等而咸適。’此語爲全書綱維所寄,三復斯言可也。”②這裏强調章太炎以《大乘起信論》“體非形器,故自在而無對;理絶名言,故平等而咸適”一語而爲全書綱維。又如在《釋篇題》中給出“章旨”:“《釋篇題》總説全書要旨。先明‘齊物’之義,在離言説相、離名字相、離心緣相之畢竟平等,非獨世俗所謂之衆生平等。次明‘論’字之義,

①章太炎:《齊物論釋定本》,《章太炎全集》(六),上海:上海人民出版社,2017年,第77頁。

②孟琢:《齊物論釋疏證》,上海:上海人民出版社,2019年,“齊物論釋序疏證”第1頁。

欲證畢竟平等，要在以名遣名，故立言説之還滅性。莊生之説，上悟唯識，廣利有情，明此勝義，可以遣文野之辨矣。"①作者對《釋篇題》部分分三個主題進行闡述：其一是"離言説相、離名字相、離心緣相之畢竟平等"，此即"齊物"；其二是以"言説之還滅性"來論"論"，亦即章太炎所謂"以論破論，即論非齊"，以分析名相而排遣名相，方能得究竟實相；其三是點出《齊物論釋》之"上悟唯識，廣利有情"之現實關懷，即排遣文野之辨。章太炎自詡"使莊生五千言，字字可解"，通過作者這一"總冒"，我們對章太炎《釋篇題》如何詮釋"齊物論"三個字有了清晰的理解。《疏證》全書凡此"總冒"（"章旨"）共十四處，是我們解讀章太炎《齊物論釋》之十四把秘鑰。

（二）對佛學名相和義理之疏釋。佛學之法相學一脈最重名相思辨，有著嚴格的概念界定與因明論證，换言之，此一派最有近代認識論自覺之意義上的哲學，章太炎雅好法相並以法相解莊就是基於這種認識。《齊物論釋》幾乎是以法相學之名相與《齊物論》之名相的互相格義，[illegible]映證。職是之故，《疏證》的一大任務就是疏釋《齊物論釋》所徵引的佛學名相與義理，此僅舉一例。如《齊物論釋定本》："第七意根本有我識人我執，法我執。其他有無、是非、自共、合散、成壞等相，悉由此七種子支分觀待而生。成心即是種子，種子者，心之礙相，一切障礙即究竟覺。"②

①孟琢：《齊物論釋疏證》，上海：上海人民出版社，2019年，第1頁。

②章太炎：《齊物論釋定本》，《章太炎全集》（六），上海：上海人民出版社，2017年，第88頁。

《疏證》解釋"悉由此七種子支分觀待而生"指出:"謂一切諸相皆由此七種子分別觀待所生。支分,分別,猶手足、四肢、五體之分。《大日經》卷一:'世尊一切支分,皆悉出現如來之身。'觀待,諸法皆依衆緣而成,四種道理有觀待道理。待,對待,謂事物相互依存作用之條件。《解深密經》卷五:'觀待道理者,謂若因若緣,能生諸行,及其隨説,如是名爲觀待道理。'《成唯識論》卷八:'謂觀待此,令彼諸事,或生或住,或成或得,此是彼觀待因。'"①《疏證》解釋"成心即是種子,種子者,心之礙相"云:"種子爲心體之障礙相。《楞伽阿跋多羅寶經》卷三:'無礙相,是智;境界種種礙相,是識。'《楞伽經義疏》卷三:'但令了達心外無法,則無礙相,故名爲智。若妄見有種種境界礙相,即皆是識也。又若不達唯心,妄見有相可得,則名爲識。了達唯心,能知相不可得,是名爲智。'《建立宗教論》:'明瞭識性,無時斷絶。解此數事,則此心爲必有,而宇宙爲非有,所謂宇宙,即是心之礙相。即以此心,還見此心,夫何不可推測之有?'《菿漢微言》:'若就真諦,普見、别見同是虚妄,以相分即是心上障礙,若離業識,即無見相故。'"②《疏證》解"一切障礙即究竟覺"云:"究竟覺,菩薩大行圓滿究竟至極之覺,謂始覺圓滿,乃與本覺完全相契。《大乘起信論》:'菩薩地盡,滿足方便,一念相應,覺心初起,心無初相,以遠離微細念故,得見心性,心即常住,名究竟覺。'《大乘起信論義記》卷二:'覺了心源,本不流轉,今無始靜,

①孟琢:《齊物論釋疏證》,上海:上海人民出版社,2019年,第107頁。

②孟琢:《齊物論釋疏證》,上海:上海人民出版社,2019年,第107—108頁。

常自一心,平等平等,始不異本,名究竟覺。'一切礙相,染淨諸法皆依真如心體而生,故即究竟覺。《圓覺經》卷一:'一切障礙即究竟覺,得念失念無非解脱,成法破法皆名涅槃,智慧愚癡通爲般若,菩薩外道所成就法同是菩提,無明真如無異境界,諸戒、定、慧及淫、怒、癡俱是梵行,衆生國土同一法性,地獄天宫皆爲淨土,有性無性齊成佛道,一切煩惱畢竟解脱,法界海慧照了諸相猶如虚空,此名如來隨順覺性。'"①

(三)闡發基於莊佛會通的章太炎哲學思想。《齊物論釋》是基於莊佛會通而構建起來的體系哲學,故太炎對佛學思想之吸收並不是照章接受,而是批判性繼承和創造性詮釋。章太炎云:"故轉此成心則成智,順此成心則解紛。"②《疏證》解釋云:"轉識成智,轉舍有漏八識引發無漏種子生起四智。轉舍前五識引發無漏種子生起成所作智,利樂有情;轉舍第六識引發無漏種子生起妙觀察智,善觀諸法;轉舍第七識引發無漏種子生起平等性智,平等大悲;轉第八識爲大圓鏡智,清淨圓滿。……轉此成心以成究竟智慧,順此成心以理世間萬法,此即轉俗成真、回真向俗之義也。解紛,排解紛亂。《老子》:'挫其鋭,解其紛。'《菿漢微言》:'余則操齊物以解紛,明天倪以爲量,割制大理,莫不孫順。'"③按,如前文所引,章太炎自揣其學術思想之心路歷程爲"始則轉俗成真,終乃回真向俗"。章先生這種"俗——

①孟琢:《齊物論釋疏證》,上海:上海人民出版社,2019年,第108頁。
②章太炎:《齊物論釋定本》,《章太炎全集》(六),上海:上海人民出版社,2017年,第88頁。
③孟琢:《齊物論釋疏證》,上海:上海人民出版社,2019年,第108—109頁。

真——俗”之輾轉回還之義，學界歧説頗多，陳平原總結爲：“隨順衆生爲俗，破除迷妄爲真；具體事物爲俗，抽象哲理爲真；史學爲俗，哲理爲真；學以致用爲俗，實事求是爲真；儒學是俗，佛學是真；經驗現象是俗，心靈本體爲真……等等。”①不過，這些顯然並非太炎真俗之轉的深意。陳平原根據太炎治學經歷將這一轉變過程解釋爲：“第一次轉變以 1906 年出獄東渡日本爲界；第二次轉變爲 1915 年幽禁中作《菿漢微言》自述‘回真向俗’爲標誌。”②此説雖然不差，但依舊不能深入太炎思想之内部來考察這種真俗之轉。孟琢《疏證》緊緊把握《齊物論釋》中所藴含的太炎思想之“真俗之轉”，認定太炎“真俗之轉”的内涵是“故轉此成心則成智，順此成心則解紛”。按，結合前文所引，太炎認爲“罔兩問影”是“明真”，“莊周夢蝶”是“通俗”，《齊物論釋》反復强調“（莊子）高言平等，還順俗情”“（莊子）證無生滅，示有生滅，此亦兩行也”③，可見“明真”與“通俗”之“兩行”是《齊物論釋》之一大主題，故“明真”與“通俗”只是名相有異而其實無别，“通俗”之前提是“明真”，“明真”必然走向“通俗”，其中，既有以佛學之“真”含攝莊學之“俗”的一面，又有以莊學之“俗”補救佛學一味求“真”的一面（詳章太炎對“莊周夢蝶”之詮釋），正是在對莊與佛之互證互補中形成了太炎“真俗合一”的“兩行”思想，這種“真俗回轉”之學，後者不是對前者之揚棄而

---

①陳平原等編：《追憶章太炎》，北京：生活·讀書·新知三聯書店，2009 年，第 464 頁。
②同上。
③章太炎：《齊物論釋定本》，《章太炎全集》（六），上海：上海人民出版社，2017 年，第 123、99 頁。

是攝納與轉化,即俗中攝真,真藴含俗。再旁證以《葑漢微言》"余則操齊物以解紛,明天倪以爲量",可知章太炎所謂"真俗之轉"不止是一個學術歷程,而是真俗不離不即的"兩行"哲學觀,《齊物論釋》即這種哲學觀的集中表達,可見《齊物論釋》是章太炎學術歷程的轉捩點和真俗互攝的集中表達。在這個意義上説,孟琢以"轉俗成真,回真向俗"來把握章太炎《齊物論釋》哲學思想可謂别具只眼。

以上,筆者分别從"對章太炎佛學、哲學思想之總體把握""對佛學名相和義理之疏釋"以及"闡發基於莊佛會通的章太炎哲學思想"等三個方面舉例介紹此《疏證》背後的"佛學世界"。章太炎所認定的"(莊與佛)義有相徵,非傅會而然"①在這裏進一步顯發出來,《疏證》既有細緻入微的名相辨析,又有執一禦萬的總體執掌。特别是,作者還注意到基於莊佛會通而形成的章太炎哲學思想,此尤難能可貴。

四、中西印之會通:對其中之西方哲學做進一步疏釋

章太炎《葑漢微言》憶及自己學術歷程時云:"既出獄,東走日本,盡瘁光復之業。鞅掌餘閑,旁覽彼土所譯希臘、德意志哲人之書。"②這裏,"既出獄,東走日本"是指章太炎因"蘇報案"

①章太炎:《齊物論釋·序》,《章太炎全集》(六),上海:上海人民出版社,2017年,第3頁。

②章太炎:《葑漢微言》,《章太炎全集》(十二),上海:上海人民出版社,2017年,第69頁。

入獄三年而出獄之事,時在光緒三十二年(1906年),這期間他在日本閱讀大量日譯西方哲學書籍。與中國傳統的"致用"之學相比,注重"求是"的西方哲學引起他的格外興趣,加之他本有的唯識學之功底,使得他對西方哲學一見如故,此期間一直到辛亥革命前後撰寫成一系列著作,西方哲學既是他用以格義佛學或莊學的思想資源,也是他以佛學或莊學進行哲學批判的對象。換言之,西方哲學成爲他此時期進行哲學思考的知識背景,這些西方哲學包括古希臘哲學、中世紀哲學、近代哲學、德國古典哲學以及近現代存在主義、進化論、英美經驗主義、自由主義、無政府主義等諸多流派。此期間完成的《齊物論釋》也就理所當然地藴含"華梵聖哲之義諦,東西學人之所説"①。《齊物論釋》所提到的西方哲學家有亞黎史陀德(亞里士多德)、柏剌圖(柏拉圖)、康德、海羯爾(黑格爾)、簫賓問爾(叔本華)、彌爾(穆勒、密爾),另有唯理論、經驗論、進化論、無政府主義、語言學、宗教學(景教、天方)等哲學流派。不過,太炎具有濃厚的"判教"意識,與法相與莊學相比,所有西方哲學都等而下之。我們可以説章太炎《齊物論釋》中還藴含著一個龐大的"西方哲學世界",正是基於此,《疏證》作者意識到:"《齊物論釋》不僅是對中國哲學的突破,也是對以康德、黑格爾爲代表的、作爲現代西方文化根基的古典哲學的積極回應。太炎先生是一個具有世界性視野的思想家,他立足

①章太炎:《葑漢微言》,《章太炎全集》(十二),上海:上海人民出版社,2017年,第70頁。

東西方文化的劇烈碰撞,思考著中國文化的命運與未來。"① 職是之故,《疏證》的重大任務之一即是對章太炎所徵引的西方哲學進行進一步解釋。

以下就《疏證》對章太炎所提到的康德、海羯爾(黑格爾)等德國古典哲學之解釋舉例言之。

(一)章太炎《齊物論釋定本》云:"天籟中吹萬者,喻藏識,萬喻藏識中一切種子,晚世或名原型觀念。"②又云:"此論藏識中種子,即原型觀念也。色法無爲法外,大小乘皆立二十四種不相應行,近世康德立十二範疇,此皆繁碎。今舉三法大較應説第八藏識,本有世識、處識、相識、數識、作用識、因果識,第七意根本有我識人我執,法我執。"③這裏,章太炎將莊子之成心、唯識學之藏識、康德之"原型觀念"("先驗範疇")等三種概念互相格義,與此相應,莊子之"天籟"("吹萬不同,咸其自已")、唯識學之"二十四種不相應行"、康德之"十二先驗範疇"皆屬於同一層面之認識論範疇,即先驗範疇。《疏證》中,作者引入章士釗《揣籥録》《成唯識論》《明門論解》《俱舍論》《大乘百法明門論》,康德《純粹理性批判》,梯利《西方哲學史》以及章太炎《建立宗教輪》《四惑論》《阿育王寺重修舍利殿記》等古今中西一系列論著,按照章太炎之思路對唯識學之"藏識"、康德之"先驗範疇"、

①孟琢:《齊物論釋疏證》,上海:上海人民出版社,2019年,"前言"第22頁。

②章太炎:《齊物論釋定本》,《章太炎全集》(六),上海:上海人民出版社,2017年,第78頁。

③章太炎:《齊物論釋定本》,《章太炎全集》(六),上海:上海人民出版社,2017年,第87頁。

莊子之“成心”等三者之間的内在關係進行詳細論述。按,康德“先驗範疇”即純粹知性概念,是知性的先驗形式,即在經驗之前即已蕴含在人之理性中的抽象範疇,這顯然與唯識學認定的阿賴耶識含藏諸種子之説類似,亦即莊子所批判的“成心”;同時,唯識學“五位百法”之第四位“二十四種心不相應行法”皆阿賴耶識種子之變現之“相分”,實則即承認這些都是康德意義上之“先驗範疇”,章太炎合而稱之爲“阿賴耶識原型觀念”或“阿賴耶識中之原型觀念”①,作者徵引古今中西相關論述一一予以説明。

(二)關於《齊物論釋》徵引海羯爾(黑格爾)哲學主要以批判爲主。孟琢指出:“在齊物哲學中,太炎先生從四個角度批判黑格爾哲學:其一,持公理以遏制自由;其二,據目的論以鼓吹進化;其三,倡文野之辨而爲侵略張本;其四,專務名理思辨而不能親證。”②這裏,作者對《齊物論釋》關於黑格爾之批判歸納既全面又精當(《疏證》中有詳細闡發)。如作者在疏證《齊物論釋定本》“若海羯爾有無成之説,執著空言,不可附合莊氏”③一語時,結合章著《四惑論》《俱分進化論》《五無論》《菿漢昌言》《國學概説》以及黑格爾《法哲學原理》對以上所列問題給出詳細地疏釋④。

①章太炎:《太炎文録初編·建立宗教論》,《章太炎全集》(四),上海:上海人民出版社,2017年,第430、432頁。

②孟琢:《齊物論釋疏證》,上海:上海人民出版社,2019年,“前言”第22頁。

③章太炎:《齊物論釋定本》,《章太炎全集》(六),上海:上海人民出版社,2017年,第99頁。

④孟琢:《齊物論釋疏證》,上海:上海人民出版社,2019年,第177—179頁。

章太炎以“阿賴耶識種子”解釋莊子之“靈府”和“成心”，再以康德之“原型觀念”格義法相學之“阿賴耶識種子”，中西印輾轉互釋。一方面，承認“阿賴耶識種子”即“先驗範疇”使得這一概念更加清晰；另一方面，因引入康德這樣的西方哲學“權威”以佐證“種子識”存在是諸法實相。不難發現，章太炎對康德“原型觀念”之引入與其“明真”有關；與之相應，章太炎通過佛學和莊學對黑格爾哲學之批判而呼籲自在、平等、獨立，則與其“通俗”有關。如其所謂“夫能上悟唯識，廣利有情，域中故籍，莫善於《齊物論》”①，基於對《齊物論》“上悟唯識，廣利有情”這種“内聖外王”之定位，以康德而佐證莊生“上悟唯識”，以破黑格爾而論證莊子“廣利有情”，前者“明真”而後者“通俗”，可見西方哲學特别是德國古典哲學在整部《齊物論釋》中具有很重要的地位。如前文所言，孟琢《疏證》正是以“明真通俗”這一主題切入章太炎對西方哲學之詮釋，通過這種疏證，我們看到，章太炎所言“（康德之批判哲學）乃莊生所籠罩”與“（海羯爾）不可附合莊氏”②並非虚説。當然，這裏需要指出的是，章太炎對於康德和黑格爾的哲學之理解在細節方面或有不足，作者稱其“不免簡單武斷”，但這種“目擊而道存”式的把握却未嘗不是一種神會，作者指出：“（章太炎）獨立不倚的哲人風骨、會通中西的宏闊氣象、高度的民族自信與深沉的現實關懷，皆爲‘先

①章太炎：《齊物論釋定本》，《章太炎全集》（六），上海：上海人民出版社，2017 年，第 76 頁。

②章太炎：《齊物論釋定本》，《章太炎全集》（六），上海：上海人民出版社，2017 年，第 128、99 頁。

哲的精神,後生的楷範'!"①以意逆志,是爲得之,誠然乎哉!

五、解釋學回圈:以章太炎解釋章太炎

無論是以追求客觀理解的方法論解釋學(施萊爾馬赫),還是徹底否認客觀理解的生命體驗詮釋學(狄爾泰)和現象學解釋學(海德格爾、伽達默爾),都承認"解釋學回圈",施萊爾馬赫强調解釋是在"整體"與"部分"的兩難與回圈中形成;狄爾泰强調解釋是生命體驗與被解釋文本(包括背後的歷史經驗)之間的回圈;現象學解釋學强調"此在"或"前理解"與解釋文本之間的"視域融合",這些理論出發點和側重點不同,但在解釋實踐過程中是交互發生作用的。應該説,與這些西方詮釋學理論相比,中國古代經典詮釋並沒有形成類似的系統的詮釋理論,但在中國兩千多年的經典詮釋傳統實踐中,解釋者的確在自覺或不自覺地踐行這些詮釋理論,换言之,詮釋學無論作爲方法論、認識論抑或是哲學本體論都是一種普遍的理論,這些理論無論在西方的《聖經》解釋傳統中還是在中國經典解釋傳統中都具有有效性。在中國傳統經典解釋實踐中,以經典作者之思想解釋經典作者之思想(思想之内部回圈)、以經典作者之其他文本解釋被解釋文本(文本之内部回圈)、以經典作者的遭逢際遇(生命體驗)來解釋經典的思想實則都滲透著相關的西方詮釋學理

①孟琢:《齊物論釋疏證》,上海:上海人民出版社,2019年,"前言"第22頁。

論。孟琢《疏證》在詮釋章太炎哲學思想中就有很自覺的“以章太炎解釋章太炎”的詮釋學回圈意識,包括以章太炎的其他思想解釋《齊物論釋》思想、以章太炎的其他文本解釋《齊物論釋》文本、以章太炎的生命體驗或人生境域解釋《齊物論釋》相關哲學等等。

接下來,筆者就以上三種“以章太炎解章太炎”之方法在《疏證》之解釋實踐中之運用各舉一例以證之。

(一)以章太炎的其他思想解釋《齊物論釋》思想,其中包括《齊物論釋》不同章節之間的回圈互證。章太炎《齊物論釋定本·釋篇題》云:“夫能上悟唯識,廣利有情,域中故籍,莫善於《齊物論》。《天下》篇云:‘内聖外王之道,鬱而不發。’爾則莊生著書,非徒南面之術。”①章太炎這段話在整部《齊物論釋》中處於樞機地位,在古今學術史上,太炎對《齊物論》給予最高之定位(所謂“莫善於《齊物論》”;另,《莊子解故叙》:“命世哲人,莫若莊氏”),他之所以如此推重《齊物論》,乃在於他認爲這部書是“上悟唯識,廣利有情”的“内聖外王”之道。作者在疏證此段文字時,徵引章太炎《在東京留學生歡迎會上之演講》《人無我論》《答鐵錚》《蓟漢微言》《蓟漢昌言》等文獻證明章太炎對“唯識”之推重,在太炎心目中,法相宗地位非常高,故能“上悟唯識”的莊子地位自然也非常高;作者引入章太炎《蓟漢微言》“始則轉俗成真,終則回真向俗”以及《齊物論釋》

①章太炎:《齊物論釋定本》,《章太炎全集》(六),上海:上海人民出版社,2017年,第76頁。

“明真”“通俗”等思想解釋“上悟唯識,廣利有情”之思想内涵,指出“上悟唯識爲真諦,廣利有情爲俗諦”(實則亦即“内聖外王”);作者引入章太炎《菿漢微言》“《齊物論》者,内外之鴻寶也”、《國故論衡·原學》“經國莫如《齊物論》”、《齊物論釋》“又其特别志願,本在内聖外王”、《在重慶羅漢寺演講佛學》“試觀莊生著書,本陳内聖外王之道”等相關文獻解釋此處對莊子“内聖外王”之思想概況①。這樣,作者通過引入章太炎在其他著述中之思想來證明他此處對《齊物論》“内聖外王”或“明真通俗”之定位並非孤證,同時,給出這種定位的哲學内涵和思想關懷。

(二)以章太炎的其他文本解釋《齊物論釋》文本。章太炎《齊物論釋定本·釋篇題》有“淵哉若人,用心如砥,榦蠱德於上皇之年,杜莠言於千載之下”②一語,其中“榦蠱德於上皇之年”雖與《易·蠱》“榦父之蠱”有關,但讀之却令人費解。孟琢在疏證中引《易·蠱》相關文獻後指出:“按:榦蠱有二解,其一,謂承上皇之德。此據《象》‘承考’之説而立訓,榦爲築牆兩端之木,引申爲承當之義;蠱訓爲事。《廣雅疏證》‘蠱者,《序卦傳》云:“蠱者,事也。”蠱之言故也。《周官·小行人》云:“周知天下之故。”蠱、故同聲,故皆訓爲事也。’其二,謂正上皇之惑。榦爲築牆之木,正其曲直,故訓爲正。《周易集解》引虞注:‘幹,正也。’

①孟琢:《齊物論釋疏證》,上海:上海人民出版社,2019年,第20—21頁。

②章太炎:《齊物論釋定本》,《章太炎全集》(六),上海:上海人民出版社,2017年,第76頁。

李道平《纂疏》:‘薛君《韓詩章句》曰:“幹,正也。”《詩》詁云:“木正出者爲幹。”《乾·文言》曰:“貞者,事之幹。”故知幹爲正也。’《説文》:‘蠱,腹中蟲也。’故訓爲惑。太炎《説文解字授課筆記》朱一:‘蠱毒爲本誼,引申蠱病,又引申爲惑,又引申爲媚。’太炎主後説。”①這裏,“榦”可訓“承”亦可訓“正”,“蠱”可訓“事”亦可訓“惑”,故“榦蠱德於上皇之年”有兩解,一爲“謂承上皇之德”,一爲謂“正上皇之惑”。究竟如何取捨,作者接下來徵引章太炎《四惑論》《訄書·幹蠱》(初刻本)《漢學論》《菿漢微言》等相關文獻,指出“榦蠱皆爲正惑也”。

(三)以章太炎的生命體驗解釋《齊物論釋》相關哲學思想。章太炎自道云:“遭世衰微,不忘經國,尋求政術,曆覽前史。”②又云:“余生亡清之末,少惎異族,未嘗應舉,故得汎覽典文,左右采獲。”③風雨如晦,雞鳴不已,在那個“三千年未有之變局”之清季民初時代,他始終帶著一腔深情鬱怒來讀書治學,在《自述學術次第》一文之結末,太炎以晉人“林下之風”自厲,因爲“林下之風”實則最後訴求於“百姓當家之事,小者乃生民常道”④之觀照。故可以説,和他的其他著作一樣,以法相學解釋《齊物論》的《齊物論釋》也絶非書齋學問、經生事業,就中藴含著先生

①孟琢:《齊物論釋疏證》,上海:上海人民出版社,2019年,第26—27頁。

②章太炎:《菿漢微言》,《章太炎全集》(十二),上海:上海人民出版社,2017年,第69頁。

③章太炎:《自述學術次第》,《章太炎全集》(十八),上海:上海人民出版社,2017年,第494頁。

④章太炎:《自述學術次第》,《章太炎全集》(十八),上海:上海人民出版社,2017年,第508頁。

對時代之憂患,對時局之反思,對生民之賑濟。他在《齊物論釋定本》中至少兩次提到“(莊子)以百姓心爲心”①,當他將莊子許爲不住涅槃、示現白衣的大悲闡提時,實則也是先生的夫子自道。在筆者看來,孟琢《疏證》緊緊把握這一詮釋趨向,一方面,作者以章太炎之人生境域與憂患意識解釋《齊物論釋》;另一方面,作者以“回真向俗”這種思想轉捩點契入《齊物論釋》並特別強調其“俗諦”,這種“俗諦”即把佛學之“出世間法”轉變爲“世間法”。前一方面指出《齊物論釋》之問題意識,後一方面給出哲學解答方案,以下舉例合而言之。

作者在疏釋《齊物論釋序》“世道交喪”云:“世謂俗諦,道謂真諦,世道交喪,真俗紾戾。《莊子·繕性》:‘由是觀之,世喪道矣,道喪世矣,世與道交喪也。’太炎所處之世,猶莊生所處之季世也,其《瑞安孫先生傷辭》曰:‘國亡典刑,炳麟喪其師資,内之頡籀儒墨之文,外之玄奘義淨之術,湊於一身,世道交喪,求良友且不得一二,學術既亡,華實薨剥,而中國亦將殄絶矣。”②這裏,作者既指出“世道交喪”是“真俗紾戾”,又指出此語不僅是論莊生之世也是論太炎之世。章太炎《齊物論釋序》:“作論者其有憂患乎!遠睹萬世之後,必有人與人相食者也,而今適其會也。”作者在《疏證》中引入《易傳》“作《易》者其有憂患乎”後指出:“《齊物論釋》亦憂患之作也。太炎《自定年譜》:‘余學雖有

①章太炎:《齊物論釋定本》,《章太炎全集》(六),上海:上海人民出版社,2017年,第91、141頁。

②孟琢:《齊物論釋疏證》,上海:上海人民出版社,2019年,第1—2頁。

師友講習,然得於憂患者多。自三十九歲亡命日本,提獎光復,未嘗廢學。東國佛藏易致,購得讀之,其思益深。先後成《小學答問》《新方言》《文始》三書,又爲《國故論衡》《齊物論釋》,《訄書》亦多所修治矣。'《支那内學院緣起》:'余素以先秦經法教,步驟不出孫卿、賈生,中遭憂患,而好治心之言。始窺大乘,終以慈氏、無著爲主,每有所説,聽者或灑然。'"[①]接著,作者引《庚桑楚》《徐無鬼》明其典源,又引入顧亭林"仁義充塞,而至於率獸食人,人將相食,謂之亡天下"[②]。作者實則指出,"人與人相食"既是莊子哲學要回應的現實問題,也是太炎哲學所觀照的現實問題。在對"莊周夢蝶"那一章進行疏證時,作者"章旨"指出:"此章言莊生濟世之懷。莊生救度衆生,不違輪回,猶《楞伽》所謂之菩薩一闡提也。其特别志願,在内聖外王,哀生民恫怨之情,念文野蠶食之酷,故立此《齊物》之説。作論者其有憂患乎!太炎作釋,亦同此意。"[③]這是以章太炎解釋章太炎之典型,作者把章太炎的"見危授命"[④]的憂患之痛帶入到章太炎的思想世界中,《齊物論釋疏證》中的字裏行間隱藏著一個作爲"大悲闡提"之章先生。

《齊物論釋》是章太炎哲學思想之集大成者,他一系列哲學思想包括存有論(真如實相)、認識論、人生哲學、政治哲學、倫

---

①孟琢:《齊物論釋疏證》,上海:上海人民出版社,2019年,第10頁。

②同上。

③孟琢:《齊物論釋疏證》,上海:上海人民出版社,2019年,第413頁。

④章太炎:《自述學術次第》,《章太炎全集》(十八),上海:上海人民出版社,2017年,第508頁。

理學（包括民族國家倫理）、歷史哲學、經學思想等都在《齊物論釋》中得到充分闡述。在某種意義上説，章太炎《齊物論釋》與他的其他哲學思想構成綱與目之關係，因此，把章太炎的相關系列思想文本看成一個大致統一的思想體系，正如校勘學上的"本校"與"他校"一樣，以章太炎的其他思想來疏證《齊物論釋》（包括《齊物論釋》内部思想的互證）就能在最大程度上保證疏證的精準與解釋的周延。我們看到，作者對章太炎相關文本或思想皆熟稔於心，往往能鉤玄提要，以章證章，在疏證《齊物論釋》時，但凡能找到章太炎其他相關思想、文本等作爲佐證或輔證者，皆一一列入疏證之中。這樣，作者實則堅持瞭解釋學回圈的原則，如老吏斷獄，内外互發，融會貫通，力戒孤證，在最大程度上避免臆斷或懸揣，從而恪守"疏不破注"的義疏學家法。

以上，筆者分别從（一）"語言文字之學：以小學而通玄學、哲學"、（二）"探賾索隱：對徵引經典文獻之考原與詮釋"、（三）"佛學世界：對佛學名相與義理之闡發"、（四）"中西印之會通：對其中之西方哲學做進一步疏釋"、（五）"解釋學回圈：以章太炎解釋章太炎"等五個方面對孟琢《齊物論釋疏證》作出檢討。事實上，這種分類與作者在"前言"中對全書撰寫體例之總論可以一一相映證，换言之，作者對此五種解釋學意識都有自覺。義疏學本來是中國傳統學術的正統範式之一，何休《春秋公羊解詁》、皇侃《論語義疏》、成玄英《莊子注疏》、徐彦《公羊傳疏》等皆爲不朽之作。晚近以來，受西方學術範式之衝擊，當代義疏學漸入式微，孟琢《齊物論釋疏證》重振此學，此書勘爲當代義疏學之圭臬。

筆者注意到,如章太炎所言“懷抱學術,教思無窮,其志不盡”①,太炎著述有很强的爲“後生”開風氣而寄望“後生”能踵武其學的立教意識,又如《齊物論釋》最後也寫到:“今者尋繹微旨,阡陌始通,寶藏無盡,以詒後生也。”②然而,遺憾的是,章先生自視甚高、元氣淋漓的《齊物論釋》却鮮有光大恢弘之“後生”(僅見繆篆)。民國三年,章太炎因忤逆袁世凱而被軟禁北京龍泉寺(後徙至錢糧胡同),軟禁中絶食以抗,在念及平生所學時對服侍榻前的及門弟子朱希祖云:“經史小學,傳者有人,光昌之期,庶幾可待。文章各有造詣,無待傳薪,惟示之格律,免入歧途可矣。惟諸子哲理,恐將成《廣陵散》耳。”③此中所謂“諸子哲理”主要即當指《齊物論釋》,事實上,其諸弟子中只有繆篆作《齊物論釋注》而聊以繼之,其他弟子則不見有傳薪者。章門弟子錢玄同在給潘景鄭的信中寫到:“(弟)奉手先生之門,雖早在清季,顧惟文字音韻,略窺門徑,其他則夫子之文章、夫子之言性與天道,皆懵無所知。”④這裏,錢玄同之所謂“夫子之言性與天道,皆懵無所知”亦並非謙辭,“夫子之言性與天道”應該即指章

①章太炎:《與龔寶銓(一)》,《章太炎全集》(十六),上海:上海人民出版社,2017年,第746頁。

②章太炎:《齊物論釋定本》,《章太炎全集》(六),上海:上海人民出版社,2017年,第143頁。

③章太炎:《語朱希祖》,《章太炎全集》(一八),上海:上海人民出版社,2017年,第493頁。

④錢玄同:《與潘景鄭(二)》,《錢玄同文集》(第六卷),北京:中國人民大學出版社,1999年,第303頁。

太炎之哲學或玄學。换言之,名噪一時的章黄學派不僅應該有語言文字之學,而且更應該有包括諸子哲理、形而上學、佛學、倫理學、政治哲學等在内的哲學或玄學,前者僅僅是"立根基",後者才能"致廣大"。"百年徂影,千載心在"①,我們有幸看到章黄後勁孟琢博士《齊物論釋疏證》付梓出版,太炎百年之憾或以爲補。章太炎在《自述學術次第》中談及自己之學術時云:"敢告諸生,亹亹不已。識大識小,弘之在人。"②先生寄望於來者之意殷殷而溢於言表。孟琢在"前言"中也寫道:"《齊物論釋》猶如巍巍木鐸,雖然塵封日久,但扣之小者以小鳴,扣之大者以大鳴,本書之作,不過是鐘韻初聲,我們盼望學者同道的不斷叩問,以期重新振響宏闊悠遠的葑漢天聲。"③今天我們看到孟琢博士此書,可謂是識之大者、扣之響者,不意百年之後,復聞葑漢之音!

作者簡介:李智福,河北井陘人,哲學博士。現任教於西北政法大學哲學與社會發展學院,副教授。主要研究中國哲學、經典與詮釋。

①章太炎:《自述學術次第》,《章太炎全集》(十八),上海:上海人民出版社,2017年,第508頁。

②章太炎:《自述學術次第》,《章太炎全集》(十八),上海:上海人民出版社,2017年,第494頁。

③孟琢:《齊物論釋疏證》,上海:上海人民出版社,2019年,"前言"第28頁。